企业内部控制设计与应用

Qiye Neibu Kongzhi Sheji Yu Yingyong

孙永尧 著

经济管理出版社
ECONOMY & MANAGEMENT PUBLISHING HOUSE

图书在版编目（CIP）数据

企业内部控制：设计与应用/孙永尧著. —北京：经济管理出版社，2012.1
ISBN 978-7-5096-1701-4

Ⅰ. ①企… Ⅱ. ①孙… Ⅲ. ①企业内部管理 Ⅳ. ①F270

中国版本图书馆 CIP 数据核字（2011）第 248819 号

出版发行：经济管理出版社
北京市海淀区北蜂窝 8 号中雅大厦 11 层
电话:(010)51915602 邮编:100038

印刷：三河市海波印务有限公司 经销：新华书店

组稿编辑：贾晓建 责任编辑：魏晨红
责任印制：黄 铄 责任校对：李玉敏

787mm×1092mm/16 22.5 印张 518 千字
2012 年 1 月第 1 版 2012 年 1 月第 1 次印刷
印数：1—5000 册 定价：48.00 元
书号：ISBN 978-7-5096-1701-4

前　言

企业内部控制历来都是各国管理会计的学者们所共同讨论的话题。无论各国条件如何，管理会计师主要面临的对象是企业。作为一个企业，总是追求盈利性的。企业要赚钱，就需要人来经营管理。当一个企业发展到一定程度以后，管理要求就越来越高。毋庸置疑，一个成熟的企业，也总是有一套科学的企业管理理论与方法。很难想象，一个管理混乱的企业会保持持续的发展。正因为如此，如何科学管理企业，不仅是企业家们要解决的问题，而且也是广大企业管理人员所思考的对象。经过几个世纪以来的企业管理人员的努力，一些具有示范性的管理模式已初步形成。一个比较公认的经验是：制度化管理。制度化管理是现代企业的一个主要特征，按制度来管理人，从而达到管理企业的目的。所谓依法管理，对企业来说就是按企业管理制度来管理。企业是由人经营的，企业管理实际上就是如何使人的活动符合企业经营管理需要。企业管理的对象主要表现为人、财、物与信息。传统企业主要通过人的活动来组织企业的生产经营销售过程，人的活劳动是主要特征，物化劳动则是通过人的劳动得以实现；而现代企业，由于机器控制系统出现、信息技术的应用、金融产品的不断创新，活劳动与物化劳动的关系变得十分复杂。人的地位在降低，企业信息技术化控制在提高，企业从对人的直接管理变成了间接管理，并且新的管理方法不断涌现。结果，一些符号化的指令、程序与要求成了企业管理的一种固定化模式。21 世纪的企业内部控制，正是这种程序发展的一个里程碑。为什么这么说呢？因为企业内部控制就是企业风险管理，而不是企业的一般管理制度。企业的一般管理制度是企业领导者意志的体现，它们不一定反映现代企业的科学管理过程，而内部控制是按照科学的控制要素建立起来的政策、程序和方法，目的是控制企业的财务风险与经营风险，促进企业各项资源的有效使用。虽然管理制度或多或少地反映了部分控制思想，但是由于它们缺乏系统化、规范化的构建，从而不可能成为可供企业普遍应用的范式。与此不同，内部控制经过了一百多年的发展，已经形成一种公认的思想与方法，能为所有企业普遍适用，可以有效地防范风险。因此，作为会计行业最权威的注册会计师考试，无论哪个市场经济国家，都把内部控制作为必考内容之一。同样，许多市场经济国家的注册管理会计师考试，内部控制知识的测试也是必不可少的。然而，由于我国企业的特殊特征，决定了我们的内部控制有其独特之处。这种特征表现在我国内部控制环境的许多内容完全不同于西方企业，有关企业的组织结构、企业文化、社会责任等方面有其鲜明的特征，从而导致企业的一些控制思想与方法具有中国特色。

《企业内部控制：设计与应用》一书，结合我国的具体实际，详细地解释了我国企业内部控制各方面的法规条文与实施指南，因此，与同期其他有关内部控制的书籍相比，具有以下特征：

（1）新颖性。本书以财政部2010年与2011年公布的关于企业内部控制的应用指引与官方解释为依据，进一步说明了内部控制在企业应用中应注意的关键风险点，提出了读者在应用内部控制时应予以关注的重点与难点。

（2）实用性。如何把国家的内部控制应用指引快速地应用到企业中并为本企业所利用，是每个企业管理工作者所关心的问题。要应用内部控制，就要知道内部控制的规定与要求，相应的，需要了解内部控制的技术与方法。对于企业来说，究竟有哪些控制方法可以利用，根据现有的文献与财政部的要求，本书作出了概括，读者可以非常方便地了解其中的精华。虽然控制方法多种多样，但对企业比较实用的总是那几种，读者只要掌握了这些方法，就可以得心应手，灵活利用。关于应用方面，本书列举了大量的案例。案例收集了各行各业有关内部控制的典型例子，认真理解这些案例，读者就可以轻松地理解内部控制并会成为内部控制的专家。

（3）高端性。本书作者长期从事企业内部控制研究，在企业内部控制的理论与实务方面都有丰富的经验。作者曾为多家大型国有企业设计过内部控制，出版和发表过不少与企业内部控制有关的书籍与文章，深受广大读者与企业管理工作者的好评。

老孙会计在线 www.Laosunkj.com
孙永尧　博士　研究员
Yongyao62@163.com
电话：010-88191281
财政部财政科学研究所
财务会计研究室
2011年12月

目　录

第一章　企业内部控制方法

本章主要介绍财政部2002年公布的《内部会计控制规范——基本规范》中有关的内部控制方法。根据规定，内部会计控制的方法主要包括：不相容职务相互分离控制、授权批准控制、会计系统控制、预算控制、财产保全控制、人力资源控制、内部报告控制、电子信息技术控制、内部审计控制等。

第一节　不相容职务相互分离控制

组织规划是对企业组织机构设置、职务分工的合理性和有效性所进行的控制。企业组织机构有两个层面：一是法人的治理结构问题，涉及董事会、监事会、经理的设置及相关关系；二是管理部门设置及其关系，对财务管理来说，就是如何确定财务管理的广度和深度，由此产生集权管理和分级管理的组织模式。职务分工主要解决不相容职务分离。所谓不相容职务分离是指那些由一个人担任，既可能发生错误和弊端又可掩盖其错误和弊端的职务。企业内部主要不相容职务有：授权批准职务、业务经办职务、财产保管职务、会计记录职务和审核监督职务。这五种职务之间应实行如下分离：①授权批准职务与执行业务职务相分离。②业务经办职务与审核监督职务相分离。③业务经办职务与会计记录职务相分离。④财产保管职务与会计记录职务相分离。⑤业务经办职务与财产保管职务相分离。

要建立健全组织规划控制，目前必须解决两个问题：

（1）设立管理控制机构。例如，目前有些上市公司中依据自身经营特点设立了审计委员会、价格委员会、报酬委员会等就是完善内部控制机制的有益尝试。机构设置因单位的经营特点和经营规模而异，很难找到一个通用模式。比如，设立价格委员会的企业大都是规模很大、采用集中采购方式且采购价格变动较大的企业，这些企业设立价格委员会能够有效加强采购环节的价格监督与控制。再比如，对于规模大、技术含量很高、高知人员云集、按劳取酬的企业，通过设立报酬委员会进行管理层持股及股票期权问题研究，能够提高报酬计划按劳取酬的科学性、加强报酬计划执行中的透明度和监控力度。

（2）推行职务不兼容制度，杜绝高层管理人员交叉任职。交叉任职主要体现在董事长和总经理为一人，董事会和总经理班子人员重叠。在上市公司中，这一问题虽有了较大的改变，但从公司制企业的总体来看，仍普遍存在。这种交叉任职的后果是董事会与总经理班子之间权责不清、制衡力度锐减。关键人大权独揽，一人具有几乎无所不管的控制权，且常常集控制权、执行权和监督权于一身，并有较大的任意性。交叉任职违背了内部控制的基本原则，必然带来权责含糊，易于造成办事程序由一个人操纵的现象。事实上，资金调拨、资产处置、对外投资等方面出现的问题重要原因之一在于交叉任职，董事会缺乏独立性。因此，建立内部控制框架首先要在组织机构设置和人员配备方面做到董事长和总经理分设、董事会和总经理班子分设，避免人员重叠。

第二节　授权批准控制

授权批准是指企业在处理经济业务时，必须经过授权批准以便进行控制。授权批准按其形式可分为一般授权和特殊授权。所谓一般授权是指对办理常规业务时权力、条件和责任的规定，一般授权时效性较长；而特殊授权是对办理例外业务时权力、条件和责任的规定，一般其时效性较短。不论采用哪种授权批准方式，企业必须建立授权批准体系，其中包括：①授权批准的范围，通常企业的所有经营活动都应纳入其范围。②授权批准的层次，应根据经济活动的重要性和金额大小确定不同的授权批准层次，从而保证各管理层有权亦有责。③授权批准的责任，应当明确被授权者在履行权力时应对哪些方面负责，应避免责任不清，一旦出现问题又难究其责的情况发生。④授权批准的程序，应规定每一类经济业务审批程序，以便按程序办理审批，以避免越级审批、违规审批的情况发生。单位内部的各级管理层必须在授权范围内行使相应职权，经办人员也必须在授权范围内办理经济业务。

第三节　会计系统控制

会计系统控制要求单位必须依据会计法和国家统一的会计制度等法规，制定适合本单位的会计制度、会计凭证、会计账簿和财务会计报告的处理程序，实行会计人员岗位责任制，建立严密的会计控制系统。会计系统控制主要包括：①建立健全内部会计管理规范和监督制度，且要充分体现权责明确、相互制约以及及时进行内部审计的要求。②统一会计政策，尽管国家制定了统一的会计制度，但其中某些会计政策是可选的。因此，从企业内部管理要求出发，必须统一执行所确定的会计政策，以便统一核算汇总分析和考核，企业会计政策可以以专门文件的方式予以颁布。③统一会计科目，在实行国家统一一级会计科目的基础上，企业应根据经营管理需要，统一设定明细科目，特别是集团性公司更有必要统一下级公司的会计明细科目，以便统一口径，统一核算。④明确会计凭证、会计账簿和财务会计报告的处理程序与方法，遵循会计制度规定的各条核算原则，使会计真正实现为国家宏观经济调控和管理提供信息、为企业内部经营管理提供信息、为企业外部各有关方面了解其财务状况和经营成果提供信息的目标。

第四节 预算控制

全面预算是企业财务管理的重要组成部分，它是为达到企业既定目标编制的经营、资本、财务等年度收支总体计划，从某种意义上讲，全面预算也是对企业经济业务规划的授权批准。全面预算控制应抓好以下环节：①预算体系的建立，包括预算项目、标准和程序。②预算的编制和审定。③预算指标的下达及相关责任人或部门的落实。④预算执行的授权。⑤预算执行过程的监控。⑥预算差异的分析与调整。⑦预算业绩的考核。全面预算是集体性工作，需要企业内各部门人员的相关合作。为此，有条件的企业应设立预算委员会，组织领导企业的全面预算工作，确保预算的执行。

第五节 财产保全控制

财产保全控制包括：①限制直接接触。限制直接接触主要指严格限制无关人员对实物资产的直接接触，只有经过授权批准的人员才能够接触资产。限制直接接触的对象包括限制接触现金、其他易变现资产与存货。②定期盘点。建立资产定期盘点制度，并保证盘点时资产的安全性。通常可采用先盘点实物，再核对账册来防止盘盈资产流失的可能性，对盘点中出现的差异应进行调查，对盘亏资产应分析原因、查明责任、完善相关制度。③记录保护。应对企业各种文件资料（尤其是资产、财务、会计等资料）妥善保管，避免记录受损、被盗、被毁的可能。对某些重要资料应留有后备记录，以便在遭受意外损失或毁坏时重新恢复，这在当前计算机处理条件下尤为重要。④财产保险。通过对资产投保（如火灾险、盗窃险、责任险或一切险）增加实物受损补偿机会，从而保护实物的安全。⑤财产记录监控。对企业要建立资产个体档案，资产增减变动应及时全面予以记录。加强财产所有权证的管理，改革现有低值易耗品等核销模式，减少备查簿的形式，使其价值纳入财务报表体系内，从而保证账实的一致性。

第六节 人力资源控制

对于作为经济运行的微观基础的企业而言，人力资源要素的数量和质量状况，人力资源所具有的忠诚、向心力和创造力，是企业兴旺发达的活力和强大推动力所在。因此，如何充分调动企业人力资源的积极性、主动性、创造性，发挥人力资源的潜能，已成为企业管理的中心任务。人力资源控制应包括：①建立严格的招聘程序，保证应聘人员符合招聘要求。②制定员工工作规范，用以引导考核员工行为。③定期对员工进行培训，帮助其提高业务素质，更好地完成规定的任务。④加强和考核奖惩力度，应定期对职工业绩进行考核，奖惩分明。⑤对重要岗位员工（如销售、采购、出纳）应建立职业信用保险机制，如签订信用承诺书，保荐人推荐或办理商业信用保险。⑥工作岗位轮换，可以定期或不定期进行工作岗位轮换，通过轮换及时发现存在的错弊情况。同时也可以挖掘职工的潜力。⑦提高工资与福利待遇，加强员工之间的沟通，增强凝聚力。

第七节　内部报告控制

为满足企业内部管理的时效性和针对性，企业应当建立内部管理报告体系，全面反映经济活动，及时提供业务活动中的重要信息。内部报告体系的建立应反映部门经管责任、符合例外管理的要求、报告形式和内容简明易懂，并要统筹规划，避免重复。内部报告要根据管理层次设计报告频率和内容详简。通常，高层管理者报告时间间隔长，内容从重、从简；反之，报告时间间隔短，内容从全、从详。常用的内部报告有：①资金分析报告，包括资金日报、借还款进度表、贷款担保抵押表、银行账户及印鉴管理表等。②经营分析报告。③费用分析报告。④资产分析报告。⑤投资分析报告。⑥财务分析报告等。

第八节　电子信息技术系统控制

管理信息系统控制包括两方面的内容，一方面要加强对电子信息系统本身的控制。随着电子信息技术的发展，企业利用计算机从事经营管理方式手段越来越普遍，除了会计电算化和电子商务的发展外，企业的生产经营与购销储运都离不开计算机。为此必须加强对电子信息系统的控制，包括系统组织和管理控制、系统开发和维护控制、文件资料控制、系统设备、数据、程序、网络安全的控制以及日常应用的控制。另一方面要运用电子信息技术手段建立控制系统，减少和消除内部人为控制的影响，确保内部控制的有效实施。

第九节　内部审计控制

内部审计控制是内部控制的一种特殊形式，它是企业内部经济活动和管理制度是否合规、合理和有效的独立评价机构，从某种意义上讲是对其他内部控制的再控制。内部审计内容十分广泛，按其目的可分为财务审计、经营审计和管理审计。内部审计在企业应保持相对独立性，应独立于其他经营管理部门，最好受董事会或下属的审计委员会领导。

总之，不管采用何种内部控制方法，不管如何建立公司治理结构，都应确立董事会在内部控制系统中的核心地位。从我国《公司法》规定的董事会、股东大会、总经理之间的权责划分看，董事会在公司管理中居于核心地位。董事会应该对公司内部控制的建立、完善和有效运行负责。原因在于：①对于董事会而言，建立内部控制系统是为了通过不丧失控制的授权来保证公司有效运行、完成公司的目标。②内部控制是董事会抑制管理人员在获取短期盈利机会中的机会主义倾向，保证法律、公司政策及董事会决议切实贯彻实施的手段。③内部控制以及涉及内部控制的信息流动构成解决信息不对称、保证会计信息真实可行的重要手段，而确保信息质量是董事会不可推卸的责任。

第二章　企业内部控制的基础：内部环境

内部环境是企业实施内部控制的基础，支配着企业全体员工的内控意识，影响着全体员工实施控制活动和履行控制责任的态度、认识和行为。内部环境类指引有五项：组织架构、发展战略、人力资源、企业文化和社会责任等指引。

第一节　组织架构

组织架构是企业按照国家有关法律法规、股东（大）会决议和企业章程，结合本企业实际，明确股东（大）会、董事会、监事会、经理层和企业内部各层级机构设置、职责权限、人员编制、工作程序和相关要求的制度安排。企业要实施发展战略，必须要有科学的组织架构，主要包括治理结构和内部机构设置。如果企业治理结构形同虚设，缺乏科学决策、良性运行机制和执行力，就可能导致经营失败；此外，如果内部机构设计不科学，权责分配不合理，也可能导致机构重叠、职能交叉或缺失，运行效率低下。为防范和化解组织架构设计和运行中存在的这些重要风险，组织架构应用指引明确提出如下要求：

（1）企业应当根据国家有关法律法规的规定，明确董事会、监事会和经理层的职责权限、任职条件、议事规则和工作程序，确保决策、执行和监督相互分离，形成制衡。同时强调，企业的重大决策、重大事项、重要人事任免及大额资金支付业务等，应当按照规定的权限和程序实行集体决策审批或者联签制度；任何个人不得单独进行决策或者擅自改变集体决策意见。

（2）企业应当按照科学、精简、高效、透明、制衡的原则，综合考虑企业性质、发展战略、文化理念和管理要求等因素，合理设置内部职能机构，明确各机构的职责权限，避免职能交叉、缺失或权责过于集中，形成各司其职、各负其责、相互制约、相互协调的工作机制。

（3）企业应当根据组织架构的设计规范，对现有治理结构和内部机构设置进行全面梳理，确保本企业治理结构、内部机构设置和运行机制等符合现代企业制度要求。

（4）企业拥有子公司的，应当建立科学的投资管控制度，通过合法有效的形式履行出资人职责、维护出资人权益，重点关注子公司特别是异地、境外子公司的发展战略、年度财务预决算、重大投融资、重大担保、大额资金使用、主要资产处置、重要人事任免、内部控制体系建设等重要事项。对子公司控制一直是企业集团层面关注的一个重要问题，组织架构应用指引在综合调研的基础上提出此项要求，对实务操作具有重要指导作用。

第二节　发展战略

发展战略是指企业在对现实状况和未来趋势进行综合分析和科学预测的基础上，制定并实施的长远发展目标与战略规划。企业作为市场经济的主体，要想求得长期生存和持续发展，关键在于制定并有效实施适应外部环境变化和自身实际情况的发展战略。调查中发现，有些企业缺乏明确的发展战略或发展战略实施不到位，结果导致企业盲目发展，难以形成竞争优势，丧失发展机遇和动力；也有些企业发展战略过于激进，脱离企业实际能力或偏离主业，导致过度扩张、经营失控甚至失败；还有一些企业发展战略频繁变动，导致资源严重浪费，最后危及企业的生存和持续发展。为此，国家财政部制定了《企业内部控制应用指引第 2 号——发展战略》，就上述重要风险有针对性地提出了应对措施。

（1）要求企业健全组织机构，在董事会下设立战略委员会，或指定相关机构负责发展战略管理工作。同时，对战略委员会的成员素质、工作规范也提出了相应要求。

（2）明确要求企业应在充分调查研究、科学分析预测和广泛征求意见的基础上制定发展目标，而不是靠拍脑袋，盲目制定发展战略。在制定目标过程中，应综合考虑宏观经济政策、国内外市场需求变化、技术发展趋势、行业及竞争对手状况、可利用资源水平和自身优势与劣势等影响因素。

（3）强调战略规划应当根据发展目标制定，明确发展的阶段性和发展程度，确定每个发展阶段的具体目标、工作任务和实施路径。

（4）要求董事会从全局性、长期性和可行性等维度，严格审议战略委员会提交的发展战略方案，之后再报经股东（大）会批准实施。

（5）从抓实施的角度，要求企业根据发展战略，制订年度工作计划，编制全面预算，将年度目标分解、落实，确保发展战略有效实施。

（6）设立了发展战略实施后评估制度，要求战略委员会加强对发展战略实施情况的监控，定期收集和分析相关信息。对发现明显偏离发展战略的情况，要求及时报告；对确需对发展战略作出调整的情形，明确要求企业要遵循规定的权限和程序调整发展战略。

第三节　人力资源

人力资源是指企业组织生产经营活动而录（任）用的各种人员，包括董事、监事、高级管理人员和全体员工。现代企业竞争的关键在于人力资源的竞争。人力资源对实现企业发展战略起到重要的智力支持作用，实现人力资源的合理配置，可以全面提升企业核心竞争力。如果人力资源缺乏或过剩、结构不合理、开发机制不健全，企业发展战略可能难以实现；如果人力资源激励约束制度不合理、关键岗位人员管理不完善，则可能导致人才流失、经营效率低下；而如果人力资源退出机制不当，又可能导致法律诉讼或企业声誉受损。为防范和化解人力资源管理中存在的这些重要风险，人力资源应用指引强调：①企业应当根据人力资源总体规划，结合生产经营实际需要，制订年度人力资源需求计划。也就是说，人力资源要符合发展战略需要，符合生产经营对人力资源的需求，尽可能做到"不缺人手，也不养闲人"。②企业应当根据人力资源能力框架要求，明确各岗位的职责权限、任职条件和工作要求，通过公开招聘、竞争上岗等多种方式选聘优秀人才。这项要求实际上意在强调，企业要选合适的人，要按公开、严格的程序去选人，防止"人情招聘"、暗箱操作。③企业确定选聘人员后，应当依法签订劳动合同，建立劳动用工关系；已选聘人员要进行试用和岗前培训，试用期满考核合格后，方可正式上岗。④企业应当建立和完善人力资源的激励约束机制，设置科学的业绩考核指标体系，对各级管理人员和全体员工进行严格考核与评价，并制定与业绩考核挂钩的薪酬制度。如何留住引进来的优秀人才，对企业至关重要。这项要求就是对此提出的指引，企业应当予以足够关注。⑤企业应当建立健全员工退出（辞职、解除劳动合同、退休等）机制，明确退出的条件和程序，确保员工退出机制得到有效实施。只有退出机制健全，退出条件和程序清楚，才能够防范和化解当前企业人力资源退出方面存在的诸多问题，使企业人力资源管理步入良性循环的轨道。

第四节　企业文化

企业文化是指企业在生产经营实践中逐步形成的、为整体团队所认同并遵守的价值观、经营理念和企业精神，以及在此基础上形成的行为规范的总称。企业文化是企业的灵魂，渗透于企业的一切经营管理活动之中，是推动企业持续发展的不竭动力。现实中，有些企业之所以经营不成功，往往是在企业文化建设方面存在严重问题。比如，企业缺乏积极向上的企业文化，导致员工丧失对企业的信心和认同感，缺乏凝聚力和竞争力；企业缺乏开拓创新、团队协作和风险意识，导致企业发展目标难以实现，影响可持续发展；企业缺乏诚实守信的经营理念，导致舞弊事件的发生，造成企业损失，影响企业信誉等。针对企业文化建设中存在的这些重要风险，企业文化应用指引明确提出以下管控措施：

（1）要求企业积极培育具有自身特色的企业文化，充分体现企业特色的发展愿景、积极向上的价值观、诚实守信的经营理念、履行社会责任和开拓创新的企业精神，以及团队协作和风险防范意识，以此引导和规范员工行为，打造以主业为核心的企业品牌，形成整体团队的向心力，促进企业长远发展。这项应对措施同时也表明，打造企业主业品牌应当作为企业文化建设中的重要内容。

（2）要求企业重视并购重组后的企业文化建设，平等对待被并购方的员工，促进并购双方的文化融合。这是基于当前企业并购实务中企业文化融合过程中特别提供的指引，应引起相关企业的高度重视。

（3）要求董事、监事、经理和其他高级管理人员在企业文化建设中发挥主导和垂范作用，以自身的优秀品格和脚踏实地的工作作风，带动影响整个团队，共同营造积极向上的企业文化环境。这充分说明，企业文化建设既要注重“上下结合”，更应注重企业治理层和经理层的示范作用。

（4）要求企业加强企业文化的宣传贯彻，促进文化建设在内部各层级的有效沟通，并确保全体员工共同遵守；同时，要求企业文化建设融入生产经营全过程，切实做到文化建设与发展战略的有机结合，增强员工的责任感和使命感，规范员工行为方式，使员工自身价值在企业发展中得到充分体现。

第五节 社会责任

社会责任是指企业在经营发展过程中应当履行的社会职责和义务，主要包括安全生产、产品质量（含服务，下同）、环境保护、资源节约、促进就业、员工权益保护等。企业认真履行社会责任，对于实现其与社会、环境的全面协调可持续发展具有重要促进作用。为促进和规范企业履行社会责任，制定了社会责任应用指引，针对当前企业在履行社会责任方面存在的薄弱环节，梳理出四个方面的重要风险，即安全生产措施不到位，责任不落实，可能导致企业发生安全事故；产品质量低劣，侵害消费者利益，可能导致企业巨额赔偿、形象受损，甚至破产；环境保护投入不足，资源耗费大，造成环境污染或资源枯竭，可能导致企业巨额赔偿、缺乏发展后劲，甚至停业；促进就业和员工权益保护不够，可能导致员工积极性受挫，影响企业发展和社会稳定。针对这些重要风险，社会责任应用指引提出了积极应对措施：①要求企业设立安全管理部门和安全监督机构，建立严格的安全生产管理体系、操作规范和应急预案，强化安全生产责任追究制度，切实做到安全生产。②要求企业规范生产流程，建立严格的产品质量控制和检验制度，严把质量关，禁止缺乏质量保障、危害人民生命健康的产品流向社会。③要求企业提高员工的环境保护和资源节约意识，建立环境保护与资源节约制度，认真落实节能减排责任，积极开发和使用节能产品，发展循环经济，降低污染物排放，提高资源综合利用效率。④要求企业依法保护员工的合法权益，保障员工依法享有劳动权利和履行劳动义务，保持工作岗位相对稳定，积极促进充分就业。最后，针对目前少数企业对公益事业（比如接纳大学生实习等）、慈善事业等漠不关心的情况，社会责任应用指引指出，企业应当按照“产学研用”相结合的社会需求，积极创建实习基地，大力支持社会有关方面培养、锻炼社会需要的应用型人才；同时，应积极履行社会公益方面的责任和义务，关心帮助社会弱势群体，支持慈善事业。

第三章　企业资金活动控制技术

资金是企业生存和发展的重要基础，被视为企业生产经营的血液，一直受到企业的高度重视。金融危机的爆发，全球经济萧条，大量企业陷入困境，资金链断裂导致很多企业经营困难甚至破产倒闭，如何防范资金风险、维护资金安全、提高资金效益成了社会广泛关注的热点问题。在此背景下，财政部会同有关部委单独立项制定了《企业内部控制应用指引第 6 号——资金活动》，为我国企业应对危机，防范和化解资金活动相关风险，全面提升经营管理水平提供了科学指导和制度保障。

对资金活动实施内部控制，需要建立健全相应的内部控制制度。根据国家和地方有关法律法规和监管制度的要求，结合企业生产经营的实际需要，设计科学合理、重点突出、便于操作的业务流程，同时还要有针对关键控制点以及主要风险来源的内控措施。

科学决策是核心。推进资金管理信息化建设，将资金预算管理与资金适时监控相结合，及时准确地反映资金运行状况和风险，可以提高决策的科学性，提高资金管理的及时性。具体来说，企业应当根据自身发展战略，综合考虑宏观经济政策、市场环境、环保要求等因素，结合本企业发展实际，科学确定投融资目标和规划。如果目标不明确，决策不正确，控制措施就难以执行到位，资金活动将难以顺利进行。

制度建设是基础。制度是企业经营管理各项活动顺利开展的基础性保障，要大力推动资金运作的合法性和规范性。企业应当根据内部控制规范等法律法规及企业自身的管理需要，完善资金管理制度，强化资金内控管理。企业资金活动内部控制制度主要涉及资金授权、批准、审验等方面。比如，通过资金集中归口管理制度，明确筹资、投资、营运等各环节相关部门和人员的职责权限；通过不相容岗位分离制度，形成有力的内部牵制关系；通过严格的监督检查和项目后评价等制度，跟踪资金活动内部控制的实际情况，据以修正制度、改善控制效果。

业务流程是重点。对资金活动实施内部控制，本质上是对资金业务的控制。企业在设计资金活动相关内控制度时，应该重点明确各种资金活动的业务流程，确定每一个环节、每一个步骤的工作内容和应该履行的程序，并将其落实到具体部门和人员。此外，由于很多资金业务是伴随企业生产经营活动的开展而开展的，两者相互联系又互相影响，因此，在设计资金活动业务流程的同时，要充分考虑相关生产经营活动的特征，根据生产经营活动的流程设计合理的资金控制流程。反之，也可以根据资金控制流程调整和优化生产经营活动流程，达到通过控制资金活动来规范企业生产经营活动的目标。

风险控制点是关键。在资金活动较为复杂的情况下，资金内部控制不可能面面俱到。因此，企业必须识别并关注主要风险来源和主要风险控制点，以提高内部控制的效率。具体而言，是明确业务流程以后，企业应该针对流程中的每一个环节、每一个步骤，认真细致地进行分析，根据不确定性的大小、危害性的严重程度等，明确关键的业务、关键的程序、关键的人员和岗位等，从而确定关键的风险控制点；然后针对关键风险控制点制定有效的控制措施，集中精力管控住关键风险。

资金集中管理是方向。一般认为，企业规模越大，管理的难度也越大，如果管理技能一定，企业应当在集权与分权之间做出适当均衡。由于科学技术的快速发展，极大地提高了企业资金管理的能力，资金集中管理的优势明显扩大，并且日益成为较大规模企业的首选资金管控模式。另外，集团公司是企业发展到一定规模后，为了进一步优化资源配置而采用的一种组织形式。集团公司的资金内部控制，同样首推集中管控模式。也就是说，无论是企业相对其内部部门和分支机构，还是企业集团相对其子公司，都应该加强资金的集中统一管控。企业有子公司的，更应当采取合法有效措施，强化对子公司资金业务的统一监控；有条件的企业集团，应当探索财务公司、资金结算中心等资金集中管控模式。

严格执行是保障。再好的制度、措施，如果只停留在纸面，不严格执行，就只能流于形式而无法发挥实效。对资金活动进行内部控制时，虽然找对了业务流程、找准了关键风险控制点，但是如果不采取具体措施对关键风险进行有效控制，同样可能造成严重损失。因此，制度的执行到位与否是整个内控活动能否取得实效的关键，只有严格执行，才能保证实现资金活动决策目标。为了加强对资金活动的管控，促使资金活动内部控制制度得到切实有效的实施，企业财会部门应负责资金活动的日常管理，参与投融资方案等可行性研究；总会计师或分管会计工作的负责人应当参与投融资决策过程。

第一节　资金活动的控制流程

一、企业筹资活动的内部控制流程

企业筹资活动的内部控制，应该根据筹资活动的业务流程，区分不同筹资方式，按照业务流程中不同环节体现出来的风险，结合资金成本与资金使用效益情况，采用不同措施进行控制。因此，设计筹资活动的内部控制制度，首先必须深入分析筹资业务流程。通常情况下，筹资活动的业务流程包括：

1. 提出筹资方案

一般由财务部门根据企业经营战略、预算情况与资金现状等因素提出筹资方案，一个完整的筹资方案应包括筹资金额、筹资形式、利率、筹资期限、资金用途等内容，提出筹资方案的同时还应与其他生产经营相关业务部门沟通协调，在此基础上才能形成初始筹资方案。

2. 筹资方案论证

初始筹资方案还应经过充分的可行性论证。企业应组织相关专家对筹资项目进行可行性论证，可行性论证是筹资业务内部控制的重要环节。一般可以从下列几个方面进行分析论证：①筹资方案的战略评估。主要评估筹资方案是否符合企业整体发展战略；控制企业筹资规模，防止因盲目筹资而给企业造成沉重的债务负担。企业应对筹资方案是否符合企业整体战略方向进行严格审核，只有符合企业发展需要的筹资方案才具有可行性。另外，企业在筹资规模上也不可过于贪多求大。资金充裕是企业发展的重要保障，然而任何资金都是有成本的，企业在筹集资金时一定要有战略考虑，切不可盲目筹集过多的资金，造成资金闲置，同时给企业增加财务负担。②筹资方案的经济性评估。主要分析筹资方案是否符合经济性要求，是否以最低的筹资成本获得了所需的资金，是否还有降低筹资成本的空间以及更好的筹资方式，筹资期限等是否经济合理，利息、股息等水平是否在企业可承受的范围之内。如筹集相同的资金，选择股票与选择债券方式，就会面临不同的筹资成本；选择不同的债券种类或者期限结构，也会面临不同的成本，所以企业必须认真评估筹资成本，并结合收益与风险进行筹资方案的经济性评估。③筹资方案的风险评估。对筹资方案面临的风险进行分析，特别是对于利率、汇率、货币政策、宏观经济走势等重要条件进行预测分析，对筹资方案面临的风险作出全面评估，并有效地应对可能出现的风险。比如，若选择债权方式筹资，其按期还本付息对于企业来说是一种刚性负担，带给企业的现金流压力较大；若选择股权筹资方式，在股利的支付政策上企业有较大的灵活性，且无须还本，因而企业的现金流压力较小，但股权筹资的成本较高，而且股权筹资可能会使企业面临较大的控制权风险。所以，企业应在不同的筹资风险之间进行权衡。

3. 筹资方案审批

通过可行性论证的筹资方案，需要在企业内部按照分级授权审批的原则进行审批，重点关注筹资用途的可行性。重大筹资方案应当提交股东（大）会审议，筹资方案需经有关管理部门批准的，应当履行相应的报批程序。审批人员与筹资方案编制人员应适当分离。在审批中，应贯彻集体决策的原则，实行集体决策审批或者联签制度。在综合正反两方面意见的基础上进行决策，而不应由少数人主观决策。筹资方案发生重大变更的，应当重新履行可行性研究以及相关审批程序。

4. 筹资计划编制与执行

企业应根据审核批准的筹资方案，编制较为详细的筹资计划，经过财务部门批准后，严格按照相关程序筹集资金：通过银行借款方式筹资的，应当与有关金融机构进行洽谈，明确借款规模、利率、期限、担保、还款安排、相关的权利义务和违约责任等内容。双方达成一致意见后签署借款合同，据此办理相关借款业务。通过发行债券方式筹资的，应当合理选择债券种类，如普通债券还是可转换债券等，并对还本付息方案作出系统安排，确保按期、足额偿还到期本金和利息。通过发行股票方式筹资的，应当依照《中华人民共和国证券法》等有关法律法规和证券监管部门的规定，优化企业组织架构，进行业务整合，并选择具备相应资质的中介机构，如证券公司、会计师事务所、律师事务所等协助企业做好相关工作，确保符合股票发行条件和要求。同时，企业应当选择合理的股利支付方式，兼顾投资者的近期与长远利益，调动投资者的积极性，避免分配不足或过度；股利分配方案最终应经股东大会审批通过，如果是上市公司还必须按信息披露要求进行公告。另外，企业应通过及时足额还本付息，以及合理分配和支付股利，保持企业良好的信用记录，这一点对于企业顺利进行再融资具有重要意义。

5. 筹资活动的监督、评价与责任追究

加强筹资活动的检查监督，严格按照筹资方案确定的用途使用资金，确保款项的收支、股息和利息的支付、股票和债券的保管等符合有关规定。筹资活动完成后要按规定进行筹资后评价，对存在违规现象的，严格追究其责任。

筹资活动流程如图 3-1 所示。

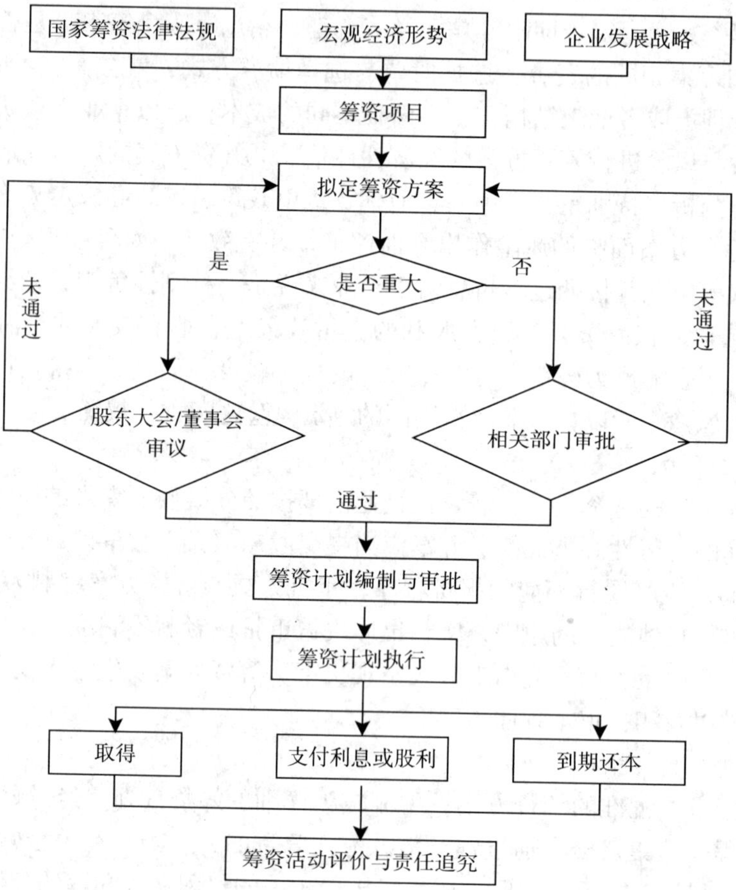

图 3-1 筹资活动流程

二、企业投资活动的内部控制流程

企业投资活动的内部控制，应该根据不同投资类型的业务流程，以及流程中各个环节体现出来的风险，采用不同的具体措施进行投资活动的内部控制。投资活动的业务流程一般包括：

1. 拟定投资方案

企业应根据企业发展战略、宏观经济环境、市场状况等，提出本企业的投资项目规划。在对规划进行筛选的基础上确定投资项目。

2. 投资方案可行性论证

企业对投资项目应进行严格的可行性研究与分析。可行性研究需要从投资战略是否符合企业的发展战略、是否有可靠的资金来源、能否取得稳定的投资收益、投资风险是否处于可控或可承担范围内、投资活动的技术可行性、市场容量与前景等几个方面进行论证。

3. 投资方案决策

企业按照规定的权限和程序对投资项目进行决策审批，要通过分级审批、集体决策来进行，决策者应与方案制定者适当分离。重点审查投资方案是否可行、投资项目是否符合投资战略目标和规划、是否具有相应的资金能力、投入资金能否按时收回、预计收益能否实现，以及投资和并购风险是否可控等。重大投资项目，应当报经董事会或股东（大）会批准。投资方案需要经过有关管理部门审批的，应当履行相应的报批程序。

4. 投资计划编制与审批

企业根据审批通过的投资方案，与被投资方签订投资合同或协议，编制详细的投资计划，落实不同阶段的资金投资数量、投资具体内容、项目进度、完成时间、质量标准与要求等，并按程序报经有关部门批准。

5. 投资计划实施

投资项目往往周期较长，企业需要指定专门机构或人员对投资项目进行跟踪管理，进行有效管控。在投资项目执行过程中，必须加强对投资项目的管理，密切关注投资项目的市场条件和政策变化，准确做好投资项目的会计记录和处理。企业应及时收集被投资方经审计的财务报告等相关资料，定期组织投资效益分析，关注被投资方的财务状况、经营成果、现金流量以及投资合同履行情况，发现异常情况的，应当及时报告并妥善处理。同时，在项目实施中，还必须根据各种条件，准确对投资的价值进行评估，根据投资项目的公允价值进行会计记录。如果发生投资减值，应及时提取减值准备。

6. 投资项目的到期处置

企业对已到期投资项目的处置同样要经过相关审批流程，妥善处置并实现企业最大的经济收益。企业应加强投资收回和处置环节的控制，对投资收回、转让、核销等决策和审批程序作出明确规定。重视投资到期本金的回收；转让投资应当由相关机构或人员合理确定转让价格，报授权批准部门批准，必要时可委托具有相应资质的专门机构进行评估；核销投资应当取得不能收回投资的法律文书和相关证明文件。

短期投资控制流程如图 3-2 所示，长期投资控制流程如图 3-3 所示。

三、企业资金营运活动的内部控制流程

企业资金营运活动是一种价值运动，为保证资金价值运动的安全、完整、有效，企业资金营运活动应按照设计严密的流程进行控制。

1. 资金收付需要以业务发生为基础

企业资金收付，应该有根有据，不能凭空付款或收款。所有收款或者付款需求，都由特定的业务引起，因此，有真实的业务发生，是资金收付的基础。

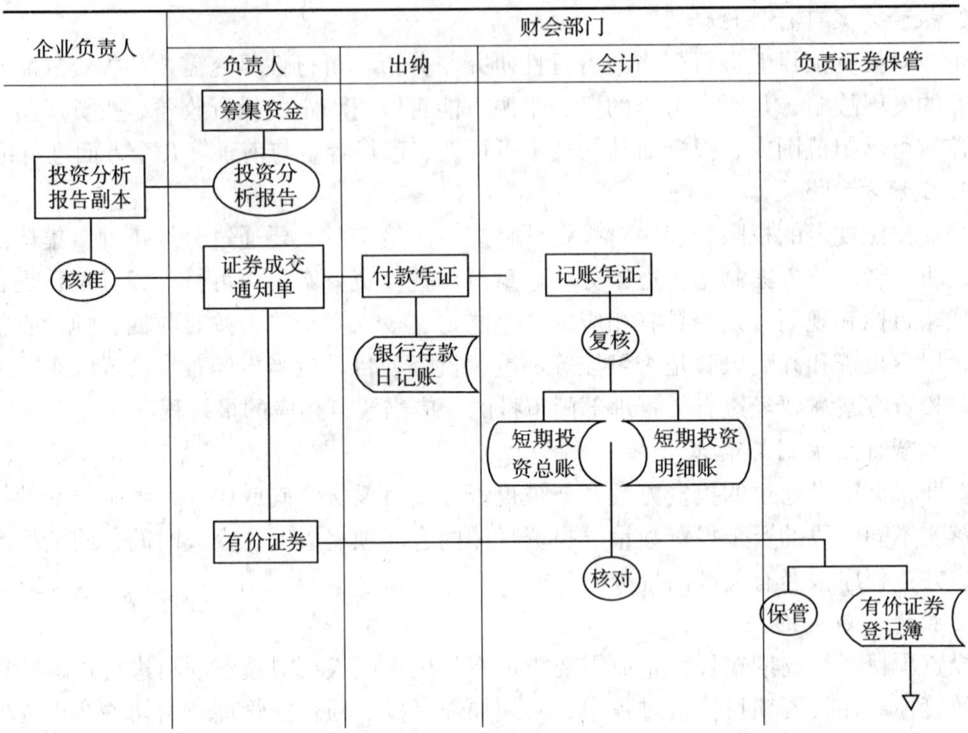

图 3–2　短期投资控制流程

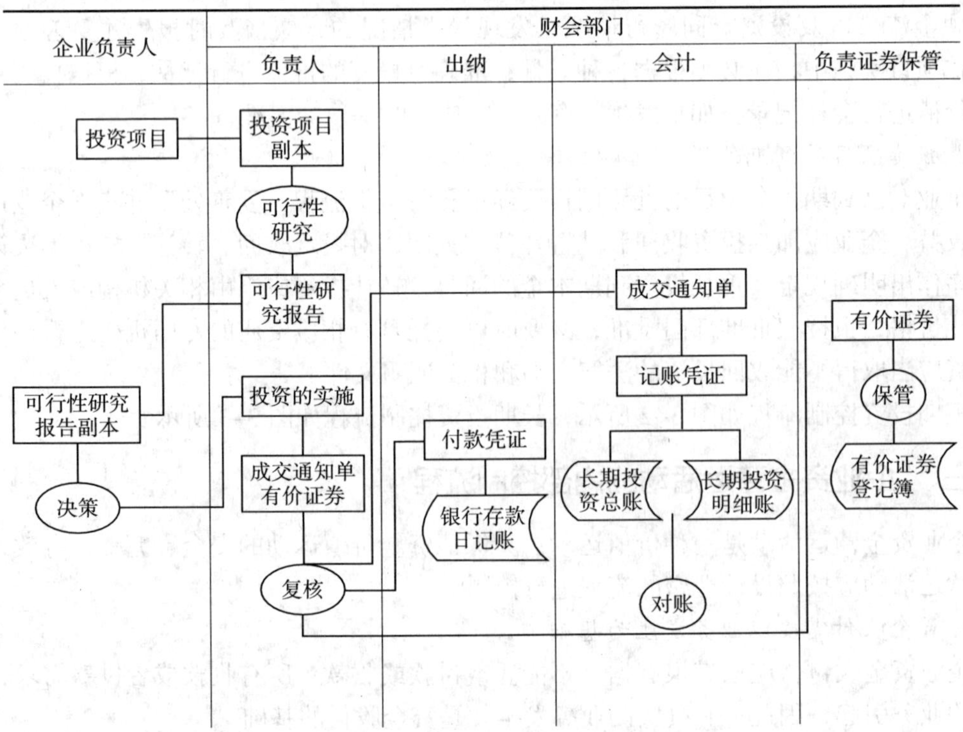

图 3–3　长期投资控制流程

2. 企业授权部门审批

收款方应该向对方提交相关业务发生的票据或者证明，收取资金。资金支付涉及企业经济利益流出，应严格履行授权分级审批制度。不同责任人应该在自己授权范围内，审核业务的真实性、金额的准确性，以及申请人提交票据或者证明的合法性，严格监督资金支付。

3. 财务部门复核

财务部门收到经过企业授权部门审批签字的相关凭证或证明后，应再次复核业务的真实性、金额的准确性，以及相关票据的齐备性、相关手续的合法性和完整性，并签字认可。

4. 出纳或资金管理部门在收款人签字后，根据相关凭证支付资金

收款人签字、根据相关凭证支付资金，是确保资金安全的重要措施。企业的资金营运活动大多与流动资金尤其是货币资金相关，这些资金由于流动性很强，出现错弊的可能性更大，保护资金安全的要求更迫切。

图 3-4 是某商业银行贷款资金活动流程。

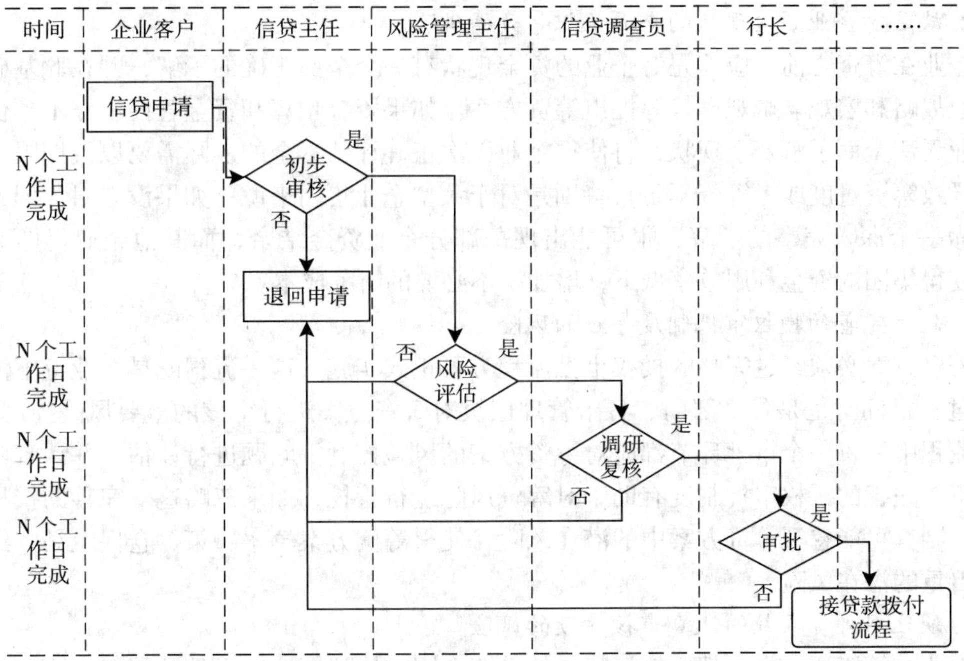

图 3-4　某商业银行贷款资金活动流程

第二节　资金活动的关键风险点

一、企业筹资业务的关键风险点

企业筹资业务可能面临的重要风险类型较多，企业在相应的内控活动中应注意识别关键风险，设计相关内控制度，有效地进行风险控制。

1. 缺乏完整的筹资战略规划导致的风险

企业在筹资活动中，应以企业在资金方面的战略规划为指导，具体包括资本结构、资金来源、筹资成本等，在企业具体的筹资活动中，应贯彻既定的资金战略，以目标资本结构为指导，协调企业的资金来源、期限结构、利率结构等，如果忽视战略导向，缺乏对目标资本结构的清晰认识，很容易导致盲目筹资，使得企业资本结构、资金来源结构、利率结构等处于频繁变动之中，给企业的生产经营带来了巨大的财务风险。

2. 缺乏对企业资金现状的全面认识导致的风险

企业在筹资之前，应首先对企业的资金现状有一个全面正确的了解，并在此基础上结合企业战略和宏观、微观形势等提出筹资方案。如果资金预算和资金管控工作不到位，使得企业无法全面了解资金现状，将使得企业无法正确评估资金的实际需要以及期限等，很容易导致筹资过度或者筹资不足。特别是对于大型企业集团来说，如果没有对集团的资金现状做一个深入完整的了解，很可能出现一部分企业资金结余，而其他企业仍然对外筹资，使得集团的资金利用效率低下，增加了不必要的财务成本。

3. 缺乏完善的授权审批制度导致的风险

筹资方案必须经过完整的授权审批流程方可正式实施，这一流程既是企业上下沟通的一个过程，同时也是各个部门、各个管理层级对筹资方案进行审核的重要风险控制程序。审批流程中，每一个审批环节都应对筹资方案的风险控制等问题进行评估，并认真履行审批职责。完善的授权审批制度有助于对筹资风险进行管控，如果忽略这一完善的授权审批制度，则有可能忽视筹资方案中的潜在风险，使得筹资方案草率决策、仓促上马，给企业带来严重的潜在风险。

4. 缺乏对筹资条款的认真审核导致的风险

企业在筹资活动中，都要签订相应的筹资合同、协议等法律文件，筹资合同一般应载明筹资数额、期限、利率、违约责任等内容，企业应认真审核、仔细推敲筹资合同的具体条款，防止因合同条款而给企业带来潜在的不利影响，使得企业在未来可能发生的经济纠纷或诉讼中处于不利地位。在这一方面，企业可以借助专业的法律中介机构来进行合同文本的审核。

5. 因无法保证支付筹资成本导致的风险

任何筹资活动都需要支付相应的筹资成本。对于债权类筹资活动来说，相应的筹资成本表现为固定的利息费用，是企业的刚性成本，企业必须按期足额支付，用以作为资金提供者的报酬。对于股权类筹资活动来说，虽然没有固定的利息费用而且没有还本的压力，但是保证股权投资者的报酬一样不可忽视，企业应认真制订股利支付方案，包括股利金额、支付时间、支付方式等，如果因股利支付不足，或者对股权投资者报酬不足，将会导致股东抛售股票，从而使得企业股价下跌，给企业的经营带来重大不利影响。

6. 缺乏严密的跟踪管理制度导致的风险

企业筹资活动的流程很长，不仅包括资金的筹集到位，更要包括资金使用过程中的利息、股利等筹资费用的计提支付，以及最终的还本工作，这一流程一般贯穿于企业整个经营活动的始终，是企业的一项常规管理工作。企业在筹资跟踪管理方面应制定完整的管理制度，包括资金到账、资金使用、利息支付、股利支付等，并时刻监控资金的动向。如果缺乏严密的跟踪管理，可能会使企业资金管理失控，因资金被挪用而导致财务损失，也可能因此导致利息没有及时支付而被银行罚息，这些都会使得企业面临不必要的财务风险。

二、企业投资活动的关键风险点

1. 投资活动与企业战略不符带来的风险

企业发展战略是企业投资活动、生产经营活动的指南和方向。企业投资活动应该以企业发展战略为导向，正确选择投资项目，合理确定投资规模，恰当权衡收益与风险。要突出主业，妥善选择并购目标，控制并购风险；要避免盲目投资，或者贪大贪快，乱铺摊子，以及投资无所不及、无所不能的现象。

2. 投资与筹资在资金数量、期限、成本与收益上不匹配的风险

投资活动的资金需求，需要通过筹资予以满足。不同的筹资方式，可筹集资金的数量、偿还期限、筹资成本不一样，这就要求投资应量力而为，不可贪大求全，超过企业资金实力和筹资能力进行投资；投资的现金流量在数量和时间上要与筹资现金流量保持一致，以避免财务危机发生；投资收益要与筹资成本相匹配，保证筹资成本的足额补偿和投资盈利性。

3. 投资活动忽略资产结构与流动性的风险

企业的投资活动会形成特定资产，并由此影响企业的资产结构与资产流动性。对企业而言，资产流动性和盈利性是一对矛盾，这就要求企业投资中要恰当处理资产流动性和盈利性的关系，通过投资保持合理的资产结构，在保证企业资产适度流动性的前提下追求最大盈利性，这也就是投资风险与收益均衡问题。

4. 缺乏严密的授权审批制度和不相容职务分离制度的风险

授权审批制度是保证投资活动合法性和有效性的重要手段，不相容职务分离制度则通过相互监督与牵制，保证投资活动在严格控制下进行，这是堵塞漏洞、防止舞弊的重要手段。没有严格的授权审批制度和不相容职务分离制度，企业投资就会呈现出随意、无序、无效的状况，导致投资失误和企业生产经营失败。因此，授权审批制度和不相容职务分离制度是投资内部控制、防范风险的重要手段。同时，与投资责任制度相适应，还应建立严密的责任追究制度，使责、权、利得到统一。

5. 缺乏严密的投资资产保管与会计记录的风险

投资是直接使用资金的行为，也是形成企业资产的过程，容易发生各种舞弊行为。在严密的授权审批制度和不相容职务分离制度以外，是否有严密的投资资产保管制度和会计控制制度，也是避免投资风险、影响投资成败的重要因素。企业应建立严密的资产保管制度，明确保管责任，建立健全账簿体系，严格账簿记录，通过账簿记录对投资资产进行详细、动态的反映和控制。

三、 资金营运内部控制的关键控制点

资金营运内部控制的关键控制点主要包括：

1. 审批控制点

企业把收支审批点作为关键点，是为了控制资金的流入和流出，审批权限的合理划分是资金营运活动业务顺利开展的前提条件。审批活动关键点包括：制定资金的限制接近措施，经办人员进行业务活动时应该得到授权审批，任务未经授权的人员不得办理资金收支业务；使用资金的部门应提出用款申请，记载用途、金额、时间等事项；经办人员在原始凭证上签章；经办部门负责人、主管总经理和财务部门负责人审批并签章。

2. 复核控制点

复核控制点是减少错误和舞弊的重要措施。根据企业内部层级的隶属关系可以划分为纵向复核和横向复核两种类型。前者是指上级主管对下级活动的复核；后者是指平级或无上下级关系人员的相互核对，如财务系统内部的核对。复核关键点包括：资金营运活动会计主管审查原始凭证反映的收支业务是否真实合法，经审核通过并签字盖章后才能填制原始凭证；凭证上的主管、审核、出纳和制单等印章是否齐全。

3. 收付控制点

资金的收付导致资金流入流出，反映着资金的来龙去脉。该控制点包括：出纳人员按照审核后的原始凭证收付款，并对已完成收付的凭证加盖戳记，并登记日记账；主管会计人员及时准确地记录在相关账簿中，定期与出纳人员的日记账核对。

4. 记账控制点

资金的凭证和账簿是反映企业资金流入流出的信息源，如果记账环节出现管理漏洞，很容易导致整个会计信息处理结果失真。记账控制点包括：出纳人员根据资金收付凭证登记日记账，会计人员根据相关凭证登记有关明细分类账；主管会计登记总分类账。

5. 对账控制点

对账是账簿记录系统的最后一个环节，也是报表生成前一个环节，对保证会计信息的真实性起到重要作用。对账控制点包括：账证核对、账账核对、账表核对、账实核对等。

6. 银行账户管理控制点

企业应当严格按照《支付结算办法》等国家有关规定，加强银行账户的管理，严格按规定开立账户，办理存款、取款和结算。银行账户管理的关键控制点包括银行账户的开立、使用和撤销是否有授权，下属企业或单位是否有账外账。

7. 票据与印章管理控制点

印章是明确责任、表明业务执行及完成情况的标记。印章的保管要贯彻不相容职务分离的原则，严禁将办理资金支付业务的相关印章和票据集中一人保管，印章要与空白票据分管，财务专用章要与企业法人章分管。

第三节 资金活动控制程序

一、筹资活动控制程序

企业应当根据筹资目标和规划，结合年度全面预算，拟订筹资方案，明确筹资用途、规模、结构和方式等相关内容，对筹资成本和潜在风险作出充分估计。境外筹资还应考虑所在地的政治、经济、法律、市场等因素。企业应当对筹资方案进行科学论证，不得依据未经论证的方案开展筹资活动。重大筹资方案应当形成可行性研究报告，全面反映风险评估情况。企业可以根据实际需要，聘请具有相应资质的专业机构进行可行性研究。

企业应当对筹资方案进行严格审批，重点关注筹资用途的可行性和相应的偿债能力。重大筹资方案，应当按照规定的权限和程序实行集体决策或者联签制度。筹资方案需经有关部门批准的，应当履行相应的报批程序。筹资方案发生重大变更的，应当重新进行可行性研究并履行相应审批程序。

企业应当根据批准的筹资方案，严格按照规定权限和程序筹集资金。银行借款或发行债券，应当重点关注利率风险、筹资成本、偿还能力以及流动性风险等；发行股票应当重点关注发行风险、市场风险、政策风险以及公司控制权风险等。企业通过银行借款方式筹资的，应当与有关金融机构进行洽谈，明确借款规模、利率、期限、担保、还款安排、相关的权利义务和违约责任等内容。双方达成一致意见后签署借款合同，据此办理相关借款业务。企业通过发行债券方式筹资的，应当合理选择债券种类，对还本付息方案作出系统安排，确保按期、足额偿还到期本金和利息。企业通过发行股票方式筹资的，应当依照《中华人民共和国证券法》等有关法律法规和证券监管部门的规定，优化企业组织架构，进行业务整合，并选择具备相应资质的中介机构协助企业做好相关工作，确保符合股票发行条件和要求。

企业应当严格按照筹资方案确定的用途使用资金。由于市场环境变化等确需改变资金用途的，应当履行相应的审批程序。严禁擅自改变资金用途。

企业应当加强债务偿还和股利支付环节的管理，对偿还本息和支付股利等作出适当安排。企业应当按照筹资方案或合同约定的本金、利率、期限、汇率及币种，准确计算应付利息，与债权人核对无误后按期支付。企业应当选择合理的股利分配政策，兼顾投资者近期和长远利益，避免分配过度或不足。股利分配方案应当经过股东（大）会批准，并按规定履行披露义务。

企业应当加强筹资业务的会计系统控制，建立筹资业务的记录、凭证和账簿，按照国家统一的会计准则，正确核算和监督资金筹集、本息偿还、股利支付等相关业务，妥善保管筹资合同或协议、收款凭证、入库凭证等资料，定期与资金提供方进行账务核对，确保筹资活动符合筹资方案的要求。

二、投资活动控制程序

企业应当根据投资目标和规划，合理安排资金投放结构，科学确定投资项目，拟订投资方案，重点关注投资项目的收益和风险。企业选择投资项目应当突出主业，谨慎从事股票投资或衍生金融产品等高风险投资。境外投资还应考虑政治、经济、法律、市场等因素的影响。

企业采用并购方式进行投资的，应当严格控制并购风险，重点关注并购对象的隐性债务、承诺事项、可持续发展能力、员工状况及其与本企业治理层及管理层的关联关系，合理确定支付对价，确保实现并购目标。

企业应当加强对投资方案的可行性研究，重点对投资目标、规模、方式、资金来源、风险与收益等作出客观评价。企业根据实际需要，可以委托具备相应资质的专业机构进行可行性研究，提供独立的可行性研究报告。

企业应当按照规定的权限和程序对投资项目进行决策审批，重点审查投资方案是否可行、投资项目是否符合国家产业政策及相关法律法规的规定，是否符合企业投资战略目标和规划、是否具有相应的资金能力、投入资金能否按时收回、预期收益能否实现，以及投资和并购风险是否可控等。重大投资项目，应当按照规定的权限和程序实行集体决策或者联签制度。投资方案需经有关管理部门批准的，应当履行相应的报批程序。投资方案发生重大变更的，应当重新进行可行性研究并履行相应审批程序。

企业应当根据批准的投资方案，与被投资方签订投资合同或协议，明确出资时间、金额、方式、双方权利义务和违约责任等内容，按规定的权限和程序审批后履行投资合同或协议。

企业应当指定专门机构或人员对投资项目进行跟踪管理，及时收集被投资方经审计的财务报告等相关资料，定期组织投资效益分析，关注被投资方的财务状况、经营成果、现金流量以及投资合同履行情况，发现异常情况，应当及时报告并妥善处理。

企业应当加强对投资项目的会计系统控制，根据对被投资方的影响程度，合理确定投资会计政策，建立投资管理台账，详细记录投资对象、金额、持股比例、期限、收益等事项，妥善保管投资合同或协议、出资证明等资料。企业财会部门对于被投资方出现财务状况恶化、市价当期大幅下跌等情形的，应当根据国家统一的会计准则规定，合理计提减值准备、确认减值损失。

企业应当加强投资收回和处置环节的控制，对投资收回、转让、核销等决策和审批程序作出明确规定。企业应当重视投资到期本金的回收。转让投资应当由相关机构或人员合理确定转让价格，报授权批准部门批准，必要时可委托具有相应资质的专门机构进行评估。核销投资应当取得不能收回投资的法律文书和相关证明文件。企业对于到期无法收回的投资，应当建立责任追究制度。

三、营运活动控制程序

企业应当加强资金营运全过程的管理，统筹协调内部各机构在生产经营过程中的资金需求，切实做好资金在采购、生产、销售等各环节的综合平衡，全面提升资金营运效率。

企业应当充分发挥全面预算管理在资金综合平衡中的作用，严格按照预算要求组织协调资金调度，确保资金及时收付，实现资金的合理占用和营运良性循环。企业应当严禁资金的体外循环，切实防范资金营运中的风险。

企业应当定期组织召开资金调度会或资金安全检查，对资金预算执行情况进行综合分析，发现异常情况，及时采取措施妥善处理，避免资金冗余或资金链断裂。企业在营运过程中出现临时性资金短缺的，可以通过短期融资等方式获取资金。资金出现短期闲置的，在保证安全性和流动性的前提下，可以通过购买国债等多种方式，提高资金效益。

企业应当加强对营运资金的会计系统控制，严格规范资金的收支条件、程序和审批权限。

企业在生产经营及其他业务活动中取得的资金收入应当及时入账，不得账外设账，严禁收款不入账，设立“小金库”。

企业办理资金支付业务，应当明确支出款项的用途、金额、预算、限额、支付方式等内容，并附原始单据或相关证明，履行严格的授权审批程序后，方可安排资金支出。企业办理资金收付业务，应当遵守现金和银行存款管理的有关规定，不得由一人办理货币资金全过程业务，严禁将办理资金支付业务的相关印章和票据集中一人保管。

第四节 资金活动控制案例分析

一、“蒸发存款流水线”案例

由银行窃贼内外勾结，通过私刻印章、伪造转账支票等手法，将银行存款转至其他账户，再以直接提现、办理质押贷款、转为承兑保证金等形式，骗取巨额资金，组建了一条运作顺畅的“蒸发存款流水线”。存款遭蒸发的是怎样一些“特殊”的储户？银行、储户和资金掮客间的危险三角是何时崩溃的？调查发现，银行内控机制形同虚设是形成“蒸发存款流水线”的主要原因。

（一）案情

本案主要嫌犯之一是王力民。王力民被抓前的身份是太原市通达科技有限公司（在太原市工商局未注册）总经理，此前在太原并不为人所知。但此次他所涉案件却被山西省省长张宝顺称为“本省建国以来最大的金融票据诈骗案”，涉案金额达十余亿元，嫌犯多达35人；目前仍有朱玉杰、田志刚、胡吉贤、杜建国四名主要嫌犯在逃。据了解，本案令山西省太原市内的商业银行几乎“全军覆没”，四大国有商业银行中只有中国工商银行幸免，股份制商业银行中交通银行涉案。

涉案金额如滚雪球般扩大。由于自2004年7月28日开始，太原市公安局陆续接到省城5家银行关于票据诈骗的报案，“7·28”案由此得名。当时，报案银行普遍称，有大笔储户的资金在基层支行或分理处不翼而飞，其手法传统、粗糙，多为私刻印章、伪造转账支票等，将银行存款转至其他账户，再以直接提现、办理质押贷款、转为承兑保证金等形式，骗取巨额资金。属内外勾结型的金融诈骗。

本案是一起系列案，有数个作案团伙，这些团伙有着各自的“势力范围”。比如，王力民就是以中国农业银行为主要作案对象，而朱玉杰是以中国建设银行为主要作案目标，胡吉贤则主要选择股份制商业银行下手等。他们作案时互相达成默契，作案的银行也互有交叉，甚至还会互施援手。案发后，以太原市公安局经侦支队为主，山西省、市、区三级公安机关组成了“7·28”专案组。耐人寻味的是，当时主要嫌犯均已外逃。

尽管主要嫌犯逍遥法外，案情仍逐渐浮出水面。目前5家银行涉及的73个案件中，已有50余起事实基本查清。至2004年底，太原市公安局将涉案金额具体描述为11.25亿元，当时警方追回赃款1.2亿元。2005年2月12日，已经追回赃款4亿余元，冻结资金8500万元。本案中涉案金额最大的是中国农业银行，高达4.9亿元；其次为建设银行，达2亿元左右，其中很大部分无法追回。蒙受巨大损失的主要是银行的一些机构储户。据了解，这些机构涉及的民事诉讼已经于2010年12月左右陆续在太原市中级人民法院开庭审理，目前准备开庭的还有10起左右。

当时，数家银行已经发现了大额资金被盗用，但都没有立即报案，而是首先选择“自救”。这客观上可能给嫌犯创造了出逃的机会，也使得案情更加扑朔迷离。

这也是基层银行遭遇资金被盗用后的普遍做法，因为一旦涉及公安机关和检察机关，程序复杂，执法成本较高，而银行损失也未必能挽回。因此，当时涉案银行管理人员大多会同保安将银行内部当事人“软禁”起来，希望他们能够尽力将自己造成的损失补上，但结果是这些当事人往往拆东墙补西墙，最终损失反而越补越大。以涉案的某商业银行太原一家支行为例，该支行会计监管员发现某分理处账户上一笔约2000万元的资金被突然划至某公司的账上，而当时这家公司大笔资金被盗用且已经报案，是“7·28”系列案之一。他们很快查出这是一位分理处主任所为，该支行对分理处主任采取了“内部措施”。经过为期一周的若干次交涉和“攻心”，此人居然又将这笔钱挪了回来。当时，这家支行非常庆幸。但他们很快发现，这笔钱其实是从其他支行所属分理处挪过来的。最终，银行发现窟窿不止这2000多万元，而且也无法收回，于是报案。随后，上述分理处主任被公安机关逮捕，并成为“7·28”专案嫌犯，他涉案的资金最后达到5000万元左右。

按照银行规定，分理处主任一般主要负责银行最基层组织的日常经营，其中包括存款和取款。根据各家银行的不同规定，很多分理处主任只有很小的甚至没有贷款权限。在太原，农行有110个网点，分理处有60多个，工商银行比这个数字还多。这个最基层的主任并不好当。由于中国的国有商业银行主要还是依靠存贷利息差来维持盈利，因此，吸收存款的任务责无旁贷地落到了分理处主任的头上。为此，分理处主任在太原被称为银行的

"生产队长"，一旦做了分理处主任，首先要做好的就是拉存款。完不成任务要扣钱，手底下人也不服。

事实上，银行对分理处主任的考核主要指标之一就是依靠存款指标。这不但关系到分理处主任的收入，还关系到他们的升迁。如果成为分行中若干家支行中的"状元分理处"，这家分理处就有可能升格为支行。目前，仍在逃的主要嫌犯杜建国就是中国农业银行太原某分理处的主任。案发前，他就是农行太原某支行的"营销能手"，贷款任务往往能超额完成。

但杜建国在2001年左右刚做分理处负责人的时候，也过得相当艰苦。他常因存款考核而愁眉不展，因为各家银行都在拉存款，竞争惨烈；而一些小银行手法更加灵活，他们往往能够给客户更高的利息和"返点"（就是给客户的好处费）：正常情况下，付息后还要再给承办人5%的劳务费。当时，杜建国所在的中国农业银行在太原开始大张旗鼓地扩张业务，"拉存款"的分理处按照农行的内部规定会给予分理处一定的"业务拓展费"，这些费用主要来自原本发给员工的绩效工资。同时，农行太原分行对于分理处的考核指标也层层加码，包括时点考核和日均考核。时点考核就是到每个月末、季度末、年末进行的存款总量的考核；日均考核就是平均每天的存款量考核。当时，像杜建国这样的"生产队长"均疲于奔命拉存款，普遍觉得"业务拓展费"不够用，要是跟其他银行竞争，只有两条途径：一条就是开辟更多的可以自己支配的"小金库"来给客户"返点"，于是一些业务收入往往不入账，沦为"业务拓展费"；另一条就是最好认识一些"社会能人"，也称"资金贩子"，他们能够在短时间内聚集大量的资金，让那些银行"生产队长"在考核的最后一天完成甚至超额完成任务——当然回过头看这无异于饮鸩止渴，为日后种种的违规违法埋下了危险的伏笔。

本案主要嫌犯杜建国，两条途径都有使用，但主要选择了后一条，而他所认识的"有背景"的人就是王力民。杜建国主动结识了王力民。当时，很多分理处主任都认为"认识王力民这种人是一种本事"。他们一来二去最终成了朋友，时间是在2001~2002年。当时，王力民是太原市通达科技有限公司总经理。这家公司并未在太原市工商局注册。以王力民的名义在太原市工商局注册的有两家企业——昌鑫源贸易有限公司和森鑫源贸易有限公司，前者注册资金350万元，后者只有50万元，主要业务范围是煤炭、煤焦、钢铁、建材、汽车配件等。但是这两家企业都因没有年检而在2003年12月被吊销执照。王力民的生意其实并不大，所办企业多为疑似壳公司。但他的能量却不小，许多基层分理处的主任们都知道，他在"倒钱"方面是一把好手，在考核的关键时刻，王力民动辄能将数千万存款拿到分理处存入。拉来的存款不断增多，杜建国和王力民的关系也逐渐走近。按照银行业内的潜规则，杜建国要给王力民"返点"。再后来，杜建国就开始"反哺"王力民，即向后者提供贷款。实际上，这也是一个高息揽存者与"资金贩子"间常见的故事。王力民对杜建国说要用钱周转，希望从杜建国的分理处划钱用一阵子，之后再用别的钱填上窟窿。王力民还承诺，如果事成，还会在杜建国的分理处再存上一笔钱。对杜建国来说，答应王力民的要求，就意味着他得从机构或者个人的银行账上非法划走一笔钱，在此期间还不能让对方知道，但这基本上很难，只有让对方知道而不声张。王力民的神通广大之处就在于此，存款是他拉来的，最后非法动用该存款的人也是他。作为“资金贩子”，他打通了存款客户和银行分理处，形成了一个危险的三角。

在此过程中，往往是银行分理处（或支行）、资金贩子、存款客户结成同盟，或者其中前两者结成同盟：存款客户是为了得到更高的利息或者更多好处；银行分理处是为了完成存款任务，拉到更多存款；而资金贩子的目的也非常明确，就是骗取巨额贷款。因此，太原市人民银行的一位人士分析说，这个案件中可能不存在完全的被骗者，各方都是知道一些内情，但是各方出于自身利益，同时抱有侥幸心理，最终结成了一个进退同盟，一旦遇到问题，还可以相互拿钱填窟窿。但三方的共同利益很容易会因为其中一方的“犯规”而落空。太原市人民银行的一位人士举了一个例子，银行客户原本答应给拉款人（资金贩子）使用数百万元的资金，但拉款人却最终从银行动用了客户数千万元的资金，联盟因此崩溃，一方不得已主动报案。

朱玉杰可以说是“7·28”案中最为手眼通天的人，他甚至在 1999 年 2 月获得“中国当代慈善企业家”称号。同时，朱玉杰还是山西省九届政协委员（2004 年 1 月被撤销资格）、中国民主促进会山西省委员会经济工作委员会主任。他经常说起自己背景深厚，结交的都是有头有脸的人物，不由得人不信任。事实上，朱玉杰在太原生意圈并不算大企业家，但是他非常沉稳，从不说别人坏话，也不说过头话，办事滴水不漏，看上去很值得信任，口碑也一直不错。在案发之后，很多他的朋友还不能相信他是一个金融诈骗嫌犯。人们普遍不解的是，朱玉杰究竟是在何时开始以自己的众多企业大规模介入金融诈骗的。目前的轮廓是，由于急速扩张，朱玉杰盲目实行多元化战略，加上朱玉杰开始迷恋海外赌博，最终在近几年开始陷入资金泥潭。如此一来，朱玉杰利用长期结识的众多基层分理处主任和支行行长，伙同他人一起将手伸向银行存款，而这些存款多是山西证券公司的。

山西证券及其 3 家控股或参股的企业是此次“7·28”大案涉案金额最高的受害者，据了解这 4 家拥有独立法人的企业涉案本金和利息共近 9 亿元。上述 4 家企业已向 3 家涉案银行提起民事诉讼，案由是存单纠纷。这些诉讼对象都是涉案银行的分理处和支行，共 13 家，因此诉讼被分为 13 个案件。其中，有交通银行 6 个分理处，建设银行 2 个支行，以及农行 5 个分理处或支行。目前已经开庭的有其中 9 件。首先山西证券发现其在建行山西分行万柏林支行账户内 1.5 亿元的股民保证金竟然仅剩不足 1 万元；随后山西证券发现其在交通银行、中国农业银行 8 家分支机构的存款共约 7 亿元也被盗用。山西证券的数笔钱之所以存在上述若干家涉案银行，与诈骗嫌犯高息揽储的诱惑不无关系。但是，这些钱是在银行内被诈骗嫌犯多次提走的。比如万柏林支行账户的钱是在之前的半年内分 30 多次被转出。案犯的手法非常粗糙，在其中几起案件中，诈骗嫌犯所用的假公章跟客户在银行预留的印鉴有很大出入，但是银行人员仍然同意嫌犯将钱提走。另外，还出现更换客户印鉴的情况。更有意思的是，根据某银行的录像显示，诈骗嫌犯还曾替受害者在银行办理过某些手续。这些都使案件变得更加扑朔迷离。

问题是，既然这些存款大部分是诈骗嫌犯在 2004 年前后，用近 1 年左右的时间分很多次取走的，作为存款客户的山西证券缘何毫无察觉？山西证券等上述几家受害者，每个月都能收到相应的对账单，但这些对账单上的数字基本都是假的。事实上，山西证券也曾察觉过对账单有假，但银行支行或者分理处都会出示证明存款仍在户头的信函，或者被盗资金很快又被挪回。极具戏剧性的是，目前上述案件中，原告4家企业已经申请撤销对交通银行的诉讼，因为交行已经在春节前夕将原告存款本息共计3.5亿元左右进行赔偿。原告山西证券又准备申请撤销对建行的诉讼。因为建行也准备赔付原告的损失。另外，农业银行也已经赔付了原告一笔约3000万元的存款，另外还有3亿多元涉案金额等待庭审。

客观地说，朱玉杰和王力民的手段都不高明，以前就出现过，但一直没有被银行系统引以为戒。事实也是如此，早在本案案发之前，太原就有一系列金融诈骗案被审理。其中比较出名的是2004年3、4月间，原太原市商业银行南内环街支行行长被判处死刑。此人也是勾结不法企业家，盗用大量银行存款，将其他储户的钱转移至其他账户，一如上述案例。目前，在山西这片晋商票号的发源地，"资金贩子"们至今仍然活跃在基层银行的监管漏洞之中。由于高息揽储等种种积弊，各种类型的"资金贩子"仍然在利用商业银行转型中的急功近利，通过一些简单粗糙的方式屡屡得手。

（二）案例分析

回顾中国银行业层出不穷的大案，尽管其作案手法多种多样，但是"没有'家贼'，外贼很难把银行的钱财卷走"，在那些家贼与外贼的内外勾结的大案中，家贼扮演了元凶的角色。1997年1月29日，河南三仁企业集团公司一名员工到农行河南商丘分行营业部办理抵押贷款，拿出的是一张面额为2500万元的定期存款单，要求贷款2000万元。2000万元的数额非同小可，营业部派人赶到出具存款单的中国银行河南荥阳支行核查真伪，结果是假的。经司法机关的侦查、审理，剥开了一个里应外合的金融诈骗案。中国银行"家贼"荥阳支行副行长陈建民和外贼三仁集团公司老总任成建等人，在3年的时间里共同诈骗3亿余元。自1994年11月始，任成建勾结陈建民，盗用或者假冒中行荥阳支行的名义，有预谋地诈骗，其手段很简单：变造银行存款单和签订虚假存款协议、资金拆借合同，并出具划款委托书等。共同诈骗的3亿多元赃款大多数流入了任成建的口袋，他在美国拥有的高级别墅就有4套。名片是纯金制造的，每张价值1万多元。作为诈骗同伙的陈建民获得的报酬也不菲：凌志车一部，现金160万元，以及美女——几年间，他在一个吴姓情妇身上就花费了200多万元。2000年2月，陈建民被判死刑，缓期两年执行。同年8月，中国银行茂名分行原行长陈宜良被判非法出具金融票证罪、玩忽职守罪、受贿罪。据报道，香港商人梁景多为了生意的便利，多次要求陈宜良办理信用证开证手续。陈宜良在没有收到保证金、抵押物以及严重超越审批权的情况下，批示"同意开证"并指示业务部门办理，开出了不可撤销跟单信用证，导致100多万美元无法收回。同年12月，中国银行湛江分行原行长范绍润被捕。范绍润涉嫌贪污、受贿、挪用公款、违法发放贷款、非法出具金融票证等7项罪名，其中违规放贷上亿元。2000年4月7日，交通银行成都分行原行长彭某、副行长李某以非法吸收公众存款罪被判处有期徒刑5年零6个月，处以罚金10万元。1996年3月至1997年2月，时任交通银行成都大邑支行行长的彭某非法吸收公众存款8945万元，不入支行大账，用于账外贷款。其手段较为恶劣：变造公章、开阴阳存单、空开存单、涂改作废的国库券、提高利率。1997年3月彭某调任交通银行成都分行行长之后，其副手李某接任大邑支行行长，采用了和其一样的手法，非法吸收公众存款

1152万元，用于账外循环。黄荫初，中国银行广东省分行原行长，2001年9月22日，因挪用公款被判处无期徒刑。黄荫初在1992年私自将分行内外币资金中的港币1900万元挪用到自己的富和公司，并通过关系再从富和公司投资到湾仔商场，为自己营利，构成挪用公款罪。

此外，中国银行在2001年10月12日的一次自查中，发现了高达4.83亿美元的账目亏空。最终核实的结果是，巨资被广东开平分行前后三任行长——许超凡、余振东、许国俊盗用。该案涉及金额之巨大，是1949年以来所未有，涉案人员包括中行广东开平支行、江门分行数任行长和广东省分行部分官员，作案时间长达10年。2003年7月，原华夏银行总行营业部月坛北京办事处主任李惠鸣和两名下属工作人员因非法拆借罪和受贿罪分别被判处16年、16年和7年。从1995年到1997年，他们采用非法吸收储户3.4亿元存款不入银行账又转手贷给他人的手段，致使华夏银行遭受2亿多元的损失。中国银行哈尔滨河松街支行案件，也是“家贼”高山和外贼李东哲这两个小人物利用账外经营并通过地下钱庄而把超过10亿元的资金席卷出境。

在对近年来100个银行如何被骗的故事的学术解读中，有的专家发现，60%属于内外牵连型诈骗案件。60%的内外牵连型诈骗案件所造成的损失占88.8%。在内外牵连型犯罪中，内外勾结类诈骗所造成的损失最大，占损失总金额的79.6%。研究还表明，“家贼”和外贼勾结的得逞率高达91.7%，而纯粹的外贼作案得逞率仅为32.5%。对此，感到不解者甚多：为了防范“家贼”，有关部门对金融机构主要工作人员的任职资格都进行审查，这些审查除了专业技能的考核以外，还包括对这些人员的背景的调查。为什么银业“家贼”还前赴后继呢？

一些迹象表明，银行业出“家贼”是一个全球性的现象，并非中国独有。但是在中国发生的“家贼”现象却是在特定社会环境下的产物：转型中国的土壤，滋生出太多太强烈的“拜物教”心态，一些人置身银行，就把银行想象成自己的提款机。为了短期内敛钱，或用权力寻租为外贼做内线，或者监守自盗亲为“家贼”。在北京、深圳两地的7家银行，抽取了218名银行从业人员为被调查样本，对其进行问卷调查。结果表明：对银行人违规倾向影响最大的不是对犯罪信息普遍性的感受，也不是银行内控不严，而是个人主观因素。

人们注意到，每一起银行大案发生后，监管部门和相关的银行都会发布一系列新规章和规定，试图提高银行业和该银行的风险管理和内部控制水平。但是这些急来抱佛脚之举并不能从根本上防止银行大案的再度发生。显然，防范大案的发生已经不是简单的强化风险管理和内部控制的问题。虽然如此，内部控制问题仍然是一个非常重要的因素。

支撑“7·28”系列金融诈骗的，正是诈骗分子、存款人、银行早就建立起的三角合作关系。在这种三角合作中，诈骗分子一开始是以企业家、能人的面目出现的。例如，主犯之一的胡吉贤，一直以来就是太原地区各大银行的3A、4A级客户，同时也是山西证券等单位的座上宾，在一些企业家眼里，胡吉贤更是财神爷。他为自己融资，也为别人融资，沿着拉储——窃取印鉴——转款——办理承兑汇票——贴现——还款——再拉款的模式，来往于各个银行、各企事业单位和民营企业主之间，成千上万的资金，胡吉贤甚至打一个电话就能调来。案发前，胡吉贤等几名主犯都是呼风唤雨、神通广大的人物。胡吉贤等人拉拢的银行工作人员，大多是分理处主任和会计，均是基层银行的关键岗位的责任人，他们接受的贿赂从现金、银行卡到小轿车、高档手表等，五花八门，每人合计得到了数十万元。同时，存款单位为了获取高额的资金效益，以“财务咨询协议”的名义，将款存入犯罪分子指定账户，“默许”金融掮客伪造本单位的印鉴，将资金转出。存款单位通过这种非正常手段将资金提供给用资人，用资人到了约定的期限，就将资金转回存款人账户；就这样，存款人得到了“咨询费”，实际上是好处费。在这种三角合作下，诈骗犯、涉案银行经办人员、存款人各得其利，只不过他们似乎忘记了一个基本道理，资金仅仅在账面上来来往往是不可能增值的。一旦有资金没能按时还付，诈骗分子就不得不继续用高利拉储，用好处费打点关节来拆东墙补西墙，结果是窟窿越来越大，诈骗分子和银行内部被腐蚀者越陷越深。这个地下金融市场自身的特点，注定其有一天必然要像肥皂泡般破灭。

更加让人担忧的是，存款人、用资人和银行、金融掮客之间存在的这种默契的合作关系，在金融系统和企业间已是公开的秘密；不但山西存在，全国各地不少地方也存在。银行需要存款，企业需要资金，同时持有大量闲散资金的企事业单位渴望生息逐利，这种情况下金融掮客应运而生。他们穿梭于企业、存款单位和银行之间，促成一次次合作，操控着整个资金链条和地下金融市场。

山西系列金融诈骗案的情况，就充分暴露了当前银行存在的体制机制和管理上的漏洞。

一是开户管理不严，银行系统之间信息不连通，给多头开户提供了可乘之机。主犯之一胡吉贤，为便于实施诈骗，先后成立了 5 家公司，5 家公司在太原市各银行开设账户多达 28 个。这不仅为非法转款提供便利，同时也增加了犯罪的隐蔽性。

二是对客户预留印鉴缺乏严密健全的保管制度，牵制制约不到位，给银行工作人员泄露、随意动用、更换预留印鉴提供了可乘之机。目前银行系统对存款客户的印鉴识别系统陈旧，手段落后，加之一些工作人员警惕性不高，导致对假印鉴难以有效识别。

三是对银行内部重要岗位人员，缺乏有效的教育管理和监督制约，这些人为了区区私利，为犯罪分子所利用。

从山西骗取巨额银行存款案，到中行哈尔滨河松街支行 6 亿元存款失踪的高山案；从广东省佛山市民营企业主冯明昌骗取贷款 74.21 亿元案，到福州“黑首富”陈凯通过贿赂“摆平”行长的亿元骗贷案，令人最大疑虑和最深刻思考的是，银行内控机制如此不堪一击，形同虚设。

抓内控制度建设是各个商业银行，特别是国有商业银行下工夫和下力气最大的一项工作。多少年来，为了切实防范金融风险，各个商业银行从内控制度建设入手，积极吸取和总结过去防范风险的经验教训，积极借鉴和吸取国外商业银行防范风险的先进经验，积极利用现代电子化科技手段，构筑高压线，密布防护网，建立了一整套防范风险的内部控制制度。防范信贷风险的制度越来越多，内部会计核算、岗位责任控制的办法一个接一个下达，安全保卫等方面的制度文件接连出台，防范风险的现代化手段越来越高明，投入越来越大。商业银行在内控制度建设上力度这样大，重视程度这样高，各项制度这样多，原本以为，一些信贷风险一定会得到控制，安全保卫工作一定会加强，负债管理一定会越来越好。但是，不但信贷风险不见好转，而且还发生骗取存款，从堂堂的商业银行竟然能够把客户存款骗走，并且每一起案件金额都这样大，涉案人员这样多，实在令人匪夷所思。过去专业银行时期，内控制度也有，但比现在少得多，可管理得严格、规范、有序，各种案件很少。各个单位都把银行的账称为铁账，款称为铁款，制度称为铁制度，这就是社会上给银行的“三铁”美誉。而现在内控制度这样多，现代化手段这样高，投入这样大，而账、款、制度却变成了“豆腐渣”。

因此，建立健全内控制度是十分必要的，但是，这些制度在落实中走样是银行案件高发的原因之一。许多防范信贷风险的内控制度，在贷款项目的调查环节就出了问题。企业的项目可行性报告，变成了“可审批报告”，这个“可行性”就是对照银行可审批的各项规定来造的，而不管企业实际情况如何，照着能够获得贷款的标准做可行性报告。广东省佛山市民营企业主冯明昌利用其控制的 13 家关联企业，编造虚假财务报表，与银行内部人员串通，累计从工行佛山市南海支行取得贷款 74.21 亿元，福州“黑首富”陈凯利用合同诈骗、虚报注册资本等骗取贷款，就是很有力的佐证。

稽核监督不到位是另一个原因。一些所谓的稽核检查，一些规模宏大、劳民伤财的检查组等，许多都是“猫不逮老鼠”的。如果认真、经常、细致地进行检查，这些案件是不会发生或者说不会演变成这样大的。目前商业银行层层下达不合理的任务特别是存款任务，从某种程度上促使了这些案件的发生。笔者注意到，哈尔滨的高山以及太原的杜建国都是国有商业银行的分理处主任，主要任务是拉存款，两个人都是善于交际、很有门路、很能够揽来存款的“能人”。存款指标完成得好坏不但关系到分理处主任的收入，还关系到他们的升迁。报道说，杜建国当上主任后，也曾经为完不成存款任务、拉不来存款而苦恼过。这就出现了这样一个轨迹：巨额的存款任务使这些分理处主任去结交社会上一些“资金贩子”，这些“资金贩子”搞来资金后向银行主任提出一些条件，银行主任迫于存款任务压力，只有勉强甚至违规答应。正是在这样的情况下，慢慢地走向内外勾结骗取存款的犯罪深渊。存款的恶性竞争，已经迫使各个商业银行拜倒在一些资金大户特别是一些公存大户的脚下，现在已经出现了资金大户炒银行的情况，涌现了一批“资金贩子”。太原和哈尔滨的两起案子涉及的存款户都是公存户，没有一起是个人户头，这充分说明一些单位的人员利用本单位的巨额资金存款，得到了银行回报的一些利益，这是内外勾结能够得逞的一个原因。

二、商业银行内部控制研究

我国针对商业银行内部控制的研究始于 1996 年，中国人民银行在全国范围内组织人力对 2000 多个金融机构的内部控制状况进行了摸底调查，借鉴国际上的一些做法和经验，于 1997 年 5 月发布了《加强金融机构内部控制的指导原则》（以下简称《原则》），同年 12 月发布《关于进一步完善和加强金融机构内部控制建设的若干意见》。上述两个文件的发布，极大地推动了我国商业银行内部控制制度的建立，各商业银行按照文件规定，在 1998 年底初步建立起较为系统的内部控制制度并设立了内部稽核机构。但由于我国商业银行在内部控制体系建设方面起步晚，缺乏经验，且受传统思维定式和经营管理模式的影响，对内部控制认识不清、内部控制制度不健全、运行机制不畅等现象仍然存在，银行违规案件仍层出不穷。随着金融体制改革的进一步深入和中国加入世界贸易组织带来的冲击，我国商业银行内部控制面临越来越多的挑战，《原则》的不适应性也逐步表现出来。为此，2002 年 9 月 7 日，中国人民银行发布了《商业银行内部控制指引》（以下简称《指引》）。《指引》的发布标志着我国银行业内部控制的理论研究与实践进入了一个崭新的阶段。《指引》认为，内部控制是商业银行为实现经营目标，通过制定和实施一系列制度、程序和方法，对风险进行事前防范、事中控制和事后评价的动态过程和机制。《指引》认为，内部控制的目标有四个：一是确保国家法律规定和商业银行内部规章制度的贯彻执行；二是确保商业银行发展战略和经营目标的全面实施和充分实现；三是确保风险管理体系的有效性；四是确保业务记录、财务信息和其他管理信息的及时、完整和真实。商业银行内部控制应当贯彻全面、审慎、有效、独立的原则。

《指引》认为内部控制由五个要素组成，即控制环境、风险识别与评估、内部控制措施、信息交流与反馈、监督评价与纠正。并从内部控制的五个构成要素出发阐述了建立商业银行内部控制制度的基本要求，从授信业务、资金业务、存款及柜台业务、中间业务、会计业务、计算机系统等方面阐述了内部控制的重点，明确了内部控制建设、执行和监督、评价部门的职责。

以下以泉州市商业银行为例来说明内部控制体系建设的重要性。

商业银行是在竞争不断加剧的经济环境下成立和发展的，近几年的快速发展成就了泉州市商业银行的品牌，但是与先行城市商业银行的差距也扩大了。所以，构建适应泉州市商业银行现实特点的内部控制体系，必须有切实可行的指导思想与原则。第一，要坚持业务发展（效益）为主、内部控制（安全）并举的指导思想。生存与发展是企业的主题，先有发展，企业才有更多赢利，才可以有更多的资源配置在内部控制体系的改善方面。否则，与其他银行的差距会越来越大，将来会有被并购的危险。第二，构建完善的内部控制体系是一个复杂的系统工程，必须坚持逐步构建、分阶段有步骤完成的指导思想。内部控制体系涉及商业银行的企业层战略，涉及战略支撑系统各模块的业务流程重组、组织架构调整、部门职能划分、定岗定编等方面，复杂而且耗时，需要创新型人才引入并建立内部控制主体来统筹安排体系构建。

此外还需要满足以下原则要求：①整体性。商业银行内部控制系统是一个合乎规律、由管理控制和会计控制两个子系统及其单元组成的有机整体。整体性是系统最基本的属性，是研究和分析系统的基本出发点。在研究系统时，各组成部分简单叠加，并不能说明系统的整体性质和功能，而是必须了解各组成部分之间的全部内在关系后，才能推出整体的运动规律。对局部的研究，必须放在整体中，从和整体的各个部分的联系、制约中去加以研究。②运动性。商业银行内部控制系统时刻处在不断运动之中，一方面和外部时刻进行着信息的交换，同时系统内部的信息又在不断地变化和流动之中。这种不断的运动既是对原平衡态的背离，也是其存在的方式。系统的运动和控制是分不开的，控制和信息又是分不开的。商业银行内控系统采取闭环控制方式，通过和给定信息（标准和控制目标也是一种信息）的比较，当出现偏离信号时，系统就会确定它与控制目标的差距，及时反馈给有关管理者，并按照差距采取措施，以消除或减少差距。这就是控制。可见控制是一种在实际结果偏离标准时所采取的修正行为。③开放性。商业银行内部控制系统是在一定的经济社会环境下产生，又在特定的外界环境中存在和发展。外界环境发生变化会使以前设置的系统不再适用。系统必须和环境相适应，也只有适应环境才能生存和发展。"存在就是合理"的思想同样适合商业银行的经营管理。④层次性。商业银行内部控制系统可分四个层次：第一层次是商业银行内部控制母系统。第二层次由管理控制分系统和会计控制分系统组成。第三层次是分系统下众多的子系统。管理控制分系统中有各种业务经营组织方案；各种资产收付保管制度和维护制度，及同保护资产有关的人员职责规定，如现金、重要空白凭证、有价单证；与最高层次管理部门在决定交易授权方针时有关的程序和记录等。管理控制分系统包括信贷、结算、存款、信用卡、保函和外汇买卖等业务的内控子系统。会计管理控制分系统有健全的会计组织；为确保会计记录的正确性和可靠性而制定的各种制度、手续和办法；为确保资金正确运用、利润合理分配而制定的计划与程序。会计管理分系统包括联行、清算、出纳等业务的内控子系统。第四层次是子系统下众多的纵横交错的单元和元素。组成子系统的各单元和元素往往也是一个相对独立的控制支系统，如存款内控中有存取款账务控制、挂失控制、事后监督控制等。它们之间是按一定方式相互联系、相互作用、相互制约的关系。组成系统单元和元素的是业务流水线上的各个业务点。稽核人员关心的是控制过程中那些控制点，尤其是关键控制点的情况。⑤目的性。商业银行内部控制系统功能是防范金融风险，提高银行的有效经营。它的目的就是保证有效地贯彻管理层制定的经营目标和方针；保护银行资产的安全和有效运用，防风险于未然；确保会计记录和财务资料的正确性和可靠性；保持管理和经营工作的高效率。

内部控制体系包括：

纵向控制。内部控制是相对于一个独立的法人单位而言的，以泉州市商业银行为例，泉州市商业银行属于独立法人单位，控制机构及内容从纵向上分层次设置：①最高权力层控制决策层。股东大会是最高权力机关，有关重大的决策、措施、行动纲领等都由其作出，并直接控制决策层。②决策层控制管理层。建立行长负责，集行政检查监督、业务稽核审计和内部管理控制于一身的内控机构，对全行经营管理活动和经营风险进行控制，并直接控制管理层。③管理层控制执行层。设立内控机构，主要对法人负责，对所在行经营管理活动及其资产质量、资产负债比例、经营效益进行监督，对经营风险进行全面控制。④执行层控制操作者。另外，各职能部门应该自上而下纵向设置内控机制，对本职能部门所处理的业务进行控制。

横向制约。这是内部控制基本架构的第二个方面，它要求泉州市商业银行各部门各岗位人员都要处于制约机制的约束之中。具体而言，主要包括以下几个约束机制：①民主决策制约机制。即本行的有关重大决策都要经过相关部门的充分论证，不搞个人拍板，更不搞"一言堂"。②业务经营制约机制。遵循资产负债的内在联系，加强资产负债的比例管理。要尽快按照《贷款通则》的要求，建立起风险防范、风险监测、风险转化、风险责任约束机制。其实，商业银行按会计制度的要求，其财务管理、账务核算、款项收付等必须做到账账、账卡、账据、账实、账表、账款六相符，这六相符使得各岗位之间真正做到相互制约和监督，对于新型业务应根据目前的经营状况和发展趋势，按照《人民银行法》、《商业银行法》和《贷款通则》等法律法规的要求，进一步完善其规章制度。③成本核算和财务收支约束机制。商业银行应按照“三性”原则的要求，也要讲究效益，改变目前各部门围绕自身目标的运转现状，一切为了效益，按市场经济的要求，建立现代商业银行财务管理机制，对成本核算、财务收支都要与业务活动及行长的业绩直接挂钩，注重成本控制，按照目标成本或开支标准，对影响成本的各个环节加以控制，建立成本费用约束机制。④利润分配约束机制。保证利润合理分配，使银行有自我发展的能力，将利润与行长业绩挂钩，打破行与行之间分配上的“大锅饭”体制。⑤人力资源管理机制。内控要以人为本，充分发挥人的潜能，做到人尽其才，能者上，庸者下，任人唯贤；需要提升机制、淘汰机制、轮岗机制这三个相配套的人力资源机制安排，将内控体系与人力资源充分结合。⑥稽核监督机制。内部稽核是内控的重要组成部分。从内控层次上看，第一层次是各部门、岗位人员按业务规章、操作规程、法律法规的要求自律；第二层次是管理部门对其他各部门按岗位责任制和目标责任制进行考核管理；第三层次是稽核部门对业务经营财务会计活动进行再监督，实行对下一级营业单位的稽核派驻制，发挥稽核的事前、事中的预警作用。

相向反馈。商业银行内部控制制度系统的建立，还必须包括一系列的对内控执行情况的反馈系统。①预警预报系统。这个系统既能全面显示金融风险大小、预测预警信号，又能及时了解经营管理状况以及各项指标考核的完成情况，既有全局性的，又有局部性的。建立预警预报系统的目的是为了预知可能出现的错误；及时发现经营过程中的问题，防患于未然，减少失误和损失。因此，商业银行应围绕经营行为、业务管理、风险防范、资产安全，建立定期业务分析、信贷资产质量评估、运用风险评估制度；建立定期实物盘点、各种账证与账表的核对制度以及业务活动的事前、事中和事后监督制度；健全完善内部控制系统的评审和反馈，以及带有苗头性、倾向性的问题的预测、预报，把业务风险降到最低。②信息反馈系统。信息资料是对业务的全面记载，是商业银行经营活动的重要凭证。为此，商业银行必须保证信息畅通及时，以便于决策和纠偏。如果没有信息及其变换过程，就不存在反馈。如果没有信息反馈作用，也就不存在控制的机能。控制的全过程离不开信息及其变换反馈过程，内部控制系统要通过信息系统的处理才能达到目的。所以说控制的基础是信息，而信息需要通过反馈系统来取得，反馈是实现有效控制的必要条件。③内控评价系统。商业银行需要了解内控的效果，监管当局需要掌握金融机构内控的状况，这都涉及内控的评价。没有内控评价，就不知道内控的效果如何，也就不可能为以后的内控工作的优化创造条件。

商业银行内控评价包括评价的内容、评价的方法和评价的步骤。①评价的内容。一是健全性评价。即评价商业银行现行的规章制度等是否涵盖了各业务环节，每项规章制度是否在深度上到位。二是符合性评价。即评价商业银行现行的规章制度是否被认真执行，现实的规章制度是否不切实际而无法执行。三是功能性评价。即评价商业银行的内控制度、内控体系、内控办法是否能发挥应有的作用并取得满意的效果。②评价方法。主要包括调查问卷法、流程图法、关键控制点计分评价法、询问检查法等。③评价的步骤。分为两步，第一步，健全性测试。测试的内容有：一是控制环境。任何控制的实施都是在特定的环境背景下实现的，控制环境的好坏直接关系到控制点的运转。因此，要检查了解是否有合理有效的组织机构，是否按职责分离的原则设立，部门间、人员间是否互相制约、互相牵制；人员素质和业务能力是否适合。二是控制制度，检查各项制度是否健全。三是控制程序。检查各项业务的处理程序和手续。第二步，有效性措施。测试关键控制点，在经营活动中是否真实，内控制度是否贯彻执行，执行程序如何，是否发挥其功能，是否采取控制措施，控制目标是否达到。④标准调整系统。内部控制是相对于外部监管而言的。整个过程主要由组织内部实施，这包括制定标准、根据标准衡量工作成效和采取措施纠正偏差三个要素。简单的控制可能只涉及指出并纠正某一具体问题，而充分的内部控制则可能包括重新修订目标、制定新目标、调整标准和机构，以便及时在领导方法上作出更大的改变。传统的业务内部控制标准是过去沿用下来的，需要进行调整和补充。对于新兴业务应根据业务开展可能发生的问题，调整、设计新的内控标准，从而建立起符合泉州市商业银行各项业务开展的内控制度。

一个清晰科学的流程，应该将商业银行内部风险控制制度要求纳入流程中。每一项业务流程从起始到流程结束的每一个工作步骤，都要有确定的岗位，要有一定的工作输入与输出要求（也就是明晰工作界面），要有尽可能规范的时限要求，这样系统的流程再造，是组织结构调整、部门职能划分、工作分析后定岗定编的基础工作。由于这样的流程再造工程比较复杂，对于泉州市商业银行这样专注于业务发展、缺乏流程再造管理人才的城市银行来说，最好的办法是引入咨询公司的第三方服务，由咨询公司内的银行业管理专家队伍对其进行系统流程诊断，之后分期进行流程再造，项目咨询的目的是为了内部控制体系渗透到流程中。银行上市前曾请多家咨询公司进行项目咨询，其中包括业务流程再造。泉州市商业银行进行业务流程再造的同时，要引入业务电子化工程，用电子机制单证取代人工单证，进一步确保业务流程的可控性。电子化建设已经成为制约城市商业银行业务发展的“瓶颈”。电子信息技术在银行业务经营和内部管理方面的广泛应用已经成为世界性的趋势，泉州市商业银行在这方面是相对落后的，所以要增加投入，以改善服务手段。在内部控制体系结构化模型中，使用电子信息技术的优点是使业务操作和管理程序化、标准化，降低人为因素的干扰，最大限度地减少业务操作和管理的失误，同时，电子化流程的及时性和不可逆性能有效地防范从业人员的道德风险，另外，它能提供大量的业务管理工具，对银行提高管理效率、增加决策信息支援具有重要的意义。在城市商业银行系统，大家迫于竞争压力，往往热衷于业务操作和交易系统的电子化建设，而对于银行内部控制管理上的电子化应用还没有给予足够的重视。各行要更新意识，加快银行内控体系电子化建设步伐，以提高管理效率，增强市场竞争能力。

三、MCCN 筹资环节内部控制设计

内部控制主要体现在业务活动中，因而从业务程序入手完善内部控制制度有利于提高企业内部控制水平。将企业的业务流程同内部控制结合起来进行内部控制制度设计，能够

更好地实现内部控制目标。

（一）部门（岗位）设置与不相容职务的分离

1. 部门设置

经过对筹资内部控制的问题分析，我们知道公司要提高内部控制的效果，首先要改进公司的管理制度，尤其是根据企业规模的不断扩展，建立起与企业发展相适应的部门设置，在资金筹措额度与频度方面，设置筹资机构和配备专门从事筹资的人员。目前第一步是在 MCCN 公司财务部门指定专人负责，并给予培训，使其熟悉国家有关法律法规、相关国际惯例。其主要职责有：

（1）根据企业的具体情况和现实的经济环境研究企业的最佳资本结构，向财务总监提出建议。

（2）制定使企业筹资风险小、筹资成本低的筹资政策。

（3）负责拟定符合国家法律法规，切实可行的筹资方案。

（4）负责与金融机构等的联系、洽谈。

（5）调查筹资对象和中介机构的资信状况、服务质量、融资条件、利率、代理费用等。

（6）负责融资的签约谈判、合约起草。

2. 不相容职务分离

筹资业务的不相容职务分离，包括以下内容必须分离。

（1）筹资方案的拟定与对方案的审查批准岗位。

（2）筹资合同或协议的谈判、起草与合同、协议的审核岗位。

（3）与筹资有关的各种款项偿付的审批与执行岗位。

（4）证券的保管与会计记录岗位。

（5）筹资业务的执行与相关会计记录岗位。

这些职务（岗位）的分开设置，有利于发挥其相互牵制、相互制约的功能，可以尽可能减少差错与舞弊的发生。

3. 岗位责任制

对每个与筹资有关的部门和岗位，包括筹资方案的拟订、批准、审核、执行，资产的收取、还本付息的核准执行等经办人员，应该明确其职责、权限与责任以及与部门之间的联系方式，确保筹资业务按照预定的方案有序进行，以防止筹资业务发生错误与舞弊。筹资岗位责任制的要求是：在工作内容上，要明确各岗位所担任的工作项目与要求，明确职责范围和与之相适应的权限；要明确工作内容的质量标准，该标准必须是量化的、可以考核的质量标准；要明确各岗位处理问题的政策和纪律；明确与相关岗位之间的联系方式和沟通方法。

（二）建立筹资业务的授权审批制度

企业的授权可以分为一般授权与特殊授权两种。对于经常反复发生的业务属于一般授权范围，对于很少发生的业务属于特殊授权范围。筹资业务也不例外。筹资预算的规模应当适度，结构应当合理，方式应当适当可行。预算一经批准，必须切实贯彻执行。但预算仅仅是规定预算期间的资金总需求量，并不确定筹资的具体方式和渠道，也不确定筹资的结构和期限（长期还是短期），更不可能确定筹资成本和风险。然而，在实际筹资活动中这些都是不可回避的问题，得拟订筹资方案来解决。预算经批准后，必须严格贯彻执行。但是由于主客观条件的变化，对预算需要作调整，要按照预算调整的程序，报送审批。MCCN 公司由于是由德国公司投资成立，目前的投资完全由母公司提供担保，因此，每年的资金还要由总公司主管资金的部门予以批准，但是往年的预算与实际的偏差很大，曾经出现过资金链断裂，因此编制一个切实可行并与公司经营规划相配合的资金预算也是保证资金筹资管理的内部控制的一个很重要的环节。公司每年在第三个季度就会开始准备编制下一个三年的计划，主要是经营计划。经过公司各个部门的详细准备，报经集团总部和地区总部反复讨论，最后制订一个各方都接受的经营计划，其中下一年度的计划就是经营预算。但是由于经济运行瞬息万变，由于各种条件的变化，在每一年会对经营预算作三次大的修正，分别是一季度预测、二季度预测、三季度预测。这样，每个季度都会有一次对计划的回顾与修正，以使计划更加符合实际，能够跟上实际情况的发展。而资金预算，除了要跟随经营计划的调整来进行季度性调整以外，每月都要进行内部资金的平衡，并根据经营计划和季度预测来平衡和计算月度的资金方案，以此来保证资金的合理利用，资金流的合理和资金使用的高效。

（三）拟订筹资方案

筹资方案由企业的信用部门负责拟订，不设置信用部门的由财务部门负责拟订。在拟订筹资方案前必须明确两个前提：一是企业的筹资数额大、涉及面广而且不经常发生，应当属于特殊授权；二是银行短期借款，尤其是流动资金借款因为时间间隔短，筹资次数多，筹资数额不大，手续也相对简单，应当属于一般授权。筹资的特殊授权应当与投资的授权一样,依据《公司法》和企业章程的规定，由企业董事会集体行使决策权；银行短期借款应该属于一般授权，可以授予总经理行使决策权，总经理也可以将部分数额不大的短期融资决策权授予财务部门主管行使。筹资授权要明确下列几点：

（1）授权的方式。筹资决策批准的授权应该以书面的方式（如授权书）规定，不可以口头方式授权，因为口说无凭，一旦出现问题，可以推卸责任。

（2）授权程序。筹资授权应当分级授权，授与不授，不宜越级授权。比如，董事会既授权总经理，又授权财务负责人，对财务负责人的授权，授与不授、授大授小应当由总经理确定。在企业管理上最忌讳的是越级指挥，如果董事会直接授权财务负责人，就等于是架空了总经理，剥夺了总经理的权力。

（3）行使批准权必须经过一定的程序，如筹资预算、筹资方案必须经过多方面的论证，从中选择最优方案；行使筹资决策权者应对筹资的目标后果负责，若发生筹资不当所产生的损失和影响应当追究决策者的责任。

（4）严格禁止未经授权的机构和人员擅自办理筹资业务，违反者不论后果如何，应受到纪律处分。

（四）建立筹资决策程序制度

筹资决策主要涉及以下三个程序。

1. 编制筹资预算

筹资预算是企业整体预算的组成部分，是在预算期内需要新借入的长短期借款，经批准发行股票、债券等所作的规划。筹资预算应当符合企业发展战略的要求和资金需求的决策，由预算委员会组织编制。预算的编制应该体现“效益优先，总量平衡，以收定支，控制风险，权责对等”。

2. 拟订筹资方案

筹资方案由企业的信用部门负责拟订，不设置信用部门的由财务部门负责拟订。在拟订筹资方案前必须明确两个前提：一是企业的资本结构，二是企业的筹资政策。MCCN 公司目前没有设置单独的信用部门，所以信用部门的功能是归属在财务部门的，因此由财务部门来具体负责拟订筹资的方案。具体是在预算的指导下，根据资金运行的实际情况，编制月度资金平衡表，并依据此来拟订资金需要量，再结合公司能够运用的筹资渠道，目前跟德意志银行和比利时银行签署了融资协议，目前还有剩余的额度可以利用，除此以外，跟汇丰银行也有意向性的合作协议，在将来资金需要的情况下，可以在集团总部的帮助下取得新的融资额度。另外，由于中国加入世界贸易组织后，对外开放了金融市场，因此更多的外资银行进入中国，所以，跟其他的外资银行也保持接触，在需要时也可以开展谈判，争取好的融资条件。至于跟本地银行的合作，虽然国内的几家银行都进行了股份制改革，但是目前在北方地区，它们的体制依然僵硬，操作不够职业化和灵活，所以在贷款融资环节，目前不作为首选。只在平时的结算业务和票据业务上选择国内银行。

3. 审议筹资方案

筹资方案拟订完成后，应当呈报董事会下属的预算委员会，由该委员会组织由法律顾问、财务会计顾问、财务负责人、信用部门主管等参与的会议进行审议。在满足筹资的需求与可能的前提下，方案选优的标准应该是：

（1）筹资方案的总收益大于融资方案的总成本。

（2）公司的总体利益最大，总体成本最小。

（3）筹资要与投资结合，以投资决定筹资。

（4）程序和内容要符合与筹资相关的法律规定。

MCCN 公司的管理结构决定了筹资方案是由公司的财务部门拟订，然后经过与集团总部主管资金的负责人讨论方案，获得认可并由企业负责人即中外双方总经理认可并批准的情况下，经由董事会审议并最终批准。

四、HT 集团对外投资内部控制制度调查表设计举例

HT 集团对外投资内部控制制度调查表如表 3-1 所示。

表 3–1　HT 集团对外投资内部控制制度调查表

调查部门：HT 集团投资发展部

调查内容：投资业务内部控制制度　　　　调查日期：2005 年 12 月

调查问题	制度健全性测试			执行符合性测性		
	是	否	不一定	强	中	弱
1. 财务可行性研究是否定期进行？		√				
2. 投资计划是否依据财务可行性分析资料来编制？	√				√	
3. 投资计划编制时是否征求投资顾问的意见？	√					√
4. 投资计划编制人员是否同审批人职务上分离？	√			√		
5. 不同性质和金额标准的投资是否由规定级别的股东或董事会批准？			√		√	
6. 联签制度是否严格执行？			√		√	
7. 有关投资决策的书面文件是否予以编号控制？			√			√
8. 投资中介人的选择是否经过一定的审定程序？			√			
9. 经纪人购置或处置有价证券是否根据经总经理签署的投资指令？	√					√
10. 对投资的收益和风险分析是否充分，投资的变现能力、可收回性的评价是否到位？		√				√
11. 经纪人成交通知书是否由财务负责人进行审核？			√		√	
12. 经纪人交来的证券实物是否由两名以上职员根据成交通知书进行复核？		√				
13. 有价证券是否委托独立的机构代为保管？	√					√
14. 自行保管的有价证券是否均存放在保险箱内？	√			√		
15. 有价证券是否只有被授权的人才能接触？	√				√	
16. 存放证券或开启保险箱是否有两个以上职员同时在场？	√					√
17. 证券保管人员是否同投资业务审批人、财务记录人、现金业务处理人进行职务分离？	√					√
18. 有价证券是否由独立职员定期进行实物盘点？	√					√
19. 对外联营长期投资是否每年进行清查？是否了解被投资单位的财务状况、经营成果？			√			√
20. 除记名证券外，投资证券是否均以公司的名义来记载或登记？			√		√	
21. 各种投资是否均设明细账？			√		√	
22. 投资明细账是否定期与总分类账和证券实物登记簿进行核对？	√					√
23. 证券实物盘点数与账面数或明细账与证券实物登记簿和总分类账之间的差异是否进行调查后才调整？	√					√
24. 证券购入时是否以刚购置成本进行入账？	√					√
25. 投资收益确认是否合法合理？	√					√
26. 投资证券前期末计价，如采用市价法或成本与市价孰低法时，市价的确定是否由独立职员进行审核？		√				
27. 长期投资股票计价采用权益法时，会计核算是否符合国家政策？			√			√
28. 长期投资期末计价是否合理？是否计提了长期投资减值准备？长期投资转让的出售价与账面价值差额，期末市价与账面价值的差额，当期收入的利息、股息是否均反映在当期的投资收益或损失中？			√			√

结论：HT 集团对外投资内部控制制度较健全，但制度执行符合性较差，漏洞较多。

第四章　采购业务控制技术

第一节　采购业务控制流程

采购业务流程主要涉及编制需求计划和采购计划、请购、选择供应商、确定采购价格、订立框架协议或采购合同、管理供应过程、验收、退货、付款、会计控制等环节。如图 4–1 所示。该图列示的采购流程适用于各类企业的一般采购业务，具有通用性。企业在

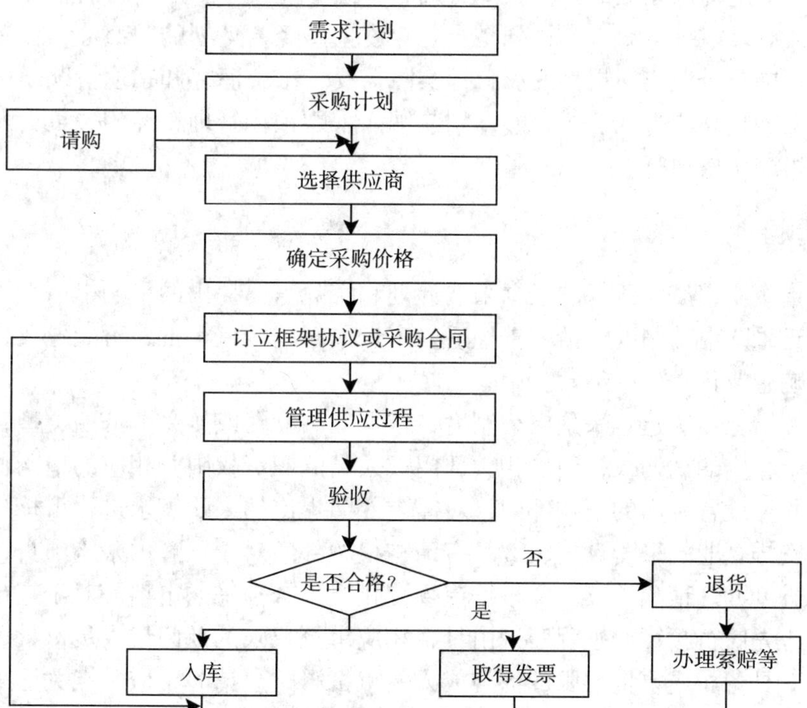

图 4–1　采购业务控制流程

实际开展采购业务时，可以参照此流程，并结合自身情况予以扩充和具体化。

第二节　采购业务控制关键风险点

一、编制需求计划和采购计划

采购业务从计划（或预算）开始，包括需求计划和采购计划。企业实务中，需求部门一般根据生产经营需要向采购部门提出物资需求计划，采购部门根据该需求计划归类汇总平衡现有库存物资后，统筹安排采购计划，并按规定的权限和程序审批后执行。该环节的主要风险是：需求或采购计划不合理、不按实际需求安排采购或随意超计划采购，甚至与企业生产经营计划不协调等。

主要管控措施：①生产、经营、项目建设等部门，应当根据实际需求准确、及时编制需求计划。需求部门提出需求计划时，不能指定或变相指定供应商。对独家代理、专有、专利等特殊产品应提供相应的独家、专有资料，经专业技术部门研讨后，经具备相应审批权限的部门或人员审批。②采购计划是企业年度生产经营计划的一部分，在制订年度生产经营计划过程中，企业应当根据发展目标实际需要，结合库存和在途情况，科学安排采购计划，防止采购过高或过低。③采购计划应纳入采购预算管理，经相关负责人审批后，作为企业刚性指令严格执行。

二、请购

请购是指企业生产经营部门根据采购计划和实际需要提出的采购申请。该环节的主要风险是：缺乏采购申请制度，请购未经适当审批或超越授权审批，可能导致采购物资过量或短缺，影响企业正常生产经营。

主要管控措施：①建立采购申请制度，依据购买物资或接受劳务的类型，确定归口管理部门，授予相应的请购权，明确相关部门或人员的职责权限及相应的请购程序。企业可以根据实际需要设置专门的请购部门，对需求部门提出的采购需求进行审核，并进行归类汇总，统筹安排企业的采购计划。②具有请购权的部门对于预算内采购项目，应当严格按照预算执行进度办理请购手续，并根据市场变化提出合理采购申请。对于超预算和预算外采购项目，应先履行预算调整程序，由具备相应审批权限的部门或人员审批后，再行办理请购手续。③具备相应审批权限的部门或人员审批采购申请时，应重点关注采购申请内容是否准确、完整，是否符合生产经营需要，是否符合采购计划，是否在采购预算范围内等。对不符合规定的采购申请，应要求请购部门调整请购内容或拒绝批准。

三、选择供应商

选择供应商，也就是确定采购渠道。它是企业采购业务流程中非常重要的环节。该环节的主要风险是：供应商选择不当，可能导致采购物资质次价高，甚至出现舞弊行为。

主要管控措施：①建立科学的供应商评估和准入制度，对供应商资质信誉情况的真实性和合法性进行审查，确定合格的供应商清单，健全企业统一的供应商网络。企业新增供应商的市场准入、供应商新增服务关系以及调整供应商物资目录，都要由采购部门根据需要提出申请，并按规定的权限和程序审核批准后，纳入供应商网络。企业可委托具有相应资质的中介机构对供应商进行资信调查。②采购部门应当按照公平、公正和竞争的原则，择优确定供应商，在切实防范舞弊风险的基础上，与供应商签订质量保证协议。③建立供应商管理信息系统和供应商淘汰制度，对供应商提供物资或劳务的质量、价格、交货及时性、供货条件及其资信、经营状况等进行实时管理和考核评价，根据考核评价结果，提出供应商淘汰和更换名单，经审批后对供应商进行合理选择和调整，并在供应商管理系统中作出相应记录。

四、确定采购价格

如何以最优“性价比”采购到符合需求的物资，是采购部门的永恒主题。该环节的主要风险是：采购定价机制不科学，采购定价方式选择不当，缺乏对重要物资品种价格的跟踪监控，引起采购价格不合理，可能造成企业资金损失。

主要管控措施：①健全采购定价机制，采取协议采购、招标采购、询比价采购、动态竞价采购等多种方式，科学合理地确定采购价格。对标准化程度高、需求计划性强、价格相对稳定的物资，通过招标、联合谈判等公开、竞争方式签订框架协议。②采购部门应当定期研究大宗通用重要物资的成本构成与市场价格变动趋势，确定重要物资品种的采购执行价格或参考价格。建立采购价格数据库，定期开展重要物资的市场供求形势及价格走势商情分析并合理利用。

五、订立框架协议或采购合同

框架协议是企业与供应商之间为建立长期物资购销关系而作出的一种约定。采购合同是指企业根据采购需要、确定的供应商、采购方式、采购价格等情况与供应商签订的具有法律约束力的协议，该协议对双方的权利、义务和违约责任等情况作出了明确规定（企业向供应商支付合同规定的金额、结算方式，供应商按照约定时间、期限、数量与质量、规格交付物资给采购方）。该环节的主要风险是：框架协议签订不当，可能导致物资采购不顺畅；未经授权对外订立采购合同，合同对方主体资格、履约能力等未达要求，合同内容存在重大疏漏和欺诈，可能导致企业合法权益受到侵害。

主要管控措施：①对拟签订框架协议的供应商的主体资格、信用状况等进行风险评估；框架协议的签订应引入竞争制度，确保供应商具备履约能力。②根据确定的供应商、采购方式、采购价格等情况，拟订采购合同，准确描述合同条款，明确双方权利、义务和违约责任，按照规定权限签署采购合同。对于影响重大、涉及较高专业技术或法律关系复杂的合同，应当组织法律、技术、财会等专业人员参与谈判，必要时可聘请外部专家参与相关工作。③对重要物资验收量与合同量之间允许的差异，应当作出统一规定。

六、管理供应过程

管理供应过程，主要是指企业建立严格的采购合同跟踪制度，科学评价供应商的供货情况，并根据合理选择的运输工具和运输方式，办理运输、投保等事宜，实时掌握物资采购供应过程的情况。该环节的主要风险是：缺乏对采购合同履行情况的有效跟踪，运输方式选择不合理，忽视运输过程保险风险，可能导致采购物资损失或无法保证供应。

主要管控措施：①依据采购合同中确定的主要条款跟踪合同履行情况，对有可能影响生产或工程进度的异常情况，应出具书面报告并及时提出解决方案，采取必要措施，保证需求物资的及时供应。②对重要物资建立并执行合同履约过程中的巡视、点检和监造制度。对需要监造的物资，择优确定监造单位，签订监造合同，落实监造责任人，审核确认监造大纲，审定监造报告，并及时向技术等部门通报。③根据生产建设进度和采购物资特性等因素，选择合理的运输工具和运输方式，办理运输、投保等事宜。④实行全过程的采购登记制度或信息化管理，确保采购过程的可追溯性。

七、验收

验收是指企业对采购物资和劳务的检验接收，以确保其符合合同相关规定或产品质量要求。该环节的主要风险是：验收标准不明确、验收程序不规范、对验收中存在的异常情况不作处理，可能造成账实不符、采购物资损失。

主要管控措施：①制定明确的采购验收标准，结合物资特性确定必检物资目录，规定此类物资出具质量检验报告后方可入库。②验收机构或人员应当根据采购合同及质量检验部门出具的质量检验证明，重点关注采购合同、发票等原始单据与采购物资的数量、质量、规格型号等核对一致。对验收合格的物资，填制入库凭证，加盖物资“收讫章”，登记实物账，及时将入库凭证传递给财会部门。物资入库前，采购部门须检查质量保证书、商检证书或合格证等证明文件。验收时涉及技术性强的、大宗的和新、特物资，还应进行专业测试，必要时可委托具有检验资质的机构或聘请外部专家协助验收。③对于验收过程中发现的异常情况，比如无采购合同或大额超采购合同的物资、超采购预算采购的物资、毁损的物资等，验收机构或人员应当立即向企业有权管理的相关机构报告，相关机构应当查明原因并及时处理。对于不合格物资，采购部门依据检验结果办理让步接收、退货、索赔等事宜。对延迟交货造成生产建设损失的，采购部门要按照合同约定索赔。

八、付款

付款是指企业在对采购预算、合同、相关单据凭证、审批程序等内容审核无误后，按照采购合同规定及时向供应商办理支付款项的过程。该环节的主要风险是：付款审核不严格、付款方式不恰当、付款金额控制不严，可能导致企业资金损失或信用受损。

主要管控措施：企业应当加强采购付款的管理，完善付款流程，明确付款审核人的责任和权力，严格审核采购预算、合同、相关单据凭证、审批程序等相关内容，审核无误后按照合同规定，合理选择付款方式，及时办理付款。要着力关注以下方面：①严格审查采购发票等票据的真实性、合法性和有效性，判断采购款项是否确实应予支付。如审查发票填制的内容是否与发票种类相符合、发票加盖的印章是否与票据的种类相符合等。企业应当重视采购付款的过程控制和跟踪管理，如果发现异常情况，应当拒绝向供应商付款，避免出现资金损失和信用受损。②根据国家有关支付结算的相关规定和企业生产经营的实际，合理选择付款方式，并严格遵循合同规定，防范付款方式不当带来的法律风险，保证资金安全。除了不足转账起点金额的采购可以支付现金外，采购价款应通过银行办理转账。③加强预付账款和定金的管理，涉及大额或长期的预付款项，应当定期进行追踪核查，综合分析预付账款的期限、占用款项的合理性、不可收回风险等情况，发现有疑问的预付款项，应当及时采取措施，尽快收回款项。

九、会计控制

会计控制主要指采购业务会计系统控制。该环节的主要风险是：缺乏有效的采购会计系统控制，不能全面真实地记录和反映企业采购各环节的资金流和实物流情况，相关会计记录与相关采购记录、仓储记录不一致，可能导致企业采购业务不能如实反映，以至于采购物资和资金受损。

主要管控措施：①企业应当加强对购买、验收、付款业务的会计系统控制，详细记录供应商情况、采购申请、采购合同、采购通知、验收证明、入库凭证、退货情况、商业票据、款项支付等情况，做好采购业务各环节的记录，确保会计记录、采购记录与仓储记录核对一致。②指定专人通过函证等方式，定期向供应商寄发对账函，核对应付账款、应付票据、预付账款等往来款项，对供应商提出的异议应及时查明原因，报有权管理的部门或人员批准后，作出相应调整。

第三节　采购业务控制程序

一、购买

企业的采购业务应当集中，避免多头采购或分散采购，以提高采购业务效率，降低采购成本，堵塞管理漏洞。企业应当对办理采购业务的人员定期进行岗位轮换。重要和技术性较强的采购业务，应当组织相关专家进行论证，实行集体决策和审批。企业除小额零星物资或服务外，不得安排同一机构办理采购业务全过程。

企业应当建立采购申请制度，依据购买物资或接受劳务的类型，确定归口管理部门，授予相应的请购权，明确相关部门或人员的职责权限及相应的请购和审批程序。

企业可以根据实际需要设置专门的请购部门，对需求部门提出的采购需求进行审核，并进行归类汇总，统筹安排企业的采购计划。

具有请购权的部门对于预算内采购项目，应当严格按照预算执行进度办理请购手续，并根据市场变化提出合理采购申请。对于超预算和预算外采购项目，应先履行预算调整程序，由具备相应审批权限的部门或人员审批后，再行办理请购手续。

企业应当建立科学的供应商评估和准入制度，确定合格供应商清单，与选定的供应商签订质量保证协议，建立供应商管理信息系统，对供应商提供物资或劳务的质量、价格、交货及时性、供货条件及其资信、经营状况等进行实时管理和综合评价，根据评价结果对供应商进行合理选择和调整。

企业可委托具有相应资质的中介机构对供应商进行资信调查。

企业应当根据市场情况和采购计划合理选择采购方式。大宗采购应当采用招标方式，合理确定招投标的范围、标准、实施程序和评标规则；一般物资或劳务等的采购可以采用询价或定向采购的方式并签订合同协议；小额零星物资或劳务等的采购可以采用直接购买等方式。

企业应当建立采购物资定价机制，采取协议采购、招标采购、谈判采购、询比价采购等多种方式合理确定采购价格，最大限度地减小市场变化对企业采购价格的影响。

大宗采购等应当采用招投标方式确定采购价格，其他商品或劳务的采购，应当根据市场行情制定最高采购限价，并对最高采购限价适时调整。

企业应当根据确定的供应商、采购方式、采购价格等情况拟订采购合同，准确描述合同条款，明确双方权利、义务和违约责任，按照规定权限签订采购合同。

企业应当根据生产建设进度和采购物资特性，选择合理的运输工具和运输方式，办理运输、投保等事宜。

企业应当建立严格的采购验收制度，确定检验方式，由专门的验收机构或验收人员对采购项目的品种、规格、数量、质量等相关内容进行验收，出具验收证明。涉及大宗和新、特物资采购的，还应进行专业测试。

验收过程中发现的异常情况，负责验收的机构或人员应当立即向企业有权管理的相关机构报告，相关机构应当查明原因并及时处理。

企业应当加强物资采购过程的管理，依据采购合同中确定的主要条款跟踪合同履行情况，对有可能影响生产或工程进度的异常情况，应出具书面报告并及时提出解决方案。

企业应当做好采购业务各环节的记录，实行全过程的采购登记制度或信息化管理，确保采购过程的可追溯性。

二、付款

企业应当加强采购付款的管理，完善付款流程，明确付款审核人的责任和权力，严格审核采购预算、合同、相关单据凭证、审批程序等相关内容，审核无误后按照合同规定及时办理付款。企业在付款过程中，应当严格审查采购发票的真实性、合法性和有效性。发现虚假发票的，应查明原因，及时报告处理。企业应当重视采购付款的过程控制和跟踪管理，发现异常情况的，应当拒绝付款，避免出现资金损失和信用受损。企业应当合理选择付款方式，并严格遵循合同规定，防范付款方式不当带来的法律风险，保证资金安全。

企业应当加强预付账款和定金的管理。涉及大额或长期的预付款项，应当定期进行追踪核查，综合分析预付账款的期限、占用款项的合理性、不可收回风险等情况，发现有疑问的预付款项，应当及时采取措施。企业应当加强对购买、验收、付款业务的会计系统控制，详细记录供应商情况、请购申请、采购合同、采购通知、验收证明、入库凭证、商业票据、款项支付等情况，确保会计记录、采购记录与仓储记录核对一致。企业应当指定专人通过函证等方式，定期与供应商核对应付账款、应付票据、预付账款等往来款项。

企业应当建立退货管理制度，对退货条件、退货手续、货物出库、退货货款回收等作出明确规定，并在与供应商的合同中明确退货事宜，及时收回退货货款。涉及符合索赔条件的退货，应在索赔期内及时办理索赔。

第四节　采购业务控制案例分析

以下是某公司材料采购控制设计过程，包括流程图设计与采购业务控制程序。该公司控制程序见图 4-2。

一、材料采购流程与风险控制

首先，由生产部门报计划，物流部门发布订单，确定材料需求；其次，采购部门选择供应商，经管理层批准后，下达购买订单；再次，采购部门拟订合同，合同经授权后执行；最后，进行材料采购。

风险分析。价格过高的风险，主要出现的环节是图 4-2 中 2、3、4、5。企业购买的材料价格过高的原因可能有：供应商的竞价不够；没有进行足够价格谈判等。材料价格过高会导致企业产品的单位成本上升，总成本随之增加，最后导致企业利润下降。合同条款不符企业材料购买目标的风险，主要出现的环节是图 4-2 中 10、11、12、13、14、15。主要的原因是：合同条款不清晰，没有明确数量、价格、规格、质量、运输、付款和交付等要求，或者有利于供应商。这些都会导致材料成本上升和质量不符要求，最后企业利润下降。不必要材料的购买风险，主要出现的环节是图 4-2 中 1、8。这种情况出现的原因主要是企业没有合理的预测产品销售量，从而下达了过多的生产任务，自然会导致多购买材料，这样会造成不必要的浪费。

风险应对。企业要积极进行价格谈判，寻找有利的供应商，最终获得有利的价格条款。建立供应商档案、存货价格档案及价格评价体系。对企业的供应商建立档案，供应商档案详细记录其地址、联系方式、付款条件、交货条款、信用状况、商品质量和银行账号等。公司还采用了供应商审计来有效防止企业采购回来的原材料成本过高的风险。所谓供应商审计是指公司采购部门负责与外部供应商就采购订单和合同进行谈判，在合同中确定“有权审计条款”，保证公司有权在某些情况下对供应商提供的产品的生产成本资料进行审计。企业为避免合同条款不符合企业采购目标的风险，必须审慎地订立合同条款。存货采购合同是由存货采购部门负责管理，会计控制人员在此环节主要起监督作用。会计部门应

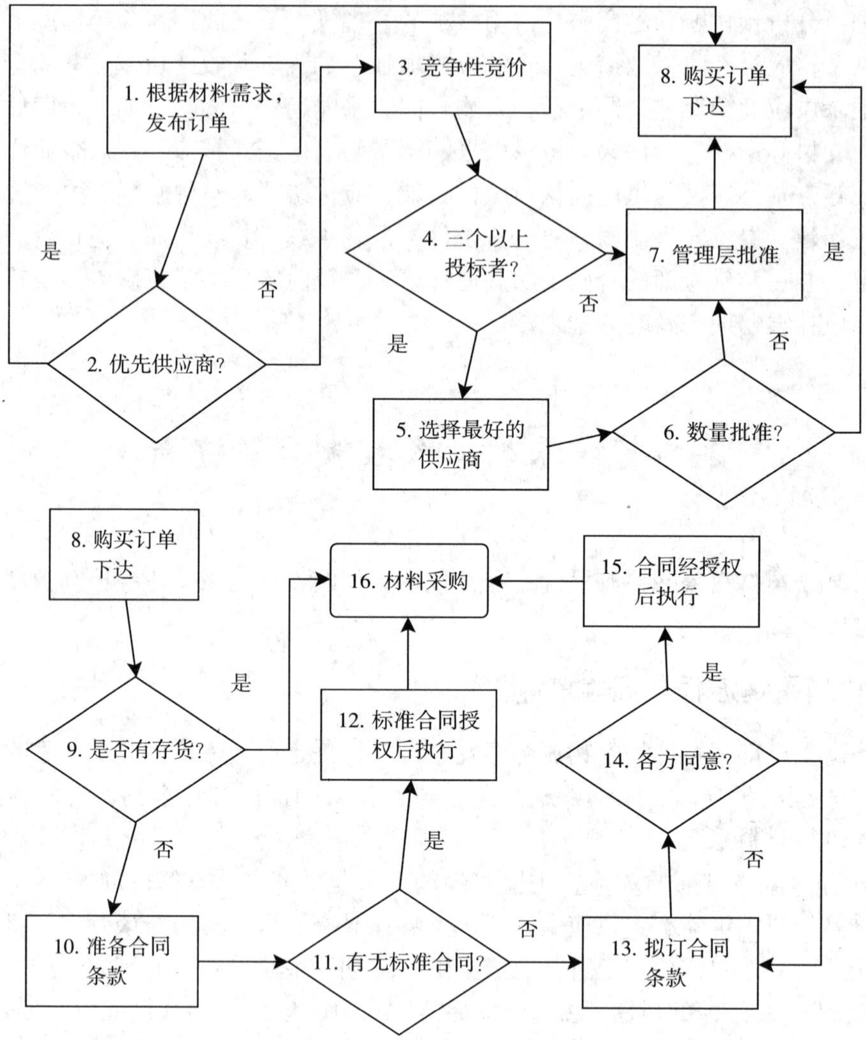

图 4–2　某公司材料采购控制程序

根据授权对采购合同签订前进行控制，并对已签订的重要合同内容进行监督与审查。采购合同包括数量、价格、规格、质量、运输、付款和交付要求等内容。解决不必要的材料购买风险的根本办法是合理预测企业的产品需求等内容。存货计划的合理制订是存货控制的一项重要内容，对采购、销售及均衡库存具有很强的制约作用。采购物品应当经生产部门报计划，物流部门发布订单，采购部门选择供应商并拟订采购合同，经授权人批准。各部门间保持有效的沟通以确保按销售预测、生产目标来制订新的采购计划。

二、存货运输和验收入库流程图与风险控制

存货运输和验收入库流程见图 4–3。

风险分析。运输过程中的风险，出现的环节主要在图 4–3 中 1. 由于承运人的过错可能会导致运输过程中存货的非定额内的损耗。公司通过 CMMS 检查材料的收货情况。不

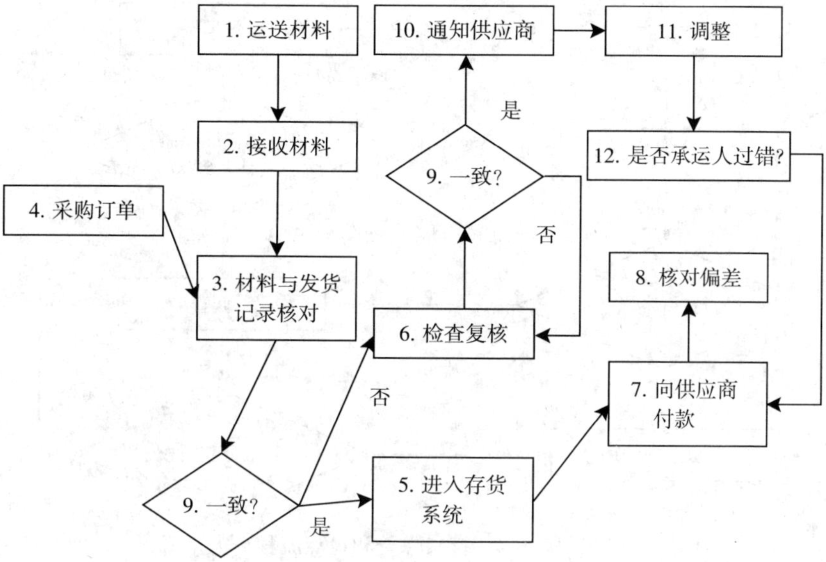

图 4–3　存货运输和验收入库流程

严格履行验收程序的风险，出现的环节主要在图 4–3 中 3、4、5、6。不严格履行验收程序会导致接收的存货不符合企业生产的要求，或者是收到的存货在数量和质量上与收到的发出存货单不一致。主要原因是：验收人员与采购人员没有职务分离或验收人员的失职行为。验收手段落后的风险，出现的环节主要在图 4–3 中 2. 验收的重点在两个方面，即数量和质量。在质量验收时，有些需较高的专业知识或需经仪器、实验才能检验，落后的验收手段则没法对采购的商品进行质量检验。

风险应对。若是其他单位承运货物，则需要严格选择信任的承运人；若是企业自己运输则需加强货物的运输管理；可以通过购买保险等手段降低存货的非正常损耗。采购商品的验收工作要由独立于请购、采购、物流部门和会计部门的人员担任，验收职责还要独立于仓库保管和记录职责。当货物到达公司时，由验收部门对到达公司的货物与经批准的采购订单/ASN、数量、质量要求和产品规格进行验收，并由物流部门专人进行复核、抽查监控后才能接收。验收部门按照订货单上的数量和质量标准，对采购商品执行验收程序。制定验收人员经济责任追究制度。如不严格履行验收程序，将赔偿数量、质量方面的经济损失，并给予适当的行政纪律处分。验收的重点在两个方面，即数量和质量。验货凭据是购货合同、购货审批单；在数量验收时，应采用计数、过磅、测量等方法；在质量验收时，主要考查商品的外形是否有损坏、新旧程度和规格等。如需较高的专业知识或需经仪器、实验才能检验，则应送交专业机构进行验收。验收人员要对规格、数量和质量进行充分的（测试）检查——将不符合的内容记在收货单上，由物流部门与供应商协商进行解决。所有验收入库的存货应立即准确登记到存货管理系统中。

三、存货保管和盘点流程图与控制

存货保管和盘点流程见图 4–4。

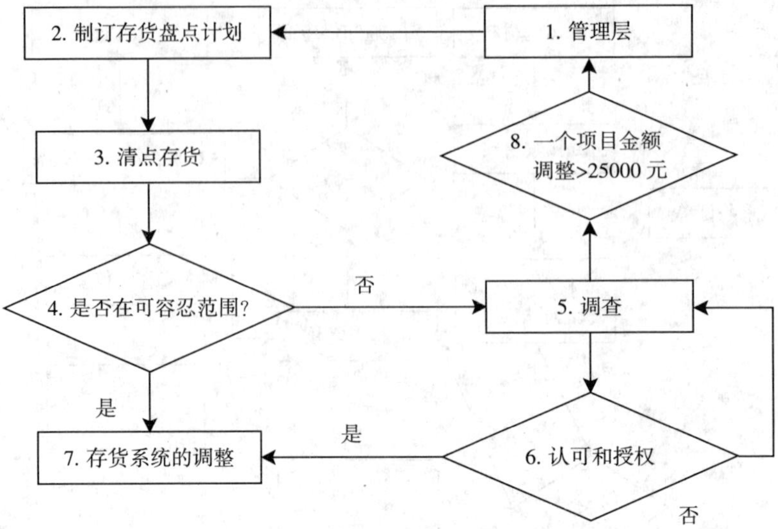

图 4-4　存货保管和盘点流程

由管理层制订存货盘点计划；清点存货时，如果偏差在可容忍的范围，则调整存货系统；如果偏差不在可容忍范围，要进行调查，由管理层认可和授权，才能调整存货系统。其中对一个项目调整金额大于25000 元的，要向管理层报告。

风险分析。存货存在流失、被偷窃的风险和不正确盘点的风险。出现环节主要在保管环节和图 4-4 中 2、3、4、5、6、7、8。存货的丢失和被偷窃，会造成存货记录在一定时期内虚假申报，因而影响管理层的正确决策，影响生产计划的执行，最终会使顾客的需求不能及时得到满足，降低了客户的满意度，同时也进一步影响了企业的良好信誉，最终会导致企业利润降低。造成存货丢失或偷窃的主要原因：没有一个严格的存货保管程序；没有对存货的使用进行授权；没有存货安全监督制度等。存货不正确盘点会导致存货会计记录不正确，会影响管理层作出正确决策，最终会影响到企业的利润。存货不正确盘点的主要原因：未按规定的制度以及授权进行盘点。

风险应对。建立一个标准的存货控制检查系统。为保证存货安全，企业应以限制接近为基本控制措施，只有经过授权的人员才能接触存货，建立健全安全保卫制度，严格限制出入库人员，下班后仓库各位置应有专人值班，以防止存货被偷窃。存货的保管人员责任与使用人员职责相互分离，存货的请购、采购、验收、记账、保管、领用、发放均由不同的人员担当。各部门职责范围明确，不存在越权行为。定期和不定期盘点，对丢失、被偷窃的材料及时追查责任并分析原因，尽快处理，防止再犯，对可能存在欺诈的现象要及时报告上级管理部门。存货定期盘点是为了保证存货实物量与账面库存量一致的、行之有效的重要措施。存货的盘点不能只由负责保管、使用或负责记账职能的职员来进行，而应由负责保管、使用、记账职能的职员以及独立于这些职能外的其他人员共同进行。

第五章　资产管理控制技术

资产作为企业重要的经济资源，是企业从事生产经营活动并实现发展战略的物质基础。资产管理贯穿于企业生产经营全过程，也就是通常所说的“实物流”管控。在企业早期的资产管理实践中，如何保障货币性资产的安全是内部控制的重点。在现代企业制度下，资产业务内部控制已从如何防范资金挪用、非法占用和实物资产被盗拓展到重点关注资产效能，充分发挥资产资源的物质基础作用。鉴于资产管理的重要性，《企业内部控制基本规范》将合理保证资产安全作为内部控制目标之一，同时单独制定了《企业内部控制应用指引第 8 号——资产管理》，着重对存货、固定资产和无形资产等资产提出了全面风险管控要求，旨在促进企业在保障资产安全的前提下，提高资产效能。

一般工商企业，存货、固定资产和无形资产在资产总额中占比最大。无论是新企业或是存续企业，为组织生产经营活动，都需要或已经制定了相关资产管理制度，按照严格的制度管理各项资产。为了保障资产安全、提升资产管理效能，企业应当全面梳理资产流程。在梳理过程中，既要注意从大类上区分存货、固定资产和无形资产，又要分别对存货、固定资产和无形资产等进行细化和梳理。比如，存货需要对原材料、在产品、半成品、产成品、商品、周转材料等进行梳理；固定资产需要对房屋建筑物、机器设备和其他固定资产进行梳理；无形资产需要对专利权、非专利技术、商标权、特许权、土地使用权等进行梳理。企业梳理资产管理流程，应当贯穿各类存货、固定资产和无形资产从“进入到退出”各个环节。

第一节　资产管理控制流程

存货主要包括原材料、在产品、产成品、半成品、商品及周转材料等；企业代销、代管、代修、受托加工的存货，虽不归企业所有，也应纳入企业存货管理范畴。不同类型的企业有不同的存货业务特征和管理模式；即使同一企业，不同类型存货的业务流程和管控方式也可能不尽相同。企业建立和完善存货内部控制制度，必须结合本企业的生产经营特点，针对业务流程中主要风险点和关键环节，制定有效的控制措施；同时，充分利用计算机信息管理系统，强化会计、出入库等相关记录，确保存货管理全过程的风险能够得到有效控制。图 5–1、图 5–2 分别列示了生产企业和商品流通企业存货流转的程序。

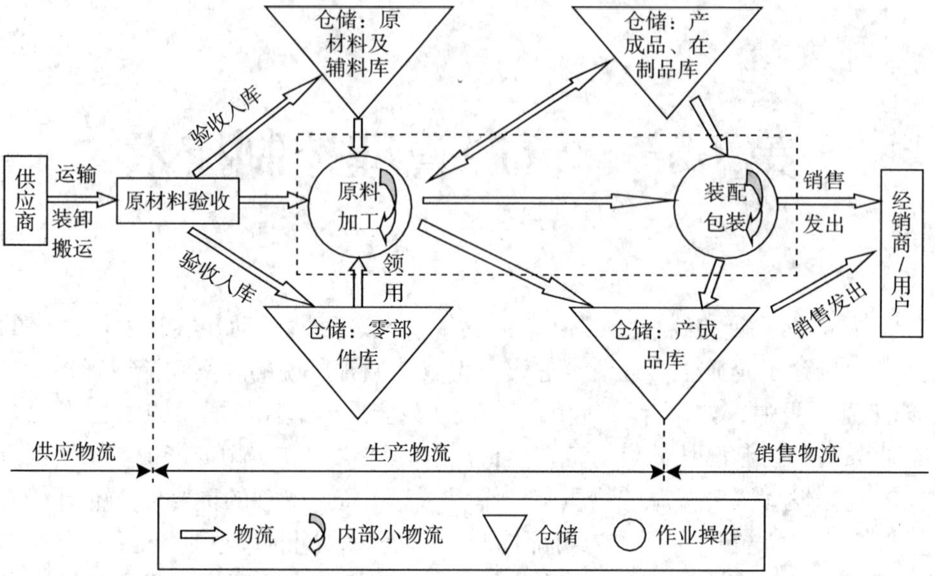

图 5–1　生产企业物流流程

从图 5–1 可以看出，一般生产企业的存货业务流程可分为取得验收、仓储保管、生产加工、盘点处置四个阶段，历经取得存货、验收入库、仓储保管、领用发出、原料加工、装配包装、盘点清查、销售处置等主要环节。具体到某个特定生产企业，存货业务流程可能较为复杂，不仅涉及上述所有环节，甚至有更多、更细的流程，且存货在企业内部要经历多次循环。比如，原材料要经历验收入库、领用加工，形成半成品后又入库保存或现场保管、领用半成品继续加工，加工完成为产成品后再入库保存，直至发出销售等过程。也有部分生产企业的生产经营活动较为简单，其存货业务流程可能只涉及上述阶段中的某几个环节。

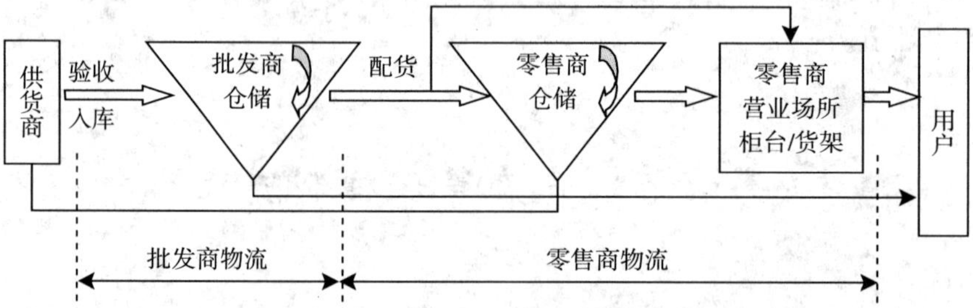

图 5–2　商品流通企业物流流程

从图 5–2 可以看出，作为商品流通企业的批发商的存货，通常经过取得、验收入库、仓储保管和销售发出等主要环节；零售商从生产企业或批发商那里取得商品，经验收后入库保管或者直接放置在经营场所对外销售。

第二节　资产管理控制关键风险点

概括来讲，无论是生产企业还是商品流通企业，存货取得、验收入库、仓储保管、领用发出、盘点清查、销售处置等是共有的环节。以下对这些环节可能存在的主要风险及管控措施加以阐述。

一、存货取得

存货的取得有外购、委托加工和自行生产等多种方式，企业应根据行业特点、生产经营计划和市场因素等综合考虑，本着成本效益原则，确定不同类型的存货取得方式。该环节的主要风险是：存货预算编制不科学、采购计划不合理，可能导致存货积压或短缺。

主要管控措施：企业存货管理实务中，应当根据各种存货采购间隔期和当前库存，综合考虑企业生产经营计划、市场供求等因素，充分利用信息系统，合理确定存货采购日期和数量，确保存货处于最佳库存状态。考虑到存货取得的风险管控措施主要体现在预算编制和采购环节，将由相关的预算和采购内部控制应用指引加以规范。

二、验收入库

无论是外购原材料或商品，还是本企业生产的产品，都必须经过验收（质检）环节，以保证存货的数量和质量符合合同等有关规定或产品质量要求。该环节的主要风险是：验收程序不规范、标准不明确，可能导致数量克扣、以次充好、账实不符。

主要管控措施：企业应当重视存货验收工作，规范存货验收程序和方法，着力做好以下工作。

（1）外购存货的验收应当重点关注合同、发票等原始单据与存货的数量、质量、规格等核对一致。涉及技术含量较高的货物，必要时可委托具有检验资质的机构或聘请外部专家协助验收。

（2）自制存货的验收，应当重点关注产品质量，通过检验合格的半成品、产成品才能办理入库手续，不合格品应及时查明原因、落实责任、报告处理。

（3）其他方式取得存货的验收，应当重点关注存货来源、质量状况、实际价值是否符合有关合同或协议的约定。经验收合格的存货进入入库或销售环节。仓储部门对于入库的存货，应根据入库单的内容对存货的数量、质量、品种等进行检查，符合要求的予以入库；不符合要求的，应当及时办理退换货等相关事宜。入库记录要真实、完整，定期与财会等相关部门核对，不得擅自修改。

三、仓储保管

一般而言，生产企业为保证生产过程的连续性，需要对存货进行仓储保管；商品流通企业的存货从购入到销往客户之间也存在仓储保管环节。该环节的主要风险是：存货仓储保管方法不适当、监管不严密，可能导致损坏变质、价值贬损、资源浪费。

主要管控措施：

（1）存货在不同仓库之间流动时，应当办理出入库手续。

（2）存货仓储期间要按照仓储物资所要求的储存条件妥善贮存，做好防火、防洪、防盗、防潮、防病虫害、防变质等保管工作，不同批次、型号和用途的产品要分类存放。生产现场的在加工原料、周转材料、半成品等要按照有助于提高生产效率的方式摆放，同时防止浪费、被盗和流失。

（3）对代管、代销、暂存、受托加工的存货，应单独存放和记录，避免与本单位存货混淆。

（4）结合企业实际情况，加强存货的保险投保，保证存货安全，合理降低存货意外损失风险。

（5）仓储部门应对库存物料和产品进行每日巡查和定期抽检，详细记录库存情况；发现毁损、存在跌价迹象的，应及时与生产、采购、财务等相关部门沟通。对于进入仓库的人员应办理进出登记手续，未经授权人员不得接触存货。

四、领用发出

生产企业生产部门领用原材料、辅料、燃料和零部件等用于生产加工、仓储部门根据销售部门开出的发货单向经销商或用户发出产成品，商品流通领域的批发商根据合同或订货单等向下游经销商或零售商发出商品、消费者凭交款凭证等从零售商处取走商品等，都涉及存货领用发出问题。该环节的主要风险是：存货领用发出审核不严格、手续不完备，可能导致货物流失。

主要管控措施：

（1）企业应当根据自身的业务特点，确定适用的存货发出管理模式，制定严格的存货准出制度，明确存货发出和领用的审批权限，健全存货出库手续，加强存货领用记录。通常情况下，对于一般的生产企业，仓储部门应核对经过审核的领料单或发货通知单的内容，做到单据齐全，名称、规格、计量单位准确。

（2）符合条件的准予领用或发出，并与领用人当面核对、点清交付。在商场超市等商品流通企业，在存货销售发出环节应侧重于防止商品失窃、随时整理弃置商品、每日核对销售记录和库存记录等。无论是何种企业，对于大批存货、贵重商品或危险品的发出，均应当实行特别授权；仓储部门应当根据经审批的销售（出库）通知单发出货物。

五、盘点清查

存货盘点清查一方面是要核对实物的数量，是否与相关记录相符、是否账实相符；另一方面也要关注实物的质量，是否有明显的损坏。该环节的主要风险是：存货盘点清查制度不完善、计划不可行，可能导致工作流于形式、无法查清存货真实状况。

主要管控措施：

（1）企业应当建立存货盘点清查工作规程，结合本企业实际情况确定盘点周期、盘点流程、盘点方法等相关内容，定期盘点和不定期抽查相结合。

（2）盘点清查时，应拟订详细的盘点计划，合理安排相关人员，使用科学的盘点方法，保持盘点记录的完整，以保证盘点的真实性、有效性。盘点清查结果要及时编制盘点表，形成书面报告，包括盘点人员、时间、地点，实际所盘点存货名称、品种、数量、存放情况以及盘点过程中发现的账实不符情况等内容，对盘点清查中发现的问题，应及时查明原因，落实责任，按照规定权限报经批准后处理。

（3）多部门人员共同盘点，应当充分体现相互制衡，严格按照盘点计划，认真记录盘点情况。此外，企业至少应当于每年年度终了开展全面的存货盘点清查，及时发现存货减值迹象，将盘点清查结果形成书面报告。

六、销售处置

存货销售处置是存货退出企业生产经营活动的环节，包括商品和产成品的正常对外销售以及存货因变质、毁损等进行的处置。该环节的主要风险是：存货报废处置责任不明确、审批不到位，可能导致企业利益受损。

主要管控措施：企业应定期对存货进行检查，及时、充分了解存货的存储状态，对于存货变质、毁损、报废或流失的处理要分清责任、分析原因、及时合理。

第三节　资产管理控制程序

一、存货

企业应当采用先进的存货管理技术和方法，规范存货管理流程，明确存货取得、验收入库、仓储保管、领用发出、盘点清查、销售处置等环节的管理要求，充分利用信息系统，强化会计、出入库等相关记录，确保存货管理全过程的风险得到有效控制。

企业应当建立存货管理岗位责任制，明确内部相关部门和岗位的职责权限，切实做到不相容岗位相互分离、制约和监督。

企业内部除存货管理、监督部门及仓储人员外，其他部门和人员接触存货，应当经过相关部门特别授权。

企业应当重视存货验收工作，规范存货验收程序和方法，对入库存货的数量、质量、技术规格等方面进行查验，验收无误方可入库。

外购存货的验收，应当重点关注合同、发票等原始单据与存货的数量、质量、规格等核对一致。涉及技术含量较高的货物，必要时可委托具有检验资质的机构或聘请外部专家协助验收。

自制存货的验收，应当重点关注产品质量，通过检验合格的半成品、产成品才能办理入库手续，不合格品应及时查明原因、落实责任、报告处理。

其他方式取得存货的验收，应当重点关注存货来源、质量状况、实际价值是否符合有关合同或协议的约定。

企业应当建立存货保管制度，定期对存货进行检查，重点关注下列事项：

（1）存货在不同仓库之间流动时应当办理出入库手续。

（2）应当按仓储物资所要求的储存条件贮存，并健全防火、防洪、防盗、防潮、防病虫害和防变质等管理规范。

（3）加强生产现场的材料、周转材料、半成品等物资的管理，防止浪费、被盗和流失。

（4）对代管、代销、暂存、受托加工的存货，应单独存放和记录，避免与本单位存货混淆。

（5）结合企业实际情况，加强存货的保险投保，保证存货安全，合理降低存货意外损失风险。

企业应当明确存货发出和领用的审批权限，大批存货、贵重商品或危险品的发出应当实行特别授权。仓储部门应当根据经审批的销售（出库）通知单发出货物。

企业仓储部门应当详细记录存货入库、出库及库存情况，做到存货记录与实际库存相符，并定期与财会部门、存货管理部门进行核对。

企业应当根据各种存货采购间隔期和当前库存，综合考虑企业生产经营计划、市场供求等因素，充分利用信息系统，合理确定存货采购日期和数量，确保存货处于最佳库存状态。

企业应当建立存货盘点清查制度，结合本企业实际情况确定盘点周期、盘点流程等相关内容，核查存货数量，及时发现存货减值迹象。企业至少应当于每年年度终了开展全面盘点清查，盘点清查结果应当形成书面报告。

盘点清查中发现的存货盘盈、盘亏、毁损、闲置以及需要报废的存货，应当查明原因、落实并追究责任，按照规定权限批准后处置。

二、固定资产

企业应当加强房屋建筑物、机器设备等各类固定资产的管理，重视固定资产维护和更新改造，不断提升固定资产的使用效能，积极促进固定资产处于良好的运行状态。企业应当制定固定资产目录，对每项固定资产进行编号，按照单项资产建立固定资产卡片，详细记录各项固定资产的来源、验收、使用地点、责任单位和责任人、运转、维修、改造、折旧、盘点等相关内容。企业应当严格执行固定资产日常维修和大修理计划，定期对固定资产进行维护保养，切实消除安全隐患。企业应当强化对生产线等关键设备运转的监控，严格操作流程，实行岗前培训和岗位许可制度，确保设备安全运转。

企业应当根据发展战略，充分利用国家有关自主创新政策，加大技改投入，不断促进固定资产技术升级，淘汰落后设备，切实做到保持本企业固定资产技术的先进性和企业发展的可持续性。

企业应当严格执行固定资产投保政策，对应投保的固定资产项目按规定程序进行审批，及时办理投保手续。

企业应当规范固定资产抵押管理，确定固定资产抵押程序和审批权限等。企业将固定资产用作抵押的，应由相关部门提出申请，经企业授权部门或人员批准后，由资产管理部门办理抵押手续。企业应当加强对接收的抵押资产的管理，编制专门的资产目录，合理评估抵押资产的价值。

企业应当建立固定资产清查制度，至少每年进行全面清查。对固定资产清查中发现的问题，应当查明原因，追究责任，妥善处理。企业应当加强固定资产处置的控制，关注固定资产处置中的关联交易和处置定价，防范资产流失。

三、无形资产

企业应当加强对品牌、商标、专利、专有技术、土地使用权等无形资产的管理，分类制定无形资产管理办法，落实无形资产管理责任制，促进无形资产有效利用，充分发挥无形资产对提升企业核心竞争力的作用。

企业应当全面梳理外购、自行开发以及其他方式取得的各类无形资产的权属关系，加强无形资产权益保护，防范侵权行为和法律风险。无形资产具有保密性质的，应当采取严格保密措施，严防泄露商业秘密。企业购入或者以支付土地出让金等方式取得的土地使用权，应当取得土地使用权有效证明文件。

企业应当定期对专利、专有技术等无形资产的先进性进行评估，淘汰落后技术，加大研发投入，促进技术更新换代，不断提升自主创新能力，努力做到核心技术处于同行业领先水平。

企业应当重视品牌建设，加强商誉管理，通过提供高质量产品和优质服务等多种方式，不断打造和培育主业品牌，切实维护和提升企业品牌的社会认可度。

第四节　资产管理控制案例分析

一、ABC 公司固定资产内控制度的设计

（一）控制环境描述

一直以来，ABC 公司在固定资产内部控制的目标定位不是很明确，主要将固定资产内部控制目标的重点放在保障固定资产的安全运营和网络畅通方面。然而，该公司作为国有上市公司的一部分，固定资产管理必须首先符合国家对国有资产管理的要求，即维护国有产权合法权益，保卫资产安全，实现资产保值增值，提高资产利用效率。同时，该公司绝

大部分固定资产属于通信网络设备，由于网络资产必须保证其全程全网、24 小时不间断的通信畅通，因此除了要满足企业固定资产管理一般性要求的安全完整之外，对提高固定资产运行和使用效率提出了更高的目标和要求。因此该公司固定资产内部控制目标至少应包括：保护固定资产的安全完整，促进国有资产保值增值；加强资产维护管理，提高固定资产的使用效率；加强网络资产资源信息管理，提高抢修效率；保证固定资产价值在会计上得到真实、准确、完整的记录和反映。

要真正落实固定资产内部控制，必须建立起科学、明晰、合理的固定资产管理组织结构和权责运行体系，通过科学、合理的组织结构设置和职责权力的严格划分，使企业固定资产管理的各个组成部分及其成员都清楚自己在固定资产管理中的位置、承担的责任、拥有的权利，使企业固定资产管理、控制做到横向到边、纵向到底，既没有交叉也没有遗漏。

根据该企业固定资产建设和运营管理的特点，应建立固定资产内部控制的四维组织架构，使公司固定资产内部控制上形成互相联系、互相制约的格局，即由建设管理部门、财务部门、实物管理部门、固定资产使用部门共同组成的固定资产全过程、全方位的立体管理格局，以进一步加强和完善企业固定资产管理工作，提高固定资产管理的整体水平。固定资产内部控制四维架构体系设置及职责分工调整如下：

在新的组织架构中，将工程建设部从固定资产实物管理职责中剥离出来，专注于固定资产投资建设环节的管理工作，将工作重心放在固定资产投资可行性分析和投资决策分析、资本性支出预算的控制以及固定资产建设项目的全过程管控等方面工作上，确保固定资产投资决策的科学性、合理性和固定资产投资效益性，如图 5–3 所示。

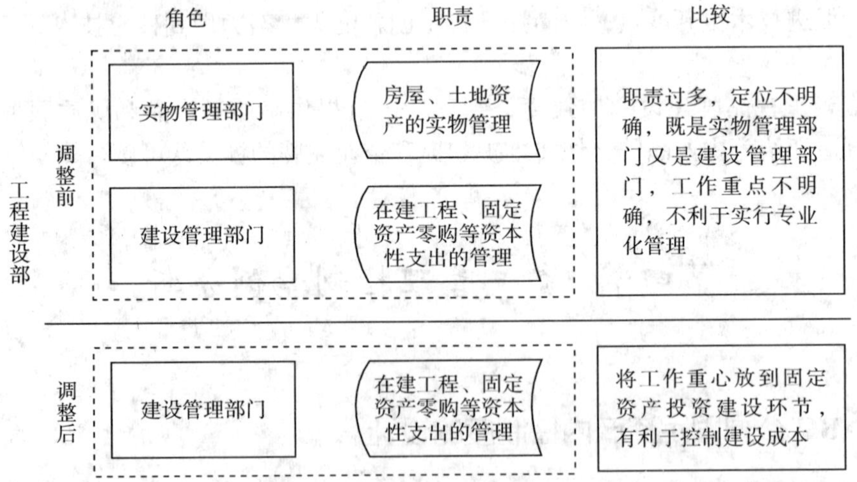

图 5–3　工程建设部调整前后的职责比较

工程建设部在固定资产建设投资中的主要控制职责如下：

（1）负责制定和落实工程管理的相关管理制度、办法，明确在建工程转为固定资产过程中工程部门的职责和相关岗位职责。

（2）牵头组织全公司年度固定资产投资预算的编制、审核工作，报公司预算管理会审议通过后上报省公司审批，根据审批确定的年度资本性支出预算，制订年度固定资产投资的具体实施计划，落实具体固定资产投资项目和详细的实施进度计划及安排。

（3）负责编制项目建议书，组织开展固定资产投资可行性分析研究，提交固定资产投资可行性分析研究报告。

（4）负责工程项目的前期准备和建设工作，组织工程建设项目的实施，负责办理工程项目立项审批，对工程设计、施工过程进行管理或委托监理单位进行工程监理。

（5）指定专门的工程项目管理人员，落实对工程项目的各项具体管理工作，建立在建工程台账，加强对在建工程项目的质量控制、进度控制和投资控制。

（6）对下级工程部门工作进行监督，对违反规定的情况进行纠正并提出考核意见。

（7）负责组织实物管理部门、财务部门和使用部门进行工程竣工验收，固定资产完工后及时交付使用，并办理资产交接手续，必须经使用部门、实物管理部门共同签字确认。

（8）负责提供工程信息、资料，编制并提交完整的工程竣工验收和决算资料，配合财务部门办理工程财务结算和竣工决算。

（9）配合完成固定资产管理工作，参与全生命周期管理，并负责资产估价时和资产清查时资产管理所需资料信息的提供。

计划财务部作为固定资产价值管理部门，不仅要承担起固定资产日常核算和价值管理的职责，还要作为固定资产日常管理的牵头部门，牵头组织固定资产建设部门、实物管理部门、使用部门共同做好固定资产的日常管理工作，更应充分发挥财务部门的监督职能，加强对固定资产投资建设、日常管理、使用与维护等环节的监督，保证固定资产的安全完整和保值增值，防止资产的流失、毁损和资产资源的闲置、浪费，以提高固定资产的使用效率和效益，如图 5-4 所示。

计划财务部在固定资产管理中的主要职责如下：

（1）负责制定、修改和完善企业固定资产管理办法，组织落实国资委、集团公司、省公司有关固定资产管理的各项政策规定。

（2）设置固定资产总账、明细账，进行在建工程、工程物资及固定资产总额和分类的核算，按月计提固定资产折旧，建立固定资产卡片，登记各项资产的相关信息。

（3）根据上级单位下发的固定资产目录进行固定资产管理，收集并向上级单位上报固定资产目录的细化和补充意见。

（4）综合分析和管控固定资产增减变动情况及资产使用效益，对发现的问题与相关部门进行沟通，提出改进和完善的建议、措施。

（5）按照上级单位的要求定期组织固定资产年度评价和价值重估工作，定期开展固定资产减值清理确认工作，按规定计提固定资产减值准备。

（6）负责与实物管理部门协商制订固定资产循环盘点计划，组织固定资产循环盘点和日常抽查工作，确保固定资产实物管理部门与财务部门账、卡、实相符。

（7）牵头制定固定资产盘点程序，组织开展固定资产清查盘点工作。对盘盈、盘亏和损毁的资产，与实物管理部门共同确定处理意见，报省公司相关部门审批后及时

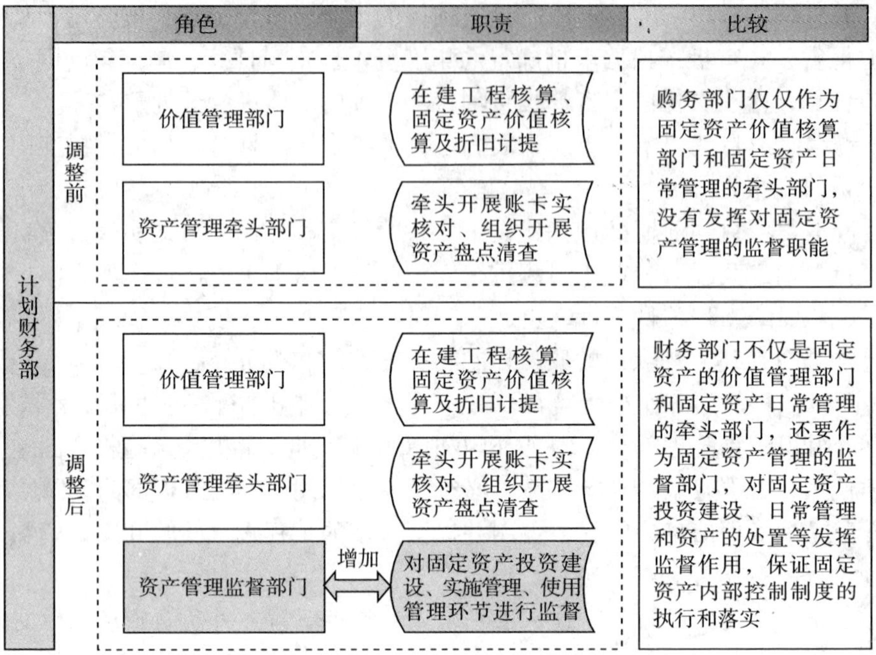

图 5–4　计划财务部调整前后的职责比较

进行处理。

（8）参与固定资产投资工程竣工验收，与固定资产实物管理部门共同签署资产盘盈、盘亏、损毁处理意见。

（9）参与固定资产投资可行性研究和固定资产投资效益分析工作，加强固定资产投资预算控制，降低工程成本，提高固定资产投资效益。

（10）加强固定资产维护费用的管理和控制，在确保固定资产良好使用性能的基础上，提高维护成本费用开支的效益性。

（11）对固定资产投资建设、日常管理、使用与维护等环节实施监督，确保固定资产的安全完整和保值增值，防止固定资产流失、毁损，提高固定资产利用效率和效益。

基于目前该公司固定资产实物管理部门较多，实物管理职责不易真正得到有效落实，且不利于公司资产资源的统一调配和管理，因此在固定资产实物管理部门重新设计中，建议改变原有固定资产实物管理由多个部门共同管理的现状，统一由运行维护部归口负责公司固定资产的实物管理工作，不仅有利于落实该公司固定资产实物管理责任，还可以适当节省公司人力资源和管理成本，如图 5–5 所示。

运行维护部主要负责固定资产实物管理，其主要职责如下：

（1）组织制定固定资产实物管理办法和考核办法，并指导落实。

（2）参与固定资产新建方案及可行性分析报告的评审，参与固定资产建设工程的竣工验收，分析和考核固定资产使用效率，对固定资产管理流程及相关政策的执行情况进行分析，记录存在的问题发现改进点，与相关部门进行讨论和落实。

（3）负责设置固定资产实物管理台账，登记本公司各使用单位的固定资产及其增减变

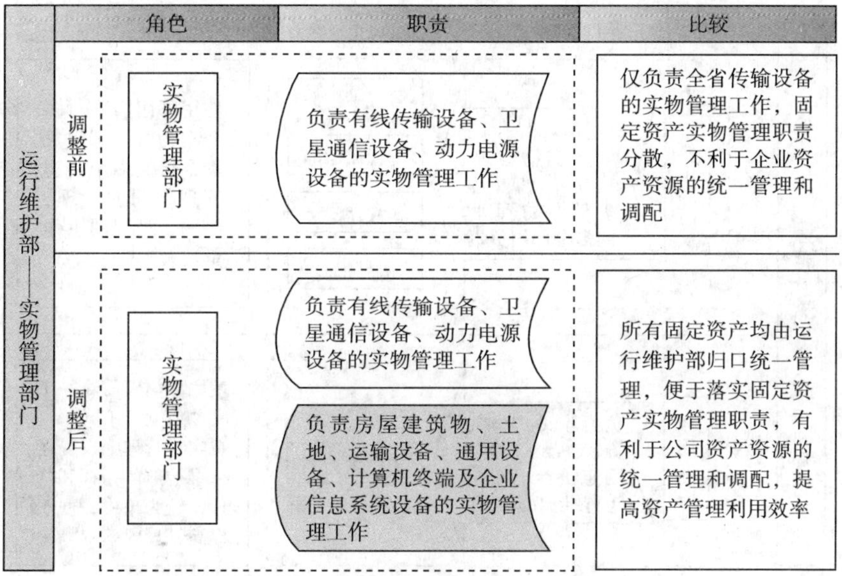

图 5–5　运行维护部调整前后的职责比较

动情况；负责记录资产变动信息，指导并监控使用部门对固定资产进行合理有效的使用、保管和维护，指导监督使用部门粘贴固定资产标签，确保固定资产账、卡、实相符。组织实施公司固定资产清查盘点工作，管理闲置固定资产，采取有效手段盘活存量资产，提高资产利用效率。

（4）负责与财务部门协商编制固定资产循环盘点计划，组织相关部门进行固定资产循环盘点和日常抽查工作，确保固定资产实物管理部门与财务部门账、卡、实相符；编制固定资产实物盘点报告和盘盈、盘亏情况报告，提出处理意见和建议。

（5）按权限分工办理固定资产增减处置事项的上报和审批手续，参与会签固定资产的调拨、报废、盘盈（盘亏、损毁）、捐赠、出租、出售、减值准备报告单。

（6）负责组织资产减值准备及资产核销的技术鉴定；负责解答有关固定资产目录的问题。

（7）对各使用部门固定资产管理工作进行监督，对违反固定资产管理规定的情况提出考核意见。

（8）负责公司固定资产维护管理工作，负责固定资产维修费用预算的编制、分解下达、执行控制和分析考核工作，提高维护成本使用效益。

（9）负责 GIS 系统和资源管理系统的管理，负责固定资产的拆分工作，将光缆线路资产按中继段、地区等拆分到节点资产，并将所有网络资产信息全面、完整、规范地录入系统进行管理。

各使用部门负责本部门固定资产保管和日常维护管理，如图 5–6 所示。

使用部门的主要职责如下：

（1）负责编制本部门固定资产零购及投资需求计划，参与固定资产工程建设管理及完工验收。

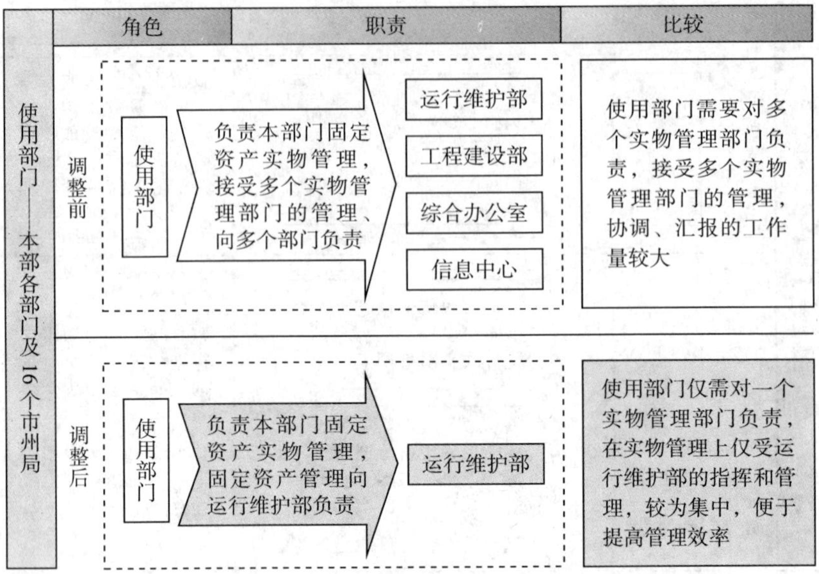

图 5-6　使用部门调整前后的职责比较

（2）按照“谁使用、谁保管、谁维护”的原则，进行固定资产的使用、保管和维护，确保固定资产处于良好的运行状态和安全运行。

（3）设置固定资产清册，登记本部门使用的固定资产，定期与实物资产进行核对，确保固定资产实物的安全完整。

（4）负责本部门固定资产实物的清查盘点工作，定期进行实物盘点，编制本部门固定资产盘点报告，报告中应明确账实核对情况和处理意见。

（5）严格执行固定资产管理内控流程并进行资产信息变动记录。

（6）提出资产调拨、报废等处置申请，发现并上报闲置固定资产信息，在资产实物管理部门指导下负责固定资产标签的粘贴工作，确保资产卡、实相符。

固定资产管理相关职责的落实和内部控制制度的执行必须依靠相关的人员去实施。因此除了应按照以上方案健全和完善固定资产管理组织架构及部门职能分工外，还必须设置合适的岗位、配合符合条件的管理人员才能确保固定资产内部控制责任的有效落实，从而达到固定资产管理和控制的目标。

首先，固定资产相关管理岗位的设置必须符合不相容职务相离分离的要求，确保办理固定资产业务的不相容岗位相互分离、相互制约和监督，同一部门或个人不得办理固定资产业务的全过程。而在原来的固定资产管理组织架构中，除财务部设有专职固定资产会计之外，其他部门尤其是固定资产使用部门的固定资产管理人员大都不明确，更不固定。因此，计划财务部在现有专职固定资产会计负责落实全省固定资产的价值核算和综合管理工作的基础上，还应配备专（兼）职的工程会计人员办理工程建设项目会计核算业务。工程建设部应设专（兼）职项目管理员或在每个工程项目实施前必须指定专（兼）职工程项目管理员，负责对工程建设项目的业务管理。运行维护部增设专职固定资产管理员，负责全公司固定资产实物管理工作。其他各使用部门必须设立兼职固定资产保管员，负责本部门

协作关系和设备技术引进、选择的初步分析；固定资产投资估算、资金筹集方案设想；项目实施进度安排；经济效果和社会效益的初步估计，包括初步的财务评价和国民经济评价；结论及相关附件资料。

可行性研究报告评审主要包括对可行性研究报告的完整性、客观性、可行性、效益性等方面进行技术经济分析和评审，出具评审意见。工程项目可行性研究报告评审控制流程如图 5-8 所示，评审控制的重点主要包括以下几个方面：

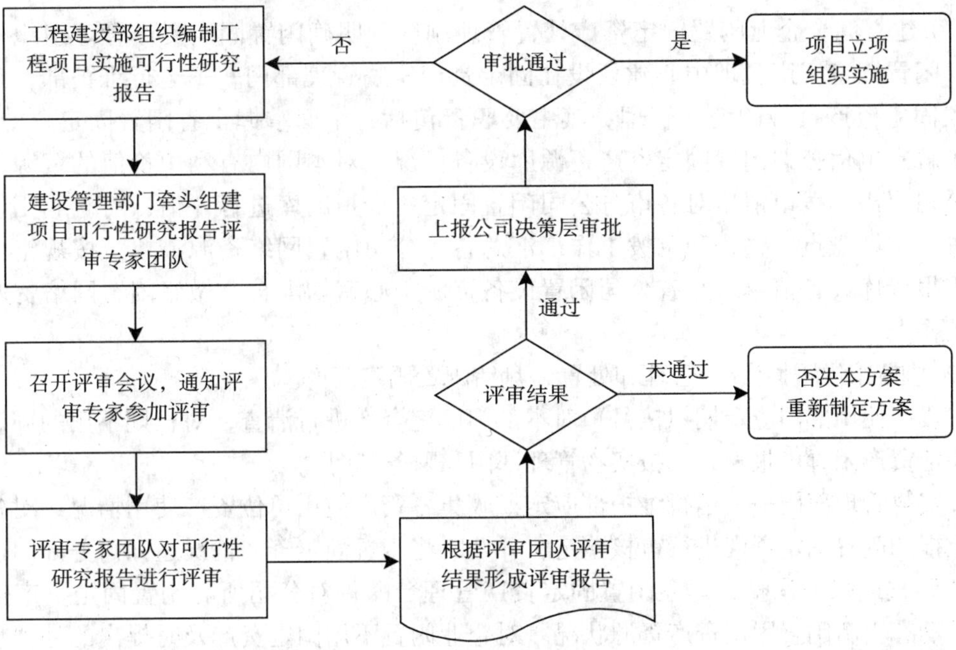

图 5-8　工程项目可行性研究报告评审控制流程

(1) 评审专家团队的组建。评审专家团队由工程建设部负责组建。为提高评审结果的科学性、合理性，ABC 公司固定资产建设项目可行性研究报告评审专家团队的组成人员一般不得少于 9 人，至少应包括建设项目所应涉及的通信工程设计、网络维护管理、市场经营、财务管理、法律等方面的专业人员，并应具备较强的专业技术能力、管理水平和丰富项目评审经验。

(2) 项目评审的重点内容应包括可行性研究报告的真实性、完整性和科学性；建设项目地址的可行性、自然环境条件分析；技术可靠性和经济合理性；投资项目开完工时间、投资回收期、建设资金来源及筹措方式等，以确保通过评审后的方案科学完整、技术可行、经济合理，以真正达到有效控制项目投资风险、减少投资损失、提高投资回报的目的。

(3) 评审结果应形成书面意见，并经所有参评专家成员的签字确认。有不同意见的，应在评审意见书上注明，以明确责任。评审结果最后应以正式文件报公司决策层（总经理办公会）审批，审批通过之后建设管理部门才能进行立项实施。

建设工程项目后评估制度，是指对已完工工程项目的经济性与项目建议书和可行性研究报告提出的预期经济目标进行对比分析，并作为绩效考核和责任追究的基本依据，以明确固定资产投资管理的责任，提高固定资产投资的效益性。

2. 闲置固定资产的控制

在 ABC 公司原有的固定资产内部控制中，基本上未涉及闲置资产实行的内部控制，既缺乏具体的管理制度、办法，管理部门和管理职责也不明确，因此有必要对闲置固定资产实行有效的控制。

（1）建立健全企业闲置固定资产处置管理制度，明确闲置固定资产管理组织机构及职责。闲置固定资产管理中心建议设在固定资产实物管理部门——运行维护部，负责全省闲置固定资产资源的统一管理，其主要职责包括：全面掌握全省闲置固定资产状况，及时了解省电信公司闲置固定资产资源库设备情况，对本网内有利用价值的资源，及时向省公司提出调拨申请。对各市分公司闲置固定资产报废库进行评估，对有利用价值的资源进行定期盘点、整合和调拨工作。汇总各分公司闲置网络资源清单，按规定向省公司上报报废库设备清单。与省公司闲置设备资源中心密切配合，做好闲置网络资源全省调拨工作。

（2）加强闲置固定资产管理和处置，盘活闲置固定资产。

①资产使用部门应定期（按月）对本部门固定资产进行清查，对长期不用的固定资产填报固定资产闲置申报表，上报实物管理部门和财务部门。

②实物管理部门——运行维护部应定期收集各资产使用单位资产使用情况，对各使用部门上报的闲置固定资产进行审核鉴定，并及时将闲置固定资产情况通知财务部门进行相关卡片调整或账务调整；建立闲置固定资产管理台账，对公司所有闲置固定资产进行记录，并动态更新闲置固定资产资源状况。对企业闲置不用固定资产及时提出的处置意见和建议，可根据具体情况采取内部调拨、出售、出租等方式进行闲置固定资产处置，最大限度地发挥闲置固定资产的作用，减少资产闲置损失，盘活企业资产资源。

③财务部门要加强对闲置固定资产的管理和监督工作。对运行维护部鉴定确认闲置固定资产、内部调拨资产等及时调整相关卡片信息或进行账务调整；对闲置固定资产处置（出售、出售）收入进行监督管理，确保各项收入及时入账，防止收入流失。

进行固定资产内部调拨。对闲置固定资产首先应考虑公司内部其他使用单位或使用部门是否有使用需求，如应按固定资产调拨程序调拨给其他单位使用，以充分发挥闲置固定资产的效用。

对外出租、出售或转让。对短时期内暂时不会使用的固定资产，可采取对外出租的方式进行处理；对长时期都闲置不用的固定资产，应采取对外出售或转让方式进行处置，以减少闲置资产的损失和浪费，盘活闲置资产。

3. 待处理固定资产

ABC 公司原来对报废固定资产的处理，通常是在完成固定资产报废审批流程之后，对报废资产或物资直接进入变卖处理环节，然后进行账务处理，未纳入账销案存资产进行管理。而按照国资委关于账销案存资产的管理规定，国有企业所有报废资产必须纳入账销案存资产进行管理。因此，该公司必须加强对账销案存资产的管理，具体控制流程如图 5-9 所示。

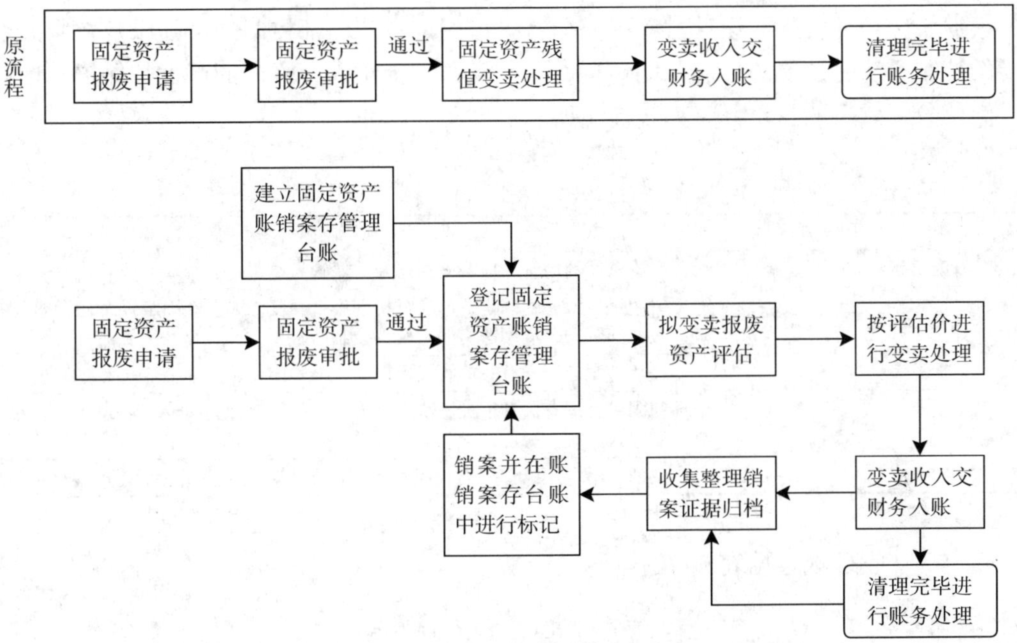

图 5-9 固定资产账销案存控制流程

待处理固定资产关键控制点如下：

（1）建立账销案存固定资产台账。财务部门、实物管理部门均应建立账销案存固定资产台账，对所有报废资产必须纳入账销案存固定资产台账进行登记管理，记录报废资产名称、原卡片编号、资产原值、净值、存放地点、保管责任人等信息。

（2）账销案存固定资产的处置。财务部门应定期组织对账销案存固定资产的清查，账销案存资产处置前应由财务部门委托资产评估机构进行评估，账销案存资产的出售、变卖应由采购中心统一实施，变卖收入应及时上交财务部门入账。

（3）账销案存固定资产的销案。账销案存固定资产应依据下列证据进行销案：需要拆除、报废或变现处理的，应当取得已拆除、报废或变现处理的证据，有残值的应当取得残值入账凭证；应由责任人或保险公司赔偿的，应当取得责任人缴纳赔偿的收据或保险公司的理赔计算单及银行进账单；涉及诉讼的，应当取得司法机关的判决或裁定及执行完毕的证据；无法执行或债务人无偿还能力被法院终止执行的，应当取得法院的终止执行裁定书等法律文件；涉及仲裁的，应当取得具有仲裁资格的社会仲裁机构出具的仲裁裁决书及执行完毕证明；抵押资产损失应当取得抵押资产被拍卖或变卖证明；其他足以证明资产确实无法收回的合法、有效证据。

（4）账销案存固定资产管理的监督。对于账销案存固定资产的处置，企业审计、纪检监察部门应加强全过程的监督，以确保账销案存固定资产处置的合规合法，防止国有资产流失。

二、S 公司资产内部控制制度

根据 S 公司的实际，设计过程中充分考虑了固定资产内部控制的原则以及控制的十个主要的控制方法，主要的控制原则包括专人负责、大金额固定资产的审批与保护、单据控制、岗位分工、实物盘点等，如表 5-1 所示。

表 5-1　固定资产内部控制设计原则

序号	原　则	控制内容
1	专人负责	实物资产的保管，应明确指派专门保管人员负责
2	大金额固定资产的审批与防护	对超过三万元的固定资产实行特别审批制度，大金额固定资产在管理上由两人共同管理，应用严格的考核与控制措施
3	单据控制	一切与固定资产有关的收发单据，应事先印妥、连续编号并妥善保管
4	岗位分工	与固定资产有关的审批、购入、记录、保管等相关岗位应予分立，避免集中于一人
5	实物盘点	定期与不定期结合。资产管理员、部门主管、兼盘员职责明确

固定资产管理规定见表 5-2。

表 5-2　固定资产管理规定

1. 制定目的：
规范公司固定资产管理流程特制定本规定。
2. 适用范围：
适用于公司各分厂、分公司、生产基地、销售公司、研发中心、公司总部固定资产的购置、验收、建档、管理、调拨、维护、报废、清查等作业活动。
3. 业务流程：
3.1　设备购置： 3.1.1　公司各单位如因工作及生产确需添置设备，须由使用单位主管填写《固定资产购置需求表》。 3.1.2　《固定资产购置需求表》须经工程设备部（资讯部）核准签名、资产管理人员审核签名，送采购部估价（比价）后呈总经理审批。 3.1.3　申购固定资产（单件金额超过 3 万元）经总经理室批准后，由采购部负责组织或会同相关部门实施计划、采购等相关程序。 3.2　设备验收： 3.2.1　各单位新购置的固定资产均由资管部门开具《固定资产入库（验收）单》并附发票交财务部签收入账，另一联由资管部门留存，并在次月上旬与资管部门核对上月添置的设备明细，财务部应根据财务制度确定折旧年限等相关运作。 3.2.2　固定资产的领用应由使用单位（部门）主管及经办人员填制《固定资产领用单》向资管部门提出申领，特殊设备须经总经理室批准后方可领用。 3.2.3　购置的大型及精密设备抵达使用单位（安装地点）后，如需安装、调试，由工程设备部负责实施，或按合同约定供货方安装、调试，工程设备部（资讯部）则跟踪安装调试全过程。并须掌握该设备性能、特点，新添置设备的附（配）件由物料仓库保管待领，入库参照 3.2.1。 3.2.4　设备安装调试合格后，分别由工程设备部（资讯部）单位的使用部门及资管员在《固定资产验收单》上共同签字验收。并记全设备名称、技术参数、运行情况、随机附件等相关内容。该单由资管部门、工程设备部（资讯部）各保存一联。 3.3　设备建档： 3.3.1　经验收合格后的设备资管部门依设备类别、顺序进行编号贴于设备上，并建立《固定资产管理卡》，分别记录设备名称、编号、购置日期、使用部门等信息。

续表

3.3.2　新购设备所附的说明书等资料由资管部门或工程设备部保管存档，当维修或操作需要使用，采用复制或借阅办法，并应办理签收或借阅手续，以确保资料完整。

3.3.3《固定资产管理卡》上折旧、维修信息应由相关部门（财务部、工程设备部、资讯部）及时登录，确保《固定资产设备卡》记录及时准确。

3.4　设备使用管理：

3.4.1　各单位必须建立管理机构，配备专职或兼职人员，建立健全各项财产管理制度。财务部门、资管部门、使用部门三级管理分工要明确，各司其职、各负其责。

3.4.2　各单位使用部门应根据设备使用需要组织编写设备操作规程，完善规范操作减少损坏率，对大型精密设备必须有操作规程，经过操作培训合格后方可上岗并落实设备保管人。

3.4.3　各单位由于生产、销售发生变化产生的闲置设备，原则上闲置超过6个月（季节性闲置例外）应上报公司资管部门，以便及时处理、调配，以减少资源浪费。

3.4.4　各单位使用部门主管或部门资产保管员调离职时，必须办好设备账、物移交工作，并须有相关部门、人员监督执行。

3.4.5　各单位所属资管人员应对其所辖每个使用部门的设备列出《资产明细表》，由使用部门及相关资管人员各执一份存档，同时相关资管人员应做好固定资产清册账。

3.5　设备调拨：

3.5.1　各单位因工作需要确需设备调拨，应办理调拨手续填写《固定资产调拨单》，且须经总经理室审批后方能生效。如供需双方约定借用，借用单位必须出具借条等相关手续。

3.5.2　如遇临时紧急调拨，应通知资管部门并经总经理室同意；在三天内办清调拨手续。固定资产设备未经批准，不得任意调动。

3.5.3　经总经理室审批后的《固定资产调拨单》由调进、调出单位各持一联，资管部门留一联存档，并作好相应记录，另一联每月25日统一交财务部门入账。

3.6　设备维护保养：

3.6.1　各单位使用部门对使用设施负有维护、保养责任，对无法排除故障的设备应及时填写《设备报修单》报工程设备部、资讯部检修。

3.6.2　报修程序参照各单位工程设备部、资讯部规定。

3.6.3　各单位工程设备部应制定《年度检修计划表》并出台有关保养措施，来提高设备完好率，确保生产、销售及各部门设备正常运作。

3.6.4　POS机、电脑、服务器等IT设备由资讯部制定《检修计划》并负责对设备日常维护、检修，确保公司资讯畅通。

3.6.5　任何单位、部门未经报废的固定资产设备，不得任意拆卸零部件，作为维修配件。

3.7　设备报废：

3.7.1　各单位固定资产设备因年久自然磨损，无法修复、修复费用高等原因不能继续使用，使用部门应及时提出设备报废，并填写《固定资产报废申请单》交工程设备部，该部门根据该设备状况作出鉴定意见，报总经理室审批。

3.7.2　对确需报废的设备，工程设备部、资管部门有责任督促使用部门提出申请。

3.7.3　《固定资产报废申请单》经总经理室核准后一联由资管部门存档，一联由工程设备部（资讯部）留存，另一联交财务部销账，同时资管部门应及时在《固定资产管理卡》、《设备清册账》上作注销记录。

3.7.4　报废的设备由资管部门会同采购部及相关部门负责清理，变卖款交财务部作残值。

3.7.5　如遇设备遭盗窃、遗失等，由使用部门提出书面报告并填写报损单，呈总经理审批。经核准后按3条程序办理。

3.8　设备清查盘点：

3.8.1　各单位应每季度针对各自所辖之固定资产，组织一次盘点清查；盘点内容应包含数量、设备使用现状（在使用、闲置、损坏、遗失、保养等）。

3.8.2　对每季盘点情况做出汇总、分析后交公司资管部门，经资管部门综合汇总后呈总经理室审阅。

3.8.3　公司财务、资管部门应采取定期轮点方式，列出计划对各单位实施抽盘，并将抽盘结果情况每月汇总报总经理室。

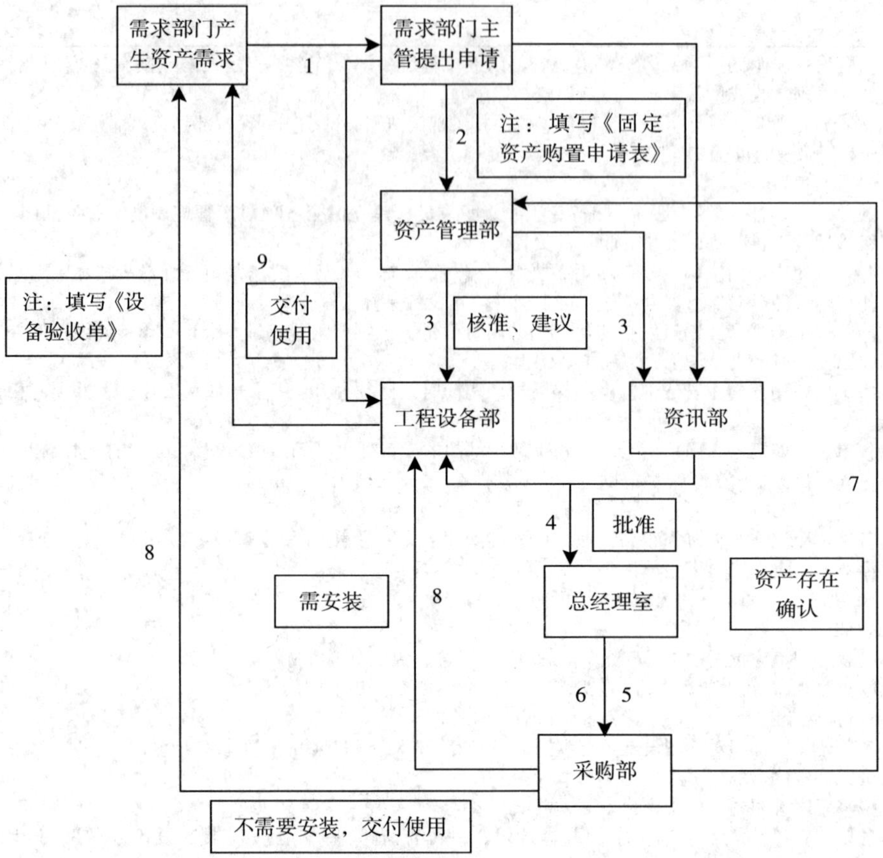

图 5-10　固定资产购入环节流程

第六章　销售业务控制技术

销售业务是指企业出售商品（或提供劳务）及收取款项等相关活动。企业生存、发展、壮大的过程，在相当程度上就是不断加大销售力度、拓宽销售渠道、扩大市场占有率的过程。生产企业的产品或流通企业的商品如不能实现销售的稳定增长，售出的货款如不能足额收回或不能及时收回，必将导致企业持续经营受阻、难以为继。正因为如此，《企业内部控制应用指引第 9 号——销售业务》以促进企业销售稳定增长、扩大市场份额为出发点，提出了销售业务应当关注的主要风险以及相应的管控措施。

第一节　销售业务控制流程

企业强化销售业务管理，应当对现行销售业务流程进行全面梳理，查找管理漏洞，及时采取切实措施加以改正；与此同时，还应当注重健全相关管理制度，明确以风险为导向的、符合成本效益原则的销售管控措施，实现与生产、资产、资金等方面管理的衔接，落实责任制，有效防范和化解经营风险。以下综合不同类型企业形成的销售业务流程图（见图 6-1），具有普适性。企业在实际操作中，应当充分结合自身业务特点和管理要求，构建和优化销售业务流程。

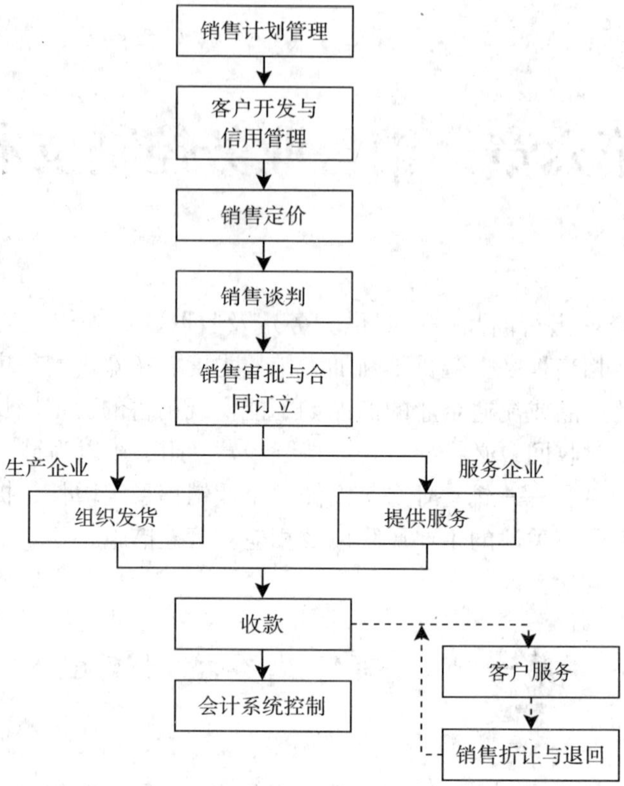

图 6–1　销售业务流程

第二节　销售业务控制关键风险点

企业销售业务控制关键风险点主要包括销售计划管理、客户开发与信用管理、销售定价、订立销售合同、发货、收款、客户服务和会计系统控制等环节。

一、销售计划管理

销售计划是指在进行销售预测的基础上，结合企业生产能力，设定总体目标额及不同产品的销售目标额，进而为实现该目标而设定具体营销方案和实施计划，以支持未来一定期间内销售额的实现。该环节的主要风险是：销售计划缺乏或不合理，或未经授权审批，导致产品结构和生产安排不合理，难以实现企业生产经营的良性循环。

主要管控措施：

第一，企业应当根据发展战略和年度生产经营计划，结合企业实际情况，制订年度销售计划，在此基础上，结合客户订单情况，制订月度销售计划，并按规定的权限和程序审批后下达执行。

第二，定期对各产品（商品）的区域销售额、进销差价、销售计划与实际销售情况等进行分析，结合生产现状，及时调整销售计划，调整后的销售计划需履行相应的审批程序。

二、客户开发与信用管理

企业应当积极开拓市场份额，加强现有客户维护，开发潜在目标客户，对有销售意向的客户进行资信评估，根据企业自身风险接受程度确定具体的信用等级。该环节的主要风险是：现有客户管理不足、潜在市场需求开发不够，可能导致客户丢失或市场拓展不利；客户档案不健全，缺乏合理的资信评估，可能导致客户选择不当，销售款项不能收回或遭受欺诈，从而影响企业的资金流转和正常经营。

主要管控措施：

第一，企业应当在进行充分市场调查的基础上，合理细分市场并确定目标市场，根据不同目标群体的具体需求，确定定价机制和信用方式，灵活运用销售折扣、销售折让、信用销售、代销和广告宣传等多种策略和营销方式，促进销售目标实现，不断提高市场占有率。

第二，建立和不断更新维护客户信用动态档案，由与销售部门相对独立的信用管理部门对客户付款情况进行持续跟踪和监控，提出划分、调整客户信用等级的方案。根据客户信用等级和企业信用政策，拟定客户赊销限额和时限，经销售、财会等部门具有相关权限的人员审批。对于境外客户和新开发客户，应当建立严格的信用保证制度。

三、销售定价

销售定价是指商品价格的确定、调整及相应审批。该环节的主要风险是：定价或调价不符合价格政策，未能结合市场供需状况、盈利测算等进行适时调整，造成价格过高或过低、销售受损；商品销售价格未经恰当审批，或存在舞弊，可能导致损害企业经济利益或者企业形象。

主要管控措施：

第一，应根据有关价格政策，综合考虑企业财务目标、营销目标、产品成本、市场状况及竞争对手情况等多方面因素，确定产品基准定价。定期评价产品基准价格的合理性，定价或调价需经具有相应权限人员的审核批准。

第二，在执行基准定价的基础上，针对某些商品可以授予销售部门一定限度的价格浮动权，销售部门可结合产品市场特点，将价格浮动权向下实行逐级递减分配，同时明确权限执行人。价格浮动权限执行人必须严格遵守规定的价格浮动范围，不得擅自突破。

第三，销售折扣、销售折让等政策的制定应由具有相应权限人员审核批准。对销售折扣、销售折让授予的实际金额、数量、原因及对象应予以记录，并归档备查。

四、订立销售合同

企业与客户订立销售合同，明确双方权利和义务，以此作为开展销售活动的基本依据。该环节的主要风险是：合同内容存在重大疏漏和欺诈，未经授权对外订立销售合同，可能导致企业合法权益受到侵害；销售价格、收款期限等违背企业销售政策，可能导致企业经济利益受损。

主要管控措施：

第一，订立销售合同前，企业应当指定专门人员与客户进行业务洽谈、磋商或谈判，关注客户信用状况，明确销售定价、结算方式、权利与义务条款等相关内容。重大的销售业务谈判还应当吸收财会、法律等专业人员参加，并形成完整的书面记录。

第二，企业应当建立健全销售合同订立及审批管理制度，明确必须签订合同的范围，规范合同订立程序，确定具体的审核、审批程序和所涉及的部门人员及相应权责。审核、审批应当重点关注销售合同草案中提出的销售价格、信用政策、发货及收款方式等。重要的销售合同，应当征询法律专业人员的意见。

第三，销售合同草案经审批同意后，企业应授权有关人员与客户签订正式销售合同。

五、发货

发货是根据销售合同的约定向客户提供商品的环节。该环节的主要风险是：未经授权发货或发货不符合合同约定，可能导致货物损失或客户与企业的销售争议、销售款项不能收回。

主要管控措施：

第一，销售部门应当按照经审核后的销售合同开具相关的销售通知交仓储部门和财会部门。

第二，仓储部门应当落实出库、计量、运输等环节的岗位责任，对销售通知进行审核，严格按照所列的发货品种和规格、发货数量、发货时间、发货方式、接货地点等，按规定时间组织发货，形成相应的发货单据，并应连续编号。

第三，应当以运输合同或条款等形式明确运输方式、商品短缺、毁损或变质的责任、到货验收方式、运输费用承担、保险等内容，货物交接环节应做好装卸和检验工作，确保货物的安全发运，由客户验收确认。

第四，应当做好发货各环节的记录，填制相应的凭证，设置销售台账，实现全过程的销售登记制度。

六、收款

收款指企业经授权发货后与客户结算的环节。按照发货时是否收到货款，可分为现销和赊销。该环节的主要风险是：企业信用管理不到位，结算方式选择不当，票据管理不善，账款回收不力，导致销售款项不能收回或遭受欺诈；收款过程中存在舞弊，使企业经济利益受损。

主要管控措施：

第一，结合公司销售政策，选择恰当的结算方式，加快款项回收，提高资金的使用效率。对于商业票据，结合销售政策和信用政策，明确应收票据的受理范围和管理措施。

第二，建立票据管理制度，特别是加强商业汇票的管理。①对票据的取得、贴现、背书、保管等活动予以明确规定。②严格审查票据的真实性和合法性，防止票据欺诈。③由专人保管应收票据，对即将到期的应收票据，及时办理托收，定期核对盘点。④票据贴现、背书应经恰当审批。

第三，加强赊销管理。①需要赊销的商品，应由信用管理部门按照客户信用等级审核，并经具有相应权限的人员审批。②赊销商品一般应取得客户的书面确认，必要时，要求客户办理资产抵押、担保等收款保证手续。③应完善应收款项管理制度，落实责任、严格考核、实行奖惩。销售部门负责应收款项的催收，催收记录（包括往来函电）应妥善保存。

第四，加强代销业务款项的管理，及时与代销商结算款项。

第五，收取的现金、银行本票、汇票等应及时缴存银行并登记入账。防止由销售人员直接收取款项，如必须由销售人员收取的，应由财会部门加强监控。

七、客户服务

客户服务是在企业与客户之间建立信息沟通机制，对客户提出的问题，企业应予以及时解答或反馈、处理，不断改进商品质量和服务水平，以提升客户满意度和忠诚度。客户服务包括产品维修、销售退回、维护升级等。该环节的主要风险是：客户服务水平低，消费者满意度不足，影响公司品牌形象，造成客户流失。

主要管控措施：

第一，结合竞争对手客户服务水平，建立和完善客户服务制度，包括客户服务内容、标准、方式等。

第二，设专人或部门进行客户服务和跟踪。有条件的企业可以按产品线或地理区域建立客户服务中心。加强售前、售中和售后技术服务，实行客户服务人员的薪酬与客户满意度挂钩。

第三，建立产品质量管理制度，加强销售、生产、研发、质量检验等相关部门之间的沟通协调。

第四，做好客户回访工作，定期或不定期地开展客户满意度调查；建立客户投诉制度，记录所有的客户投诉，并分析产生原因及解决措施。

第五，加强销售退回控制。销售退回需经具有相应权限的人员审批后方可执行；销售退回的商品应当参照物资采购入库管理。

八、会计系统控制

会计系统控制是指利用记账、核对、岗位职责落实和相互分离、档案管理、工作交接程序等会计控制方法，确保企业会计信息真实、准确、完整。会计系统控制包括销售收入的确认、应收款项的管理、坏账准备的计提和冲销、销售退回的处理等内容。该环节的主要风险是：缺乏有效的销售业务会计系统控制，可能导致企业账实不符、账证不符、账账不符或者账表不符，影响销售收入、销售成本、应收款项等会计核算的真实性和可靠性。

主要管控措施：

第一，企业应当加强对销售、发货、收款业务的会计系统控制，详细记录销售客户、销售合同、销售通知、发运凭证、商业票据、款项收回等情况，确保会计记录、销售记录与仓储记录核对一致。具体为：财会部门开具发票时，应当依据相关单据（计量单、出库单、货款结算单、销售通知单等）并经相关岗位审核。销售发票应遵循有关发票管理规定，严禁开具虚假发票。财会部门对销售报表等原始凭证审核销售价格、数量等，并根据《企业会计准则》确认销售收入并登记入账。财会部门与相关部门月末应核对当月销售数量，保证各部门销售数量的一致性。

第二，建立应收账款清收核查制度，销售部门应定期与客户对账，并取得书面对账凭证，财会部门负责办理资金结算并监督款项回收。

第三，及时收集应收账款相关凭证资料并妥善保管；及时要求客户提供担保；对未按时还款的客户，采取申请支付令、申请诉前保全和起诉等方式及时清收欠款。对收回的非货币性资产应经评估和恰当审批。

第四，企业对于可能成为坏账的应收账款，应当按照《企业的会计准则》计提坏账准备，并按照权限范围和审批程序进行审批。对确定发生的各项坏账，应当查明原因和明确责任，并在履行规定的审批程序后作出会计处理。企业核销的坏账应当进行备查登记，做到账销案存。已核销的坏账又收回时应当及时入账，防止形成账外资金。

第三节　销售业务控制程序

一、销售

企业应当加强市场调查，合理确定定价机制和信用方式，根据市场变化及时调整销售策略，灵活运用销售折扣、销售折让、信用销售、代销和广告宣传等多种策略和营销方式，促进销售目标实现，不断提高市场占有率。企业应当健全客户信用档案，关注重要客户资信变动情况，采取有效措施，防范信用风险。企业对于境外客户和新开发客户，应当建立严格的信用保证制度。

企业在销售合同订立前，应当与客户进行业务洽谈、磋商或谈判，关注客户信用状况、销售定价、结算方式等相关内容。重大的销售业务谈判应当吸收财会、法律等专业人员参加，并形成完整的书面记录。销售合同应当明确双方的权利和义务，审批人员应当对销售合同草案进行严格审核。重要的销售合同，应当征询法律顾问或专家的意见。

企业销售部门应当按照经批准的销售合同开具相关销售通知。发货和仓储部门应当对销售通知进行审核，严格按照所列项目组织发货，确保货物的安全发运。企业应当加强销售退回管理，分析销售退回原因，及时妥善处理。企业应当严格按照发票管理规定开具销售发票。严禁开具虚假发票。

企业应当做好销售业务各环节的记录，填制相应的凭证，设置销售台账，实行全过程的销售登记制度。企业应当完善客户服务制度，加强客户服务和跟踪，提升客户满意度和忠诚度，不断改进产品质量和服务水平。

二、收款

企业应当完善应收款项的管理制度，严格考核，实行奖惩。销售部门负责应收款项的催收，催收记录（包括往来函电）应妥善保存；财会部门负责办理资金结算并监督款项回收。

企业应当加强商业票据管理，明确商业票据的受理范围，严格审查商业票据的真实性和合法性，防止票据欺诈。企业应当关注商业票据的取得、贴现和背书，对已贴现但仍承担收款风险的票据以及逾期票据，应当进行追索监控和跟踪管理。

企业应当加强对销售、发货、收款业务的会计系统控制，详细记录销售客户、销售合同、销售通知、发运凭证、商业票据、款项收回等情况，确保会计记录、销售记录与仓储记录核对一致。企业应当指定专人通过函证等方式，定期与客户核对应收账款、应收票据、预收账款等往来款项。企业应当加强应收款项坏账的管理。应收款项全部或部分无法收回的，应当查明原因，明确责任，并严格履行审批程序，按照《企业会计准则》进行处理。

第四节　销售业务控制案例分析

一、S公司销售业务内部控制设计

（一）销售控制的目标

（1）保证所有销售业务均经过合理的授权和按照正常的程序。

（2）销售的产品、提供的劳务要符合企业的经营范围，防止违反规定或超越经营范围的销售行为的发生。

（3）保证销售价格合理。

（4）公司为客户提供的各种产品及提供的劳务应以实际的数字记录在账上，保证销售收入的真实性和合理性。

（5）防止已实现的销售收入的账款转移到账外行为的发生。

（6）保证应收账款的真实性和可回收性，确定反映在应收账款上的债权数的真实存在，客户的真实存在，从而保证赊销的货款可回收。

（7）保证销货款全部回收，产品销货折扣要符合企业规定的条件，防止员工用折扣为自己牟取私利行为的发生。

（8）保证销货退回的合理处理。

（二）销售业务的风险分析

1. 公司销售业务风险

（1）实现的销售收入被员工转移到账外。

（2）销售违反规定或超越经营范围，导致法律纠纷或制裁。

（3）应收账款上的债权数的不真实，客户实际不存在，从而虚增销售收入。

（4）应收账款回收不及时，导致公司资金使用紧张。

（5）业务人员决策失误导致经营损失。

（6）员工利用折扣为自己牟取私利。

（7）客户信用不好或应收账款催收不及时，导致坏账损失。

（8）销售收入核算不正确，导致影响公司税收及经营决策等。

（9）销售人员离开公司的同时带走了客户，给公司带来损失。

2. 公司销售业务风险评估

公司大部分客户信誉良好销售回款及时，坏账损失小。但销售业务内部控制仍存在不足之处：

（1）由于公司销售信用期短，虽然回款很快，但是会损失一些客户。

（2）由于某些客户资金状况恶化导致货款无法收回。

（3）公司中有销售人员离开公司而将客户带走。

（4）公司应收账款总账和明细账不一致。

（5）公司有的业务人员费用很高，有些费用不是为业务而发生。

（6）销售决策失误，造成业务亏损。

（7）公司重视销售业务，而不重视管理部门，造成财务人员及管理人员的数量不足，业务核算不能满足业务需要。

（8）公司保密性不高，很多业务人员没有修改计算机业务系统初始密码，给舞弊行为创造了条件。

（9）计算机业务系统不够完善，不能满足提供详细销售信息的要求。

（三）控制措施

公司销售及应收账款流程如下（见图 6–2）：

针对公司销售业务的控制环节或控制点设置以下控制活动：

1. 销售

（1）公司对销售业务应当建立严格的预算管理制度，制定销售目标，确立销售管理责任制。

（2）公司应当建立销售定价控制制度，制定价目表、折扣政策、付款政策等并予以执行。

（3）公司在选择客户时，应当充分了解和考虑客户的信誉、财务状况等相关情况，降低账款回收中的风险。

（4）岗位轮换，公司对不同产品部门的业务人员定期轮换，防止业务人员离开公司同时带走客户关系。

（5）公司应当加强对赊销业务的管理。赊销业务应遵循规定的销售政策和信用政策。

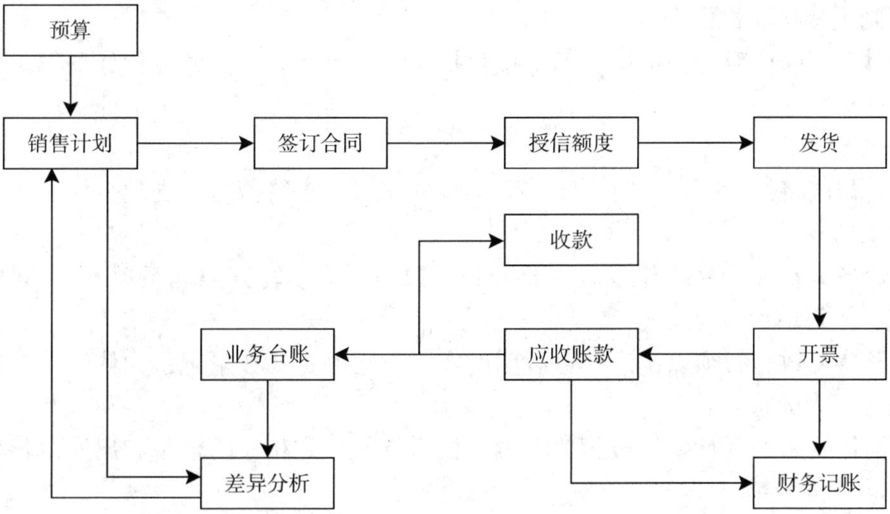

图 6–2　公司销售及应收账款流程

对符合赊销条件的客户，应经审批人批准后方可办理赊销业务；超出销售政策和信用政策规定的赊销业务，应当实行集体决策审批。

（6）公司应当建立健全销售合同签订、审批制度。公司应当授权有关人员与客户签订销售合同。审批人员应对销售价格、信用政策、发货及收款方式等严格把关。

（7）公司应当在销售与发货各环节设置相关的记录、填制相应的凭证、建立完整的销售登记制度，并加强销售合同、销售计划、销售通知单、发货凭证、运货凭证、销售发票等文件和凭证的相互核对工作。

（8）销售部门应设置销售台账，及时反映各种商品、劳务等销售的开单、发货、收款情况。销售台账应当附有客户订单、销售合同、客户签收回执等相关购货单据。

（9）销售报告控制，公司应定期编制如下报告：市场分析报告，反映目前产品的销售情况及预测未来发展趋势；产品成本分析表作为售价的基础；销售情况统计表反映每个销售人员的销售状况，并与上期及预算进行比较分析；财务分析，不同的费用对销售比率应由业务人员以全面的财务分析构架来分析，以寻求公司获利的策略。

2. 发货及退货

（1）组织发货。发货部门应当对销售发货单据进行审核，严格按照销售通知单所列的发货品种和规格、发货数量、发货时间、发货方式组织发货，并建立货物出库、发运等环节的岗位责任制，确保货物的安全发运。

（2）发货单要预先连续编号，数量、品种和销售发票和销售订单一致。

（3）货物发送时要经授权，并且定期检查所有的发货是否均已开票。

（4）销货退回。单位应当建立销售退回管理制度。单位的销售退回必须经销售主管审批后方可执行。

（5）销售退回的货物应由质检部门检验和仓储部门清点后方可入库。质检部门应对客户退回的货物进行检验并出具检验证明；仓储部门应在清点货物、注明退回货物的品种和数量后填制退货接收报告。

（6）财会部门应对检验证明、退货接收报告以及退货方出具的退货凭证等进行审核后办理相应的退款事宜。

3. 收款和开票

（1）公司应将销售收入及时入账，不得账外设账，不得擅自坐支现金。销售人员应当避免接触销售现款。

（2）业务人员在产品销售以后需要开具发票时，需填写开票联系单，注明结算单位、销售数量、销售单价。

（3）发票的数量必须以出库单上载明的实际发运的货物数量记录为依据，并应受到非记录发运数量人的检查。

（4）销售发票的开具要经过相关人员授权审批并且和相应的订单和出库单核对，开票单价和合同单价核对。

（5）财务相关人员根据审批过的开票联系单开具发票，业务人员领受发票时需办理签收手续。

（6）作废的发票要保留好，与作废的发票对应的订单和出库单也要同时作废。

4. 应收账款

（1）公司应当建立应收账款账龄分析制度和逾期应收账款催收制度。业务部门应当负责应收账款的催收，财会部门应当督促销售部门加紧催收。对催收无效的逾期应收账款可通过法律程序予以解决。

（2）公司应当按客户设置应收账款台账，及时登记每一客户应收账款余额增减变动情况和信用额度使用情况。公司对长期往来客户应当建立起完善的客户资料，并对客户资料实行动态管理，及时更新。

（3）公司财务应按客户设置应收账款明细账，应收账款总账和明细账要定期核对，做到账账相符。

（4）公司应收票据的取得和贴现必须经由保管票据以外的主管人员书面批准。

（5）公司应当有专人保管应收票据，对于即将到期的应收票据，应及时向付款人提示付款；已贴现票据应在备查簿中登记，以便日后追踪管理。

（6）公司应制定逾期票据的冲销管理程序和逾期票据追踪监控制度。

（7）公司应当定期与往来客户通过函证等方式核对应收账款、应收票据、预收账款等往来款项。如有不符，应查明原因，及时处理。

5. 坏账处理

（1）公司对于可能成为坏账的应收账款应当报告有关决策机构，由其进行审查，确定是否确认为坏账。

（2）公司发生的各项坏账，应查明原因，明确责任，并在履行规定的审批程序后做出会计处理。

（四）控制重点

针对公司销售业务控制薄弱环节，将重点采取以下控制手段：

（1）加强公司预算制度，并明确各业务人员的销售额及销售利润目标，并将实际销售数据和预算做比较分析，查明原因，对销售业绩较好的业务人员给予奖励，并且奖励措施要公平合理，避免打击业务人员的积极性。

（2）公司业务资料共享，业务人员新开发的客户要输入公司客户维护资料中，业务人员出差要填写出差报告并存档，当业务人员离开时，要将手中资料交接清楚，避免公司客户流失。

（3）公司要加强内部审计职能，由于子公司和分公司较多，并且子公司自行执行业务，所以公司应加强监督职能，对于大额款项支出要授权批准，对子公司及分公司要定期或不定期地进行审计，同时对于母公司的业务同样要进行审计，防止错误舞弊现象。

（4）加强报告制度，规定各部门定期编制相应的报表，如资金日报表、应收账款明细表、票据贴现利息表、销售收入报表、销售利润表。通过报表数据比率分析和比较分析，能发现异常现象，从而及时控制。查看各个报表的数据关系是否一致，从而保证会计信息的准确性。日报和实际销售现金收入一致，应收账款明细表和应收账款总账一致，业务提供的报表和财务提供的相关数据一致，通过各报表的钩稽关系，来确认报表的准确性。

公司按照以上内部控制设计进行有效的内部控制活动可以减少或避免潜在的风险，提高经营效率，保证公司目标的实现，但是公司的外部环境和内部环境随时都可能发生变化，所以企业要定期评估内部控制程序和执行的有效性，重新设计内部控制，以不断完善内部控制的建设。

二、B 公司应收账款管理的研究

B 公司属国家大型一类制造企业、国家重点高新技术企业，是我国重要汽车内燃机生产企业。20 世纪 80 年代中后期，公司和当时许多国有企业一样，国有企业机制和思想意识还远没有从计划经济条件下转换过来，受当时经济形势变化和经济政策调整的影响，企业开始走下坡路。这种状况在 90 年代初才有所改观，由公司领导带领员工对企业进行了大刀阔斧的改革，通过走“高起点、大批量、专业化”的道路，使企业规模迅速扩张，在激烈的市场竞争中站稳了脚跟。自 20 世纪 90 年代以来，公司建立了国际化研发、智能化设备、网络化营销、全球化采购、数字化管理和学习型文化流动体系，使公司站到了中国内燃机行业的前列。连续十几年保持快速稳定发展，销量年均递增 25.46%，销售收入年均递增 30.1%。生产的产品规格品种较为齐全，在国内外市场上具有一定的竞争力，营销服务网络遍布全国 31 个省、市、自治区，并为一汽、北汽福田、宇通、江淮等 30 家重点汽车生产企业配套。先后获得中国明星企业、中国汽车工业 50 家发展速度最快、成长性最好的企业等荣誉。在市场经济条件下，准确的产品结构定位是企业在竞争中获胜的前提，也是产品发展战略的重要内容，成功的产品结构调整是公司持续、稳定、快速发展的重要基础。公司的产品发展战略十分明确，就是通过持续创新，赶超国际先进水平，圆好“品牌梦、赶超梦、走向国际梦”。围绕上述目标，公司分阶段进行了产品结构调整，使产品始终保持旺盛的竞争力。A 公司围绕质量提高目标具体实施了质量攀高三级跳的战略，不断提高产品的质量标准，不断攀升新的质量目标。1994 年公司 M 产品被评为中国名牌产品和全国汽车零配件推荐产品，1995 年 M 产品被评为中华科技精品，产品荣登中国市场畅销名牌产品之首，并一次通过 ISO9001 质量体系认证，1997 年 M 产品又被评为国家名优产品，1998 年国家技术监督局和国家机械局汽车司联合对全国汽车零部件按 QC/T901 标准进行检测，M 产品各项指标均名列前茅，以“零缺陷”成绩通过国检，1999 年在国内同行中率先通过 QS9000 国际汽车行业的质量体系认证。

面对来自市场的要求和挑战，公司坚持用户至上、体贴、周到的服务宗旨，提出了“服务零缺陷，用户零抱怨”的战略目标。通过卓有成效的工作，使公司的用户由被动的静态服务转变为主动的全方位、全天候服务，建立起了优质服务的声誉。公司在全国建立了 600 多个服务配件经销网点，24 个配件中心库，形成了一个覆盖全国各省区的服务体系。公司还成立服务应急小分队，建立用户服务的快速反应机制。面对日趋激烈的服务竞争，推行“首问负责制”、“用户访问制”和“金钥匙工程”，开通 800 免费热线电话。由于 B 公司把用户满意度作为服务的定位，不断出新招，下真功，所以优质的服务为广大用户所公认，曾一度被评为用户服务工作行业第一名。

与应收账款管理有关的部门。公司应收账款管理主要由销售部、管理部、计财部负责实施，其职能如下：

计财部负责通过对销售部门每月下达考核指标控制应收账款总量；负责对欠款责任部门、责任人员清欠工作进行检查、考核，并指导、配合有关责任部门与债务单位对账，通过易货贸易、转账等措施协助有关部门降低应收账款总量。

管理部负责对应收账款责任部门、管理部门的职责履行情况进行监察，对违规违纪行为进行调查处理，并通过法律手段对陈旧欠款进行依法清欠、对坏账损失依法确认。

销售部等负责应收账款管理的具体实施工作。负责指定分管领导主抓应收账款管理工作，并设专职或兼职人员负责应收账款管理，设立应收账款管理台账，确定应收账款责任人，对本部门应收账款工作进行指导、监督、检查和考核。

公司主要销售产成品和产成品的配件，产成品销售是公司收入与利润的主要来源，配件销售产生的效益很小，但是其销售起很大的服务作用，能够提高产成品的信誉与促进产成品的销售。产成品又分为 4 型产品和 6 型产品，4 型产品技术含量低，单位价值低；6 型产品技术含量高，单位价值高，2007 年 4 型产品和 6 型产品销量比为 42∶58，而销售收入比为 20∶80。4 型产品主要用户为农用车市场领域，6 型产品主要用户为客车和工程机械市场领域。公司的产品销售基本上通过应收账款管理，应收账款的规模庞大。概括起来 A 公司应收账款主要有以下两个特点：关键客户应收账款占用资金大，对 B 企业生存与发展影响巨大。公司属于关键汽车零部件供应企业，与其他一般的生产企业有很大的不同，其中一个突出的特点就是货物的连续供应，特别是对关键客户，这种供货的连续性特点更为明显。一般的生产企业在向客户供应货物时，一般都是在一个较长的时间间隔中供应一批货物，每供应一批货物签订一次合同。而 B 企业向其关键客户供应关键零部件的特点是，几乎每个月都会根据客户的当月订单持续供应货物，而合同则是一年签订一次。这样，公司对大客户依赖程度高、信用风险集中。“2/8”定律不仅适用于企业的客户结构、利润结构，也同样适用于企业面临的信用风险的组成结构。中小客户分布全国，数量众多，交易频繁，业务处理量大。中小客户虽然产生的经济效益相对大户较少，但在应收账款管理上同样需要重视。其交易非常频繁，有时还涉及服务费和运输费的结算，在账务处理上业务量大，容易造成差错。有些中小客户账务处理不规范，很容易形成账差，必须常与之对账。另外中小客户抵御风险的能力较差，必须对其应收账款进行有效控制，防止发生风险。

为了维持企业的持续增长，必须不断地开发新的客户，其中，战略性大客户的开发尤其关键。对战略性的大客户开发要全面地理解，既可以指原有行业中新的大客户的开发，也可以指在相关行业中开发新的大客户，甚至是教育、培育、创造新的大客户。无论如何，只要是开发新的大客户，必然是一场与在位的供应商之间的争夺战。作为该大客户的新进入者，要从已在位的供应商中争夺市场，必然要给出更加优惠的条件。在这个时候，为了让新客户对自己的产品有一个足够长的试用期和质量比较确认期，信用销售是必然选择，信用风险也就自然形成。大客户信用风险集中是连续供货型企业的最大特点，对大客户信用风险的关注是这类企业信用管理工作的重点。大客户信用风险主要表现为可能延迟支付的风险，而不是表现为坏账风险。因为大客户对连续供货型企业的资金占有量大，因此，大客户的可能延迟支付对供货企业可能产生致命的影响，比如资金流动不畅，不能及时购买生产原材料，不能偿还到期债务等。这些问题，轻则影响生产经营，重则影响企业的生存和发展。实际上，对大部分企业来讲，防范延迟支付的风险是十分重要的工作，其重要性甚至应该是防止坏账产生的 10 倍。连续供货型企业中的中小客户，尽管销售量和应收账款在销售总量和应收账款余额总量上占有的比例不高，但是这些客户数量相对较多，分布比较分散，分布在全国范围内，管理起来比较困难。中小客户的信用风险不仅表现为可能延迟支付的风险，也可能出现坏账风险。连续供货的特点决定了企业在一年中，在销售与回款方面会出现起伏波动，这种起伏波动的幅度和时间主要取决于上游客户所在行业的特征。

（一）科学鉴定应收账款管理职能

根据目前公司应收账款的现状，考虑到企业未来对应收账款的管理，减少企业风险，在没有条件设立专门的信用管理机构之前，根据公司现有条件，建议明确划分各相关部门的职责，将客户信用管理的职能放在计财部。虽然客户信用管理的职能放在计财部存在保守、影响销售额、与业务部门的矛盾增加了管理成本、对客户情况和关系不熟悉、难以把握相关尺度、难以维持良好的关系等缺点，但是把信用管理职能分离出销售部门，有效的财务分析能够控制和防范信用风险产生，可以起一定的制约作用，不失为一个好的方案。

建立完善的应收账款管理体系不仅是某一个部门的职责，企业应收账款管理需要的是各部门之间的合作和协调，需要销售部、计财部、管理部等部门共同参与协作，任何一个环节的疏忽或脱节都会影响货款的及时回收，从而影响到公司的整体竞争力。鉴于 B 公司原来的部门责任比较笼统，不够细化，现对各个部门或人员职责重新分配如下：

1. 应收账款管理中计财部的主要职责

（1）负责应收账款的核算和监控。

（2）负责应收账款、坏账准备金的定期分析与通报。

（3）负责坏账处理的相关财务操作。

（4）负责与客户对账，收集并保存相关函证资料。

（5）协调和支持应收账款的催收工作。

（6）配合问题账款案件的诉讼工作。

（7）负责收集客户资料，建立客户档案，对客户进行信用调查。

（8）负责制定和执行公司信用政策。

（9）科学评估客户，审核信用限额，对信用额度的实施情况进行监控。

2. 应收账款管理中管理部的主要职责

（1）销售合同的审核，根据《合同法》对合同中的具体条款进行检查，审核是否有重大遗漏事项以及与货款相关事项是否符合公司要求。

（2）建立合同台账，跟踪合同的执行情况。

（3）负责问题账款案件的诉讼工作。

（4）负责对职责履行情况进行监察，对违规违纪行为进行调查处理。

（5）对坏账损失依法确认及对责任人进行责任追溯。

3. 应收账款管理中销售部的主要职责

（1）负责拟制客户信用等级以及不同等级客户的信用限额标准。

（2）负责提供客户资信材料，对客户的信用等级和信用额度进行初步评审，建立和维护公司市场信息库。

（3）负责与债权相关的文字资料的整理和收藏。

（4）负责销售货款的回收。

（5）严格执行合同，对逾期未付款的客户提出处理意见，可以采用冻结订单或停止发货等方式。

（6）协助问题账款诉讼资料的收集、问题的解决。

4. 应收账款管理中业务员的主要职责

（1）负责及时反馈客户的信息，更新客户资料。

（2）负责管辖客户的货款回收。

（3）对异常应收账款及时反映至业务部门和计财部。

（4）协助所管辖客户问题账款诉讼资料的收集、问题的解决。

（5）负责与债权相关的文字资料的收集。如债务经办人介绍信、授权委托书、合同、质量技术协议、发货单、货运单以及相关电传、邮寄等资料的收集、整理，并保存完好。

（二）信用管理

信用管理是指企业为提高竞争力、扩大市场占有率而进行的以信用销售为主要管理内容的管理活动。具体来说，是指通过制定信用管理政策，指导和协调内部各部门的业务活动，对信息收集和评估、信用额度的授予、债权保障、应收账款回收等各交易环节进行全面监督，以保障应收账款安全和及时回收与管理。企业信用管理的作用是通过信用销售，企业可以扩大销售，提高盈利水平，在达到企业销售最大化的同时，将信用风险降至最低，使企业的效益和价值得到最大程度的提高。

1. 建立完善的客户档案信息资料

要正确进行客户信用评估就必须建立起相应的客户档案信息，这些信息必须是经过审核、客观而真实的。客户档案包括以下内容：基础资料，包括客户名称、客户详细地址、法人营业执照号码、主营业务和兼营业务、公司规模、法定代表人信息、客户所有制类别和组织类别；业务现状是指客户的主要业务、服务区域、发展潜力、经营观念、销售业绩、销售渠道、与其他竞争者的关系、行业影响力、行业信誉、信用状况、财务状况等。这些材料可能收集不全，但要求由销售人员尽可能地提供。对客户进行信用等级评定。根据客户的信用情况对客户按 A、B、C、D、E 级进行信用等级评定。其中 A、B、C、D、E 等级确定如下：

（1）A 级：信誉优等，依据要货计划优先安排生产和提货。

（2）B 级：信誉良好，依据要货计划安排生产和提货。

（3）C 级：信誉一般，依据要货计划安排生产，须带款提货。

（4）D 级：信誉较差，须交部分订金或预付部分货款后安排生产，结清余款方能提货。

（5）E 级：无信誉度的陈旧欠款单位，在每次提货时必须归还提货额 15%的陈旧欠款。

2. 信用等级评定原则和方法

（1）新增客户信用等级的评定细则。

1）对新增的客户，在试配期间一律按 C 级信用实施管理。

2）试配结束后开始小批量供应，批量在 10 台以内，必须坚持带款提货原则。

3）批量大于 10 台且双方尚未签订合作协议的，必须由销售部主管领导审批同意方可发货。发货前须先书面约定上述小批量供应货款全额回款时间。

4）若在约定期限内，客户没能全额归还货款且没有积极扩大合作意愿的，不得对其进行第二次供货，同时销售部相关人员对其第一次供货所形成的欠款积极催讨。如客户有积极扩大合作的意愿并要求 B 公司给予一定的垫底周转支持，双方应按照互惠互利、平等合作的精神签订合作协议并明确结算方式。但双方必须在结清第一次供货货款之后，方能按照此方式进行操作。

5）双方在签订合作协议后的两个结算期内（一个结算期一般为一个月），若该客户能按照协议进行全额回笼，将对该客户进行正常的维护和管理；若不能按照协议进行回笼的，则信用等级由 C 级立即降为 D 级。

6）若该客户不能按照协议进行回笼，但 B 公司根据实际情况的需要进行第二次供货的，则由销售部按照超协议客户供货资金审批权限及额度限定规定进行逐级审批后实施操作。

（2）零售客户、服务站信用等级的评定细则。

1）对于零售的客户，其信用等级一律按 C 级实施信用管理。

2）对于服务站或大用户，信用等级也一律按C级实施信用管理。如发货前未能付清货款的由驻外经理对其担保予以发货，对同一客户担保的总量不得超过5台，在前期担保责任未履行完毕的不得再次进行担保，确实需要担保的必须经销售部主管领导书面审批同意后才能发货。被担保单位必须出具正式书面证明，注明担保标的物、还款日期、方式。

3）担保货款必须在担保期到期之日前全额回笼，不能回笼的，则由担保人以及审批同意发货的主管领导作为欠款责任人对该欠款单位进行债务追讨。

（3）已有固定客户信用等级的评定细则。对于正常结算往来的单位，从销售、财务、法律三个方面，根据评分标准进行评审、打分。评分标准如下：A级：得分>85；B级：得分>70；C级：得分>60；D级：得分>40；E级：得分<40。

财务账上有坏账发生的单位，不进行打分，信用等级一律定为E级。

3. 客户超协议发货管理

由于客户各方面原因，存在超协议占用货款情形的，由销售部提出申请，根据客户等级和超协议金额销售部授权范围对《应收账款超协议顾客供货审批表》进行审批，不得越级审批。

4. 客户信用风险等级评定后的执行

客户经过年度的信用风险等级评定工作之后，其信用等级作为制定与该客户下一年度商务政策的重要依据。

被评定为A级信用的客户，若在一个结算期内出现超协议占用情况，允许其在紧接着的下一结算期内付清，当月不用办理超协议审批手续；若没有付清，则必须按照超协议客户供货资金审批权限及额度限定的规定进行逐级审批。

被评定为B级信用的客户，若在一个结算期内出现超协议占用情况，按照超协议客户供货资金审批权限及额度限定的规定进行逐级审批后允许发货。

被评定为C级信用的客户，必须在货款结清的前提下，根据要货计划，可以对其安排生产、发货。

被评定为D级信用的客户，必须带款提货，方可对其进行发货，无任何优惠政策。

（三）日常销售业务的管理制度的制定

1. 对赊销业务实行制度化管理

（1）赊销业务应遵循规定的销售政策和信用政策。

（2）超出销售政策和信用政策规定的赊销业务，必须经领导层审批。

（3）对未经批准擅自进行赊销的销售员应规定严格的奖惩制度。

（4）对赊销的款项必须建立严格的责任制度，对责任人应承担的责任应明确规定。

2. 发货部门

（1）应按销售部门的销售通知进行发货，并留有完整、详细的发运凭证。

（2）发货单要顺序编号、连续完整，否则，必须查明原因，并经领导批准加以注销。

（3）运单要与发货单、运单相对应，且发运品名、规格型号、数量、发运日期、目的地、发货人、当班人员等内容应一致。

（4）发货部门应建立发货台账，包括货物名称、规格型号、提货人、发货人、验收人等。

（5）应定期盘点产成品，并与财务核对，对盘点中发现的问题报单位领导层，并限时查找原因，明确责任。

（6）非合同提货或零星销售情况下，价格要按有关标准执行，并予以审核，应先收款后提货。

3. 销售退回

（1）销售退回必须经销售部门负责人批准方可执行。

（2）退回的商品要有质检部门检验证明、仓库签发的退货验收证明等，做到退回手续齐全并及时入库。

4. 应收账款管理

（1）建立应收账款账龄分析制度和逾期应收账款催收制度；销售部门负责应收账款的催收，财务部门督促销售部门加紧催收。

（2）按客户建立应收账款明细账，定期检查应收账款余额，及时催收。应注重法律诉讼时效的概念，对于在法律诉讼时效范围内的应收账款要通知销售部，及时制定对策，以延长法律诉讼期限；对于三年以上的应收账款在处理时应取得合法依据，及时确认入账。保留催收记录。

（3）坏账确认要符合规定并经过批准，并在履行规定的审批程序后做出会计处理。

（4）企业核销的坏账应进行备查登记，做到账销案存。已核销的坏账又收回时必须及时入账，防止形成账外款。

5.“三包”管理规定的制定

“三包”返修品必须经销售、采购、质保等部门的鉴定、复核；对只包返修品应单独设账登记；及时向下游单位（供应商）办理索赔。

6. 内部审计

公司设审计室，对与应收账款管理相关的职能部门进行定期和不定期的审计监察。内部审计在应收账款管理中的监督作用主要体现在两个方面，一是不断完善监控体系，改善内控制度；二是检查内控制度的执行情况，检查有无异常应收账款现象，有无重大差错、玩忽职守、内部舞弊、故意不收回账款等情况，确保应收账款的回收。具体执行的检查要点如下：

（1）对不相容岗位应在相关部门适当分工进行检查。检查要点包括组织机构图、各部门职责、相关岗位职责及实际执行情况。

（2）对销售政策的执行情况进行检查。检查要点包括价格管理规定执行情况、审批手续、商品价目表、返利政策性文件、返利审批文件、返利计算依据、返利台账。

（3）对客户建立客户评价制度进行检查。检查要点包括经销商准入制度执行情况，客户、经销商评价制度执行情况，客户信息台账，客户评价资料。

（4）对合同审批管理制度执行情况进行检查。检查要点包括程序文件，相关管理规定执行情况，会议记录等相关资料，谈判的书面记录。

（5）对销售预算管理、制定销售管理责任制的执行情况进行检查。检查要点包括历年销售资料，企业发展规划，相关部门的基础预算等资料。

（6）对日常销售业务的管理制度的执行情况进行检查。检查要点包括销售计划、相应的发货单据、相应的销售发票通知单据、销售台账、相关制度文件执行情况、发货单、运单、发货台账、盘点表、审批单、退货验收证明单、入库单。

（7）对合理确认销售收入的情况进行检查。检查要点包括销售发票通知单、发票，检查是否符合《企业会计准则》规定的收入确认条件。

（8）对应收账款管理制度的执行情况进行检查。检查要点包括应收账款明细账，收款记录及依据，催收记录，相关批准文件，坏账备查登记簿。

（9）对"三包"管理制度的执行情况进行检查。检查要点包括相关制度文件执行情况，"三包"台账，只包结算发票。

（10）对会计控制执行情况进行检查。检查要点包括总账、明细账、库存明细账、存货卡片、科目余额、记账凭证、账簿、报表、对账制度执行情况。

第七章　研究与开发控制技术

研究与开发是指企业为获取新产品、新技术、新工艺等所开展的各种研发活动，是企业进行自主创新的重要手段。企业通过研发新产品和新技术，创造新工艺，能够增强核心竞争力，促进发展战略实现。但是，研究与开发活动通常隐含着重大风险。比如，研究项目未经科学论证或论证不充分，可能导致创新不足或资源浪费；研发人员配备不合理或研发过程管理不善，可能导致研发成本过高、舞弊或研发失败；研究成果转化应用不足、保护措施不力，可能导致企业利益受损。就此，研究与开发应用指引提出了如下管控措施：①企业应当结合研发计划，提出研究项目立项申请，开展可行性研究，编制可行性研究报告。②研究项目应当按照规定的权限和程序进行审批，重大研究项目应当报经董事会或类似权力机构集体审议决策。③企业应当加强对研究过程的管理，合理配备专业人员，严格落实岗位责任制，确保研究过程高效、可控。④企业应当建立和完善研究成果验收制度，组织专业人员对研究成果进行独立评审和验收。⑤企业应当明确界定核心研究人员范围和名册清单，签署保密协议，并在劳动合同中约定研究成果归属、离职条件、离职移交程序、离职后保密义务、离职后竞业限制年限及违约责任等内容。研发骨干人员的管理，应当引起研发型企业的高度重视。⑥企业应当加强研究成果的开发与保护，形成科研、生产、市场一体化的自主创新机制，促进研究成果转化为实际生产力。

第一节　研究与开发控制流程

企业应当着力梳理研究与开发业务流程，针对主要风险点和关键环节，制定切实有效的控制措施，不断提升研发活动全过程的风险管控效能。图 7-1 列示了一般生产企业研究与开发活动的业务流程。

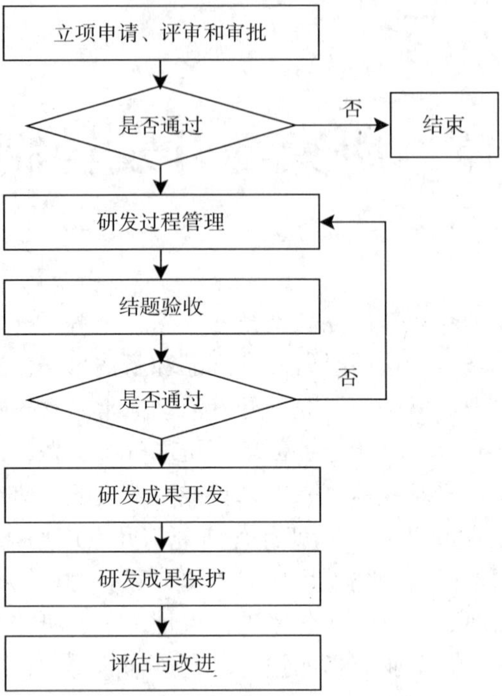

图 7-1　一般生产企业研究与开发活动的业务流程

第二节　研究与开发控制关键风险点

研究与开发的基本流程，主要涉及立项、研发过程管理、结题验收、研究成果的开发和保护等。

一、立项

立项主要包括立项申请、评审和审批。该环节的主要风险是：研发计划与国家（或企业）科技发展战略不匹配，研发承办单位或专题负责人不具有相应资质，研究项目未经科学论证或论证不充分，评审和审批环节把关不严，可能导致创新不足或资源浪费。

主要管控措施：

（1）建立完善的立项、审批制度，确定研究开发计划制订原则和审批人，审查承办单位或专题负责人的资质条件和评估、审批流程等。

（2）结合企业发展战略、市场及技术现状，制订研究项目开发计划。

（3）企业应当根据实际需要，结合研发计划，提出研究项目立项申请，开展可行性研究，编制可行性研究报告。企业可以组织独立于申请及立项审批之外的专业机构和人员进行评估论证，出具评估意见。

（4）研究项目应当按照规定的权限和程序进行审批，重大研究项目应当报经董事会或类似权力机构集体审议决策。审批过程中，应当重点关注研究项目促进企业发展的必要性、技术的先进性以及成果转化的可行性。

（5）制订开题计划和报告，开题计划经科研管理部门负责人审批，开题报告应对市场需求与效益、国内外在该方向的研究现状、主要技术路线、研究开发目标与进度、已有条件与基础、经费等进行充分论证、分析，保证项目符合企业需求。

二、研发过程管理

研发过程是研发的核心环节。实务中，研发通常分为自主研发、委托（合作）研发。

1.自主研发

自主研发是指企业依靠自身的科研力量，独立完成项目，包括原始创新、集成创新和在引进消化基础上的再创新三种类型。其主要风险包括：①研究人员配备不合理，导致研发成本过高、舞弊或研发失败。②研发过程管理不善，费用失控或科技收入形成账外资产，影响研发效率，提高研发成本甚至造成资产流失。③多个项目同时进行时，相互争夺资源，出现资源的短期局部缺乏，可能造成研发效率下降。④研究过程中未能及时发现错误，导致修正成本提高。⑤科研合同管理不善，导致权属不清，知识产权存在争议。

主要管控措施：

（1）建立研发项目管理制度和技术标准，建立信息反馈制度和研发项目重大事项报告制度；严格落实岗位责任制。

（2）合理设计项目实施进度计划和组织结构，跟踪项目进展，建立良好的工作机制，保证项目顺利实施。

（3）精确预计工作量和所需资源，提高资源使用效率。

（4）建立科技开发费用报销制度，明确费用支付标准及审批权限，遵循不相容岗位牵制原则，完善科技经费入账管理程序，按项目正确划分资本性支出和费用性支出，准确开展会计核算，建立科技收入管理制度。

（5）开展项目中期评审，及时纠偏调整；优化研发项目管理的任务分配方式。

2. 委托（合作）研发

委托研发是指企业委托具有资质的外部承办单位进行研究和开发。合作研发是指合作双方基于研发协议，就共同的科研项目，以某种合作形式进行研究或开发。

委托（合作）研发的主要风险是：委托（合作）单位选择不当，知识产权界定不清。合作研发还包括与合作单位沟通障碍、合作方案设计不合理、权责利不能合理分配、资源整合不当等风险。

主要管控措施：

（1）加强委托（合作）研发单位资信、专业能力等方面的管理。

（2）委托研发应采用招标、议标等方式确定受托单位，制定规范详尽的委托研发合同，明确产权归属、研究进度和质量标准等相关内容。

（3）合作研发应对合作单位进行尽职调查，签订书面合作研究合同，明确双方投资、分工、权利义务、研究成果产权归属等。

（4）加强项目的管理监督，严格控制项目费用，防止挪用、侵占等。

（5）根据项目进展情况、国内外技术最新发展趋势和市场需求变化情况，对项目的目标、内容、进度、资金进行适当调整。

三、结题验收

结题验收是对研究过程形成的交付物进行质量验收。结题验收分检测鉴定、专家评审、专题会议三种方式。其主要风险包括：由于验收人员的技术、能力、独立性等造成验收成果与事实不符；测试与鉴定投入不足，导致测试与鉴定不充分，不能有效地降低技术失败的风险。

主要管控措施：

（1）建立健全技术验收制度，严格执行测试程序。

（2）对验收过程中发现的异常情况应重新进行验收申请或补充进行研发，直至研发项目达到研发标准为止。

（3）落实技术主管部门验收责任，由独立的、具备专业胜任能力的测试人员进行鉴定试验，并按计划进行正式的、系统的、严格的评审。

（4）加大企业在测试和鉴定阶段的投入，对重要的研究项目可以组织外部专家参加鉴定。

四、研发成果开发研究

成果开发是指企业将研究成果经过开发过程转换为企业的产品。其主要风险包括：研究成果转化应用不足，导致资源闲置；新产品未经充分测试，导致大批量生产不成熟或成本过高；营销策略与市场需求不符，导致营销失败。

主要管控措施：

（1）建立健全研究成果开发制度，促进成果及时有效转化。

（2）科学鉴定大批量生产的技术成熟度，力求降低产品成本。

（3）坚持开展以市场为导向的新产品开发消费者测试。

（4）建立研发项目档案，推进有关信息资源的共享和应用。

五、研发成果保护研究

成果保护是企业研发管理工作的有机组成部分。有效的研发成果保护，可保护研发企业的合法权益。其主要风险是：未能有效识别和保护知识产权，权属未能得到明确规范，开发出的新技术或产品被限制使用；核心研究人员缺乏管理激励制度，导致形成新的竞争对手或技术秘密外泄。

主要管控措施：

（1）进行知识产权评审，及时取得权属。

（2）研发完成后确定采取专利或技术秘密等不同保护方式。

（3）利用专利文献选择较好的工艺路线。

（4）建立研究成果保护制度，加强对专利权、非专利技术、商业秘密及研发过程中形成的各类涉密图纸、程序、资料的管理，严格按照制度规定借阅和使用。禁止无关人员接触研究成果。

（5）建立严格的核心研究人员管理制度，明确界定核心研究人员范围和名册清单并与之签署保密协议。

（6）企业与核心研究人员签订劳动合同时，应当特别约定研究成果归属、离职条件、离职移交程序、离职后保密义务、离职后竞业限制年限及违约责任等内容。

（7）实施合理有效的研发绩效管理，制定科学的核心研发人员激励体系，注重长效激励。

后评估是研究与开发内部控制建设的重要环节。企业应当建立研发活动评估制度，加强对立项与研究、开发与保护等过程的全面评估，认真总结研发管理经验，分析存在的薄弱环节，完善相关制度和办法，不断改进和提升研发活动的管理水平。

第三节　研究与开发控制程序

一、立项与研究

（1）企业应当根据实际需要，结合研发计划，提出研究项目立项申请，开展可行性研究，编制可行性研究报告。企业可以组织独立于申请及立项审批之外的专业机构和人员进行评估论证，出具评估意见。

（2）研究项目应当按照规定的权限和程序进行审批，重大研究项目应当报经董事会或类似权力机构集体审议决策。审批过程中，应当重点关注研究项目促进企业发展的必要性、技术的先进性以及成果转化的可行性。

（3）企业应当加强对研究过程的管理，合理配备专业人员，严格落实岗位责任制，确保研究过程高效、可控。企业应当跟踪检查研究项目进展情况，评估各阶段研究成果，提供足够的经费支持，确保项目按期、保质完成，有效规避研究失败风险。企业研究项目委托外单位承担的，应当采用招标、协议等适当方式确定受托单位，签订外包合同，约定研究成果的产权归属、研究进度和质量标准等相关内容。

（4）企业与其他单位合作进行研究的，应当对合作单位进行尽职调查，签订书面合作研究合同，明确双方投资、分工、权利义务、研究成果产权归属等。

（5）企业应当建立和完善研究成果验收制度，组织专业人员对研究成果进行独立评审和验收。企业对于通过验收的研究成果，可以委托相关机构进行审查，确认是否申请专利或作为非专利技术、商业秘密等进行管理。企业对于需要申请专利的研究成果，应当及时办理有关专利申请手续。

（6）企业应当建立严格的核心研究人员管理制度，明确界定核心研究人员范围和名册清单，签署符合国家有关法律法规要求的保密协议。企业与核心研究人员签订劳动合同时，应当特别约定研究成果归属、离职条件、离职移交程序、离职后保密义务、离职后竞业限制年限及违约责任等内容。

二、开发与保护

（1）企业应当加强研究成果的开发，形成科研、生产、市场一体化的自主创新机制，促进研究成果转化。研究成果的开发应当分步推进，通过试生产充分验证产品性能，在获得市场认可后方可进行批量生产。

（2）企业应当建立研究成果保护制度，加强对专利权、非专利技术、商业秘密及研发过程中形成的各类涉密图纸、程序、资料的管理，严格按照制度规定借阅和使用。禁止无关人员接触研究成果。

（3）企业应当建立研发活动评估制度，加强对立项与研究、开发与保护等过程的全面评估，认真总结研发管理经验，分析存在的薄弱环节，完善相关制度和办法，不断改进和提升研发活动的管理水平。

第四节　研究与开发控制案例分析

软件开发过程控制程序。

1. 目的

为保证软件产品及其文档可维护，软件开发过程得到有效控制，特制定本程序。

2. 适用范围

本程序文件适用于本公司有合同的所有软件开发过程的控制活动。

3. 定义

（1）需求分析：（引用 GB/T11457-1995 的 2.404）研究用户要求以得到系统或软件需求定义的过程。

（2）概要设计：（引用 GB/T11457-1995 的 2.343）分析各种设计方案和定义软件体系结构的过程。典型的概要设计包括计算机程序组成成分和数据的定义及构造、界面的定义，并提出时间和规模方面的估计。

（3）详细设计：（引用 GB/T11457-1995 的 2.147）推敲并扩充概要设计，以获得关于处理逻辑、数据结构和数据定义的更加详尽的描述，直到设计完善到足以能实现的地步。

（4）设计实现：（引用 GB/T11457-1995 的 2.229）把设计翻译成代码，然后对此代码排除隐错的过程。它是程序的一种机器可执行形式，或者能被自动地翻译成机器可执行的某种形式的程序。

4. 职责

（1）项目负责人：负责制订【项目计划】、协调项目内外各方的关系、控制项目进度，并保证项目计划的实施和完成。

（2）需求分析员：作为开发方的代表，负责沟通用户和开发人员的认识和见解，明确及准确地编写【软件需求说明书】和初步的【系统指南】。

（3）系统设计员：负责把软件需求变换成可表示的、可实现的软件形式，为设计实现提供可行的依据。并在设计过程中要负责编写【概要设计说明书】、【数据库设计说明书】、【详细设计说明书】，完成【系统指南】的编写。

（4）程序员：按设计要求把软件的详细设计变换成可执行的源程序，进行调试。完成相应的文档，编写【用户操作手册】。

（5）测试人员：负责制订测试计划，设计测试方案、测试用例，并实施测试。

（6）配置管理人员负责对开发库中软件配置项的管理和维护。

5. 工作程序

软件开发过程主要分为项目计划、需求分析、概要设计、详细设计、设计实现、内部测试和系统测试七个阶段。

（1）项目计划。项目负责人负责制订项目计划。在项目计划中要对项目的目标和时间要求给出明确的定义，要规定项目的组织和管理规则、项目的开发过程和输出要求、项目对资源的需求和分配等，详见《项目计划控制程序》。

（2）制定开发规范。

①在项目开始后，项目负责人要组织有关人员讨论和确定实施该项目的技术路线、采用的开发方法论。

②项目负责人要组织编写【×××系统开发规范】，其中包括：a. 阐述项目采用的技术路线；b. 采用的软件开发方法和使用的软件辅助开发工具；c. 制定需求分析阶段，设计阶段，编程阶段中文档编写规则，模型表示规则，命名约定等在开发过程中需协调一致的规则。

③【×××系统开发规范】中的一些详细规则可在开发过程中不断完善。

（3）需求分析。

①需求分析员应通过各种方式收集和获得所开发项目的业务需求，并对获取的需求和系统应具有的隐含需求进行分析，以建立系统的软件需求。这些需求通常包括：a. 功能需求；b. 数据需求；c. 性能需求；d. 人机接口需求；e. 安全和保密需求；f. 网络需求；g. 和其他系统的接口需求；h. 操作、维护和安装需求；i. 一些特殊的设计限制。

②需求分析员要使用【×××系统开发规范】中规定的需求分析方法和工具清晰准确地定义和描述这些需求。编写【软件需求说明书】，编写初步的【系统指南】。

③【软件需求说明书】得到用户确认后，提交评审（参见《设计评审和设计更改控制程序》）。

（4）概要设计。

①系统设计员应建立一个高层的软件体系结构，该体系结构应体现系统的需求。该体

系结构应描述软件的顶层结构和定义其主要部分，包括：a. 整个软件系统的层次结构；b. 每一层次的模块结构；c. 相关模块间的接口，即模块间传递信息的内容、方式和协议；d. 确定各模块在计算机网络环境下的物理分布；e. 确定系统的数据库结构；f. 确定本软件系统与其他外围系统接口；g. 确定模块与系统功能间的关系；h. 确定模块与数据库表间的关系；i. 考虑可靠性、安全性、灵活性等方面的设计；j. 要确定用户界面的设计风格；k. 主要算法设计；l. 异常处理设计。

②描述以上设计结果，编写【概要设计说明书】、【数据库设计说明书】和修改完善【系统指南】。

③将【概要设计说明书】和【数据库设计说明书】提交评审（参见《设计评审和设计更改控制程序》）。

（5）详细设计。

①系统设计人员要深刻理解【概要设计说明书】，保证详细设计与概要设计相一致，为编码提供详尽的依据。

②细化和描述每一个功能模块，确定实现各个模块功能的具体算法、内部数据结构和外部接口方式。

③若功能模块涉及用户界面，还要具体描绘出用户界面以及操作流程。

④编写【详细设计说明书】，修改完善【系统指南】。

⑤提交详细设计评审（参见《设计评审和设计更改控制程序》）。

（6）设计实现。

①程序员应严格按照详细设计的说明，保证最终程序与详细设计相一致。编码过程中应遵循【×××系统开发规范】的命名规则和注释等规定保证程序的清晰、易读。

②程序员要对编写的程序进行调试，使程序不仅通过编译的语法检查，而且在功能和性能等方面达到设计的要求。

③编写【用户操作手册】，修改【系统指南】。

④系统设计员最终完成【系统指南】。

（7）内部测试。

①项目负责人应组织系统的内部测试，内部测试由项目组内包括单元测试、集成测试和构造测试。

②项目组内的测试员负责编写系统内部测试的【测试计划】和【测试实例】，实施测试，填写【测试报告】。测试部提供支持。具体控制程序请参见《测试过程控制程序》。

（8）系统测试。

①系统通过内部测试后，项目负责人应向测试部提请系统测试。

②测试部负责编写系统测试的【测试计划】、【测试实例】，实施测试，填写【测试报告】。项目测试员提供配合。具体控制程序请参见《测试过程控制程序》。

（9）软件配置管理过程。

以上开发各个过程中产生的计划、文档、程序都要纳入配置管理系统控制下。详见《软件配置管理程序》。

6. 引用文件

《项目计划控制程序》(T.CX0401-A01);

《设计评审和设计更改控制程序》(T.CX0403-A01);

《测试过程控制程序》(T.CX1001-A01);

《配置管理控制程序》(T.CX0801-A01)。

7. 技术文档

×××系统开发规范;软件需求说明书;概要设计说明书;数据库设计说明书;详细设计说明书;系统指南;用户操作手册。

8. 附录

(1)软件生命周期各阶段要求输出的文档阶段。

各种文件;市场调研;项目计划;需求分析;概要设计;详细设计;设计实现;内部测试;系统测试;工程安装;交付测试;软件维护。项目总体方案;可行性研究报告;项目计划;配置管理计划;系统开发规范;软件需求说明书;概要设计说明书;数据库设计说明书;详细设计说明书;系统指南;用户操作手册。

(2)用户培训教材阶段。

各种文件;市场调研;项目计划;需求分析;概要设计;详细设计;设计实现;内部测试;系统测试;工程安装;交付测试;软件维护。系统测试计划;交付测试计划;集成测试计划;构造测试计划;单元测试用例;集成测试用例;构造测试用例;系统测试用例;交付测试用例;单元测试报告;集成测试报告;构造测试报告;系统测试报告;交付测试报告。

第八章　工程项目控制技术

工程项目是企业自行或者委托其他单位进行的建造、安装活动。重大工程项目往往体现企业发展战略和中长期发展规划，对于提高企业再生产能力和支撑保障能力、促进企业可持续发展具有关键作用。国有及国有控股大型企业的重大工程项目，在调整经济结构、转变经济发展方式、促进产业升级和技术进步中更是举足轻重。同时应当看到，由于工程项目投入资源多、占用资金大、建设工期长、涉及环节多、多种利益关系错综复杂，构成经济犯罪和腐败问题的“高危区”。现实中，工程资金高估冒算、招投标环节的暗箱操作、曝光的“豆腐渣”工程，以及相关经济犯罪和腐败案例时有发生，引发社会各界对工程领域的批评和关注。针对工程项目的特点和存在的问题，《企业内部控制应用指引第 11 号——工程项目》全面梳理了立项、设计、招标、建设和竣工验收等主要流程，找出各流程环节的主要风险，并提出了相应的管控措施。

第一节　工程项目控制流程

工程项目控制流程见图 8-1。

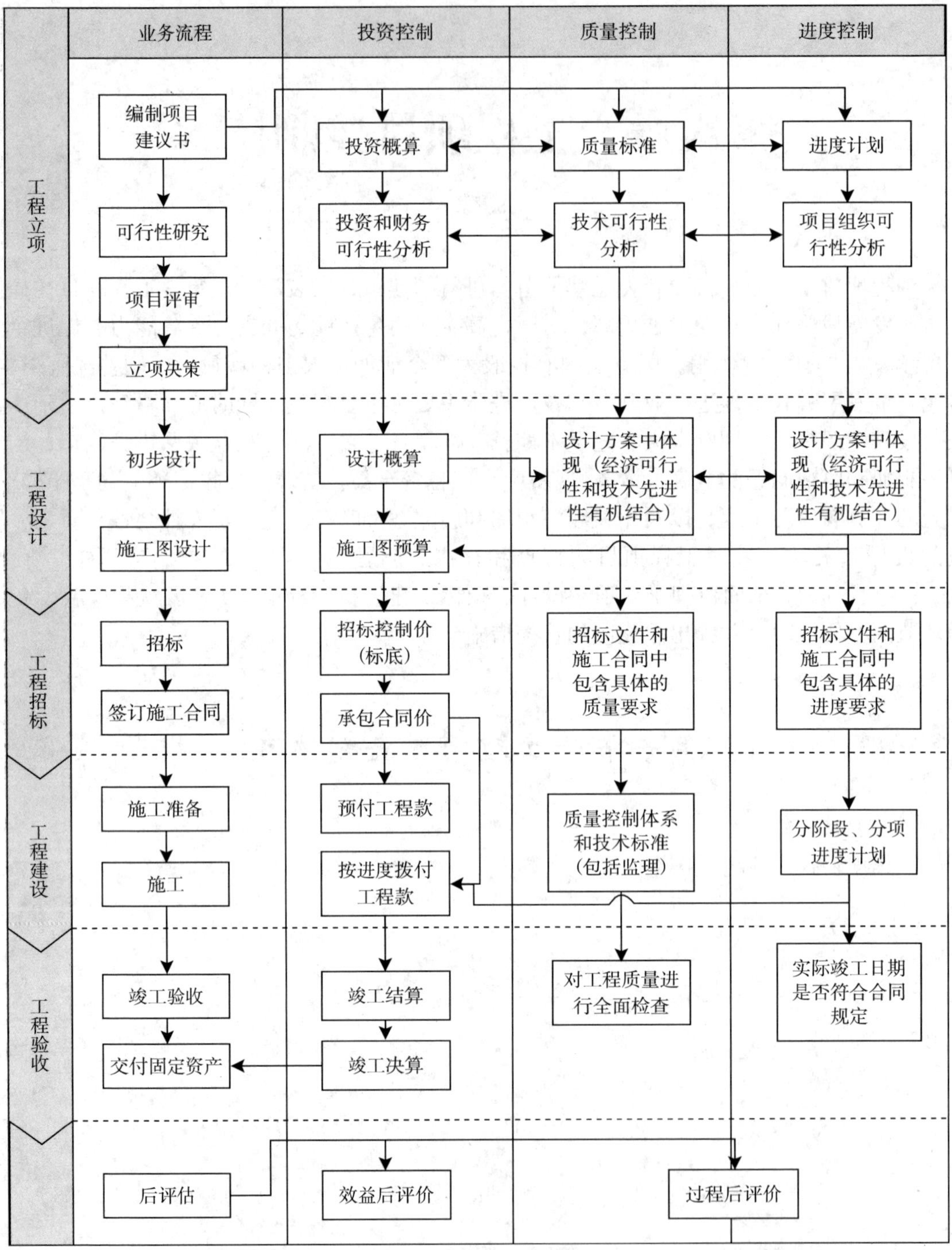

图 8–1　工程项目控制流程

第二节　工程项目控制关键风险点

一、工程立项

工程立项属于项目决策过程，是对拟建项目的必要性和可行性进行技术经济论证，对不同建设方案进行技术经济比较并作出判断和决定的过程。立项决策正确与否，直接关系到项目建设成败。

（一）工程立项环节的主要风险及管控措施

1. 编制项目建议书

项目建议书是企业根据工程投资意向，综合考虑产业政策、发展战略、经营计划等提出的建设某一工程项目的建议文件，是对拟建项目提出的框架性总体设想。对于非重大项目，也可以不编制项目建议书，但仍需开展可行性研究。项目建议书的内容一般包括：①项目的必要性和依据。②产品方案、拟建规模和建设地点的初步设想。③投资估算、资金筹措方案设想。④项目的进度安排。⑤经济效果和社会效益的初步估计。⑥环境影响的初步评价等。项目建议书编制完成后，应报企业决策机构审议批准，并视法规要求和具体情况报有关政府部门审批或备案。该环节的主要风险是：投资意向与国家产业政策和企业发展战略脱节；项目建议书内容不合规、不完整，项目性质、用途模糊，拟建规模、标准不明确，项目投资估算和进度安排不协调。

主要管控措施：

（1）企业应当明确投资分析、编制和评审项目建议书的职责分工。

（2）企业应当全面了解所处行业和地区的相关政策规定，以法律法规和政策规定为依据，结合实际建设条件和经济环境变化趋势，客观分析投资机会，确定工程投资意向。

（3）企业应当根据国家和行业有关要求，结合本企业实际，规定项目建议书的主要内容和格式，明确编制要求；在编制过程中，要对工程质量标准、投资规模和进度计划等进行分析论证，做到协调平衡。

（4）对于专业性较强和较为复杂的工程项目，可以委托专业机构进行工程投资分析，编制项目建议书。

（5）企业决策机构应当对项目建议书进行集体审议，必要时，可以成立专家组或委托专业机构进行评审；承担评审任务的专业机构不得参与项目建议书的编制。

（6）根据国家规定应当报批的项目建议书必须及时报批并取得有效批文。

2. 可行性研究

企业应当根据经批准的项目建议书开展可行性研究、编制可行性研究报告。可行性研究报告的主要内容包括：①项目概况。②项目建设的必要性和市场预测。③项目建设选址及建设条件论证。④建设规模和建设内容。⑤项目外部配套建设。⑥环境保护，劳动保护与卫生防疫，消防、节能、节水。⑦总投资及资金来源。⑧经济、社会效益。⑨项目建设周期及进度安排。⑩招投标法规定的相关内容等。项目建议书和可行性研究报告中的投资估算，是项目立项的重要依据，也是研究、分析项目投资经济效果的重要条件。可行性研究报告一经批准，投资估算就是具体项目投资的最高限额，其误差一般应控制在10%以内。该环节的主要风险是：缺乏可行性研究，或可行性研究流于形式，导致决策不当，难以实现预期效益，甚至可能导致项目失败；可行性研究的深度达不到质量标准和实际要求，无法为项目决策提供充分、可靠的依据。

主要管控措施：

（1）企业应当根据国家和行业有关规定以及本企业实际，确定可行性研究报告的内容和格式，明确编制要求。

（2）委托专业机构进行可行性研究的，应当制定专业机构的选择标准，确保可行性研究科学、准确、公正。在选择专业机构时，应当重点关注其专业资质、业绩和声誉、专业人员素质、相关业务经验等。

（3）切实做到投资、质量和进度控制的有机统一，即技术先进性和经济可行性要有机结合。建设标准要符合企业实际情况和财力、物力的承受能力，技术要先进适用，对于拟采用的工艺，既要考虑其对产品质量的提升作用，又要考虑企业营销状况和走势，避免盲目追求技术先进而造成投资损失浪费。

3. 项目评审与决策

可行性研究报告形成后，企业应当组织有关部门或委托具有相应资质的专业机构，对可行性研究报告进行全面审核和评价，提出评审意见，作为项目决策的重要依据。该环节的主要风险是：项目评审流于形式，误导项目决策；权限配置不合理，或者决策程序不规范，导致决策失误，给企业带来巨大经济损失。

主要管控措施：

（1）企业应当组建项目评审组或委托具有资质的专业机构对可行性研究报告进行评审。项目评审组成员不得参与可行性研究，委托专业机构进行评审的，该专业机构不得参与项目可行性研究；评审组成员应当熟悉工程业务，并具有较广泛的代表性；评审组的决策机制不能简单采用“少数服从多数”原则，而要充分兼顾项目投资、质量、进度各方面的不同意见；项目评审应实行问责制，评审组成员要对其出具的评审意见承担责任。

（2）在项目评审中，要重点关注项目投资方案、投资规模、资金筹措、生产规模、布局选址、技术、安全、环境保护等方面情况，核实相关资料的来源和取得途径是否真实、可靠，特别要对经济技术可行性进行深入分析和全面论证。

（3）企业应当按照规定的权限和程序对工程项目进行决策，决策过程必须有完整的书面记录，并实行决策责任追究制度。重大工程项目，应当报经董事会或者类似决策机构集体审议批准，任何个人不得单独决策或者擅自改变集体决策意见，防止出现“一言堂”、“一支笔”。

工程项目立项后、正式施工前，建设单位（为同后文中出现的设计单位、监理单位、施工单位等进行区分，下文中将一律以“建设单位”替代“企业”）还应当依法取得建设用地、城市规划、环境保护、安全、施工等方面的许可。例如，通过“招标、拍卖、挂牌”等方式获得土地使用权，向人防主管部门报批人防规划设计，向园林主管部门报批绿化规划方案，在开工前向建设行政主管部门申请办理施工许可证等。

二、工程设计

（一）工程设计流程

项目立项后，能否保证工程质量，加快建设进度，节省工程投资，设计工作十分重要。根据国家规定，一般工业项目设计可按初步设计和施工图设计两个阶段进行，对于技术上复杂、在设计时有一定难度的工程，可以按初步设计、技术设计和施工图设计三个阶段进行。对于大型建设项目，如大型矿区、油田等的设计除按上述规定分为三个阶段外，还应进行总体规划设计或总体设计；对于小型工程项目，也可以简化为施工图设计一个阶段。本书主要介绍初步设计和施工图设计。

（二）工程设计环节的主要风险及管控措施

1. 初步设计

建设单位可以自行完成初步设计或委托其他单位进行初步设计。初步设计是整个设计构思基本形成的阶段。通过初步设计可以明确拟建工程在指定地点和规定期限内建设的技术可行性和经济合理性，同时确定主要技术方案、工程总造价和主要技术经济指标。初步设计阶段的一项重要工作是编制设计概算。设计概算是在投资估算的控制下由设计单位根据初步设计的图纸及说明，利用国家或地区发布的概算指标、概算定额或综合指标预算定额、设备材料预算价格等资料，运用科学的方法计算和确定建筑安装工程全部建设费用的经济文件。设计概算是编制项目投资计划、确定和控制项目投资的依据，也是签订施工合同的基础依据。该环节存在的主要风险是：设计单位不符合项目资质要求；初步设计未进行多方案比选；设计人员对相关资料研究不透彻，初步设计出现较大疏漏；设计深度不足，造成施工组织不周密、工程质量存在隐患、投资失控以及投产后运行成本过高等。

主要管控措施：

（1）建设单位应当引入竞争机制，尽量采用招标方式确定设计单位，根据项目特点选择具有相应资质和经验的设计单位。

（2）在工程设计合同中，要细化设计单位的权利和义务，特别是一个项目由几个单位共同设计时，要指定一个设计单位为主体设计单位，主体设计单位对建设项目设计的合理性和整体性负责。

（3）建设单位应当向设计单位提供开展设计所需的详细的基础资料，并进行有效的技术经济交流，避免因资料不完整造成设计保守、投资失控等问题。

（4）建立严格的初步设计审查和批准制度，通过严格的复核、专家评议等制度，层层把关，确保评审工作质量。在初步设计审查中，技术方案是审查的核心和重点，重大技术方案必须进行技术经济分析比较、多方案比选。此外，还应关注初步设计规模是否与可行性研究报告、设计任务书一致，有无夹带项目、超规模、超面积和超标准的问题。

2. 施工图设计

施工图设计主要是通过图纸，把设计者的意图和全部设计结果表达出来，作为施工建造的依据。与施工图设计直接关联的是施工图预算。施工图预算是在施工图设计完成后、工程开工前，根据已批准的施工图纸、现行的预算定额、费用定额和所在地区人工、材料、设备与机械台班等资源价格，按照规定的计算程序确定工程造价的技术经济文件。对建设单位而言，施工图预算是确定工程招标控制价的依据，也是拨付工程款及办理工程结算的依据。对施工单位而言，施工图预算是施工单位投标报价的参考依据，也是安排调配施工力量、组织材料供应的依据。该环节存在的主要风险是：概预算严重脱离实际，导致项目投资失控；工程设计与后续施工未有效衔接或过早衔接，导致技术方案未得到有效落实，影响工程质量，或造成工程变更，发生重大经济损失。

主要管控措施：

（1）建立严格的概预算编制与审核制度。概预算的编制要严格执行国家、行业和地方政府有关建设和造价管理的各项规定和标准，完整、准确地反映设计内容和当时当地的价格水平。建设单位应当组织工程、技术、财会等部门的相关专业人员或委托具有相应资质的中介机构对编制的概算进行审核，重点审查编制依据、项目内容、工程量的计算、定额套用等是否真实、完整和准确。如发现施工图预算超过初步设计批复的投资概算规模，应对项目概算进行修正，并经审批。

（2）建立严格的施工图设计管理制度和交底制度。在对施工图设计进行审查时，应重点关注施工图设计深度能否满足全面施工及各类设备安装要求，施工图设计质量是否符合国家和行业规定，各专业工种之间是否做到了有效配合等。施工图设计基本完成后，应召开施工图会审会议，由建设单位、设计单位、施工单位、监理单位等共同审阅施工图文件，设计单位应进行技术交底，介绍设计意图和技术要求，及时沟通问题，修改不符合实际和有错误的图纸，会议应形成书面纪要。

（3）制定严格的设计变更管理制度。设计单位应当提供全面、及时的现场服务，避免设计与施工相脱节的现象发生，减少设计变更的发生。对确需进行的变更，应尽量控制在设计阶段，采用层层审批等方法，以使投资得到有效控制。因设计单位的过失造成设计变更的，应由设计单位承担相应责任。

（4）建设单位应当严格按照国家法律法规和本单位管理要求执行各项设计报批要求，上一环节尚未批准的，不得进入下一环节，杜绝出现边勘察、边设计、边施工的“三边”现象。

（5）可以引入设计监理，提高设计质量。

三、工程招标

工程招标是指建设单位在立项之后、项目发包之前，依照法定程序，以公开招标或邀请招标等方式，鼓励潜在的投标人依据招标文件参与竞争，通过评标择优选定中标人的一种经济活动。实行招投标是提高工程项目建设相关工作公开性、公平性、公正性和透明度的重要制度安排，是防范和遏制工程领域商业贿赂的有效举措。

（一）招标

这一阶段的主要工作包括招标前期准备和招标公告、资格预审公告的编制与发布。在招标前期准备阶段，应确定招标组织方式（自行招标、委托招标）和招标方式（公开招标、邀请招标）等。招标公告、资格预审公告可以由招标人自行编制，也可以委托专业招标机构编制。投标资格的审查可以在投标前审查（资格预审），也可以在开标后审查（资格后审）。该环节存在的主要风险是：招标人肢解建设项目，致使招标项目不完整，或逃避公开招标；投标资格条件因人而设，未做到公平、合理，可能导致中标人并非最优选择；相关人员违法违纪泄露标底，存在舞弊行为。

主要管控措施：

（1）建设单位应当按照《招标投标法》、《工程建设施工招标投标管理办法》等相关法律法规，结合本单位实际情况，本着公开、公正、平等竞争的原则，建立健全本单位的招投标管理制度，明确应当进行招标的工程项目范围、招标方式、招标程序，以及投标、开标、评标、定标等各环节的管理要求。

（2）工程立项后，对于是否采用招标，以及招标方式、标段划分等，应由建设单位工程管理部门牵头提出方案，报经建设单位招标决策机构集体审议通过后执行。

（3）建设单位确需划分标段组织招标的，应当进行科学分析和评估，提出专业意见；划分标段时，应当考虑项目的专业要求、管理要求、对工程投资的影响以及各项工作的衔接，不得违背工程施工组织设计和招标设计方案，将应当由一个承包单位完成的工程项目肢解成若干部分发包给几个承包单位。

（4）招标公告的编制要公开、透明，严格根据项目特点确定投标人的资格要求，不得根据“意向中标人”的实际情况确定投标人资格要求。建设单位不具备自行招标能力的，应当委托具有相应资质的招标机构代理招标。

（5）建设单位应当根据项目特点决定是否编制标底；需要编制标底的，标底编制过程和标底应当严格保密。

（二）投标

投标主要包括项目现场考察、投标预备会、投标文件的编制和递交。招标人可以根据招标项目的具体情况，组织投标人考察项目现场，以便投标人更为深入地了解项目情况。招标人可以召开投标预备会，解答投标人对工程项目提出的具体问题。之后，投标人应当按照招标文件的要求编制投标文件，投标文件必须对招标文件提出的实质性要求和条件作出响应。该环节存在的主要风险是：招标人与投标人串通投标，存在舞弊行为；投标人的资质条件不符合要求或挂靠、冒用他人名义投标，可能导致工程质量难以达到规定标准等。

主要管控措施：

（1）对投标人的信息采取严格的保密措施，防止投标人之间串通舞弊。

（2）科学编制招标公告，合理确定投标人资格要求，尽量扩大潜在投标人的范围，增强市场竞争性。

（3）严格按照招标公告或资格预审文件中确定的投标人资格条件对投标人进行实质审

查，通过查验资质原件、实地考察，或到工商和税务机关调查核实等方式，确定投标人的实际资质，预防假资质中标。

（4）建设单位应当履行完备的标书签收、登记和保管手续。签收人要记录投标文件签收日期、地点和密封状况，签收标书后应将投标文件存放在安全保密的地方，任何人不得在开标前开启投标文件。

（三）开标、评标和定标

投标工作结束后，建设单位应当组织开标、评标和定标。开标时间和地点应当在招标文件中预先确定。评标由招标人依法组建的评标委员会负责。评标委员会应当按照招标文件确定的评标标准和方法，对投标文件进行评审和比较，推荐合格的中标候选人。建设单位应当按照规定的权限和程序从中标候选人中确定中标人，向中标人发出中标通知书。开标、评标和定标环节存在的主要风险是：开标不公开、不透明，损害投标人利益；评标委员会成员缺乏专业水平，或者建设单位向评标委员会施加影响，致使评标流于形式；评标委员会成员与投标人串通作弊，损害招标人利益。

主要管控措施：

（1）开标过程应邀请所有投标人或其代表出席，并委托公证机构进行检查和公证。

（2）依法组建评标委员会，确保其成员具有较高的职业道德水平，并具备招标项目专业知识和丰富经验。评标委员会成员名单在中标结果确定前应当严格保密。评标委员会成员和参与评标的有关工作人员不得私下接触投标人，不得收受投标人任何形式的商业贿赂。

（3）建设单位应当为保证评标委员会独立、客观地进行评标工作创造良好条件，不得向评标委员会成员施加影响，干扰其客观评判。

（4）评标委员会应当在评标报告中详细说明每位成员的评价意见以及集体评审结果，对于中标候选人和落标人要分别陈述具体理由。每位成员应对其出具的评审意见承担个人责任。

（5）中标候选人是 1 个以上时，招标人应当按照规定的程序和权限，由决策机构审议决定中标人。

（四）签订合同

中标人确定后，建设单位应当在规定期限内同中标人订立书面合同，双方不得另行订立背离招标文件实质性内容的其他协议。在工程项目的合同管理方面，除应当遵循《企业内部控制应用指引第 16 号——合同管理》的统一要求外，还应特别注意以下几个方面：

（1）建设单位应当制定工程合同管理制度，明确各部门在工程合同管理和履行中的职责，严格按照合同行使权力和履行义务。

（2）建设工程施工合同、各类分包合同、工程项目施工内部承包合同应当按照国家或本建设单位制定的示范文本的内容填写，清楚列明质量、进度、资金、安全等各项具体标准，有施工图纸的，施工图纸是合同的重要附件，与合同具有同等法律效力。

（3）建设单位应当建立合同履行执行情况台账，记录合同的实际履约情况，并随时督促对方当事人及时履行其义务，建设单位的履约情况也应及时做好记录并经对方确认。

四、工程建设

本指引中的工程建设指的是工程建设实施，即施工阶段。建设成本、进度和质量的具体控制主要就在这一阶段。在工程建设阶段，有几项重要工作穿插在施工过程中，包括工程监理、工程物资采购和工程价款结算等。工程监理是指具有相关资质的监理单位受建设单位的委托，依据国家批准的工程项目建设文件、有关工程建设的法律、法规和工程建设监理合同及其他工程建设合同，代替建设单位对承建单位的工程建设实施监控的一种专业化服务活动。监理单位接受委任后应组建现场监理机构，并在发布开工通知前进驻工地，及时开展监理工作。工程监理本身就是工程中一项重要的监控措施，它与建设期间的其他工作是紧密联系在一起的，相关风险及管控措施结合其他环节一并说明，不再单列。

（一）施工质量、进度和安全的主要管控措施

建设单位和承包单位（施工单位）应按设计和开工前签订的合同所确定的工期、进度计划等相关要求进行施工建设，并采用科学规范的管理方式保证施工质量、进度和安全。该环节存在的主要风险有：盲目赶进度，牺牲质量、费用目标，导致质量低劣，费用超支；质量、安全监管不到位，存在质量隐患。

主要管控措施：

1. 在工程进度管控方面

（1）监理单位应当建立监理进度控制体系，明确相关程序、要求和责任。

（2）承包单位应按合同规定的工程进度编制详细的分阶段或分项进度计划，报送监理机构审批后，严格按照进度计划开展工作。制订的进度计划应当适合建设工程的实际条件和施工现场的实际情况，并与承包单位劳动力、材料、机械设备的供应计划协调一致。确需调整进度的，必须优先保证质量，并同建设单位、监理机构达成一致意见。

（3）承包单位至少应按月对完成投资情况进行统计、分析和对比，工程的实际进度与批准的合同进度计划不符时，承包单位应提交修订合同进度计划的申请报告，并附原因分析和相关措施，报监理机构审批。

2. 在工程质量管控方面

（1）承包单位应当建立全面的质量控制制度，按照国家相关法律法规和本单位质量控制体系进行建设，并在施工前列出重要的质量控制点，报经监理机构同意后，在此基础上实施质量预控。质量控制点中的重点控制对象包括：人的行为，关键过程、关键操作，施工设备材料的性能和质量，施工技术参数，某些工序之间的作业顺序，有些作业之间的技术间歇时间，新工艺、新技术、新材料的应用，对工程质量产生重大影响的施工方法等。

（2）承包单位应按合同约定对材料、工程设备以及工程的所有部位及其施工工艺进行全过程的质量检查和检验，定期编制工程质量报表，报送监理机构审查。关键工序作业人员必须持证上岗。

（3）监理机构有权对工程的所有部位及其施工工艺进行检查验收，发现工程质量不符合要求的，应当要求承包单位立即返工修改，直至符合验收标准为止。对于主要工序作业，只有经监理机构审验后，才能进行下一道工序。

3. 在安全建设管控方面

（1）建设单位应当加强对施工单位的安全检查，并授权监理机构按合同约定的安全工作内容监督、检查承包单位安全工作的实施。此外，建设单位不得对承包单位、监理机构等提出不符合建设工程安全生产法律、法规和强制性标准规定的要求，不得压缩合同约定的工期。建设单位在编制工程概算时，应当确定建设工程安全作业环境及安全施工措施所需费用。

（2）工程监理单位和监理工程师应当按照法律、法规和工程建设强制性标准实施监理，并对建设工程安全生产承担监理责任。在实施监理过程中，发现存在安全事故隐患的，应当要求施工单位整改；情况严重的，应当要求施工单位暂时停止施工，并及时报告建设单位。

（3）承包单位应当设立安全生产管理机构，配备专职安全生产管理人员，依法建立安全生产、文明施工管理制度，细化各项安全防范措施。承包单位应当对所承担的建设工程进行定期和专项安全检查，并做好安全检查记录。

（二）工程物资采购的主要管控措施

工程物资包括材料和设备。为了保证项目顺利进行，需要按照施工进度需要，及时购置材料和设备。材料和设备采购一般占到工程总造价的60%以上，对工程投资、进度、质量等具有重大影响。该环节的主要风险是：工程物资采购过程控制不力，材料和设备质次价高，不符合设计标准和合同要求，影响工程质量和进度。在工程物资采购管理方面，除应当遵循《企业内部控制应用指引第 7 号——采购业务》的统一要求外，还应当特别关注以下方面：

（1）重大设备和大宗材料的采购应当采用招标方式。首先，在施工合同中，建设单位应具体说明建筑材料和设备应达到的质量标准，明确责任追究方式。其次，对于由承包单位购买的工程物资，建设单位应当采取必要措施，确保工程物资符合设计标准和合同要求。

（2）对于承包单位提供的重要材料和工程设备，应由监理机构进行检验，查验材料合格证明和产品合格证书，一般材料要进行抽检。未经监理人员签字，工程物资不得在工程上使用或安装，不得进行下一道工序施工。

（3）运入施工场地的材料、工程设备，包括备品、备件、安装专用工器具等，必须专用于合同工程，未经监理人员同意，承包单位不得运出施工场地或挪作他用。

（三）工程变更的主要管控措施

工程建设周期通常较长。在建设过程中由于某些情况发生变化，如建设单位对工程提出新要求、出现设计错误、外部环境条件产生变化等，有时需要对工程进行必要变更。工程变更包括工程量变更、项目内容的变更、进度计划的变更、施工条件的变更等，但最终往往表现为设计变更。该环节存在的主要风险是现场控制不当，工程变更频繁，导致费用超支、工期延误。

主要管控措施：

（1）建设单位要建立严格的工程变更审批制度，严格控制工程变更，确需变更的，要按照规定程序尽快办理变更手续，减少经济损失。对于重大的变更事项，必须经建设单位、监理机构和承包单位集体商议，同时严加审核文件，提高审批层级，依法需报有关政府部门审批的，必须取得同意变更的批复文件。

（2）工程变更获得批准后，应尽快落实变更设计和施工，承包单位应在规定期限内全面落实变更指令。

（3）如因人为原因引发工程变更，如设计失误、施工缺陷等，应当追究当事单位和人员的责任。

（4）对工程变更价款的支付实施更为严格的审批制度，变更文件必须齐备，变更工程量的计算必须经过监理机构复核并签字确认，防止承包单位虚列工程费用。

五、工程验收

竣工验收指工程项目竣工后由建设单位会同设计、施工、监理单位以及工程质量监督部门等，对该项目是否符合规划设计要求以及建筑施工和设备安装质量进行全面检验的过程。竣工验收一般建立在分阶段验收的基础之上，前一阶段已经完成验收的工程项目在全部工程验收时原则上不再重新验收。竣工验收是全面检验建设项目质量和投资使用情况的重要环节。

在竣工验收环节，除对工程质量进行验收，还有竣工结算和竣工决算两项重要工作。工程竣工结算是指承包单位按照合同规定的内容全部完成所承包的工程，经验收质量合格并符合合同要求之后，与建设单位进行的最终工程价款结算。竣工结算由承包单位编制，建设单位可直接进行审查，也可以委托具有相应资质的工程造价咨询机构进行审查。竣工结算办理完毕，建设单位应根据确认的竣工结算书在合同约定时间内向承包单位支付工程竣工结算价款。竣工决算是以实物数量和货币指标为计量单位，综合反映竣工项目从筹建开始到项目竣工交付使用为止的全部建设费用、财务情况和投资效果的总结性文件。建设单位应在收到工程竣工验收报告后，及时编制竣工决算。竣工决算是办理固定资产交付使用手续的依据，竣工验收环节存在的主要风险是：竣工验收不规范，质量检验把关不严，可能导致工程存在重大质量隐患；虚报项目投资完成额、虚列建设成本或者隐匿结余资金，竣工决算失真；固定资产达到预定可使用状态后，未及时进行估价、结转。

主要管控措施：

（1）建设单位应当健全竣工验收各项管理制度，明确竣工验收的条件、标准、程序、组织管理和责任追究等。

（2）竣工验收必须履行规定的程序，至少应经过承包单位初检、监理机构审核、正式竣工验收三个程序。正式竣工验收前，根据合同规定应当进行试运行的，应当由建设单位、监理单位和承包单位共同参与试运行。试运行符合要求的，才能进行正式验收。正式验收时，应当组成由建设单位、设计单位、施工单位、监理单位等组成的验收组，共同审验。重大项目的验收，可聘请相关方面专家组进行评审。

（3）初检后，确定固定资产达到预定可使用状态的，承包单位应及时通知建设单位，建设单位会同监理单位初验后应及时对项目价值进行暂估，转入固定资产核算。建设单位财务部门应定期根据所掌握的工程项目进度核对项目固定资产暂估记录。

（4）建设单位应当加强对工程竣工决算的审核，应先自行审核，再委托具有相应资质的中介机构实施审计；未经审计的，不得办理竣工验收手续。

（5）建设单位要加强对完工后剩余物资的管理。工程竣工后，建设单位对各种节约的材料、设备、施工机械工具等，要清理核实，妥善处理。

（6）建设单位应当按照国家有关档案管理的规定，及时收集、整理工程建设各环节的文件资料，建立工程项目档案。需报政府有关部门备案的，应当及时备案。

工程项目后评估是指在建设项目已经完成并运行一段时间后，对项目的目的、执行过程、效益、作用和影响进行系统的、客观的分析和总结的一种技术经济活动。项目后评估通常安排在工程项目竣工验收后6个月或1年后，多为效益后评价和过程后评价。工程项目后评估本身就是一项重要的管控措施，建设单位要予以重视并认真用好。首先，建设单位应当建立健全完工项目的后评估制度，对完工工程项目预期目标的实现情况和项目投资效益等进行综合分析与评价，总结经验教训，为未来项目的决策和提高投资决策管理水平提出建议。其次，建设单位应当采取切实有效的措施，保证项目后评估的公开、客观和公正。原则上，凡是承担项目可行性研究报告编制、立项决策、设计、监理、施工等业务的机构不得从事该项目的后评估工作，以保证后评估的独立性。最后，要严格落实工程项目决策及执行相关环节责任追究制度，项目后评估结果应当作为绩效考核和责任追究的依据。

第三节　目标工程项目控制程序

一、工程立项

企业应当指定专门机构归口管理工程项目，根据发展战略和年度投资计划，提出项目建议书，开展可行性研究，编制可行性研究报告。项目建议书的主要内容包括：项目的必要性和依据、产品方案、拟建规模、建设地点、投资估算、资金筹措、项目进度安排、经济效果和社会效益的估计、环境影响的初步评价等。可行性研究报告的内容主要包括：项目概况，项目建设的必要性，市场预测，项目建设选址及建设条件论证，建设规模和建设内容，项目外部配套建设，环境保护，劳动保护与卫生防疫，消防、节能、节水，总投资及资金来源，经济效益、社会效益，项目建设周期及进度安排，招投标法规定的相关内容等。企业可以委托具有相应资质的专业机构开展可行性研究，并按照有关要求形成可行性研究报告。

企业应当组织规划、工程、技术、财会、法律等部门的专家对项目建议书和可行性研究报告进行充分论证和评审，出具评审意见，作为项目决策的重要依据。在项目评审过程中，应当重点关注项目投资方案、投资规模、资金筹措、生产规模、投资效益、布局选址、技术、安全、设备、环境保护等方面，核实相关资料的来源和取得途径是否真实、可靠和完整。

企业可以委托具有相应资质的专业机构对可行性研究报告进行评审，出具评审意见。从事项目可行性研究的专业机构不得再从事可行性研究报告的评审。

企业应当按照规定的权限和程序对工程项目进行决策，决策过程应有完整的书面记录。重大工程项目的立项，应当报经董事会或类似权力机构集体审议批准。总会计师或分管会计工作的负责人应当参与项目决策。任何个人不得单独决策或者擅自改变集体决策意见。工程项目决策失误应当实行责任追究制度。

企业应当在工程项目立项后、正式施工前，依法取得建设用地、城市规划、环境保护、安全、施工等方面的许可。

二、工程招标

企业的工程项目一般应当采用公开招标的方式，择优选择具有相应资质的承包单位和监理单位。在选择承包单位时，企业可以将工程的勘察、设计、施工、设备采购一并发包给一个项目总承包单位，也可以将其中的一项或者多项发包给一个工程总承包单位，但不得违背工程施工组织设计和招标设计计划，将应由一个承包单位完成的工程肢解为若干部分发包给几个承包单位。企业应当依照国家招投标法的规定，遵循公开、公正、平等竞争的原则，发布招标公告，提供载有招标工程的主要技术要求、主要合同条款、评标的标准和方法，以及开标、评标、定标的程序等内容的招标文件。企业可以根据项目特点决定是否编制标底。需要编制标底的，标底编制过程和标底应当严格保密。在确定中标人前，企业不得与投标人就投标价格、投标方案等实质性内容进行谈判。

企业应当依法组织工程招标的开标、评标和定标，并接受有关部门的监督。

企业应当依法组建评标委员会。评标委员会由企业的代表和有关技术、经济方面的专家组成。评标委员会应当客观、公正地履行职务，遵守职业道德，对所提出的评审意见承担责任。企业应当采取必要的措施，保证评标在严格保密的情况下进行。评标委员会应当按照招标文件确定的标准和方法，对投标文件进行评审和比较，择优选择中标候选人。

评标委员会成员和参与评标的有关工作人员不得透露对投标文件的评审和比较、中标候选人的推荐情况以及与评标有关的其他情况，不得私下接触投标人，不得收受投标人的财物或者其他好处。

企业应当按照规定的权限和程序从中标候选人中确定中标人，及时向中标人发出中标通知书，在规定的期限内与中标人订立书面合同，明确双方的权利、义务和违约责任。企业和中标人不得再行订立背离合同实质性内容的其他协议。

三、工程造价

企业应当加强工程造价管理，明确初步设计概算和施工图预算的编制方法，按照规定的权限和程序进行审核批准，确保概预算科学合理。企业可以委托具备相应资质的中介机构开展工程造价咨询工作。

企业应当向招标确定的设计单位提供详细的设计要求和基础资料，进行有效的技术、经济交流。初步设计应当在技术、经济交流的基础上，采用先进的设计管理实务技术，进行多方案比选。施工图设计深度及图纸交付进度应当符合项目要求，防止因设计深度不足、设计缺陷，造成施工组织、工期、工程质量、投资失控以及生产运行成本过高等问题。

企业应当建立设计变更管理制度。设计单位应当提供全面、及时的现场服务。因过失造成设计变更的，应当实行责任追究制度。

企业应当组织工程、技术、财会等部门的相关专业人员或委托具有相应资质的中介机构对编制的概预算进行审核，重点审查编制依据、项目内容、工程量的计算、定额套用等是否真实、完整和准确。工程项目概预算按照规定的权限和程序审核批准后执行。

四、工程建设

企业应当加强对工程建设过程的监控，实行严格的概预算管理，切实做到及时备料，科学施工，保障资金，落实责任，确保工程项目达到设计要求。

按照合同约定，企业自行采购工程物资的，应当按照《企业内部控制应用指引第7号——采购业务》等相关指引的规定，组织工程物资采购、验收和付款；由承包单位采购工程物资的，企业应当加强监督，确保工程物资采购符合设计标准和合同要求。严禁不合格工程物资投入工程项目建设。重大设备和大宗材料的采购应当根据有关招标采购的规定执行。

企业应当实行严格的工程监理制度，委托经过招标确定的监理单位进行监理。工程监理单位应当依照国家法律法规及相关技术标准、设计文件和工程承包合同，对承包单位在施工质量、工期、进度、安全和资金使用等方面实施监督。工程监理人员应当具备良好的职业操守，客观公正地执行监理任务，发现工程施工不符合设计要求、施工技术标准和合同约定的，应当要求承包单位改正；发现工程设计不符合建筑工程质量标准或者合同约定的质量要求的，应当报告企业要求设计单位改正。未经工程监理人员签字，工程物资不得在工程上使用或者安装，不得进行下一道工序施工，不得拨付工程价款，不得进行竣工验收。

企业财会部门应当加强与承包单位的沟通，准确掌握工程进度，根据合同约定，按照规定的审批权限和程序办理工程价款结算，不得无故拖欠。

企业应当严格控制工程变更，确需变更的，应当按照规定的权限和程序进行审批。重大的项目变更应当按照项目决策和概预算控制的有关程序和要求重新履行审批手续。因工程变更等原因造成价款支付方式及金额发生变动的，应当提供完整的书面文件和其他相关资料，并对工程变更价款的支付进行严格审核。

五、工程验收

企业收到承包单位的工程竣工报告后，应当及时编制竣工决算，开展竣工决算审计，组织设计、施工、监理等有关单位进行竣工验收。

企业应当组织审核竣工决算，重点审查决算依据是否完备，相关文件资料是否齐全，竣工清理是否完成，决算编制是否正确。

企业应当加强竣工决算审计，未实施竣工决算审计的工程项目，不得办理竣工验收手续。

企业应当及时组织工程项目竣工验收。交付竣工验收的工程项目，应当符合规定的质量标准，有完整的工程技术经济资料，并具备国家规定的其他竣工条件。验收合格的工程项目，应当编制交付使用财产清单，及时办理交付使用手续。

企业应当按照国家有关档案管理的规定，及时收集、整理工程建设各环节的文件资料，建立完整的工程项目档案。

企业应当建立完工项目后评估制度，重点评价工程项目预期目标的实现情况和项目投资效益等，并以此作为绩效考核和责任追究的依据。

第四节 目标工程项目控制案例分析

工程项目中的立项、分析、研究、设计和计划都是基于对未来情况，如政治、经济、社会、自然等各方面预测的基础上而进行的。但在实际实施过程中，由于这些因素都有可能因内部或外部的干扰而发生变化，使得原定计划方案受到影响，所以也就产生了工程项目风险。特别的，工程项目风险还具有以下特点：①多样性。在一个项目中有许多种类的风险存在，如政治风险、经济风险、法律风险、自然风险、合同风险等。②覆盖性。项目的风险不仅在实施阶段，而且隐藏在决策、设计及所有相关阶段的工作中，如目标设计中可能存在构思错误，重要边界条件的遗漏；可行性研究中可能有方案的失误，高层分析错误；技术设计中存在图纸和规范错误；施工中物价上涨，气候条件变化；运行中市场变化，产品不受欢迎，达不到设计能力，操作失误等。③相关性。风险的影响往往不是局部的，在某一段时间风险也会随着项目的发展，其影响会逐渐扩大。

一、工程项目风险分析

根据工程项目程序性的特点把工程项目分为立项及准备、施工、竣工决算三个阶段(见图 8–2)，再在企业内部控制的理论指导下从风险管理的角度出发，对工程项目各阶段所存在的或潜藏的各种风险进行讨论分析，以总结关键控制点，构建工程项目的内部控制体系。

工程项目立项及准备工作是整个工程项目开展的前期阶段，也是风险控制的最为重要的阶段。立项是建设单位在调查分析的基础上，根据自己的需要对投资方向、投资规模、投资结构进行决策的一种判断行为，以确定工程项目是否有必要进行，是否可以实施。立项后的准备工作包括业主在确定将要开展的项目后所进行的勘察、设计、概预算等一系列有利于工程项目顺利开展的工作。这一阶段的工作量虽然不大，但在整个项目周期中却最为重要，它对项目长远经济效益和战略方向起着决定性的作用，任何一项决策的失误都有可能导致整个项目建设的失败。

二、工程项目立项控制

工程项目立项控制流程如图 8–3 所示。

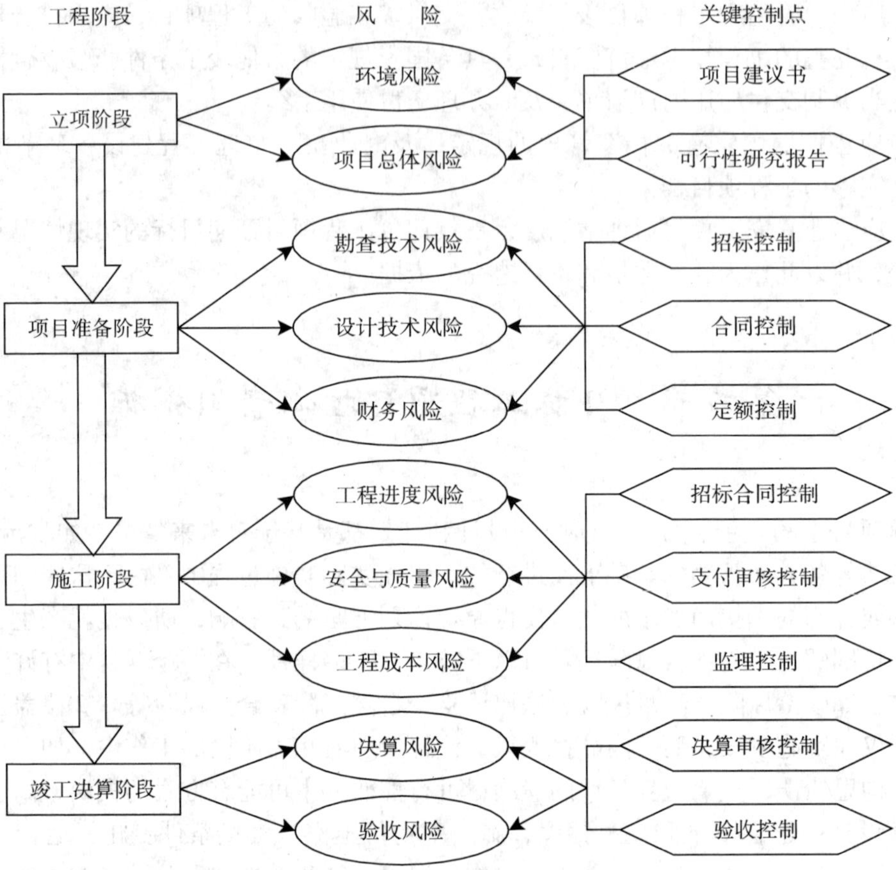

图 8–2　工程项目的内部控制体系

一般的，工程项目风险管理的主要内容包括风险识别、风险评估和风险对策即风险反应。风险识别，是对工程项目所面临的和潜在的风险加以分析、判断、归类的过程，它是风险管理的第一步；风险评估，是在风险识别的基础上，通过对所收集的大量资料的分析，利用概率统计理论，估计和预测风险发生的可能性和相应损失的大小，之后再根据既定的风险安全指标对此估计值进行评价；风险反应，是在风险发生时实施风险管理计划中的预定措施，包括风险发生前，针对风险因素采取规避、缓解、分散、抑制等控制措施，以消除或减轻风险，或在风险发生前，通过财务安排如自留、转移等控制措施来减轻风险对项目目标实现程度的影响。因而我们也可以认为风险管理的程序是从识别风险开始，到评估风险，最后再到对风险作出反应。在不同的建设阶段都有不同的表现形式。就立项阶段来说，作者认为应重点关注的风险有环境风险和项目总体风险，这一方面是由工程项目自身的性质所决定的，另一方面也是由立项阶段的业务流程特点所决定的。首先，工程项目具有一次性、投资时间长、规模大、变化因素多等性质，使得一开始的决策就蕴藏着极大的风险。一旦前期决策出现失误，就可能造成工程项目的投资失误或建设失败。其次，从图 8–3 可以看出，工程项目在立项阶段的业务大都是进行一些宏观上的调查和决策，因而从控制上来说也是一种总体性的控制、方向性的控制，对风险的把握不能有重大的偏

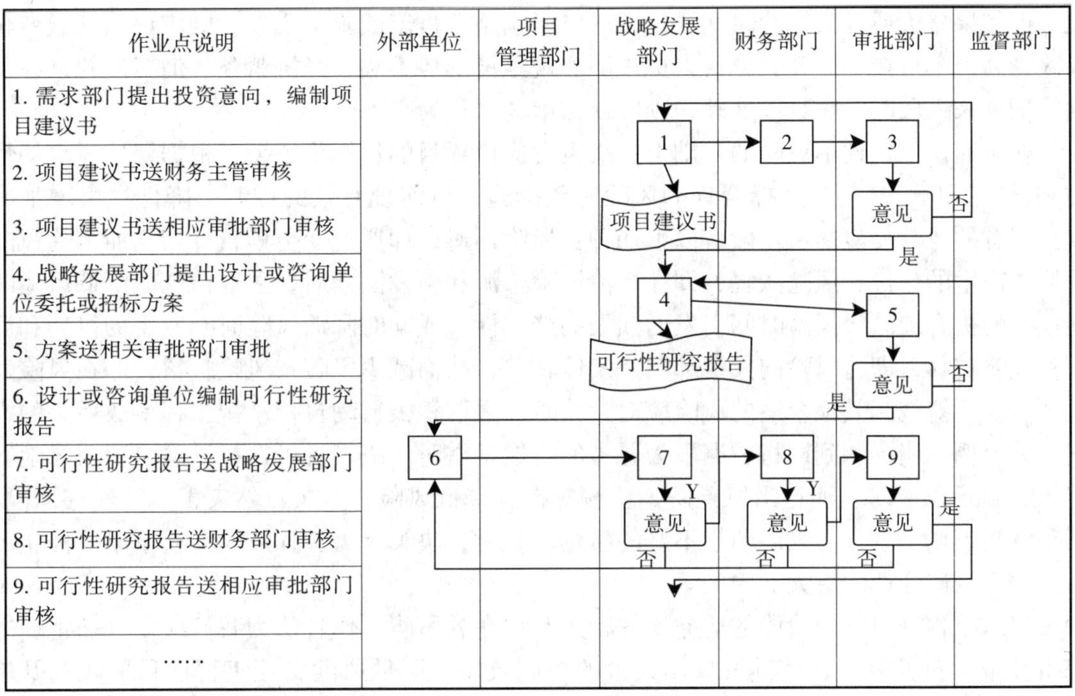

图 8-3　工程项目立项控制流程

差，否则就有可能导致整个项目的失败。因而我们在工程项目立项时，决策者应注意识别以下项目风险：①自然环境风险。建设工程项目所在地的地质情况、资源储备、气候变化等情况对工程项目的影响。②市场环境风险。市场现状和市场未来发展趋势对工程项目的影响。③社会环境风险。建设工程项目所在地社会稳定程度和社会治安状况情况对工程项目的影响。④经济环境风险。建设工程项目所在地的经济发展水平、利率和汇率等情况对工程项目的影响。技术环境风险：建设工程项目所在地科研环境、技术人员的数量和素质情况对工程项目的影响。⑤文化环境风险。建设工程项目所在地的文化氛围、文化背景情况对工程项目的影响。⑥法律政策环境风险。建设工程项目所在地与项目建设相关的法律、法规和政策等及其变动对工程项目的影响。工程项目的各种环境风险的识别在立项阶段来说，虽然不要求做到细致，但要做到全面。因为在开始阶段首先要决策者对各种风险都有了解，只有这样才能识别到真正或主要影响项目建设的总体风险因素是由什么构成的，为接下来的风险评估工作做好准备。

在识别项目风险后，决策组成员应运用各种风险分析技术，采取定性、定量或两者相结合的方式对所识别风险的大小或可接受性进行估计和评价。一般在进行评估前，我们要确定一个安全风险的标准，这个数据可能是企业历史数据调整的结果，也可能是专业人员经验判断的结果，采取的标准可由决策者根据工程项目的情况自行决定。而在立项阶段，我们一般采用的评估方法是综合评价法，因为我们主要关注的是工程项目的总体风险。例如，若分析人员预测到工程项目在施工期间将遭遇高温酷暑天气或持续降雨的梅雨季节，如果酷暑天数或降雨天数估计在可以接受的时间内，则可评估气候变化风险为低，可接受；但如果旱天或雨天持续时间过长，严重影响施工进度或施工质量，则应评估气候变化风险为高，不可接受。又如分析人员预测宏观经济形势不利，经济萧条，消费疲软，在可预见的未来一段时间内难以恢复，则应评估市场风险为高。

在全面识别、评估风险的基础上，决策者应以项目的目标为依据，根据评估风险的性质和潜在影响，规划并选择合理的风险防范措施，以实现有效的控制，降低损失增加收益。现有的风险反应措施一般有以下四种：风险回避，即通过变更项目计划从而消除风险或风险产生的条件；风险减轻，即在弄清风险来源和引发因素后，采取措施以降低风险时间发生的机会或减轻风险时间引发的损失的严重性，或同时降低风险时间发生的机会和后果；风险转移，即将风险向其他部门、实体转移，从而减少风险；风险自留，即在风险发生时，在不能找到其他合适的风险应对策略时，采取积极行动自行承担工程事故后果的方式。如上例，当预测到即将遭遇极为恶劣的自然条件时，决策者可选择风险自留或风险转移等措施予以应对，通过采取预防、检测等措施降低风险，购买自然灾害保险转移风险；当预测到市场不景气、发展前景不好的市场环境时，决策者可选择风险回避策略，停止项目进程，以避免产生更大的损失。

根据工程项目立项阶段的业务流程特点和存在的风险，作者认为我们应设计、把握好以下几个关键控制点，使其发挥出最大的控制效用，降低风险，让工程项目能顺利开展下去。

1. 项目建议书的编制与审批

项目建议书是拟建项目的承办单位（项目法人和其代理人），根据国民经济和社会发展的长远目标、行业和地区规划、国家的技术经济政策以及企业的经营战略目标，结合本地区、本企业的资源状况和物质条件、经过市场调查，分析需求、供给、销售状况，寻找投资机会，构思项目投资概念，并用文字形式对项目的轮廓进行描述，从宏观上就项目建设的必要性和可能性提出预论证的法定文件。简单地说就是对工程项目所作出的一个轮廓性的设想和对工程项目建设的必要性和可能性的分析说明，因而把好对其的控制关就显得尤为重要。

2. 项目建议书的审批

项目建议书编制完成后，应连同编制项目建议书时所依据的原始市场调研资料一并转交建设单位的审批部门，以防止在进行经济效益及社会效益的预测时，编制人员人为地掺加水分，扭曲预测的真实性，压低或抬高投资估算。如将偏多的销量、偏高的价格、偏低的投资额、偏低的成本等失实的数据套入固定公式进行机械的计算分析得出的财务内部收益率、资本金利润率等财务指标高、盈亏平衡点低等经不起实践检验的结论。此外，建设单位审批部门在收到编制完成的项目建议书后，应该组织会计、技术、工程等部门的相关专业技术人员对项目建议书进行技术、经济分析和论证，并且建设单位的会计机构或人员应当对项目建议书中财务分析和预测结论的可靠性发表具体的书面意见。以此保证建议书的客观真实性、投资项目与本单位的战略目标的一致性。

为实现工程项目建设的总体协调统一，我国项目建议书实行分级审批制度。项目建议书编制完成后，应按照国家的有关规定，根据建设总规模和限额划分权限进行严格审批。

目前，成都市相关部门对大型工程项目的立项审批要求得非常严格，要求立项单位不仅要提供项目建议书、可行性研究报告等资料，而且还要提供施工勘查设计图、规划许可证等资料、证件，以防止工程项目的盲目扩张，重复建设，给社会造成资源浪费和财力损失。特别的，在这一阶段我们还应注意到不相容的岗位或职务有：工程项目需求申请与审核、审定分离，项目建议书编制与审查、审定决策分离。不相容岗位由不同人员来完成的控制原则，不得由一人或同一批人来完成所有工程项目建议书的工作。

3. 工程项目的可行性研究

工程项目可行性研究是指对某建设工程项目在作出是否投资的决策之前，先对与该项目相关的技术、经济、社会、环境等所有方面进行调查研究，对项目各种可能的拟建方案认真地进行技术、经济分析论证，研究项目在技术上的先进适用性，在经济上的合理性和建设上的可能性，对项目建成后的经济效益、社会效益、环境效益等进行科学的预测和评价，据此提出该项目是否应该投资建设，以及选定最佳投资建设方案等结论性意见，为项目投资决策提供依据。由于工程项目的可行性报告可作为工程项目投资决策和编制设计任务书的依据，作为向银行申请贷款的依据，作为环保部门审查建设工程项目对环境影响的依据，作为工程项目设计、设备订货、施工准备等建设前期工作的依据，作为工程项目目标考核的依据，因而对其的控制也是至关重要的。

三、工程项目准备阶段控制

工程项目准备阶段，是指工程项目在获准立项、作出投资决策后，接下来开展的工程勘察、设计、招标、概预算等工作。这些工作都要在工程项目正式开始施工前完成，因而称为工程项目的准备阶段。

工程项目准备阶段的具体业务流程，如图 8-4 所示。

工程项目的勘察设计和概预算工作是工程项目管理的龙头，是工程施工的依据、质量的基础，对工程质量、功能、造价有着重大影响。然而，现在有部分建设单位为节约成本，加快工程开工的速度，不顾勘察设计的深度不够、质量不高的情况，强行施工，为以后工程项目的施工和质量问题埋下隐患。例如，有的单位施工设计流于形式，设计内容不科学，存在严重问题，还有的甚至根本就不进行勘察设计，导致工程的施工无依据可循，增加了工程施工的随意性，同时也就增加了工程的风险，给工程项目带来巨大损失。因此，我们应加强对工程项目施工前的勘查、设计、概预算等准备工作的控制，以降低其潜在风险扩大化的可能性和引发风险的可能性。

在勘察设计工作上，主要需要识别的是技术环境风险。如在前期的勘察工作中，由于地质勘察失误或精度不足、地基处理技术没达到标准，都可能造成提供的勘察资料有误的风险。在工程项目的设计工作中，由于设计方案不合理、设计标准引用不当、设计错误或缺陷、设计变更频繁等问题为设计图纸或成果没达到要求带来风险，更严重的是扩大工程项目的质量风险，这都将为工程项目带来不可估计的损失。因而我们在勘察设计工作中，都应该注意识别这类风险。可以通过现场考察帮助识别风险的存在，例如，承包工程，投标报价前的现场踏勘可以使承包商对拟投标的工程基本做到心中有数，但只有现场考察还

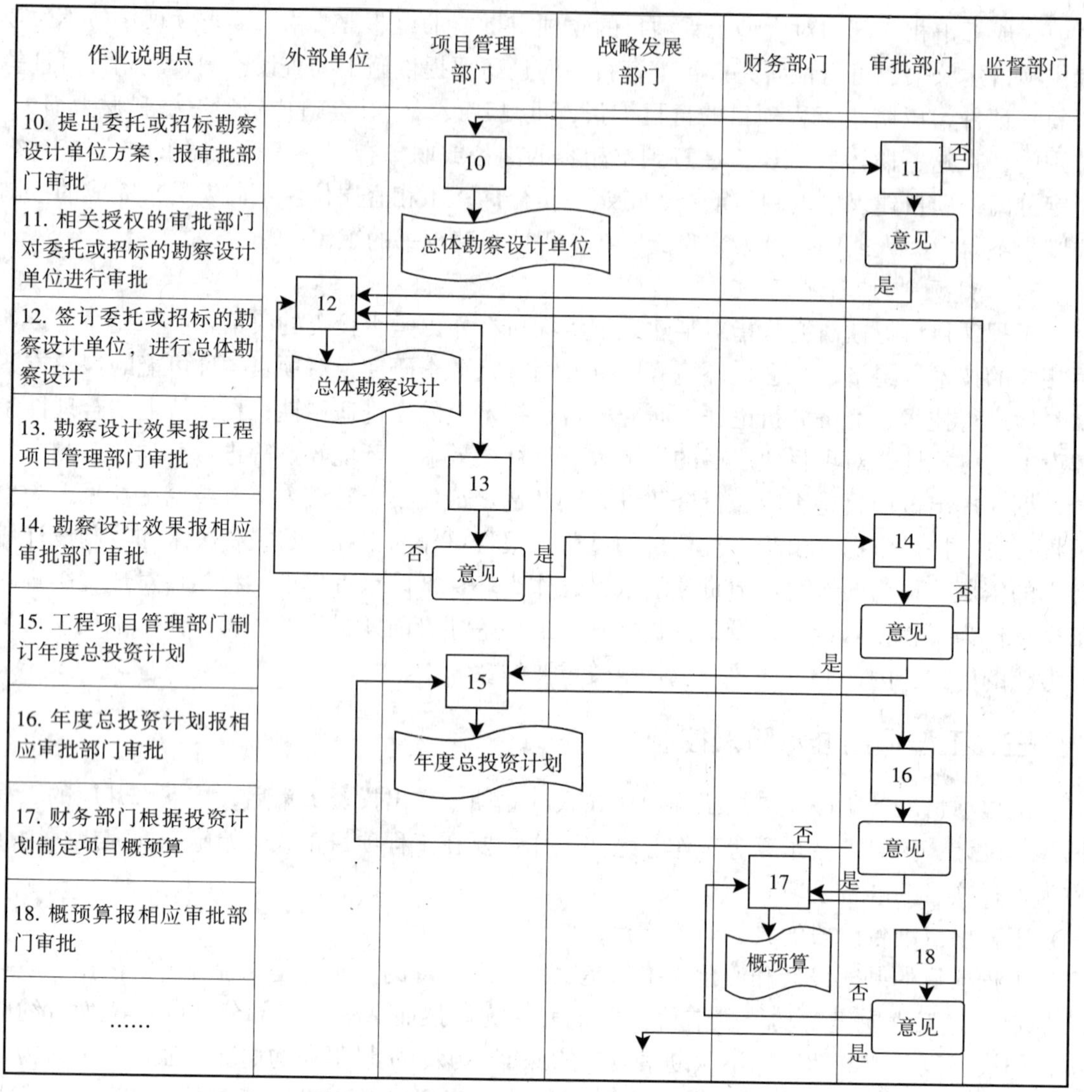

图 8–4　工程项目准备阶段的具体业务流程

远远不够，现场踏勘仅能了解一定范围内的地面情况，而对于超出范围或范围内的地下及有关水文、地质情况并不能了解。因此现场考察除要求获取直接资料外，还应设法获取间接资料，而且要对所掌握的资料认真研究以便去伪存真。在概预算工作上，主要需要识别的是财务风险。当预算人员收集的信息资料有误或不全面，或者选用的估算模式不恰当、预算定额标准不科学时，就可能存在对工程项目的概预算不准确，出现财务部门筹集的资金短缺或不足的情况，导致资金低效率运用的风险或高负债的风险，影响其对投资金额的控制。当预算人员专业水平有限，不能合理估计到未来市场经济环境的变化趋势，如利率的变动、物价的波动时，就可能使得工程项目的概预算难以体现其未来价值或真实价值，增加对投资金额控制的风险，相应地也就增大了财务风险。

工程项目风险识别后，要运用科学的方法对其进行估计。这主要包括对项目风险发生可能性大小的估计，对项目风险后果严重程度的估计，对项目风险影响范围的估计以及对项目风险发生时间的估计等方面。在勘察设计概预算阶段，作者认为，主要应该考虑的是项目发生的可能性大小和其后果严重程度的影响。这是由于勘察设计资料收集的多少与风险发生的大小息息相关；设计概预算成果质量的高低与其带来的风险所造成的后果严重性紧密相连。因而我们应采取科学的风险评估方法，如调查和专家打分法、层次分析法、统计和概率分析法等进行评估，把好风险控制关。

对于工程项目勘察和设计工作来说，由于勘察涉及的内容非常多，面非常广，影响因素极为复杂，特别是勘察和设计的专业性非常强，要求勘察和设计人员具备较高的专业素质才能完成，是一个具有很大潜在风险的工程项目环节。国家相关管理部门也注意到了这部分潜在的巨大风险的存在，因而强制规定凡列入国家计划的建设项目，如大型基础设施、公用事业等关系社会公共利益、公众安全的项目，全部或部分适用国有资金投资或国家融资的项目等，建设单位在选择勘察设计单位时，必须采用招标方式发包给有资格的勘察设计单位，将部分工程风险转移给勘察设计单位，以加强对勘察设计工作的管理。同时，还对勘察设计单位实行资格审查和颁发勘察设计证书的分级管理制度，以保证勘察设计工作的质量。对工程项目概预算工作来说，由于概预算是工程项目建设单位自己根据施工图、施工组织设计、基建主管部门规定的现行预算定额及其取费标准等有关规定计算出来的一个工程项目预计投资价，因而不能将风险转移，只能自留。希望通过积极采取控制措施，能使其引起的风险有所减小。

1. 工程勘察设计招标控制

建设工程项目招标是招标人通过招标文件将委托的工作内容和要求告知自愿参加的投标人，投标人按规定的条件提出实施计划或价格，然后通过评审比较选出中标人，并以合同的形式完成委托。招标是一个择优的过程，而如果建设单位采用自行组织招标的方式，那潜在的技术风险将更大，因而建设单位就必须从招标文件的编制、投标人资格的审查、标底的制定保护以及评标四个方面来加强对勘察设计招标的控制。

建设工程项目设计招标文件通常由项目法人自行或委托咨询公司、项目管理公司编制，是指导设计单位正确投标的依据，它既要全面分析拟建项目的特点和设计要求，还应详细提出应当遵守的投标规定。编制人员应根据《建筑工程设计招标投标管理办法》的规定，使工程项目设计招标文件包括以下内容：工程名称、地址、占地面积、建筑面积等；已批准的项目建议书或者可行性研究报告；工程经济技术要求；城市规划管理部门确定的规划控制条件和用地红线图；可供参考的工程地质、水文地质、工程测量等建设场地勘察报告；供水、供电、供气、供热、环保、市政道路等方面的基础资料；招标文件答疑、踏勘现场的时间和地点；招标文件编制要求及评标原则；投际文件送达的截止时间；拟签订合同的主要条款等。招标文件的编制是招标准备工作中最重要的一环。招标文件应详细说明业主对本项目进行招标的基本条件和要求，这是投标人编制投标文件的基础和依据。由于合同文件是在工程实施过程中若干年间合同双方都应该严格遵守的准则，也是发生纠纷时进行判断、裁决的标准，所以，招标文件不但决定了业主在招标期间能否选择一个优秀的承包商，而且关系到工程能否顺利实施，也涉及业主和承包商双方的经济利益。

对建设工程项目投标人的资质进行审查，在公开招标时一般采用资格预审的形式，在邀请招标时一般采用资格后审的形式。审查的内容涉及资质证书审查、能力审查和经验审查三个方面。

资质证书审查是指审查申请投标的工程设计单位持有的资质等级证书是否与招标项目的要求相一致，从而判定其是否具有实施资格。我国的工程设计证书分为甲、乙、丙、丁四个等级，国家规定每一资质等级的设计单位应当在其资质等级许可的范围内承揽工程设计任务，禁止工程设计单位超越其资质等级许可的范围承揽工程设计任务。资质证书审查还包括证书中规定允许承揽工作范围的审查。工程设计资质按专业性质不同分为电力、轻工、建筑工程等 28 类行业。因此，还需审查证书规定的允许承揽工作范围与招标项目的专业性质是否一致。如申请投标的工程设计单位所持证书在以上两个方面中任何一项达不到要求，均应被淘汰。

能力审查是指审查申请投标的工程设计单位是否具有完成相应工程设计任务的能力。通常审查该单位的技术力量和所拥有的技术设备两个方面。技术力量方面主要考察项目设计负责人的资质能力和设计人员的专业、人数、各级职称所占的比例等是否满足完成工程设计任务的需要；技术设备方面主要考察开展工程设计活动的设备，在种类和数量方面是否满足要求。

经验审查是指审查申请投标的工程设计单位是否具有完成相应工程设计任务的经验及其经验的丰富程度：主要通过考察已完成的类似设计项目，判断其是否具有此类工程的设计经验。对于工程项目设计招标过程中标底的制定，我们应该遵从准确性原则，而标底的保护我们应该遵从保密性原则。

按照招标投标程序要求，招标标底规定由具备编标资格的单位和具有工程概预算编审资格的人员编制。当前，具备这种资格的单位大多为一些中介机构或招标投标管理部门，而其编标水平在不同的部门和人员之间差距甚大，以致投标单位在投标时无所适从，投标报价准确性强的单位难以中标，使招投标工作失去了公正性。为了解决这个问题，工程项目建设单位会计部门应当审核标底计价内容、计价依据的准确性和合理性，以及标底价格是否在经批准的范围内。

保密性控制。从标底的编制开始，实施责任人制度，指定专门部门、专人负责。标底一经审定应密封保存至开标时，所有接触过标底的人员均负有保密责任，不得泄露。一旦出现泄露，即按照规定追究有关责任人的法律责任。

建设工程项目设计评标由评标委员会负责。评标委员会由招标人代表和有关专家组成，其人数一般为 5 人以上单数，其中技术方面的专家不得少于成员总数的 2/3。评标委员会应当在符合城市规划、消防、节能、环保的前提下，按照投标文件的要求，对投标设计方案的经济、技术、功能和造型等进行比选、评价，确定符合招标文件要求的最优设计方案。

虽然建设工程项目投标设计方案各异，需要详细评审的内容很多，但大致可以归纳为以下几个方面：①设计方案的优劣：主要评审设计指导思想是否正确；设计方案是否反映了同类建设工程项目较先进的水平；总体布置及场地利用是否合理；主要建筑物和构筑物结构是否合理、造型是否美观并与周围环境协调；工艺流程是否先进；设备选型是否适用等方面。②投入产出、经济效益好坏。主要评审建筑标准是否合理；投资估算是否超过限额、是否理想等方面。③设计进度的快慢。主要评审投标文件中的设计进度计划是否满足项目建设总进度计划的要求。④报价的高低。在投标设计方案水平相当的投标人之间还要进行报价的审查和比较，审查各分项取费的合理性，比较总价的高低。

2. 委托招标的控制

建设单位在没有强大的技术力量支持的情况下，采用委托招标的方式能在很大程度上降低勘察设计的技术风险，但必须做好以下几点控制工作：①项目管理部门提出的委托招标方案必须经相关已授权的审核部门审核后才能执行，以确保部门提出的委托招标方案合理合规，防范违规的不符合规定要求的委托招标方案，并明确相应的责任。②项目管理部门与拟定的委托招标单位签订委托合同，并报相关已授权的审核部门审核，确保委托合同的内容条款全面完善，防范合同内容条款存在瑕疵或合同签订失控引发纠纷的风险。③审计、监督部门应参与审核委托招标方案，并对招投标过程的公开、公平、公正性实施监督，防范招投标过程中的舞弊现象。

3. 工程项目勘查设计合同控制

工程项目勘察、设计合同是发包人与承包人为完成一定的勘察、设计任务，明确双方权利、义务关系的协议，承包人应完成委托人委托的勘察设计任务，发包人则应接受符合约定要求的勘察、设计成果并支付报酬。通过有效的措施，加强勘察设计合同的控制，可以很好地降低工程项目在勘察设计阶段存在的风险。而作者认为此阶段合同控制的关键在于签订合同的内容与合同的审核。

负责工程项目勘察设计合同的谈判和签订人员都必须注意所谈判或签订的合同内容的完整性。一般情况下，勘察设计合同的内容应该包含以下几个方面：①勘察设计的对象和内容。②勘察设计所依照的质量标准和勘察设计结果所要达到的质量要求。③勘察设计费用的计算依据和计算方法，以及支付方式、地点、期限等。④违约责任，明确双方的权利和义务，以及在一方违约时其应承担的责任，支付的赔偿金额。⑤其他协作条件。因而，如果建设单位签订的合同是清晰完整的，那么在勘察设计没有达到其所要求的标准或发生偏差时，就能够通过合同明确各自责任，将由此引发的风险成功转移至勘察设计一方。

此处，审核包括两方面的内容，一是对工程项目勘察、设计合同的变更和解除的审核；二是对工程项目勘察、设计合同完成情况的审核。勘察、设计文件具有一定的严肃性，一经批准后，不得任意修改和变更。如需修改，则必须经过有关责任人和部门的再次审核和批准，判断其修改或变更是否必须，是否有效，以此来防止任意变动勘察设计要求所带来的风险。另外，对完成情况的审核，强调由专人将勘察设计的成果与合同的要求相对比，以实现其成果质量的控制。当存在质量不符合要求或依据标准有误时，负责合同管理的人员将通过索赔、起诉等方式转移由此造成的风险损失。在整个工程项目勘察设计合同的控制过程中，我们需要强调的是合同的谈判、签订、执行和审核必须由不同的人员来完成，严格执行不相容岗位相分离的原则。而对合同签订、更改、解除等的批准，必须由经过授权，享有此权利的人员在规定的范围内进行审核和批准，不得超越审批权限行使权利。

4. 工程项目概预算的控制

预防措施是指在概预算前就应做好准备工作，创造一个良好的专业环境来实施概预算控制。具体包括：①预算人员的选择。要搞好工程项目预算，做到收入合理，严格控制支出，首先需要的是选择优秀的预算人员来负责工程项目概预算的编制工作。②预算人员的培训。组织预算人员认真学习国家及有关部门颁发的预算定额及取费方面的规定，增加他们的专业知识，提高业务水平。③信息资料的收集。要做好预算，就必须为预算人员提供收集和应用信息资料的必要条件，以保证预算造价编制合理、准确，支出控制严格，价格适度或最低。④明确责、权、利。在预算工作开展前，需明确工程项目的目标，预算人员的权利、责任，使预算人员目标明确，责任清楚，正确运用权力，充分发挥主观能动性，以取得高的工作效率。

工程项目建立合理的概算审核制度，将有利于合理分配投资资金，加强投资计划管理，促进概预算编制单位严格执行国家有关概算的编制规定和费用标准，防止任意扩大投资规模或出现漏项，从而减少投资缺口，实际上是对工程项目造价所进行的源头控制。因而我们要严格把好概预算的审核关，从必要性、效益性和实际性出发，降低由此引发的风险。工程项目概预算审核的主要内容包括：外部投资是否节约，外部条件设计是否经济，方案比较是否全面，经济评价是否合理，设备投资是否合理，主要设备订货价格是否符合当前市场价格，能否用国产设备，订制国外设备的条件和运输费用是否合理，报关是否合理，有无替代途径。审查时应重点注意概算编制依据的合法性、时效性及适用范围；概算的构成是否存在漏列、错列、多列的现象。初步设计提出的总概算不得超过可行性研究报告所确定的总投资估算的规定比例。对于在审查概算中遇到的一些新问题、新情况，要深入现场进行调查研究，弄清工程建设的内外条件，了解设计是否经济合理，概算采用的定额、指标、价格、费用标准是否符合现行规定和施工现场实际，了解有无扩大规模、多估投资或预留缺口等情况。

四、工程项目施工阶段控制

工程项目施工阶段虽然不是风险控制的最重要的阶段，但却是整个项目周期中工作量最大，投入的人力、财力、物力最多的一个阶段，也是将施工建设目标变为现实最为主要、重要的阶段，因而工程项目经理的管理、协调、配合难度也最大，历来都是工程项目控制的重点阶段。

1. 工程项目施工阶段风险分析

根据工程项目施工阶段的目标制定的内容，我们认为风险管理中主要应控制的风险也就是影响目标实现的因素，分别为工程项目进度风险、工程项目安全与质量风险、工程项目成本风险。

影响工程项目进度的因素很多，涉及面很广，包括建设环境、项目业主、工程项目设计和工程项目施工等。对一般工程项目施工阶段进度风险因素，可用罗列各种影响因素，分别进行核查的核查表进行讨论。通过分析就可对进度风险的形势有一粗略的识别。对工

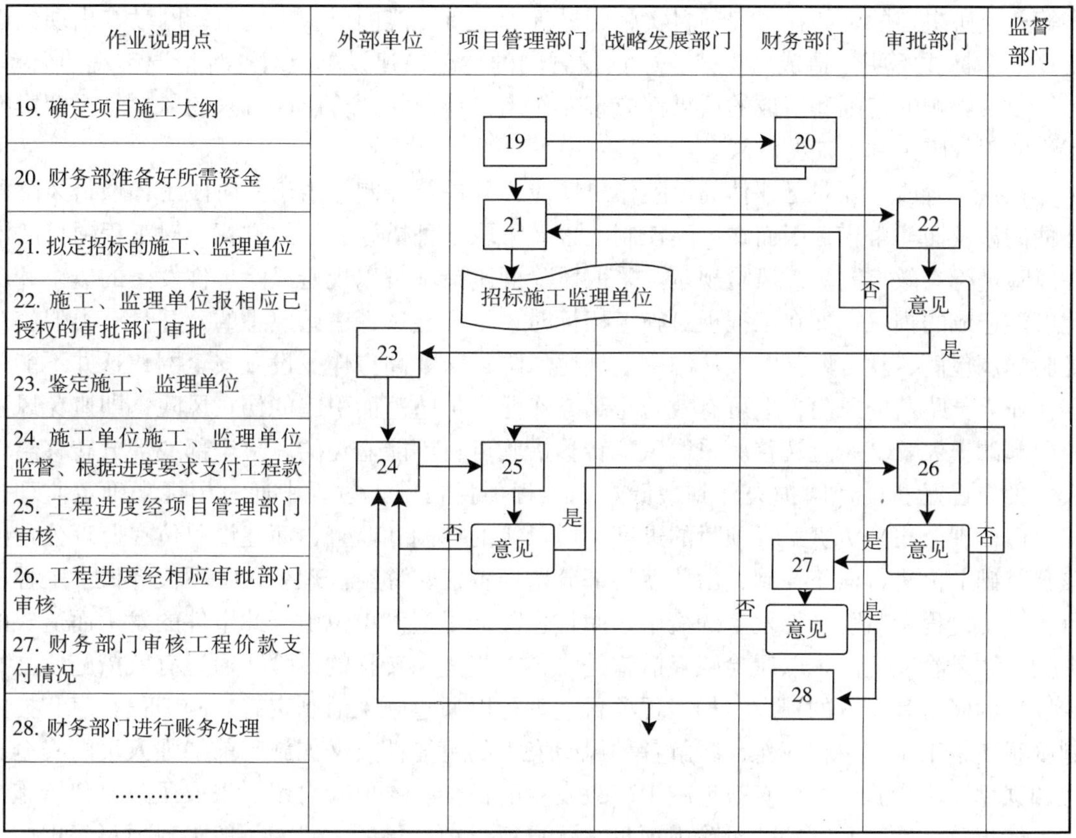

图 8–5　工程项目施工阶段控制

程工期风险的识别，则要做进一步的分析，具体加以识别。

质量与安全是企业永恒的生命线，也是工程项目重要的控制内容，一旦发生质量与安全事故，不仅给伤者本人及家庭造成巨大的痛苦，同时也将给企业带来相应的巨额经济损失，因而要特别注意对这种风险的识别。一般工程项目安全与质量风险的引发因素可具体分为施工环境、操作及管理人员、施工机械、建筑材料、施工工艺等方面。对比较粗略的质量风险识别可选用逐一清查风险因素的核查表法，而对某一具体施工过程的质量风险可用流程图，或流程图加核查表进行识别。特别的对建设单位聘用有项目管理公司和项目监理公司的，建设单位应注意监理公司的报告、提示和管理公司出具的意见书。

工程项目成本风险贯穿于工程建设的全过程，在施工阶段重点在于识别工程项目工程款的支付风险，例如工程费用是否属实，工程费用的支付是否与合同一致，有无多支、重复支付，工程费用的总额是否超预算等。对建设单位来说，识别的主要方法同样是通过核查项目管理或监理公司的请款报告，同时还应加强本单位人员自身成本预算和控制的能力。

工程项目的风险评估主要是针对风险事件发生的可能性、后果的严重程度、影响范围的大小、发生时间的先后进行评估，并且在不同的阶段都有侧重点。而在这一阶段，作者认为对四个方面的内容都要进行考虑，这是由工程项目施工阶段事务繁杂、潜在引发因素多等特点所决定的。如在工程项目实施的过程中，有可能因对施工地下管网勘查出现失误或规划图标注不明，造成施工过程中错挖管网的情况，建设单位对这种情况出现的概率、时间以及影响的范围和造成的后果都应事先作出估计，并评价由此带来的风险是否会影响工程的正常施工和工期的时限。

在这一阶段，要对已评估的风险作出反应，并进行控制。由于前阶段工程项目风险的评估的涉及面非常广，因而在风险控制上也要采取多种措施并举的方式，对工程项目的潜在风险进行有效控制。①风险规避。采取风险规避措施可以规避风险事件发生的概率和由此可能造成的损失。如在工程项目施工招标时，尽可能选择一些熟悉的，并具有类似施工经验的承包商，就可以基本上从源头上规避风险；又如高空作业设置安全网，这并不能规避作业人员坠落的风险，但可有效防止高空作业人员坠落而引起的伤亡风险，即避免风险所引起的损失。②风险转移。采取风险转移措施可将不能避免的风险全部或部分转移给他人，使自己承担的风险损失降到最低。如工程项目在施工过程中通过招标来确定监理公司，由监理公司来负责工程项目的进度、质量等的控制和监督，而建设单位在监理公司的监督基础上再进行监督控制，由此就将部分监控责任转移给监理公司，不仅降低了工程项目在施工过程中风险事件发生的概率，而且也降低了建设单位由于此事件的发生而造成的损失。③风险减轻。采取风险减轻措施是将不能规避和转移的风险，通过有效措施使之减少发生的概率和发生的损失。如工程项目经理可以通过施工前制定有效的工程程序和控制制度，使施工工作更程序化，缓解各种风险发生的可能性。又如施工前加强人员的安全教育和强化安全措施，可以有效地减少事故发生的机会。④风险自留。采取风险自留措施是将不能规避、转移和减轻的风险由项目主体自行承担后果的方式。一般工程项目经理应考虑准备一笔费用，一旦风险发生，如汇率变动、政策变动时，就将这笔费用用于损失补偿，以使得工程项目投资不超过预算。

2. 关键控制活动

在工程项目施工阶段，从业务流程上看，由于建设单位主要负责的是控制、协调和监督工作，因而采取的控制措施也是从总体上、宏观上把握，主要包括：招标与合同控制、成本控制、工程监理控制。

工程项目施工招标与工程项目勘察设计招标的控制非常类似，其控制的程序和控制的内容本质上是一致的，勘察设计招标中需要执行的控制，在施工阶段的招标过程中也需要执行，但工程项目施工招标还具有以下特点：首先，投标资格审查更为严格。对投标人资格工程项目经理必须安排专人进行核查，核查的内容有：①投标人的财务状况：包括固定资产、流动资产总额和负债总额，近5年平均完成的投资额等基本资料；近3年每年完成的投资额和本年预计完成的投资额；近两年经审计的财务报表；下一年度财务预测报告；可查到的财务信息，如开户银行的名称、地址及申请单位的开户银行出具的招标单位可查证的授权书。②拟投入的主要管理人员情况。③拟投入的劳动人员和施工机械设备情况。④近3年来所承建的工程和在建工程情况，包括建设单位、项目名称和地点、结构类型、建设规模、开竣工日期、合同价格、质量要求和达到的标准。⑤目前和过去涉及的诉讼和仲裁情况。其次，招标文件中要编制工程量清单。工程量清单是将招标项目的全部施工内容按工程部位、性质等列在一系列表内。要求编制人员在每个表中既有工程部位和该部位实施时的各个项目的工程量，又有每个项目的计价要求（单价或总价），以及每个项目的报价和每个表的合计等，其中后两个栏目是留给投标者填写的。并且在编制工程量清单时编制人员应按工程的施工要求进行工作分解来立项，在立项时，注意将不同等级的工程区分开，将同性质但不属于同一部位的工作区分开，将情况不同可进行不同报价的工作区分开。尽力做到使工程量清单中各项目既能满足工序进度控制的需要，又能满足费用控制的要求，既便于报价，又便于工程进度款的结算和支付。

工程项目施工合同由于其合同标的的特殊性、合同履行期限的长期性、合同内容的复杂性等特点，使得控制起来难度更大，需要更多的人员参与到控制的过程中，制定更为细致和全面的控制制度。对合同的控制一般包括合同的谈判、合同的签订、合同的执行、合同的监督、合同的归档管理几个过程。特别的，由于工程项目合同履行期限的长期性，使得这几个过程的控制就更为重要，工程项目经理应分别授权不同的人员来执行，以保证每个过程的执行质量和监督的有效性。如谈判的人员只负责谈判，待审批人员审批后，由专门负责签订合同的人员来签订合同，由此可以避免谈判人员的失误或谈判人员故意影响所签订合同条款的情况。同时要注意在合同长期执行的过程中，人员变更时工作移交程序的控制和各自责任划分的控制。

施工成本控制就是在施工过程中，对影响施工项目成本的各种因素采取各种有效措施加强管理，旨在实现这样一个目标，即将施工中实际发生的各种消耗和支出严格控制在成本计划范围内，随时揭示并及时反馈，严格审查各项费用是否符合标准，计算实际成本和计划成本之间的差异并进行分析，消除施工中的损失浪费现象，降低由此可能引发的成本风险。由于影响项目成本的因素很多，项目成本的控制和监督应从组织、技术、经济、合同等信息管理等方面采取措施。

为使项目成本消耗保持在最低限度，实现对项目成本的有效控制，项目经理应将成本责任分解落实到各个岗位、落实到专人，对成本进行全过程管理、全员管理、动态管理，形成一个分工明确、责任到人的成本管理责任体系。在所有岗位中，成本员、核算员的工作显得尤其重要，他们要从财务角度登记成本账册并进行成本分析，从投标估价开始直至合同终止，全过程中有关成本的一切问题负总的责任。他们的工作与投标估价、合同、施工方案、施工计划、材料和设备供应、财务等多方面有关，应该由既懂经济又懂技术的工程师担任，而不单是财会人员。

在工程项目施工过程中要注意在技术上采取措施，以降低成本。在工程项目施工过程中要认真做好成本的预测和各种计划成本。由于工程成本的不稳定性、不确定性以及施工过程中会受到各种不利因素的影响等特点，所以成本的计划应尽量准确。认真做好合同预算成本、施工预算成本，并在施工之前做好两算对比，为成本的管理打下基础。对各种支出，应认真做好资金的使用计划，并在施工中严格控制各项开支，及时准确记录、收集、整理、核算实际发生的成本。

在合同的条文中应细致地考虑一切影响成本、效益的因素。特别是潜在的风险因素，通过对引起成本变动的风险因素的识别和分析，采取必要的风险对策，如通过合理的方式同其他参与方共同承担。增加承担风险的个体数量，降低损失发生的比例，并最终使这些策略反映在合同的具体条款中。

工程建设监理已逐渐成为工程项目控制中不可缺少的一部分，一方面其针对的是工程项目建设社会化、专业化而言的，另一方面由于其是接受建设单位的委托和授权，根据国家批准的工程项目建设文件、有关工程建设法规和工程建设监理合同以及工程建设合同进行的控制活动，因而工程监理单位的微观控制监督与建设单位的宏观控制监督正好相辅相成，缺一不可。其控制重点主要包括以下几点：对监理规划细则的检查。在开工前，建设单位应该核查监理单位编制的监理规划、监理细则，了解其具体内容是否切合工程项目的实际情况，是否有针对性、可操作性，工作目标是否明确，机构的人员配备是否齐全等，若发现监理规划或细则流于形式，对监理工作不具有指导性和可操作性时，应责令监理单位重新制订监理规划和细则，从而促使监理单位详细了解工程实际情况，做好充分的准备工作，使监理工作有良好的开端。对原材料进场报审和取样送检制度进行检查。建设单位应要求监理单位严格执行原材料进场报审和见证取样送检制度，从原材料这一源头上把好关。对出现问题的原材料的进场时间、数量、使用情况等要求监理人员提供详细的书面报告，监督员进行跟踪落实，需退货者必须有书面退货证明，并需监理工程师签认。同时，监督员将对现场原材料做随机监督抽检，一旦发现抽检结果与送检结果不符，必须查明原因，作出相应处理，若发现取样送检有弄虚作假现象，将追究见证人的责任。严格要求监理单位落实执行旁站、巡查和隐蔽工程验收签证制度。建设单位应主动出击，进行随机抽查，既抽查现场的实物质量情况，又抽查现场监理人员的旁站、巡查到位情况及隐蔽验收资料的签证情况，若发现监理人员未按规定旁站到位或验收签证不齐的应记录在案，并责令整改，如多次出现这一情况的，则应对监理单位作出适当处罚，并追究当事人的责任。

五、工程项目竣工决算阶段控制

在工程项目竣工决算阶段，一般要经过工程项目验收、竣工决算、竣工结算等几个环节。工程项目结算一般是由施工单位编制的，再交由建设单位和监理工程师审查签证，其编制不涉及建设单位。对工程项目决算而言，其是以实物数量和货币指标为计量单位，综合反映竣工项目从筹建开始到项目竣工交付使用为止的全部建设费用、建设成果和财务情况的总结性文件，是整个工程项目控制中非常重要的一个环节。而工程项目验收即是在建设单位、勘察设计单位、施工单位分别对工程项目的决策论证、勘察设计及施工过程进行最后的评价后，办理工程项目的交接手续，交付使用，即标志着投入的建设资金转化为使用价值，工程验收（见图 8-6）。

1. 风险的识别、评估和反应

虽然这是工程项目的最后一个阶段，但仍然存在很多风险和潜在的引发风险扩大的因素，因而不能掉以轻心。如工程项目竣工后，验收人员验收工作马虎大意不够细致或者验收人员专业技术水平达不到验收标准的要求等，就可能使已验收的工程项目质量不符合要求或设计没能达标，为工程项目的使用埋下隐患。再比如工程项目竣工后，若不能及时办

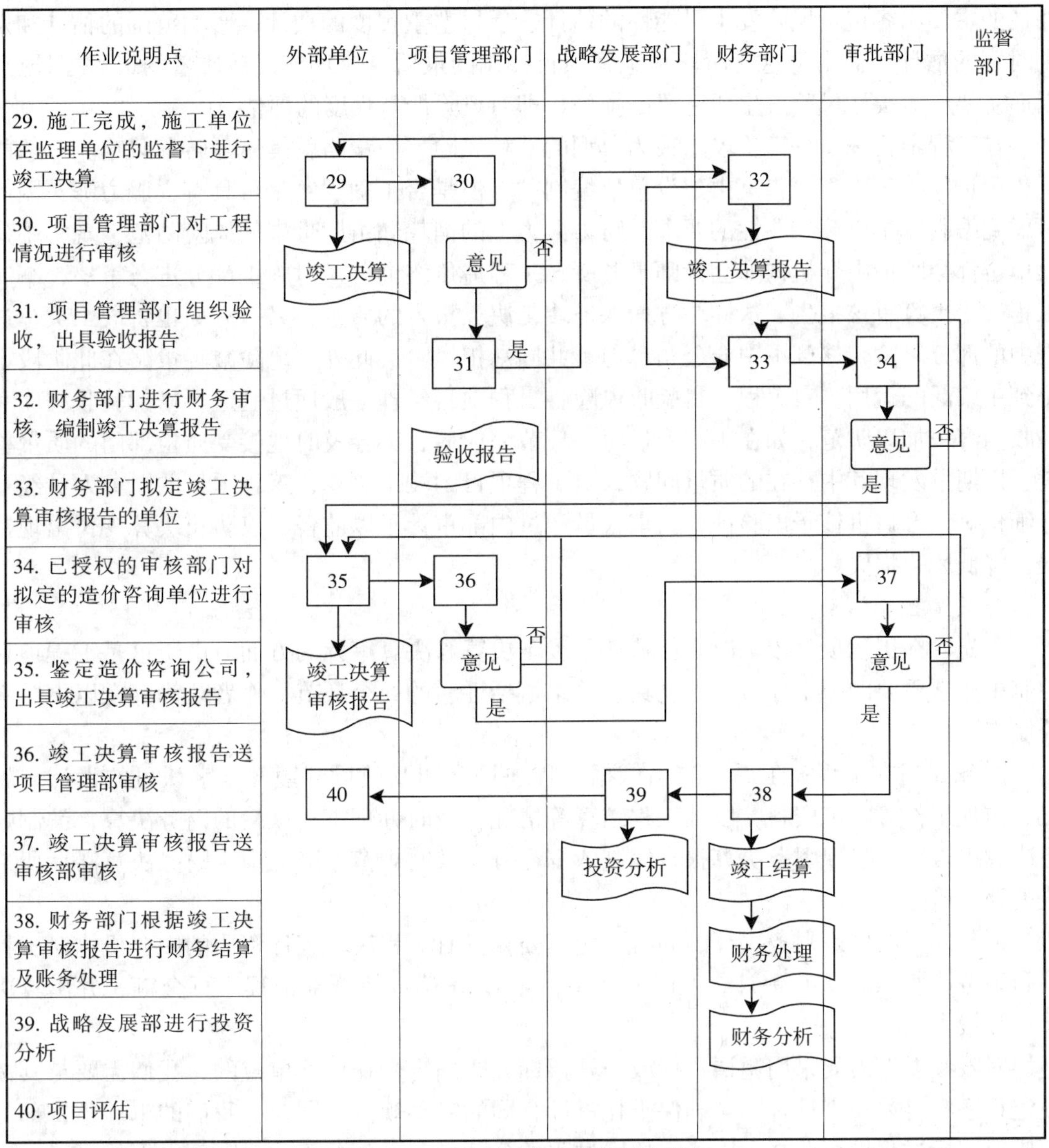

图 8-6　工程项目竣工决算阶段控制

理工程竣工验收、编制工程竣工决算，便可能造成项目财务结算滞后，不能按时支付工程结算尾款，延长工程的工期时限，增加资金的占用时间，也就加大了工程项目的成本，也会带来相应的风险。识别风险的方法主要有核查表法、分解分析法。核查表法就是将在先前的工程项目管理中或其他人在类似工程项目实践中对工程项目可能出现的风险因素罗列成表，与当前工程项目的建设环境、建设特性、建设管理现状作比较，分析可能出现的风险。分解分析法就是将复杂的事物分解成较为简单的、容易被识别的事物，从而识别可能存在的风险与潜在的损失。对比较粗略的质量风险识别可用核查表法。

对具体某一施工过程或子工程的质量风险可用分解分析法。前面我们已经了解到风险评估的主要内容包括风险发生可能性的估计、后果严重程度的估计、影响范围的估计和发生时间的估计。而由于这一阶段是工程项目控制的最后一个环节，是质量的最后把控点，因而主要应该关注风险发生所造成的损失，即对风险严重程度的评估。

在工程项目竣工决算阶段，最为典型的一种风险反应策略就是风险转移策略。一般的工程项目的竣工决算报告是由建设单位编制的，但是否正确呢？是否具有说服力呢？因此考虑到编制竣工决算专业性的要求、财力人力上的消耗和由此带来的风险防范，现实中建设单位都会聘请中介机构如会计师事务所、工程造价咨询公司对施工部分进行审核，编制工程竣工决算审核报告。这样一方面保证竣工决算报告的质量，另一方面也将竣工决算过程中的部分风险转移到了中介公司，与其共同承担风险。此外，风险减轻策略在此阶段也得到了广泛的运用。对工程项目验收风险，工程项目经理一般通过制定严格的验收程序和验收内容来加以防范，如在工程项目每一环节完成后，都会及时地接受质检部门的质量检查，以期早发现其中存在的质量问题；对工程项目的竣工决算，工程项目的财务人员经过仔细核对，严格审核予以验证，内审人员经过内部审计予以监督，以防止决算支付出现错误，降低风险损失。

2. 关键控制活动

首先，在工程项目竣工决算环节涉及竣工决算和决算审计两方面。由于这是工程项目控制中非常重要的一个环节，也是具有总结概括性质的一个环节，作者认为存在以下关键控制点：

财务部门在工程完工后，应当依据工程项目合同及项目管理部签字认可的设计、施工、监理工作等完工资料，以及工程结算等情况，及时办理工程项目的财务决算，编制财务决算报告，以确保财务决算报告编制依据充分，及时规范，降低由于财务决算滞后所造成的财务风险。

财务部门在做好财务决算的同时，应当委托具有工程决算审计资质的中介机构对工程项目财务决算报告进行审计，及时核实工作量 ，正确计算全部工程决算金额，并出具决算审计报告。

对限额以上需要采用邀请招标或公开招标方式确定受托审计单位的，我们需要与其按规定程序签订委托审计合同，确保委托审计合同的完善规范。同时，我们的审计监督部门还应对招标过程进行监督，以确定招标过程的公开、公平、公正。对限额以下的可以采用由建设单位的决策机构如股东大会来确定的方式，但不能由工程项目经理自行确定，以保证中介机构的独立性和公正性，保证决算审核报告的质量。同时讨论选择中介公司时，我们一般应考虑中介公司的专业能力、技术水平、信誉等级、行业评价等情况，了解工程造价师的资质等级，是否能够满足工程项目竣工决算审核的要求。在选中中介公司后，也要签订委托合同，确定审核的对象、范围、标准、要求、违约责任等内容，安排专人进行合同管理。

虽然工程项目竣工决算审核报告的编制主体是中介机构，但在整个审核的过程中，建设单位还是应该派专职人员参与其中，一方面在审核时提供所需的工程数据，保证数据来源的真实可靠，另一方面也对中介机构的审核起到监督作用，监督其审核程序是否完整，审核取证是否真实，审核人员是否勤勉尽责等，以保证竣工决算审核报告的质量。此外，在建设单位取得中介机构的竣工决算审核报告后，应组织专职人员对其进行审核，审核的内容包括：①审核内容的完整性。首先，审查竣工决算是否全面系统、是否符合实际情况，有无虚假不实、掩盖矛盾等情况，报表中各项指标是否准确真实。其次，要审查竣工决算各种表项是否填列齐全，有无漏报，已报的决算各表的栏次、科目、项目填列是否正确完整。②审核内容的准确性。审核报告中所依据的数据是否准确，审核人员应将其与已掌握的数据资料进行核对，如工程项目设计数据、工程项目材料投入量数据、工程项目材料价格数据等与设计图、预算等资料进行核对。③审核的依据和审核报告的格式。审核报告中是否已列示出竣工决算审核所依据的标准，而在审核过程中是否依照其加以执行，是否存在违法违规的情况。审核的对象和范围等是否与所签订的委托合同一致。另外，要检查审核报告中是否有工程造价师的签章、中介机构的公章、监理公司项目管理公司的公章等。

财会部门依据审计的财务决算工程项目工作量和工程结算金额，对尚未结算的工程价款依据合同等有效文件的约定，开具结算通知单，办理工程项目的财务结算手续，以及各项清理工作，主要包括各类会计资料的归集整理、账务处理、财产物资的盘点，以及核实债权债务的清偿，具体可以表现在以下几方面：①工程项目支出的审查。建设单位应根据批准的初步设计概算，审查工程成本中是否有不属于工程范围的开支，不得将应计入当期经营费用的各种支出计入建设成本；所有工程项目是否属于计划范围，有无搞计划外工程；增加的工程项目是否已经企业管理部门批准；在设计变更方面，要审查设计部门的变更设计手续是否齐全。结合财务制度还应审查各项费用支出是否符合规定，有无乱挤乱摊成本，扩大开支范围；有无乱立标准，铺张浪费等情况。②工程项目债权债务、实物的审查。建设工程项目竣工后，建设单位除要认真核实各项交付使用资产的建设成本，还要做好各项账务、物资以及债权的清理结余工作，应偿还或收回的及时偿还和收回，在进行工程款结算时，应按合同的要求提留质保金。对各种实物逐项清点核实，妥善保管。③工程项目投资额审查。建设单位应重点审查建设成本超支或节约的原因，确定真实的投资额。首先应将其实际数与概算进行总的和分项目对比，以考核建设成本总的和各项构成内容的节超情况，并计算节超额和节超率。然后，根据节超情况，进一步查找影响建设成本节超的原因。在完成以上工作以后，财务人员应对此次工程项目进行财务分析，以便为下一次的项目决策提供数据和风险信息。具体包括：首先，从进度、质量、造价、安全等方面对工程项目的基本情况进行总的评价；其次，通过历年资金来源和占用情况、工程价款结算、会计账务处理、财产物资情况及债权债务的清偿情况等方面进行财务分析；再次，从概预算执行情况、新增生产能力的效益、基本建设投资情况等角度入手进行各项技术经济指标分析；最后，总结出此项工程项目的经验教训和有待解决的问题。

在竣工验收阶段另一项非常重要的控制环节就是工程项目的验收，这也是对工程项目所开展的最后一项控制，作者认为主要有以下关键控制点：验收组织及人员的确定。在工程项目的验收过程中，应遵循分级管理制度，即大中型和限额以上项目由国家计委或经委组织，或委托主管部门和地方组织，成立由投资、银行、物资、环保、统计、消防等部门单位组成的验收委员会；而小型项目组成验收小组即可。建设工程项目竣工验收工作由业主组织，主要参加人员有业主，勘察设计、总承包及分包单位的负责人，监理单位的总监理工程师和专业监理工程师，以及建设主管部门、备案部门的代表。工程验收应遵循的程序：①项目工程完成之后，施工单位应按照国家检验评定标准的规定进行自检，符合有关规范、设计文件和合同要求的质量标准后，提交建设单位。②建设单位组织设计、监理、施工单位对工程质量评出等级，并向有关监督机构提出申报竣工工程质量核定。③监督机构在受理了竣工工程质量核定后，按照国家颁布的《工程质量检验评定标准》进行核定，经核定合格的工程发给合格证书，并说明其质量等级。工程交付使用后，如工程质量出现永久缺陷等严重问题，监督机构将收回合格证书，并予以公布。④经监督机构核定不合格的单位工程，不发给合格证书，不准投入使用，责任单位在规定期限返修后，再重新进行申报、核定。⑤在核定中，如施工单位资料不能说明结构安全或不能保证使用功能的，由施工单价委托法定监测单位进行监测，并由监督机构对隐瞒事故者进行依法处理。工程项目质量验收应达到的标准必须符合国家或地区规定的竣工条件和合同规定的内容。委托工程监理的工程，必须提供监理单位对工程质量进行监理的有关资料。必须具备各方签认的验收记录。对验收各方提出的质量问题，施工单位进行返修的，应具备业主和监理单位的复验记录。⑥提供按照规定齐全有效的施工技术资料。保证竣工质量核定所需的水、电供应及其他必备的条件。

第九章　担保业务控制技术

《企业内部控制应用指引第 12 号——担保》中所称担保，是指企业作为担保人按照公平、自愿、互利的原则与债权人约定，当债务人不履行债务时，依照法律规定和合同协议承担相应法律责任的行为。担保制度起源于商品交易活动，但早期的简单商品交易，往往是以物易物，或者是钱货两清的即时交易，交易主体间失信问题不突出，也就没有担保的必要。随着商品交换形式不断发展，非即时交易大量出现，商品和货币的交付有了时间差，债权债务应运而生，随之而来的问题就是，在对债务人没有百分之百信赖的情形下，债权人需要通过某种方式确保债权的实现，而担保制度正好满足了这种需要。在现代市场经济中，担保一方面有利于银行等债权人降低贷款风险，另一方面使债权人与债务人形成了稳定可靠的资金供需关系。

第一节　担保业务控制流程

企业办理担保业务，一般包括受理申请、调查评估、审批、签订担保合同、进行日常监控等流程。具体而言，一是担保申请人提出担保申请；二是担保人对担保项目和被担保人资信状况进行调查，对担保业务进行风险评估；三是担保人根据调查评估结果，结合本企业担保政策和授权审批制度，对担保业务进行审批，重大担保业务应提交董事会或类似权力机构批准；四是担保人依据既定权限和程序，与被担保人签订担保合同；五是担保人切实加强对担保合同的日常管理，对被担保人经营情况、财务状况和担保项目执行情况等进行跟踪监控；六是如果被担保人不能如期偿债，担保人应履行代为清偿义务并向被担保人追偿债务；同时，应当按照本企业担保业务责任追究制度，严格追究有关人员的责任。具体流程如图 10-1 所示，该图列示的担保流程适用于各类企业的一般担保业务，具有通用性。企业在开展担保业务时，可以参照此流程并结合自身情况予以扩充和细化。

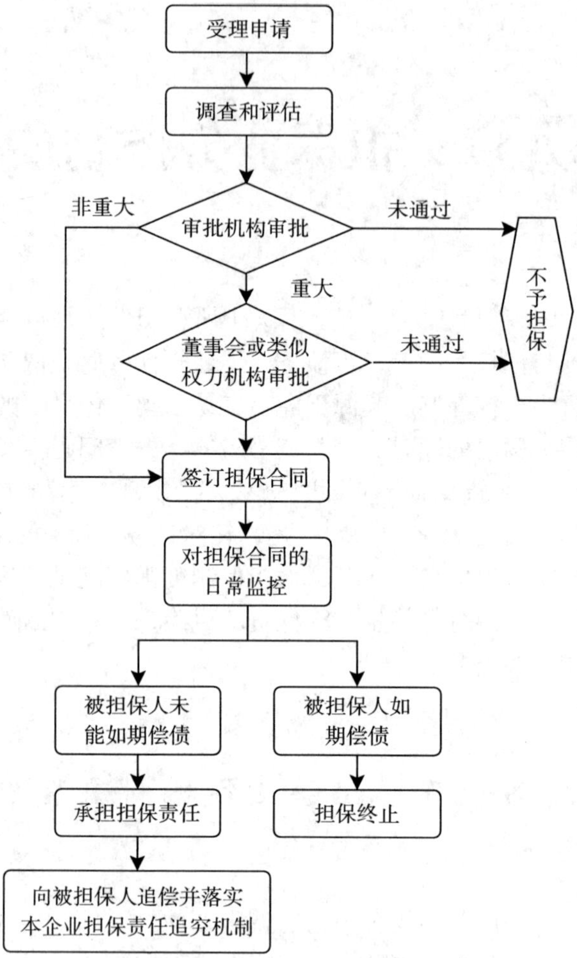

图 9–1　担保业务控制流程

第二节　担保业务控制关键风险点

一、受理申请

受理申请是企业办理担保业务的第一道关口，其主要风险是：企业担保政策和相关管理制度不健全，导致难以对担保申请人提出的担保申请进行初步评价和审核；或者虽然建立了担保政策和相关管理制度，但对担保申请人提出的担保申请审查把关不严，导致申请受理流于形式。

主要控制措施：

（1）依法制定和完善本企业的担保政策和相关管理制度，明确担保的对象、范围、方式、条件、程序、担保限额和禁止担保的事项。

(2) 严格按照担保政策和相关管理制度对担保申请人提出的担保申请进行审核。如担保申请人是否属于可以提供担保的对象等。一般而言，对于与本企业存在密切业务关系需要互保的企业、与本企业有潜在重要业务关系的企业、本企业的子公司及具有控制关系的其他企业等，可以考虑提供担保；反之，则必须十分慎重。如对担保申请人整体实力、经营状况、信用水平情况的了解。如果担保申请人实力较强、经营良好、恪守信用，可以考虑接受申请；反之不应受理。再如，担保申请人申请资料的完备情况，如果资料完备、情况翔实，可予受理；反之不予受理。

二、调查和评估

企业在受理担保申请后对担保申请人进行资信调查和风险评估，是办理担保业务中不可或缺的重要环节，在相当程度上影响甚至决定担保业务的未来走向。这一环节的主要风险是：对担保申请人的资信调查不深入、不透彻，对担保项目的风险评估不全面、不科学，导致企业担保决策失误或遭受欺诈，为担保业务埋下巨大隐患。

主要控制措施：

(1) 委派具备胜任能力的专业人员开展调查和评估。调查评估人员与担保业务审批人员应当分离。担保申请人为企业关联方的，与关联方存在经济利益或近亲属关系的有关人员不得参与调查评估。企业可以自行对担保申请人进行资信调查和风险评估，也可以委托中介机构承担这一工作，同时应加强对中介机构工作情况的监控。

(2) 对担保申请人资信状况和有关情况进行全面、客观的调查评估。在调查和评估中，应当重点关注以下事项：担保业务是否符合国家法律法规和本企业担保政策的要求，凡与国家法律法规和本企业担保政策相抵触的业务，一律不得提供担保；担保申请人的资信状况，包括基本情况、资产质量、财务状况、经营情况、信用程度、行业前景等；担保申请人用于担保和第三方担保的资产状况及其权利归属。

(3) 企业要求担保申请人提供反担保的，还应对与反担保有关的资产状况进行评估。企业应当综合运用各种行之有效的方式方法，对担保申请人的资信状况进行调查了解，务求真实准确。比如，在对担保申请人财务状况进行调查时，要深入分析其短期偿债能力、长期偿债能力、盈利能力、资产管理能力和可持续发展能力等核心指标，从而做到胸有成竹、防患于未然。涉及对境外企业提供担保的，还应特别关注担保申请人所在国家和地区的政治、经济、法律等因素，并评估外汇政策、汇率变动等可能对担保业务造成的影响。

(4) 对担保项目经营前景和盈利能力进行合理预测。企业整体的资信状况和担保项目的预期运营情况，构成判断担保申请人偿债能力的两大重要方面，应当予以重视。

划定不予担保的“红线”，并结合调查评估情况作出判断。《企业内部控制应用指引第12号——担保》明确规定了以下五类不予担保的情形：担保项目不符合国家法律法规和本企业担保政策的；担保申请人已进入重组、托管、兼并或破产清算程序的；担保申请人财务状况恶化、资不抵债、管理混乱、经营风险较大的；担保申请人与其他企业存在较大经济纠纷，面临法律诉讼且可能承担较大赔偿责任的；担保申请人与本企业已经发生过担保纠纷且仍未妥善解决的，或不能及时足额交纳担保费用的。

各企业应当将上述五类情形作为办理担保业务的“高压线”，严格遵守、不得突破；同时，可以结合企业自身的实际情况，进一步充实、完善有关管理要求，切实防范为“带病”企业提供担保。

（5）形成书面评估报告，全面反映调查评估情况，为担保决策提供第一手资料。企业应当规范评估报告的形式和内容，妥善保管评估报告，并作为日后追究有关人员担保责任的重要依据。

三、审批

审批环节在担保业务中具有承上启下的作用，既是对调查评估结果的判断和认定，也是担保业务能否进入实际执行阶段的必经之路。这一环节的主要风险是：授权审批制度不健全，导致对担保业务的审批不规范；审批不严格或者越权审批，导致担保决策出现重大疏漏，可能引发严重后果；审批过程存在舞弊行为，可能导致经办审批等相关人员涉案或企业利益受损。

主要控制措施：

（1）建立和完善担保授权审批制度，明确授权批准的方式、权限、程序、责任和相关控制措施，规定各层级人员应当在授权范围内进行审批，不得超越权限审批。企业内设机构不得以企业名义对外提供担保。企业应当加大对分公司对外提供担保的管控力度，严格限制分公司担保行为，避免因分公司违规担保为本企业带来不利后果。

（2）建立和完善重大担保业务的集体决策审批制度。企业应当根据《公司法》等国家法律法规，结合企业章程和有关管理制度，明确重大担保业务的判断标准、审批权限和程序。上市公司的重大对外担保，应取得董事会全体成员 2/3 以上签署同意或者经股东大会批准，未经董事会或者类似权力机构批准，不得对外提供重大担保。

（3）认真审查对担保申请人的调查评估报告，在充分了解掌握有关情况的基础上，权衡比较本企业净资产状况、担保限额与担保申请人提出的担保金额，确保将担保金额控制在企业设定的担保限额之内。

（4）从严办理担保变更审批。被担保人要求变更担保事项的，企业应当重新履行调查评估程序，根据新的调查评估报告重新履行审批手续。

四、签订担保合同

担保合同是审批机构同意办理担保业务的直接体现，也是约定担保双方权利义务的基础载体。签订担保合同的主要风险是：未经授权对外订立担保合同，或者担保合同内容存在重大疏漏和欺诈，可能导致企业诉讼失败、权利追索被动、经济利益和形象信誉受损。

主要控制措施：

（1）严格按照经审核批准的担保业务订立担保合同。合同订立经办人员应当在职责范围内，按照审批人员的批准意见拟订合同条款。

（2）认真审核合同条款，确保担保合同条款内容完整、表述严谨准确、相关手续齐备。在担保合同中应明确被担保人的权利、义务、违约责任等相关内容，并要求被担保人定期提供财务报告和有关资料，及时通报担保事项的实施情况。如果担保申请人同时向多方申请担保的，企业应当在担保合同中明确约定本企业的担保份额和相应的责任。

（3）实行担保合同会审联签。除担保业务经办部门之外，鼓励和倡导企业法律部门、财会部门、内审部门等参与担保合同会审联签，增强担保合同的合法性、规范性、完备性，有效避免权利义务约定、合同文本表述等方面的疏漏。

（4）加强对有关身份证明和印章的管理。如在担保合同签订过程中，依照法律规定和企业内部管理制度，往往需要提供、使用企业法定代表人的身份证明、个人印章和担保合同专用章等。从近些年暴露出来的一些担保典型案例看，由于一些企业在有关人员身份证明、印章管理中存在薄弱环节，导致身份证明和印章被盗用，造成了难以挽回的严重后果。因此，必须加强对身份证明和印章的管理，保证担保合同用章用印符合当事人真实意愿。

（5）规范担保合同记录、传递和保管，确保担保合同运转轨迹清晰完整、有案可查。

五、日常监控

担保合同的签订，标志着企业的担保权利和担保责任进入法律意义上的实际履行阶段。切实加强对担保合同执行情况的日常监控，通过及时、准确、全面地了解掌握被担保人的经营状况、财务状况和担保项目运行情况，最大限度地实现企业担保权益，最大限度地降低企业担保责任，是一项艰巨而重要的任务。这一环节的主要风险是：重合同签订，轻后续管理，对担保合同履行情况疏于监控或监控不当，导致企业不能及时发现和妥善应对被担保人的异常情况，可能延误处置时机，加剧担保风险，加重经济损失。

主要控制措施：

（1）指定专人定期监测被担保人的经营情况和财务状况，对被担保人进行跟踪和监督，了解担保项目的执行、资金的使用、贷款的归还、财务运行及风险等情况，促进担保合同有效履行。企业财会部门要及时，最好是按月或者按季收集、分析被担保人担保期内的财务报告等相关资料，持续关注被担保人的财务状况、经营成果、现金流量以及担保合同的履行情况，积极配合担保经办部门防范担保业务风险。

（2）及时报告被担保人异常情况和重要信息。企业有关部门和人员在实施日常监控过程中发现被担保人经营困难、债务沉重，或者存在违反担保合同的其他各种情况，应当按照《企业内部控制应用指引第 17 号——内部信息传递》的要求，在第一时间向企业有关管理人员做出报告，以便于及时采取有针对性的应对措施。

六、会计控制

担保业务直接涉及担保财产、费用收取、财务分析、债务承担、会计处理和相关信息披露等，决定了会计控制在担保业务经办中具有举足轻重的重要作用。这一环节的主要风险是：会计系统控制不力，可能导致担保业务记录残缺不全，日常监控难以奏效，或者担保会计处理和信息披露不符合有关监管要求，可能引发行政处罚。

主要控制措施：

（1）健全担保业务经办部门与财会部门的信息沟通机制，促进担保信息及时有效沟通。

（2）建立担保事项台账，详细记录担保对象、金额、期限、用于抵押和质押的物品或权利以及其他有关事项；同时，及时足额收取担保费用，维护企业担保权益。

（3）严格按照国家统一的会计准则制度进行担保会计处理，发现被担保人出现财务状况恶化、资不抵债、破产清算等情形的，应当合理确认预计负债和损失。属于上市公司的，还应当区别不同情况依法予以公告。

（4）切实加强对反担保财产的管理，妥善保管被担保人用于反担保的权利凭证，定期核实财产的存续状况和价值，发现问题及时处理，确保反担保财产安全完整。

（5）夯实担保合同基础管理，妥善保管担保合同、与担保合同相关的主合同、反担保函或反担保合同，以及抵押、质押的权利凭证和有关原始资料，做到担保业务档案完整无缺。当担保合同到期时，企业要全面清查用于担保的财产、权利凭证，按照合同约定及时终止担保关系。

七、代为清偿和权利追索

被担保人在担保期间如果顺利履行了对银行等债权人的偿债义务，且向担保企业及时足额支付了担保费用，担保合同一般应予终止，担保双方可以解除担保权利责任。但在实践中，由于各方面因素的影响，部分被担保人无法偿还到期债务，“连累”担保企业不得不按照担保合同约定承担清偿债务的责任。因此，在代为清偿后依法主张对被担保人的追索权，成为担保企业降低担保损失的最后一道屏障。这一环节的主要风险是：违背担保合同约定不履行代为清偿义务，可能被银行等债权人诉诸法律成为连带被告，影响企业形象和声誉；承担代为清偿义务后向被担保人追索权利不力，可能造成较大经济损失。

主要控制措施：

（1）强化法制意识和责任观念，在被担保人确实无力偿付债务或履行相关合同义务时，自觉按照担保合同承担代偿义务，维护企业诚实守信的市场形象。

（2）运用法律武器向被担保人追索赔偿权利，在此过程中，企业担保业务经办部门、财会部门、法律部门等应当通力合作，做到在司法程序中举证有力；同时，依法处置被担保人的反担保财产，尽力减少企业经济损失。

（3）启动担保业务后评估工作，严格落实担保业务责任追究制度，对在担保中出现重大决策失误、未履行集体审批程序或不按规定管理担保业务的部门及人员，严格追究其行政责任和经济责任，并深入开展总结分析，举一反三，不断完善担保业务内控制度，严控担保风险，促进企业健康稳健发展。

第三节 担保业务控制程序

一、调查评估与审批

(1) 企业应当指定相关部门负责办理担保业务，对担保申请人进行资信调查和风险评估，评估结果应出具书面报告。企业也可委托中介机构对担保业务进行资信调查和风险评估工作。

(2) 企业在对担保申请人进行资信调查和风险评估时，应当重点关注以下事项：担保业务是否符合国家法律法规和本企业担保政策等相关要求。担保申请人的资信状况，一般包括：基本情况、资产质量、经营情况、偿债能力、盈利水平、信用程度、行业前景等。担保申请人用于担保和第三方担保的资产状况及其权利归属。企业要求担保申请人提供反担保的，还应当对与反担保有关的资产状况进行评估。

(3) 企业对担保申请人出现以下情形之一的，不得提供担保：担保项目不符合国家法律法规和本企业担保政策的；已进入重组、托管、兼并或破产清算程序的；财务状况恶化、资不抵债、管理混乱、经营风险较大的；与其他企业存在较大经济纠纷，面临法律诉讼且可能承担较大赔偿责任的；与本企业已经发生过担保纠纷且仍未妥善解决的；不能及时足额交纳担保费用的。

(4) 企业应当建立担保授权和审批制度，规定担保业务的授权批准方式、权限、程序、责任和相关控制措施，在授权范围内进行审批，不得超越权限审批。重大担保业务，应当报经董事会或类似权力机构批准。经办人员应当在职责范围内，按照审批人员的批准意见办理担保业务。对于审批人超越权限审批的担保业务，经办人员应当拒绝办理。

(5) 企业应当采取合法有效的措施加强对子公司担保业务的统一监控。企业内设机构未经授权不得办理担保业务。企业为关联方提供担保的，与关联方存在经济利益或近亲属关系的有关人员在评估与审批环节应当回避。对境外企业进行担保的，应当遵守外汇管理规定，并关注被担保人所在国家的政治、经济、法律等因素。

(6) 被担保人要求变更担保事项的，企业应当重新履行调查评估与审批程序。

二、执行与监控

(1) 企业应当根据审核批准的担保业务订立担保合同。担保合同应明确被担保人的权利、义务、违约责任等相关内容，并要求被担保人定期提供财务报告与有关资料，及时通报担保事项的实施情况。担保申请人同时向多方申请担保的，企业应当在担保合同中明确约定本企业的担保份额和相应的责任。

(2) 企业担保经办部门应当加强担保合同的日常管理，定期监测被担保人的经营情况和财务状况，对被担保人进行跟踪和监督，了解担保项目的执行、资金的使用、贷款的归还、财务运行及风险等情况，确保担保合同有效履行。担保合同履行过程中，如果被担保人出现异常情况，应当及时报告，妥善处理。对于被担保人未按有法律效力的合同条款偿付债务或履行相关合同项下的义务的，企业应当按照担保合同履行义务，同时主张对被担保人的追索权。

（3）企业应当加强对担保业务的会计系统控制，及时足额收取担保费用，建立担保事项台账，详细记录担保对象、金额、期限、用于抵押和质押的物品或权利以及其他有关事项。企业财会部门应当及时收集、分析被担保人担保期内经审计的财务报告等相关资料，持续关注被担保人的财务状况、经营成果、现金流量以及担保合同的履行情况，积极配合担保经办部门防范担保业务风险。对于被担保人出现财务状况恶化、资不抵债、破产清算等情形的，企业应当根据国家统一的会计准则制度规定，合理确认预计负债和损失。

（4）企业应当加强对反担保财产的管理，妥善保管被担保人用于反担保的权利凭证，定期核实财产的存续状况和价值，发现问题及时处理，确保反担保财产安全完整。

（5）企业应当建立担保业务责任追究制度，对在担保中出现重大决策失误、未履行集体审批程序或不按规定管理担保业务的部门及人员，应当严格追究相应的责任。

（6）企业应当在担保合同到期时，全面清查用于担保的财产、权利凭证，按照合同约定及时终止担保关系。企业应当妥善保管担保合同、与担保合同相关的主合同、反担保函或反担保合同，以及抵押、质押的权利凭证和有关原始资料，切实做到担保业务档案完整无缺。

第四节　担保业务控制案例分析

一、华北高速公路股份有限公司 对外担保内部控制制度

为了规范上市公司的对外担保行为，有效控制上市公司对外担保风险，保护投资者合法权益和公司财务安全，根据《中华人民共和国公司法》、《中华人民共和国担保法》、《深圳证券交易所股票上市规则》（2006 年 5 月修订）、《关于上市公司为他人提供担保有关问题的通知》、《关于规范上市公司与关联方资金往来及上市公司对外担保若干问题的通知》、《关于规范上市公司对外担保行为的通知》等法律、法规、规范性文件以及《公司章程》，特制定本管理制度。

第一条　公司为他人提供担保应当遵循平等、自愿、公平、诚信、互利的原则。任何单位和个人（包括控股股东及其他关联方）不得强令或强制公司为他人提供担保，公司对强令或强制其为他人提供担保的行为有权拒绝。

第二条　公司为他人提供担保应当遵守《中华人民共和国公司法》、《中华人民共和国

担保法》和其他相关法律、法规的规定。并按照《中华人民共和国证券法》和《深圳证券交易所股票上市规则》的有关规定披露信息，必须按规定向注册会计师如实提供公司全部对外担保事项。

第三条　公司为他人提供担保必须经董事会或股东大会批准，未经公司股东大会或者董事会决议通过，董事、经理以及公司的分支机构不得擅自代表公司签订担保合同。

董事会审议批准对外担保事项须经出席董事会的2/3以上董事同意。超越董事会审批权限的对外担保事项，应当由股东大会作出决议，股东大会决议分为普通决议和特别决议。股东大会作出普通决议，应当由出席股东大会的股东（包括股东代理人）所持表决权过半数通过。股东大会作出特别决议，应当由出席股东大会的股东（包括股东代理人）所持表决权的2/3以上通过。

第四条　公司董事会在决定为他人提供担保之前（或提交股东大会表决前），应当掌握债务人的资信状况，对该担保事项的利益和风险进行充分分析，并在董事会有关公告中详尽披露。

第五条　公司对外担保应尽可能要求对方提供反担保，谨慎判断反担保提供华北高速公路股份有限公司方的实际担保能力和反担保的可执行性。

第六条　公司独立董事应在年度报告中，对公司累计和当期对外担保情况、执行上述规定情况进行专项说明，并发表独立意见，必要时可聘请会计师事务所对公司累计和当期对外担保情况进行核查。如发现异常，要及时向董事会和监管部门报告并公告。

第七条　公司董事会或股东大会审议批准的对外担保，必须在中国证监会指定信息披露报刊上及时披露，披露的内容包括董事会或股东大会决议、截至信息披露日公司及其控股子公司对外担保总额、公司对控股子公司提供担保的总额。

第八条　公司如为他人向银行借款提供担保，担保的申请由被担保人提出，并由财务部向公司总经理提交至少包括下列内容的借款担保的书面申请：

被担保人的基本情况、财务状况、资信情况、还款能力等情况；

被担保人现有银行借款及担保的情况；

本项担保的银行借款的金额、品种、期限、用途、预期经济效果；

本项担保的银行借款的还款资金来源；

其他与借款担保有关的能够影响公司做出是否提供担保的事项。

为其他债务提供担保，参照本条执行。

第九条　公司对外担保需遵守如下审批手续：

（一）职能部门提交书面申请及尽职调查报告（报告内容包括担保金额、被担保人资信状况、经营情况、偿债能力、该担保产生的利益及风险），由总经理审核并制定详细书面报告呈报董事会。

董事会应认真审议分析申请担保方的财务状况、经营运作状况、行业前景和信用情况，审慎决定是否给予担保或是否提交股东大会审议。必要时，可聘请外部专业机构对实施对外担保的风险进行评估以作为董事会或股东大会进行决策的依据。

（二）应由股东大会审批的对外担保，必须经董事会审议通过后，方可提交股东大会审批。须经股东大会审批的对外担保，包括但不限于下列情形：

1. 本公司及本公司控股子公司的对外担保总额，达到或超过最近一期经审计净资产的50%以后提供的任何担保；

2. 公司的对外担保总额，达到或超过最近一期经审计总资产的30%以后华北高速公路股份有限公司提供的任何担保；

3. 为资产负债率超过70%的担保对象提供的担保；

4. 单笔担保额超过最近一期经审计净资产10%的担保；

5. 对股东、实际控制人及其关联方提供的担保。

第十条 股东大会在审议为股东、实际控制人及其关联方提供的担保议案时，该股东或受该实际控制人支配的股东，不得参与该项表决，该项表决由出席股东大会的其他股东所持表决权的半数以上通过。

第十一条 担保的日常管理

（一）任何担保均应订立书面合同。担保合同应按公司内部管理规定妥善保管，若发现未经董事会或股东大会审议程序批准的异常合同，要及时通报监事会、董事会秘书和财务部门。

（二）公司财务部门为公司担保的日常管理部门。财务部应指定专人对公司提供担保的借款企业建立分户台账，及时跟踪借款企业的经济运行情况，并定期向公司经理报告公司担保的实施情况。

（三）公司财务部门应持续关注被担保人的情况，收集被担保人最近一期的财务资料和审计报告，定期分析其财务状况及偿债能力，关注其生产经营、资产负债、对外担保以及分立合并、法定代表人变化等情况，建立相关财务档案，定期向董事会报告。

如发现被担保人经营状况严重恶化或发生公司解散、分立等重大事项的，有关责任人应及时报告董事会。董事会有义务采取有效措施，将损失降低到最小程度。

（四）出现被担保人债务到期后15个工作日内未履行还款义务，或是被担保人破产、清算、债权人主张担保人履行担保义务等情况，公司财务部应及时了解被担保人的债务偿还情况，并告知公司董事长、总经理和董事会秘书，由公司在知悉后及时披露相关信息。

（五）公司对外担保发生诉讼等突发情况，公司有关部门（人员）、被担保企业应在得知情况后的第一个工作日内向公司财务部、总经理报告情况，必要时总经理可指派有关部门（人员）协助处理。

（六）公司为债务人履行担保义务后，应当采取有效措施向债务人追偿，华北高速公路股份有限公司应将追偿情况及时披露。

第十二条 违反担保管理制度的责任

（一）公司董事、经理及其他高管人员未按规定程序擅自越权签订担保合同，对公司利益造成损害的，公司应当追究当事人的责任。

（二）公司全体董事应当审慎对待和严格控制对外担保产生的债务风险，并对违规或失当的对外担保产生的损失依法承担连带责任。

（三）公司担保合同的审批决策机构或人员、归口管理部门的有关人员，由于决策失误或工作失职，发生下列情形者，应视具体情况追究责任：

1. 在签订、履行合同中，因严重不负责任被欺诈，致使公司利益遭受严重损失的。

2. 在签订担保合同中徇私舞弊，致使公司财产重大损失的。

（四）因担保事项而造成公司经济损失时，应当及时采取有效措施，减少经济损失的进一步扩大，降低风险，查明原因，依法追究相关人员的责任。

第十三条　公司担保的债务到期后需展期并需继续由其提供担保的，应作为新的对外担保，重新履行担保审批程序。

第十四条　按照《子公司管理暂行办法》规定，控股子公司未经母公司批准，不得对外出借资金和进行任何形式的担保、抵押。控股子公司应在其董事会或股东大会作出决议后及时通知公司履行有关信息披露义务。

第十五条　本制度所称“关联方”按中华人民共和国财政部《企业会计准则——关联方关系及其交易的披露》规定执行。

第十六条　本制度经公司股东大会审议通过之日起生效，由董事会负责解释。

第十七条　本制度的监督机构为本公司监事会。

二、吉林化纤股份有限公司对外担保内部控制制度

为了规范本公司的对外担保行为，有效控制本公司对外担保风险，保护投资者合法权益和公司财务安全，根据《中华人民共和国公司法》、《中华人民共和国担保法》、《深圳证券交易所股票上市规则》（2006 年 5 月修订）、《关于上市公司为他人提供担保有关问题的通知》、《关于规范上市公司与关联方资金往来及上市公司对外担保若干问题的通知》、《关于规范上市公司对外担保行为的通知》等法律、法规、规范性文件以及《公司章程》，特制定本管理制度。

第一条　公司为他人提供担保应当遵循平等、自愿、公平、诚信、互利的原则。任何单位和个人（包括控股股东及其他关联方）不得强令或强制公司为他人提供担保，公司对强令或强制其为他人提供担保的行为有权拒绝。

第二条　公司为他人提供担保应当遵守《中华人民共和国公司法》、《中华人民共和国担保法》和其他相关法律、法规的规定。并按照《中华人民共和国证券法》和《深圳证券交易所股票上市规则》的有关规定披露信息，必须按规定向注册会计师如实提供公司全部对外担保事项。

第三条　公司为他人提供担保必须经董事会或股东大会批准，未经公司股东大会或者董事会决议通过，董事、经理以及公司的分支机构不得擅自代表公司签订担保合同。

董事会审议批准对外担保事项须经出席董事会的 2/3 以上董事同意。超越董事会审批权限的对外担保事项，应当由股东大会作出决议，股东大会决议分为普通决议和特别决议。股东大会作出普通决议，应当由出席股东大会的股东（包括股东代理人）所持表决权过半数通过。股东大会作出特别决议，应当由出席股东大会的股东（包括股东代理人）所持表决权的 2/3 以上通过。

第四条　公司董事会在决定为他人提供担保之前（或提交股东大会表决前），应当掌握债务人的资信状况，对该担保事项的利益和风险进行充分分析，并在董事会有关公告中详尽披露。

第五条　公司对外担保应尽可能要求对方提供反担保，谨慎判断反担保提供本公司实际担保能力和反担保的可执行性。

第六条　公司独立董事应在年度报告中，对公司累计和当期对外担保情况、执行上述规定情况进行专项说明，并发表独立意见，必要时可聘请会计师事务所对公司累计和当期对外担保情况进行核查。如发现异常，要及时向董事会和监管部门报告并公告。

第七条　公司董事会或股东大会审议批准的对外担保，必须在中国证监会指定信息披露报刊上及时披露，披露的内容包括董事会或股东大会决议、截至信息披露日公司及其控股子公司对外担保总额、公司对控股子公司提供担保的总额。

第八条　公司如为他人向银行借款提供担保，担保的申请由被担保人提出，并由财务部向公司总经理提交至少包括下列内容的借款担保的书面申请：

被担保人的基本情况、财务状况、资信情况、还款能力等情况；

被担保人现有银行借款及担保的情况；

本项担保的银行借款的金额、品种、期限、用途、预期经济效果；

本项担保的银行借款的还款资金来源；

其他与借款担保有关的能够影响公司作出是否提供担保决定的事项。

为其他债务提供担保，参照本条执行。

第九条　公司对外担保需遵守如下审批手续：

（一）职能部门提交书面申请及尽职调查报告（报告内容包括担保金额、被担保人资信状况、经营情况、偿债能力、该担保产生的利益及风险），由总经理审核并制定详细书面报告呈报董事会。

董事会应认真审议分析申请担保方的财务状况、经营运作状况、行业前景和信用情况，审慎决定是否给予担保或是否提交股东大会审议。必要时，可聘请外部专业机构对实施对外担保的风险进行评估以作为董事会或股东大会进行决策的依据。

（二）应由股东大会审批的对外担保，必须经董事会审议通过后，方可提交股东大会审批。须经股东大会审批的对外担保，包括但不限于下列情形：

本公司及本公司控股子公司的对外担保总额，达到或超过最近一期经审计净资产的50%以后提供的任何担保；

公司的对外担保总额，达到或超过最近一期经审计总资产的30%以后提供本公司的任何担保；

为资产负债率超过70%的担保对象提供的担保；

单笔担保额超过最近一期经审计净资产10%的担保；

对股东、实际控制人及其关联方提供的担保。

第十条　股东大会在审议为股东、实际控制人及其关联方提供的担保议案时，该股东或受该实际控制人支配的股东，不得参与该项表决，该项表决由出席股东大会的其他股东所持表决权的半数以上通过。

第十一条　担保的日常管理

（一）任何担保均应订立书面合同。担保合同应按公司内部管理规定妥善保管，若发现未经董事会或股东大会审议程序批准的异常合同，要及时通报监事会、董事会秘书和财务部门。

（二）公司财务部门为公司担保的日常管理部门。财务部应指定专人对公司提供担保的借款企业建立分户台账，及时跟踪借款企业的经济运行情况，并定期向公司经理报告公司担保的实施情况。

（三）公司财务部门应持续关注被担保人的情况，收集被担保人最近一期的财务资料和审计报告，定期分析其财务状况及偿债能力，关注其生产经营、资产负债、对外担保以及分立合并、法定代表人变化等情况，建立相关财务档案，定期向董事会报告。

如发现被担保人经营状况严重恶化或发生公司解散、分立等重大事项的，有关责任人应及时报告董事会。董事会有义务采取有效措施，将损失降低到最小程度。

（四）出现被担保人债务到期后15个工作日内未履行还款义务，或是被担保人破产、清算、债权人主张担保人履行担保义务等情况，公司财务部应及时了解被担保人的债务偿还情况，并告知公司董事长、总经理和董事会秘书，由公司在知悉后及时披露相关信息。

（五）公司对外担保发生诉讼等突发情况，公司有关部门（人员）、被担保企业应在得知情况后的第一个工作日内向公司财务部、总经理报告情况，必要时总经理可指派有关部门（人员）协助处理。

（六）公司为债务人履行担保义务后，应当采取有效措施向债务人追偿，并将追偿情况及时披露。

第十二条　违反担保管理制度的责任

（一）公司董事、经理及其他高管人员未按规定程序擅自越权签订担保合同，对公司利益造成损害的，公司应当追究当事人的责任。

（二）公司全体董事应当审慎对待和严格控制对外担保产生的债务风险，并对违规或失当的对外担保产生的损失依法承担连带责任。

（三）公司担保合同的审批决策机构或人员、归口管理部门的有关人员，由于决策失误或工作失职，发生下列情形者，应视具体情况追究责任：

在签订、履行合同中，因严重不负责任被欺诈，致使公司利益遭受严重损失的。

在签订担保合同中徇私舞弊，致使公司财产重大损失的。

（四）因担保事项而造成公司经济损失时，应当及时采取有效措施，减少经济损失的进一步扩大，降低风险，查明原因，依法追究相关人员的责任。

第十三条　公司担保的债务到期后需展期并需继续由其提供担保的，应作为新的对外担保，重新履行担保审批程序。

第十四条　按照《子公司管理暂行办法》规定，控股子公司未经母公司批准，不得对外出借资金和进行任何形式的担保、抵押。控股子公司应在其董事会或股东大会作出决议后及时通知公司履行有关信息披露义务。

第十五条 本制度所称“关联方”按中华人民共和国财政部《企业会计准则——关联方关系及其交易的披露》规定执行。

第十六条 本制度经公司股东大会审议通过之日起生效，由董事会负责解释。

第十七条 本制度的监督机构为本公司监事会。

第十章　业务外包控制技术

业务外包是企业利用专业化分工优势，将日常经营中的部分业务委托给本企业以外的专业服务机构或其他经济组织（承包方）完成的经营行为。目前，业务外包活动已经广泛应用于电信、手机、金融等各行各业，为企业优化资源配置、加速业务重组、提高经营效率提供了活力。但是，企业在将业务外包的同时，也承担着一些重大风险，主要包括：外包范围和价格确定不合理，承包方选择不当，可能导致企业遭受损失；业务外包监控不严、服务质量低劣，可能导致企业难以发挥业务外包的优势；业务外包存在商业贿赂等舞弊行为，可能导致企业相关人员涉案。为此，业务外包应用指引明确指出，存在业务外包活动的企业应当着手建立和完善业务外包管理制度，规定业务外包的范围、方式、条件、程序和实施等相关内容，明确相关机构和岗位的职责权限，强化业务外包全过程的监控，防范外包风险，充分发挥业务外包的优势。具体来讲，①要求企业合理确定外包业务范围，综合考虑成本效益原则，权衡利弊，避免将核心业务外包。②要求企业拟定业务外包实施方案，按照规定的权限和程序审核批准。重大外包业务方案应当提交董事会或类似决策机构审批。③要求企业按照批准的业务外包实施方案，择优选择外包业务的承包方，签订外包合同，合理确定外包价格，严格控制外包业务成本，切实做到相关业务外包后的成本在保证质量的前提下低于原经营方式。外包业务涉及保密的，还要求企业在外包业务合同或另行签订的保密协议中明确规定承包方的保密义务和责任。④要求企业加强业务外包实施的管理，注重与承包方的沟通与协调，并对承包方的履约能力进行持续评估。有确凿证据表明承包方存在重大违约行为，导致外包业务合同无法履行的，企业应当及时终止合同并更换承包方；承包方违约并造成企业损失的，企业应当进行索赔，并追究相关责任人责任。

第一节　业务外包控制流程

业务外包流程主要包括：制定业务外包实施方案、审核批准、选择承包方、签订业务外包合同、组织实施业务外包活动、业务外包过程管理、验收、会计控制等环节。如图10-1所示。该图列示的业务外包流程适用于各类企业的一般业务外包，具有通用性。

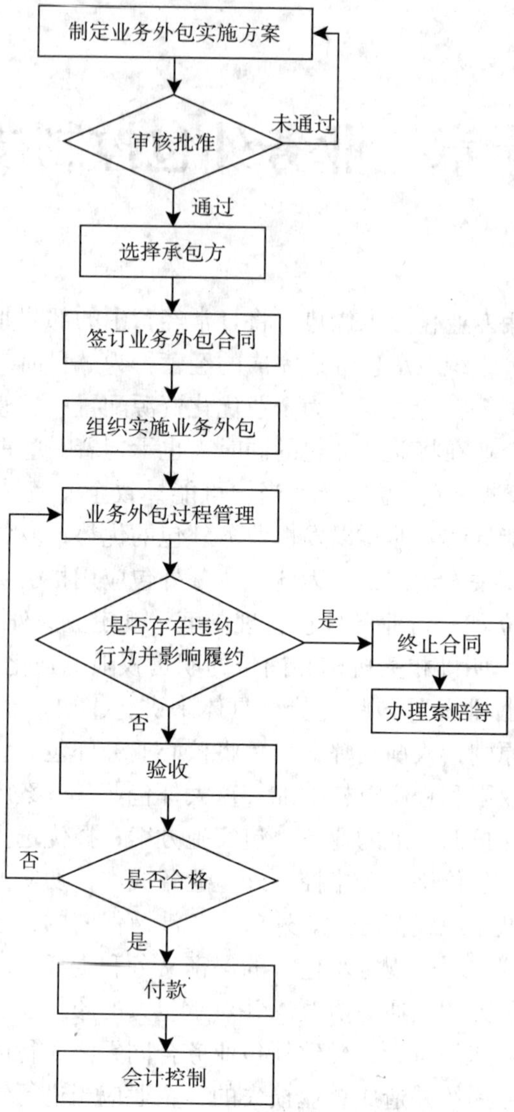

图 10–1　业务外包控制流程

第二节　业务控制关键风险点

一、制定业务外包实施方案

制定业务外包实施方案，是指企业根据年度生产经营计划和业务外包管理制度，结合确定的业务外包范围，制定实施方案。该环节的风险主要是：企业缺乏业务外包管理制度，导致制定实施方案时无据可依；业务外包管理制度未明确业务外包范围，可能导致有关部门在制定实施方案时，将不宜外包的核心业务进行外包；实施方案不合理、不符合企业生产经营特点或内容不完整，可能导致业务外包失败。

主要管控措施：

（1）建立和完善业务外包管理制度，根据各类业务与核心主业的关联度、对外包业务的控制程度以及外部市场成熟度等标准，合理确定业务外包的范围，并根据是否对企业生产经营有重大影响对外包业务实施分类管理，以突出管控重点，同时明确规定业务外包的方式、条件、程序和实施等相关内容。

（2）严格按照业务外包管理制度规定的业务外包范围、方式、条件、程序和实施等内容制定实施方案，避免将核心业务外包，同时确保方案的完整性。

（3）根据企业年度预算以及生产经营计划，对实施方案的重要方面进行深入评估以及复核，包括承包方的选择方案、外包业务的成本效益及风险、外包合同期限、外包方式、员工培训计划等，确保方案的可行性。

（4）认真听取外部专业人员对业务外包的意见，并根据其合理化建议完善实施方案。

二、审核批准

审核批准，是指企业应当按照规定的权限和程序审核批准业务外包实施方案。该环节的主要风险是：审批制度不健全，导致对业务外包的审批不规范；审批不严格或者越权审批，导致业务外包决策出现重大疏漏，可能引发严重后果；未能对业务外包实施方案是否符合成本效益原则进行合理审核以及作出恰当判断，导致业务外包不经济。

主要管控措施：

（1）建立和完善业务外包的审核批准制度。明确授权批准的方式、权限、程序、责任和相关控制措施，规定各层级人员应当在授权范围内进行审批，不得超越权限审批。同时加大对分公司重大业务外包的管控力度，避免因分公司越权进行业务外包给企业带来不利后果。

（2）在对业务外包实施方案进行审查和评价时，应当着重对比分析该业务项目在自营与外包情况下的风险和收益，确定外包的合理性和可行性。

（3）总会计师或企业分管会计工作的负责人应当参与重大业务外包的决策，对业务外包的经济效益作出合理评价。

（4）对于重大业务外包方案，应当提交董事会或类似权力机构审批。

三、选择承包方

选择承包方，是指企业应当按照批准的业务外包实施方案选择承包方。该环节的主要风险是：承包方不是合法设立的法人主体，缺乏应有的专业资质，从业人员也不具备应有的专业技术资格，缺乏从事相关项目的经验，导致企业遭受损失甚至陷入法律纠纷；外包价格不合理，业务外包成本过高导致难以发挥业务外包的优势；存在接受商业贿赂的舞弊行为，导致相关人员涉案。

主要管控措施：

（1）充分调查候选承包方的合法性，即是否为依法成立、合法经营的专业服务机构或经济组织，是否具有相应的经营范围和固定的办公场所。

（2）调查候选承包方的专业资质、技术实力及其从业人员的履历和专业技能。

（3）考察候选承包方从事类似项目的成功案例、业界评价和口碑。

（4）综合考虑企业内外部因素，对业务外包的人工成本、营销成本、业务收入、人力资源等指标进行测算分析，合理确定外包价格，严格控制业务外包成本。

（5）引入竞争机制，按照有关法律法规，遵循公开、公平、公正的原则，采用招标方式等适当方式，择优选择承包方。

（6）按照规定的程序和权限从候选承包方中作出选择，并建立严格的回避制度和监督处罚制度，避免相关人员在选择承包方过程中出现受贿和舞弊行为。

四、签订业务外包合同

确定承包方后，企业应当及时与选定的承包方签订业务外包合同，约定业务外包的内容和范围，双方权利和义务，服务和质量标准，保密事项，费用结算标准和违约责任等事项。该环节的主要风险是：合同条款未能针对业务外包风险作出明确的约定，对承包方的违约责任界定不够清晰，导致企业陷入合同纠纷和诉讼；合同约定的业务外包价格不合理或成本费用过高，导致企业遭受损失。

主要管控措施：

（1）在订立外包合同前，充分考虑业务外包方案中识别出的重要风险因素，并通过合同条款予以有效规避或降低。

（2）在合同的内容和范围方面，明确承包方提供的服务类型、数量、成本，以及明确界定服务的环节、作业方式、作业时间、服务费用等细节。

（3）在合同的权利和义务方面，明确企业有权督促承包方改进服务流程和方法，承包方有责任按照合同协议规定的方式和频率，将外包实施的进度和现状告知企业，并对存在问题进行有效沟通。

（4）在合同的服务和质量标准方面，应当规定外包商最低的服务水平要求以及如果未能满足标准实施的补救措施。

（5）在合同的保密事项方面，应具体约定对于涉及本企业机密的业务和事项，承包方有责任履行保密义务。

（6）在费用结算标准方面，综合考虑内外部因素，合理确定外包价格，严格控制业务外包成本。

（7）在违约责任方面，制定既具原则性又体现一定灵活性的合同条款，以适应环境、技术和企业自身业务的变化。

五、组织实施业务外包

组织实施业务外包，是指企业严格按照业务外包制度、工作流程和相关要求，组织业务外包过程中人、财、物等方面的资源分配，建立与承包方的合作机制，为下一环节的业务外包过程管理做好准备，确保承包方严格履行业务外包合同。企业在组织实施业务外包时，应当根据业务外包合同条款，落实双方应投入的人力资源、资金、硬件及专有资产等，明确承包方提供服务或产品的工作流程、模式、职能架构、项目实施计划等内容。该环节的主要风险是：组织实施业务外包的工作不充分或未落实到位，影响下一环节业务外包过程管理的有效实施，导致难以实现业务外包的目标。

主要管控措施：

（1）按照业务外包制度、工作流程和相关要求，制定业务外包实施全过程的管控措施，包括落实与承包方之间的资产管理、信息资料管理、人力资源管理、安全保密管理等机制，确保承包方在履行外包业务合同时有章可循。

（2）做好与承包方的对接工作，通过培训等方式确保承包方充分了解企业的工作流程和质量要求，从价值链的起点开始控制业务质量。

（3）与承包方建立并保持畅通的沟通协调机制，以便及时发现并有效解决业务外包过程存在的问题。

（4）梳理有关工作流程，提出每个环节上的岗位职责分工、运营模式、管理机制、质量水平等方面的要求，并建立对应的即时监控机制，及时检查、收集和反馈业务外包实施过程的相关信息。

六、业务外包过程管理

根据业务外包合同的约定，承包方会采取在特定时点向企业一次性交付产品或在一定期间内持续提供服务的方式交付业务外包成果。由于承包方交付成果的方式不同，业务外包过程也有所不同，前者的业务外包过程是指承包方对产品的设计制造过程，后者的业务外包过程是指承包方持续提供服务的整个过程。该环节的主要风险是：承包方在合同期内因市场变化等原因不能保持履约能力，无法继续按照合同约定履行义务，导致业务外包失败和本企业生产经营活动中断；承包方出现未按照业务外包合同约定的质量要求持续提供合格的产品或服务等违约行为，导致企业难以发挥业务外包优势，甚至遭受重大损失；管控不力，导致商业秘密泄露。

主要管控措施：

（1）在承包方提供服务或制造产品的过程中，密切关注重大业务外包承包方的履约能力，采取承包方动态管理方式，对承包方开展日常绩效评价和定期考核。

（2）对承包方的履约能力进行持续评估，包括承包方对该项目的投入是否能够支持其产品或服务质量达到企业预期目标，承包方自身的财务状况、生产能力、技术创新能力等是否满足该项目的要求。

（3）建立即时监控机制，一旦发现偏离合同目标等情况，应及时要求承包方调整改进。

（4）对重大业务外包的各种意外情况作出充分预计，建立相应的应急机制，制定临时替代方案，避免业务外包失败造成企业生产经营活动中断。

（5）有确凿证据表明承包方存在重大违约行为，并导致业务外包合同无法履行的，应当及时终止合同，并指定有关部门按照法律程序向承包方索赔。

（6）切实加强对业务外包过程中形成的商业信息资料的管理。

七、验收

在业务外包合同执行完成后需要验收的，企业应当组织相关部门或人员对完成的业务外包合同进行验收。该环节的主要风险是：验收方式与业务外包成果交付方式不匹配，验收标准不明确，验收程序不规范，使验收工作流于形式，不能及时发现业务外包质量低劣等情况，可能导致企业遭受损失。

主要管控措施：

（1）根据承包方业务外包成果交付方式的特点，制定不同的验收方式。一般而言，可以对最终产品或服务进行一次性验收，也可以在整个外包过程中分阶段验收。

（2）根据业务外包合同的约定，结合在日常绩效评价基础上对外包业务质量是否达到预期目标的基本评价，确定验收标准。

（3）组织有关职能部门、财会部门、质量控制部门等的相关人员，严格按照验收标准对承包方交付的产品或服务进行审查和全面测试，确保产品或服务符合需求，并出具验收证明。

（4）验收过程中发现异常情况的，应当立即报告，查明原因，视问题的严重性与承包方协商采取恰当的补救措施，并依法索赔。

（5）根据验收结果对业务外包是否达到预期目标作出总体评价，据此对业务外包管理制度和流程进行改进和优化。

八、会计控制

会计控制是指企业应当根据国家统一的会计准则制度，加强对外包业务的核算与监督，并做好外包费用结算工作。该环节的主要风险是：缺乏有效的业务外包会计系统控制，未能全面真实地记录和反映企业业务外包各环节的资金流和实物流情况，可能导致企业资产流失或贬损；业务外包相关会计处理不当，可能导致财务报告信息失真；结算审核不严格、支付方式不恰当、金额控制不严，可能导致企业资金损失或信用受损。

主要管控措施：

（1）企业财会部门应当根据国家统一的会计准则制度，对业务外包过程中交由承包方使用的资产、涉及资产负债变动的事项以及外包合同诉讼等加强核算与监督。

（2）根据《企业会计准则》的规定，结合外包业务特点和企业管理机制，建立完善外包成本的会计核算方法，进行相关会计处理，并在财务报告中进行必要、充分的披露。

（3）在向承包方结算费用时，应当依据验收证明，严格按照合同约定的结算条件、方式和标准办理支付。

第三节 业务外包控制程序

一、承包方选择

企业应当根据年度生产经营计划和业务外包管理制度，结合确定的业务外包范围，拟定实施方案，按照规定的权限和程序审核批准。总会计师或分管会计工作的负责人应当参与重大业务外包的决策。重大业务外包方案应当提交董事会或类似权力机构审批。

企业应当按照批准的业务外包实施方案选择承包方。承包方至少应当具备下列条件：

（1）承包方是依法成立和合法经营的专业服务机构或其他经济组织，具有相应的经营范围和固定的办公场所。

（2）承包方应当具备相应的专业资质，其从业人员符合岗位要求和任职条件，并具有相应的专业技术资格。

（3）承包方的技术及经验水平符合本企业业务外包的要求。

企业应当综合考虑内外部因素，合理确定外包价格，严格控制业务外包成本，切实做到符合成本效益原则。

企业应当引入竞争机制，遵循公开、公平、公正的原则，采用适当方式，择优选择外包业务的承包方。采用招标方式选择承包方的，应当符合招投标法的相关规定。企业及相关人员在选择承包方的过程中，不得收受贿赂、回扣或者索取其他好处。承包方及其工作人员不得利用向企业及其工作人员行贿、提供回扣或者给予其他好处等不正当手段承揽业务。

企业应当按照规定的权限和程序从候选承包方中确定最终承包方，并签订业务外包合同。业务外包合同的内容主要包括：外包业务的内容和范围、双方权利和义务、服务和质量标准、保密事项费用结算标准和违约责任等事项。

企业外包业务需要保密的，应当在业务外包合同或者另行签订的保密协议中明确规定承包方的保密义务和责任，要求承包方向其从业人员提示保密要求和应承担的责任。

二、业务外包实施

企业应当加强业务外包实施的管理，严格按照业务外包制度、工作流程和相关要求，组织开展业务外包，并采取有效的控制措施，确保承包方严格履行业务外包合同。

企业应当做好与承包方的对接工作，加强与承包方的沟通与协调，及时搜集相关信息，发现和解决外包业务日常管理中存在的问题。对于重大业务外包，企业应当密切关注承包方的履约能力，建立相应的应急机制，避免业务外包失败造成本企业生产经营活动中断。

企业应当根据国家统一的会计准则制度，加强对外包业务的核算与监督，做好业务外包费用结算工作。

企业应当对承包方的履约能力进行持续评估，有确凿证据表明承包方存在重大违约行为，导致业务外包合同无法履行的，应当及时终止合同。承包方违约并造成企业损失的，企业应当按照合同对承包方进行索赔，并追究责任人责任。

业务外包合同执行完成后需要验收的，企业应当组织相关部门或人员对完成的业务外包合同进行验收，出具验收证明。验收过程中发现异常情况，应当立即报告，查明原因，及时处理。

第四节　业务外包控制案例分析

业务外包是指企业在内部资源（如信息技术资源、人力资源、物流资源、基础设施等）有限的情况下，为了取得更大的竞争优势，通过契约关系而将企业内部某些职能或业务外包给外部专业化企业来完成的一种企业战略措施。在业务外包的实施与管理方面的研究，取得了不少研究成果。1988 年以来，国外对外包关系有效性进行的研究发现，大量外包关系中出现的问题主要划分为四大类：缺乏理解与承诺、过程管理的缺乏、资源问题和外部影响。认为人员安置是影响外包成功的重要因素，并就关键的项目阶段探讨了相应的人力资源管理问题，分析这些因素并进行了总结，指出愿景、知识共享、信任、价值增长以及对过程的实施与监控是确保成功外包关系的关键因素。以物流外包为对象，研究了外包双方的正式与非正式协调机制。运用交易成本经济学、社会交易理论以及资源观理论识别了影响客户在外包人员培训与发展业务中对外包商满意度的因素，他们运用来自各个组织的数据资料，通过结构性方程式建模，提出了社会信任和合同专用性对顾客满意度的影响。调查了影响信息系统（IS）外包关系成功与否的因素，并基于社会交易理论、沟通行为和交易成本理论等构建了实证研究模型，以提供一个持续选择与管理外包商的框架。许多企业外包的失败使学者对外包风险研究给予了极大关注。软件公司在 1997 年所作的一项调查显示了导致外包失败的一些因素，包括：没有设置有关持续改善合同条款的有意义的机制、文化与目标差异所导致的融合困难、合同缺乏柔性、外包商的机会主义行为、忽视外包关系管理所导致的服务水平的下降、指派不合适的人员管理外包合同、人员士气和信心的下降、企业失去对有关职能的控制，以及外包所引起的信息安全性与潜在竞争等问题。有学者分别从交易成本以及委托—代理理论的角度提出外包存在的风险，如 Cross 等指出外包中可能发生隐藏的交易成本和管理成本，包括资源重新配置成本、组织调整成本、投入外包管理的人力成本等。

企业业务外包战略的整个运作过程都离不开相应组织结构的协调与管理。只有合理的外包管理组织结构，才有助于将各项工作落到实处，也才能使外包实施得以顺利进行。这种组织结构实际在外包战略形成阶段就已初见端倪，而一般在外包战略正式实施时才真正成型。当然，这种架构也会随着外包实施中不断增加的需要而改变和完善。在外包组织结构中，管理协调层发挥着关键作用。考虑到在整个外包过程中，会牵涉到战略的策划、有关法律事宜的处置，企业在将部分业务交由外部组织完成的同时，也使外部组织在一定程度上进入了企业，并与企业原有的部门形成一个整体。因此，企业与外包商必须紧密协作，协调行动，形成一个整体，以使外包实施取得良好绩效。而要真正形成一个运作整体，企业首先就必须抓好外包过渡与整合阶段的工作，这是企业在外包实施正式开始后所面临的第一个重要环节。它涉及外包后企业的人事、管理架构、资源移交和转换，以及工作地点变动等问题，这些问题解决不好将对外包的后续实施造成巨大障碍。为了实现外包平稳、顺利过渡，企业必须在外包实施初始就重视和思考各方的衔接、整合机制、组织结构、管理者安排及应遵守的程序等管理控制问题，以使整个过渡按照一定的流程、规范，有步骤、分阶段地完成。

外包关系管理指的是一套能使外包关系良好运作的相关人事、流程、工具与管理系统，它从合同正式签订之日起开始并一直延续到合同结束的最后一天。与传统的合作关系不同，外包关系以关系为导向，重视双赢，它更多地表现为一种超越合同的、以相互信任和通力合作为基础的合作关系。只有通过持续、规范的关系管理，才能为外包实施创造一个促进关系成长和实现良好绩效的软环境。

1. 外包关系的类型划分

因为不同的外包关系类型所对应的管理模式应是不同的，因此，了解外包关系类型是研究外包关系管理模式的基础。①市场型外包关系，是指外包服务是大量外包商都能提供的通用服务，企业可在众多有能力完成任务的外包商中自由选择，合同期相对较短，并且合同期满后，企业能在成本很低甚至不用成本的情况下很方便地转换外包商以执行今后同类外包任务。②伙伴型外包关系，是指企业与同一外包商反复签订合同，并建立了长期的互利合作关系。在这种关系下，由于合同期限较长，因此企业与外包商不可能签订一份能够预料合同期内所有可能发生变化的合同，不可预期的需求变化要求外包商必须对提供的服务作出相应调整。③中间型外包关系，是指介于市场型与伙伴型两者之间的一种外包关系，因此，该类外包关系的管理成本和风险也介于这两种外包关系之间。在这种外包关系下，外包任务通常也需要花费一些时间才能完成。

2. 业务外包中的关系管理模式

企业与外包商建立起来的业务外包关系是介于市场与组织之间的一种新型混合治理机制，它扩大了组织边界，也增加了管理的复杂性和多面性。

作为一种跨越传统组织边界的治理结构，业务外包关系管理模式有其自身的特点。交易成本经济学为组织间治理结构的选择奠定了一个基本框架。该理论认为，市场、层级和介于市场与层级之间的混合型组织这三种治理结构的决定依赖于资产专用性、交易频率和不确定性。基于交易成本经济学，许多学者提出了具有一定代表性的关系管理控制模式。模式为总结出一套外包关系通用管理模式，与市场型外包关系、中间型外包关系和伙伴型外包关系相对应的三种关系管理模式分别是市场管理模式、官僚管理模式和信任管理模式。这三种模式在交易的特征、交易环境的特征、交易双方的特征、管理控制机制、管理控制中信任的作用等方面表现出不同的特性，可以通过对这几方面特征的考察来对每个外包项目选择相应的关系管理模式（见表 10–1）。在这三种关系管理模式中，市场型外包关系和中间型外包关系分别通过市场机制和契约来进行控制和管理，而伙伴型外包关系由于牵涉到更多的社会因素、更长的合作周期以及更大的交易风险，对其的管理和制约则主要通过信任的建立、维系和增强来进行。因此，伙伴型外包关系也是三种外包关系中最难以管理和控制的。

表 10–1　业务外包关系管理模式与控制机制

外包关系类型	外包关系模式	交易的特征	交易环境的特征	交易双方的特征	管理控制机制	管理控制中信任的作用
市场型外包关系	市场管理模式	任务程序性程度高；结果可测性高；资产专用性低；交易重复性高	存在大量的潜在合作成员；市场价格包含了所有的市场信息；与社会性和制度性问题无关	对双方都不重要，所以不予考虑	市场机制居主导地位；周期性竞争性标价；简单的合同；与标准业务和产品相对应的市场标价	与信任没有任何关系，合作成员的交换成本很低
中间型外包关系	官僚管理模式	任务程序性程度高；结果可测度性高；资产专用性中等；交易重复性低至中等水平	知道未来的或有事项；市场风险中等至高等水平；制度因素影响合约规则	注重能力和声誉；风险分担态度一般；讨价环节能力不对称	结果和行为控制，集中于对外包关系的直接干预；严格刚性的绩效目标；详细的行为准则；复杂的合同；综合的外包商的选择标准和正式的报价；抵押设置	选择外包商时，若人的知识和技能对于工作质量非常重要，则要求企业必须对外包商高度的能力信任和合约信任程度
伙伴型外包关系	信任管理模式	任务程序性程度低；结果可测度性低，但随着时间的推移逐渐增加；资产专用性高；交易重复性低	未来的或有事项未知；市场风险高；与社会性问题有关；制度性因素影响外包关系	注重能力和声誉；有处理关系方面的经验；与对方有合作经历；风险分担态度好；讨价还价能力基本对称	随着时间推移而发展的结果和社会性控制；合同不是最重要的，只是合作的起点；通过广泛、临时决定的标准评估绩效；信息共享和沟通程度高	对外包商的能力信任和声誉信任将决定外包商的选择，因此必须提前评估；制度上的环境因素能促进能力信任和契约信任；机会主义行为和信息不对称将通过发展声誉信任和契约信任得到克服；定期的个人接触，一定强度的沟通和勇于承担义务的态度都能促进对能力和声誉的信任

3. 业务外包实施中的风险控制

任何事物都具有两面性，业务外包在给企业带来收益机会的同时也蕴涵着较高的风险。随着业务外包市场范围与规模的不断扩大以及外包在企业中日趋重要的战略地位，如何有效地管理业务外包风险，推动外包的成功实施是理论界迫切需要研究的问题。

4. 业务外包风险识别

根据交易成本理论，存在有限理性假设和机会主义假设以及交易过程中资产专用性、不确定性和交易重复出现的频率的特性。根据委托—代理理论，存在逆向选择、败德行为和不完善契约的行为，在归纳总结前人对业务外包潜在风险事件及其风险因素的认识的基础上，对业务外包中的风险事件和风险因素进行识别，分别从成本、服务质量和企业形象三个方面分析风险因素，见表 10–2。

表 10–2 业务外包中的风险事件和风险因素

风险事件		风险因素
成本	未预料到的过渡和管理	外包企业对外包业务缺乏经验和专长 法律环境的不确定性
	转换成本（包括锁定、回复内制、转换外包商的成本）	资产专用性 技术的不确定性 业务的相互依赖性
	昂贵的契约修订成本	不确定性 技术的连续性 业务的复杂性
	成本上升	企业对外包合约管理缺乏经验和专长 业绩的测度问题 外包商对承接的外包业务缺乏经验和专长
	隐藏的服务成本	业务的复杂性 业绩的测度问题 不确定性
服务质量	服务质量下降	业务的相互依赖性 外包商对承接的外包业务缺乏经验和专长 外包商规模 外包商的财务稳定性 业绩的测度问题 业务的复杂性
企业形象	争端与诉讼	业绩测度问题 外包双方对合约缺乏经验和专长 法律环境的不确定性 不相容的组织文化
	组织竞争力的丧失	业务与核心竞争力的接近程度 业务的相互依赖性

第十一章 财务报告控制技术

财务报告是企业财务信息对外报告的重要形式之一。对上市公司而言，财务报告是投资者进行决策的重要依据；对国有企业而言，则可能成为政府进行经济决策时关注的重要信息来源。总结我国企业尤其是上市公司近年来财务舞弊和财务管理失误等方面的案例，财务报告应用指引概括出以下相关重要风险：企业财务报告的编制违反会计法律法规和国家统一的会计准则制度，导致企业承担法律责任、遭受损失和声誉受损；企业提供虚假财务报告，误导财务报告使用者，造成报告使用者的决策失误，干扰市场秩序；企业不能有效利用财务报告，难以及时发现企业经营管理中的问题，还可能导致企业财务和经营风险失控。为有效防范财务报告过程中的风险，财务报告应用指引明确提出如下要求：①要求企业编制财务报告时，重点关注会计政策和会计估计；对财务报告产生重大影响的交易和事项的处理，还要按照规定的权限和程序进行审批。②要求企业按照国家统一的会计准则制度规定，根据登记完整、核对无误的会计账簿记录和其他有关资料编制财务财告，做到内容完整、数字真实、计算准确，不得漏报或者随意进行取舍；企业集团还应编制合并财务报表，明确合并财务报表的合并范围和合并方法，如实反映企业集团的财务状况、经营成果和现金流量。③要求企业依照法律法规和国家统一的会计准则制度的规定，及时对外提供财务报告；财务报告须经注册会计师审计，注册会计师及其所在的事务所出具的审计报告应当随同财务报告一并提供。④要求企业重视财务报告分析工作，定期召开财务分析会议，充分利用财务报告反映的综合信息，全面分析企业的经营管理状况和存在的问题，不断提高经营管理水平。同时明确，这些要求也是依据内控五要素中“信息与沟通”的相关规定提出的要求。总会计师或分管会计工作的负责人应当在财务分析和利用工作中发挥主导作用；财务分析报告结果应当及时传递给企业内部有关管理层级。

第一节 财务报告控制流程

财务报告流程由财务报告编制流程、财务报告对外提供流程、财务报告分析利用流程三个阶段组成。其通用流程如图 11-1 所示。企业在实际操作中，应当充分结合自身业务特点和管理要求，构建和优化财务报告内部控制流程。

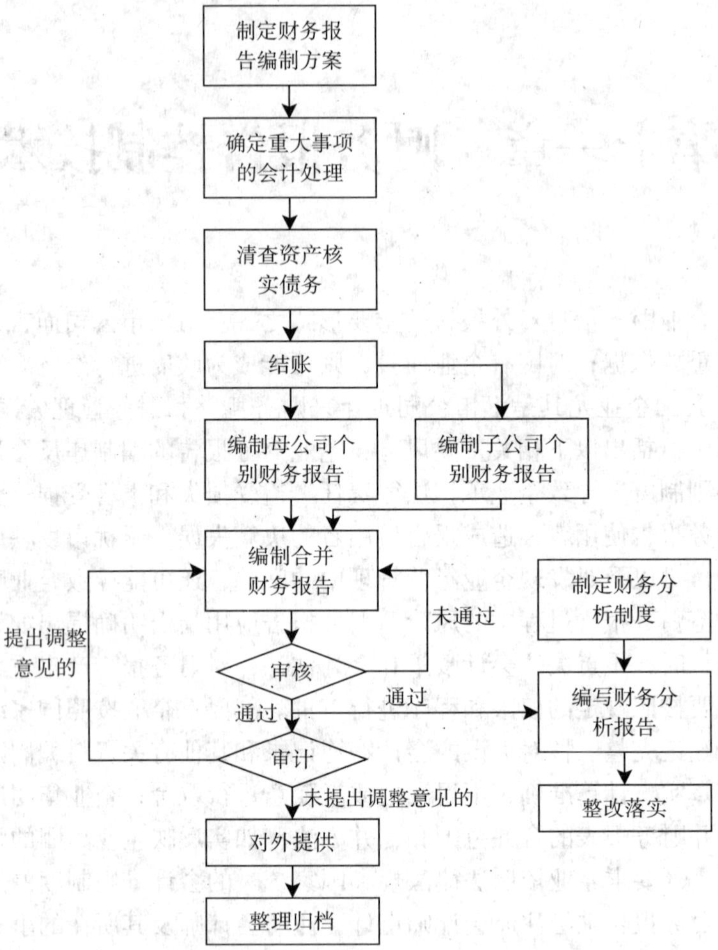

图 11-1 财务报告控制流程

第二节 财务报告控制关键风险点

一、制定财务报告编制方案

企业财会部门应在编制财务报告前制定财务报告编制方案，并由财会部门负责人审核。财务报告编制方案应明确财务报告编制方法（包括会计政策和会计估计、合并方法、范围与原则等）、财务报告编制程序、职责分工（包括牵头部门与相关配合部门的分工与责任等）、编报时间安排等相关内容。该环节的主要风险是：

（1）会计政策未能有效更新，不符合有关法律法规。

（2）重要会计政策、会计估计变更未经审批，导致会计政策使用不当。

（3）会计政策未能有效贯彻、执行；各部门职责、分工不清，导致数据传递出现差错、遗漏、格式不一致等。

（4）各步骤时间安排不明确，导致整体编制进度延后，违反相关报送要求。

主要管控措施：

（1）会计政策应符合国家有关会计法规和最新监管要求的规定。企业应按照国家最新会计准则制度规定，结合自身情况，制定企业统一的会计政策。企业应有专人关注与会计相关法律法规、规章制度的变化及监管机构的最新规定等，并及时对企业的内部会计规章制度和财务报告流程等作出相应更改。

（2）会计政策和会计估计的调整，无论是强制还是自愿，均需按照规定的权限和程序审批。

（3）企业的内部会计规章制度至少要经财会部门负责人审批后生效，财务报告流程、年报编制方案应当经公司分管财务会计工作的负责人核准后签发。

（4）企业应建立完备的信息沟通渠道，将内部会计规章制度和财务流程、会计科目表和相关文件及时有效地传达至相关人员，使其了解相关职责要求，掌握适当的会计知识、会计政策并加以执行。企业还应通过内部审计等方式，定期进行测试，保证会计政策有效执行，且在不同业务部门、不同期间内保持一致性。

（5）应明确各部门的职责分工，总会计师或分管会计工作的负责人负责组织领导；财会部门负责财务报告编制工作；各部门应当及时向财会部门提供编制财务报告所需的信息，并对所提供信息的真实性和完整性负责。

（6）应根据财务报告的报送要求，安排工时，为各步骤设置关键时间点，并由财会部门负责督促和考核各部门的工作进度，及时进行提醒，对未能及时完成的进行相应处罚。

二、确定重大事项的会计处理

在编制财务报告前，企业应当确认对当期有重大影响的主要事项，并确定重大事项的会计处理。该环节的主要风险是：重大事项，如债务重组、非货币性交易、公允价值的计量、收购兼并、资产减值等的会计处理不合理，会导致会计信息扭曲，无法如实反映企业实际情况。

主要管控措施：

（1）企业应对重大事项予以关注，通常包括以前年度审计调整以及相关事项对当期的影响、会计准则制度的变化及对财务报告的影响、新增业务和其他新发生的事项及对财务报告的影响、年度内合并（汇总）报告范围的变化及对财务报告的影响等。企业应建立重大事项的处理流程，报有关管理层审批后，予以执行。

（2）及时沟通需要专业判断的重大会计事项并确定相应会计处理。企业应规定下属各部门、各单位人员及时将重大事项信息报告至同级财会部门。财会部门应定期研究、分析并与相关部门组织沟通重大事项的会计处理，逐级报请总会计师或分管会计工作的负责人审批后下达各相关单位执行。特别是资产减值损失、公允价值计量等涉及重大判断和估计时，财会部门应定期与资产管理部门进行沟通。

三、清查资产核实债务

企业在编制财务报告前，应组织财务和相关部门进行资产清查、减值测试和债权债务核实工作。该环节的主要风险是：资产、负债账实不符，虚增或虚减资产、负债；资产计价方法随意变更；提前、推迟甚至不确认资产、负债等。

主要管控措施：

（1）确定具体可行的资产清查、负债核实计划，安排合理的时间和工作进度，配备足够的人员、确定实物资产盘点的具体方法和过程，同时做好业务准备工作。

（2）做好各项资产、负债的清查、核实工作，包括：与银行核对对账单、盘点库存现金、核对票据；核查结算款项，包括应收款项、应付款项、应交税金等是否存在，与债务、债权单位的相应债务、债权金额是否一致；核查原材料、在产品、自制半成品、库存商品等各项存货的实存数量与账面数量是否一致，是否有报废损失和积压物资等；核查账面投资是否存在，投资收益是否按照国家统一的会计准则制度规定进行确认和计量；核查房屋建筑物、机器设备、运输工具等各项固定资产的实存数量与账面数量是否一致，清查土地、房屋的权属证明，确定资产归属；核查在建工程的实际发生额与账面记录是否一致等。

（3）对清查过程中发现的差异，应当分析原因，提出处理意见，取得合法证据和按照规定权限经审批，将清查、核实的结果及其处理办法向企业的董事会或者相应机构报告，并根据国家统一的会计准则制度的规定进行相应的会计处理。

四、结账

企业在编制年度财务报告前，应在日常定期核对信息的基础上完成对账、调账、差错更正等业务，然后实施关账操作。该环节的主要风险是：账务处理存在错误，导致账证、账账不符；虚列或隐瞒收入，推迟或提前确认收入；随意改变费用、成本的确认标准或计量方法，虚列、多列、不列或者少列费用、成本；结账的时间、程序不符合相关规定；关账后又随意打开已关闭的会计期间等。

主要管控措施：

（1）核对各会计账簿记录与会计凭证的内容、金额等是否一致，记账方向是否相符。

（2）检查相关账务处理是否符合国家统一的会计准则制度和企业制定的核算方法。

（3）调整有关账项，合理确定本期应计的收入和应计的费用。如提固定资产折旧、计提坏账准备等；各项待摊费用按规定摊配并分别计入本期有关科目；属于本期的应计收益应确认计入本期收入等。

（4）检查是否存在因会计差错、会计政策变更等原因需要调整前期或者本期相关项目。对于调整项目，需取得和保留审批文件，以保证调整有据可依。

（5）不得为了赶编财务报告而提前结账，或把本期发生的经济业务事项延至下期登账，也不得先编财务报告后结账，应在当期所有交易或事项处理完毕并经财会部门负责人审核签字确认后，实施关账和结账操作。

（6）如果在关账之后需要重新打开已关闭的会计期间，须填写相应的申请表，经总会计师或分管会计工作的负责人审批后进行。

五、编制个别财务报告

企业应当按照国家统一的会计准则制度规定的财务报告格式和内容，根据登记完整、核对无误的会计账簿记录和其他有关资料编制财务报告，做到内容完整、数字真实、计算准确，不得漏报或者任意进行取舍。该环节的主要风险是：提供虚假财务报告，误导财务报告使用者，造成决策失误，干扰市场秩序；报表数据不完整、不准确；报表种类不完整；附注内容不完整等。

主要管控措施：

（1）企业财务报告列示的资产、负债、所有者权益金额应当真实可靠。①各项资产计价方法不得随意变更，如有减值，应当合理计提减值准备，严禁虚增或虚减资产。②各项负债应当反映企业的现时义务，不得提前、推迟或不确认负债，严禁虚增或虚减负债。③所有者权益应当反映企业资产扣除负债后由所有者享有的剩余权益，由实收资本、资本公积、留存收益等构成。企业应当做好所有者权益保值增值工作，严禁虚假出资、抽逃出资、资本不实。

（2）企业财务报告应当如实列示当期收入、费用和利润。①各项收入的确认应当遵循规定的标准，不得虚列或者隐瞒收入，推迟或提前确认收入。②各项费用、成本的确认应当符合规定，不得随意改变费用、成本的确认标准或计量方法，虚列、多列、不列或者少列费用、成本。③利润由收入减去费用后的净额、直接计入当期利润的利得和损失等构成。不得随意调整利润的计算、分配方法，编造虚假利润。

（3）企业财务报告列示的各种现金流量由经营活动、投资活动和筹资活动的现金流量构成，应当按照规定划清各类交易和事项的现金流量的界限。

（4）按照岗位分工和规定的程序编制财务报告。①财会部门制定本单位财务报告编制分工表，并由财会部门负责人审核，确保报告编制范围完整。②财会部门报告编制岗位按照登记完整、核对无误的会计账簿记录和其他有关资料对相关信息进行汇总编制，确保财务报告项目与相关账户对应关系正确，计算公式无误。③进行校验审核工作，包括期初数核对、财务报告内有关项目的对应关系审核、报表前后勾稽关系审核、期末数与试算平衡表和工作底稿核对、财务报告主表与附表之间的平衡及勾稽关系校验等。

（5）按照国家统一的会计准则制度编制附注。附注是财务报告的重要组成部分，企业对反映企业财务状况、经营成果、现金流量的报表中需要说明的事项，作出真实、完整、清晰的说明。检查担保、诉讼、未决事项、资产重组等重大或有事项是否在附注中得到反映和披露。

（6）财会部门负责人审核报表内容和种类的真实、完整性，通过后予以上报。

六、编制合并财务报告

企业集团应当编制合并财务报告，分级收集合并范围内分公司及内部核算单位的财务报告并审核，进而合并全资及控股公司财务报告，如实反映企业集团的财务状况、经营成果和现金流量。该环节的主要风险是：合并范围不完整；合并内部交易和事项不完整；合并抵销分录不准确。

主要管控措施：

（1）财会部门应依据经同级法律事务部门确认的产权（股权）结构图，并考虑所有相关情况以确定合并范围符合国家统一的会计准则制度的规定，由财会部门负责人审核、确认合并范围是否完整。

（2）财会部门收集、审核下级单位财务报告，并汇总出本级次的财务报告，经汇总单位财会部门负责人审核。

（3）财会部门制定内部交易和事项核对表及填制要求，报财会部门负责人审批后下发纳入合并范围内各单位。财会部门核对本单位及纳入合并范围内各单位之间内部交易的事项和金额，如有差异，应及时查明原因并进行调整。编制内部交易表及内部往来表交财会部门负责人审核。

（4）合并抵销分录应有相应的标准文件和证据进行支持，由财会部门负责人审核。

（5）对合并抵销分录实行交叉复核制度，具体编制人完成调整分录后即提交相应复核人进行审核，审核通过后才可录入试算平衡表。通过交叉复核，保证合并抵销分录的真实性、完整性。

七、财务报告对外提供阶段的主要风险点

1. 财务报告对外提供前的审核

财务报告对外提供前需按规定程序进行审核，主要包括财会部门负责人审核财务报告的准确性并签名盖章；总会计师或分管会计工作的负责人审核财务报告的真实性、完整性、合法合规性，并签名盖章；企业负责人审核财务报告整体合法合规性，并签名盖章。该环节的主要风险是：在财务报告对外提供前未按规定程序进行审核，对内容的真实性、完整性以及格式的合规性等审核不充分。

主要管控措施：

（1）企业应严格按照规定的财务报告编制中的审批程序，由各级负责人逐级把关，对财务报告内容的真实性、完整性，格式的合规性等予以审核。

（2）企业应保留审核记录，建立责任追究制度。

（3）财务报告在对外提供前应当装订成册，加盖公章，并由企业负责人、总会计师或分管会计工作的负责人、财会部门负责人签名并盖章。

2. 财务报告对外提供前的审计

《公司法》等法律法规规定了公司应编制的年度财务报告需依法经会计师事务所审计，审计报告应随同财务报告一并对外提供。《关于会计师事务所从事证券、期货相关业务有关问题的通知》等还对为特定公司进行审计的会计师事务所的资格进行了规定。因此，相关企业需按规定在财务报告对外提供前，选择具有相关业务资格的会计师事务所进行审计。该环节的主要风险是：财务报告对外提供前未经审计，审计机构不符合相关法律法规的规

定，审计机构与企业串通舞弊。

主要管控措施：

（1）企业应根据相关法律法规的规定，选择符合资质的会计师事务所对财务报告进行审计。

（2）企业不得干扰审计人员的正常工作，并应对审计意见予以落实。

（3）注册会计师及其所在的事务所出具的审计报告，应随财务报告一并提供。

3. 财务报告的对外提供

一般企业的财务报告经完整审核并签名盖章后即可对外提供。上市公司还需经董事会和监事会审批通过后方能对外提供，财务报告应与审计报告一同向投资者、债权人、政府监管部门等报送。该环节的主要风险是：对外提供时未遵循相关法律法规的规定，导致承担相应的法律责任；对外提供的财务报告的编制基础、编制依据、编制原则和方法不一致，影响各方对企业情况的判断和经济决策的作出；未能及时对外报送财务报告，导致财务报告信息的使用价值降低，同时也违反有关法律法规；财务报告在对外提供前提前泄露或使不应知晓的对象获悉，导致发生内幕交易等，使投资者或企业本身蒙受损失。

主要管控措施：

（1）企业应根据相关法律法规的要求，在企业相关制度中明确负责财务报告对外提供的对象，在相关制度性文件中予以明确并由企业负责人监督，如国有企业应当依法定期向监事会提供财务报告，至少每年一次向本企业的职工代表大会公布财务报告。上市公司的财务报告需经董事会、监事会审核通过后向全社会提供。

（2）企业应严格按照规定的财务报告编制中的审批程序，由财会部门负责人、总会计师或分管会计工作的负责人、企业负责人逐级把关，对财务报告内容的真实性、完整性，格式的合规性等予以审核，确保提供给投资者、债权人、政府监管部门、社会公众等的财务报告的编制基础、编制依据、编制原则和方法完全一致。

（3）企业应严格遵守相关法律法规和国家统一的会计准则制度对报送时间的要求，在财务报告的编制、审核、报送流程中的每一步骤设置时间点，对未能按时及时完成的相关人员进行处罚。

（4）企业应设置严格的保密程序，对能够接触财务报告信息的人员进行权限设置，保证财务报告信息在对外提供前控制在适当的范围。并对财务报告信息的访问情况予以记录，以便了解情况，及时发现可能的泄密行为，在泄密后也易于找到相应的责任人。

（5）企业对外提供的财务报告应当及时整理归档，并按有关规定妥善保存。

八、财务报告分析利用阶段的主要风险点

1. 制定财务分析制度

企业财会部门应在对企业基本情况进行分析研究的基础上，提出财务报告分析制度草案，并经财会部门负责人、总会计师或分管会计工作的负责人、企业负责人检查、修改、审批。该环节的主要风险是：制定的财务分析制度不符合企业实际情况，财务分析制度未充分利用企业现有资源，财务分析的流程、要求不明确，财务分析制度未经审批等。

主要管控措施：

（1）企业在对基本情况分析时，应当重点了解企业的发展背景，包括企业的发展史、企业组织机构、产品销售及财务资产变动情况等，熟悉企业业务流程，分析研究企业的资产及财务管理活动。

（2）企业在制定财务报告分析制度时，应重点关注：财务报告分析的时间、组织形式、参加的部门和人员；财务报告分析的内容、分析的步骤、分析方法和指标体系；财务报告分析报告的编写要求等。

（3）财务报告分析制度草案经由财会部门负责人、总会计师或分管会计工作的负责人、企业负责人检查、修改、审批之后，根据制度设计的要求进行试行，发现问题及时总结上报。

（4）财会部门根据试行情况进行修正，确定最终的财务报告分析制度文稿，并经财会部门负责人、总会计师或分管会计工作的负责人、企业负责人进行最终的审批。

2. 编写财务分析报告

财会部门应按照财务分析制度定期编写财务分析报告，并通过定期召开财务分析会议等形式对分析报告的内容予以完善，以充分利用财务报告反映的综合信息，全面分析企业的经营管理状况和存在的问题，不断提高经营管理水平。该环节的主要风险是：财务分析报告的目的不正确或者不明确，财务分析方法不正确；财务分析报告的内容不完整，未对本期生产经营活动中发生的重大事项做专门分析；财务分析局限于财会部门，未充分利用相关部门的资源，影响质量和可用性；财务分析报告未经审核等。

主要管控措施：

（1）编写时要明确分析的目的，运用正确的财务分析方法，并能充分、灵活地运用各项资料。分析内容包括：①企业的资产分布、负债水平和所有者权益结构，通过资产负债率、流动比率、资产周转率等指标分析企业的偿债能力和营运能力；分析企业净资产的增减变化，了解和掌握企业规模和净资产的不断变化过程。②分析各项收入、费用的构成及其增减变动情况，通过净资产收益率、每股收益等指标，分析企业的盈利能力和发展能力，了解和掌握当期利润增减变化的原因和未来发展趋势。③分析经营活动、投资活动、筹资活动现金流量的运转情况，重点关注现金流量能否保证生产经营过程的正常运行，防止现金短缺或闲置。

（2）总会计师或分管会计工作的负责人应当在财务分析和利用工作中发挥主导作用，负责组织领导。财会部门负责人审核财务分析报告的准确性，判断是否需要对特殊事项进行补充说明，并对财务分析报告进行补充说明。对生产经营活动中的重要资料、重大事项以及与上年同期数据相比有较大差异的情况要作重点说明。

（3）企业财务分析会议应吸收有关部门负责人参加，对各部门提出的意见，财会部门应充分沟通、分析，进而修改完善财务分析报告。

（4）修订后的分析报告应及时报送企业负责人，企业负责人负责审批分析报告，并据此进行决策，对于存在的问题及时采取措施。

3. 整改落实

财会部门应将经过企业负责人审批的报告及时报送各部门负责人，各部门负责人根据分析结果进行决策和整改落实。该环节的主要风险是：财务分析报告的内容传递不畅，未能及时使有关部门获悉；各部门对财务分析报告不够重视，未对其中的意见进行整改落实。

主要管控措施：

（1）定期的财务分析报告应构成内部报告的组成部分，并充分利用信息技术和现有内部报告体系在各个层级上进行沟通。

（2）根据分析报告的意见，明确各部门职责。责任部门按要求落实改正，财会部门负责监督、跟踪责任部门的落实情况，并及时向有关负责人反馈落实情况。

第三节 财务报告控制程序

一、财务报告的编制

企业编制财务报告，应当重点关注会计政策和会计估计，对财务报告产生重大影响的交易和事项的处理应当按照规定的权限和程序进行审批。企业在编制年度财务报告前，应当进行必要的资产清查、减值测试和债权债务核实。

附注是财务报告的重要组成部分，对反映企业财务状况、经营成果、现金流量的报表中需要说明的事项，作出真实、完整、清晰的说明。企业应当按照国家统一的会计准则制度编制附注。

企业集团应当编制合并财务报表，明确合并财务报表的合并范围和合并方法，如实反映企业集团的财务状况、经营成果和现金流量。

企业编制财务报告，应当充分利用信息技术，提高工作效率和工作质量，减少或避免编制差错和人为调整因素。

二、财务报告的对外提供

企业应当依照法律法规和国家统一的会计准则制度的规定，及时对外提供财务报告。

企业财务报告编制完成后，应当装订成册，加盖公章，由企业负责人、总会计师或分管会计工作的负责人、财会部门负责人签名并盖章。

财务报告须经注册会计师审计的，注册会计师及其所在的事务所出具的审计报告，应当随同财务报告一并提供。企业对外提供的财务报告应当及时整理归档，并按有关规定妥善保存。

三、财务报告的分析利用

企业应当重视财务报告分析工作，定期召开财务分析会议，充分利用财务报告反映的综合信息，全面分析企业的经营管理状况和存在的问题，不断提高经营管理水平。企业财务分析会议应吸收有关部门负责人参加。总会计师或分管会计工作的负责人应当在财务分析和利用工作中发挥主导作用。

企业应当分析企业的资产分布、负债水平和所有者权益结构，通过资产负债率、流动比率、资产周转率等指标分析企业的偿债能力和营运能力；分析企业净资产的增减变化，了解和掌握企业规模和净资产的不断变化过程。

企业应当分析各项收入、费用的构成及其增减变动情况，通过净资产收益率、每股收益等指标，分析企业的盈利能力和发展能力，了解和掌握当期利润增减变化的原因和未来发展趋势。

企业应当分析经营活动、投资活动、筹资活动现金流量的运转情况，重点关注现金流量能否保证生产经营过程的正常运行，防止现金短缺或闲置。

企业定期的财务分析应当形成分析报告，构成内部报告的组成部分。财务分析报告结果应当及时传递给企业内部有关管理层级，充分发挥财务报告在企业生产经营管理中的重要作用。

第四节　财务报告控制案例分析

一、财务报告舞弊分析

美国审计准则第 82 号（由 AICPA 于 1997 年颁布）将财务报告舞弊界定为：为了欺骗财务信息使用者，公司对财务报告中列示的会计数字或其他信息进行故意错报或遗漏。之后，随着安然、世界通信等一系列大公司财务报告舞弊事件的曝光，美国看似完美的会计制度开始遭到人们的怀疑。于是，在 2002 年 10 月，AICPA 发布 SASNo.99 取代了之前的审计准则第 82 号，SASNo.99 更加强调提高财务会计信息对外披露的透明度和及时性，对财务舞弊的定义是：财务舞弊是一种故意的行为，通常涉及有意识的隐藏真实的财务信息，目的是为了欺骗外部财务信息使用者，并将财务舞弊主要分为财务报告舞弊和资产侵占舞弊。美国 Treadway 委员会对其下的定义为：财务报告舞弊是一种故意或轻率的行为，不管是公司虚报或是漏报，其结果都会产生重大误导性的财务报告，进而对信息使用者的投资决策产生很大的影响。Elliott 和 Willingham 认为“财务报告舞弊是公司管理当局通过重大误导性的财务报告来误导外部信息使用者的一种故意舞弊行为”。中国审计准则（2006）将舞弊定义为：舞弊是被审计单位的管理层、治理层、员工或第三者使用欺诈手段获取不当或非法利益的故意行为。本准则只要求注册会计师关注重大错报的舞弊。

从财务报告舞弊的定义界定可以看出，其有三个特征：①舞弊的主体是管理当局。②舞弊的客体是公司对外披露的会计信息和其他信息。③舞弊的目的是误导和欺骗信息使用者，进而使其作出错误的决策和判断。G.Jack Bologua、Robert J.Lindquist 和 Jiseoph T. Wells 在 1993 年提出了舞弊风险理论，该理论是西方对舞弊风险因素的一种分类方法。该理论把财务报告舞弊的诱因分为四种：贪婪（Greed）、机会（Opportunity）、需要（Need）和暴露（Exposure）。贪婪和需要与行为人个体有关。上市公司财务报告舞弊的主导者是管理层，管理层之所以会进行财务报告舞弊，是因为他们对金钱、地位、名誉的贪欲及所在公司对融资的需求。"需要"实质上构成了舞弊行为的动机。机会和暴露则更多与组织环境有关。机会同潜在的财务报告舞弊者在公司中掌握的一定权力有关，是实现舞弊行为可能性的途径与手段，而且，这种机会一般是不可能消除的。如我国公司中很多董事长同时兼任公司总经理，集主要权力即决策权和执行权于一身，公司中几乎没有人能对他进行约束，几乎没有人敢对他进行监督，治理机制与监督机制形同虚设，为其进行财务报告舞弊提供了便利的条件。暴露包含两方面的内容：一是财务报告舞弊行为被发现、揭露的可能性；二是对财务报告舞弊者惩罚的性质及程度，它将会影响财务报告舞弊者的事前判断及是否进行财务报告舞弊的决定。在我国，2002~2008 年因财务报告舞弊被证监会处罚的只有 85 家，且一些上市公司财务舞弊的时间长达 7 年甚至 9 年才被中国证监会发现，这就在很大程度上说明我国监管部门对财务报告舞弊的发现和揭露能力较差，正是这种较弱的监管环境给上市公司财务报告舞弊提供了便利的条件，反而无形中催化了财务舞弊的发生。此外，我国监管部门的处罚力度不够，不足以对上市公司舞弊起到威慑作用，如 2002~2008 年，中国证监会对进行财务报告舞弊的上市公司及主要负责人的处罚类型主要有责令改正、罚款、警告、警告并罚款。最高的处罚金额仅为 60 万元，这对于他们的舞弊收益来说简直是凤毛麟角，而且极少涉及刑事处罚，几乎没有涉及民事赔偿。

Paul Dunn 分析了组织文化对财务舞弊的影响，他指出公司的管理层如果没有舞弊倾向，即使有非常强烈的动机和很好的机会，财务报告舞弊也不会发生。如果公司的管理阶层或相关会计人员不诚实，不讲信用，人格有缺陷，那么企业文化其实就是一种具有舞弊性质的文化，财务报告舞弊从而就有了滋生的土壤。可以说，文化对财务报告质量的影响是具有基础性质的，文化中的消极因素在特定的条件和环境下会强化财务报告舞弊的动机和后果。仔细分析美国的安然、世界通信和阳光电器等轰动世界的财务报告舞弊事件，不难发现是其崇尚个人主义的成功文化所导致的。换句话说，美国很多财务报告舞弊的发生是由"成王败寇"再加上个人利益至上的公司文化，在很大程度上歪曲了部分管理层人员的价值观和道德观所造成的。同样，我国传统文化中的唯上是举思想，集权式的社会权力安排，使得各种各样对公司管理阶层的监督起不了很好的作用，进而使得财务会计舞弊这种现象愈演愈烈。传统的文化思想根植之深，以至于不是仅仅依靠会计制度和会计准则的完善就能够撼动的。近年来，财务报告舞弊的现象愈加严重，究其产生的原因，表面上看是因为监管不力，执法不严，无法约束由管理者主导的财务报告舞弊行为。而深层次的原因则是人们特别是上市公司管理层的职业道德标准下滑，无法约束他们的不良心灵，进而导致不道德的财务报告舞弊行为。管理当局如果不讲道德，不以财务报告舞弊为耻，反而认为是自己聪明和能力的表现，那么只要有动机和机会，就必然主导舞弊。基于管理当局是财务报告舞弊的主导者，由此，本书认为管理层个人利益的驱使是舞弊发生的主催化剂，其次才是公司融资需求动机和操纵股价动机。就融资需求动机而言，具体为满足公司新增资本的需求、保留上市公司壳资源、获取信贷资金和商业信用。

管理层个人利益的驱使是舞弊发生的主动机。所谓管理层个人利益的驱使，即当上市公司的管理层把个人利益，如金钱、权力和个人的名誉看得非常重时，就会有很强的动机主导财务报告舞弊。综观众多上市公司财务报告舞弊案例，我们可以发现，任何舞弊背后，都是管理层为了自身利益使然。主要表现在以下两个方面：①为了业绩考核。目前对公司的经营业绩的考核主要是财务指标。财务指标完成得好，管理层就会名利双收；相反，完成得不好，不仅决定管理层的物质报酬减少，也影响其社会地位。于是，当公司财务业绩下滑时，管理层基于业绩考核而粉饰财务报告的动机就更加明显。②为了能使手中的股票期权给他们带来更多财富。为了解决委托—代理关系带来的利益不一致问题，上市公司一般对管理层采取股票期权的激励方式，旨在激励管理层把企业经营好。始料未及的是，正是由于管理当局拥有上市公司的股票期权，使得他们的个人利益与公司的股票价格更密切相关，而股票价格又与财务业绩挂钩，因此，管理层为了自身的利益，为了抬高股价以使手中股票期权增值，不惜操纵财务报告。所以，股票期权激励机制其实在一定程度上成了管理层财务报告舞弊的动力之源。

上市发行股票的每个阶段，均有上市公司财务报告舞弊的动机。

（1）初次发行阶段。在初次发行股票阶段，根据我国相关法律法规的规定，要求公司连续 3 年盈利。若实际盈利达不到上市要求，公司为了能上市融资就很可能舞弊财务报告。另外，最大限度地从证券市场筹集到资金是公司发行股票的目的。而我国对新股发行数量是有额度限制的，为了能在有限的额度里募集到更多的资金，公司唯一的办法是提高新股的发行价格。而新股发行价格与市盈率、每股收益成正比例关系。所以，在公司经营业绩不佳的情况下，上市公司唯有包装好公司利润，才能抬高新股发行价格。基于此，便有了进行财务报告舞弊的动机。例如，黎明股份财务报告舞弊的主要动机是为了骗取上市资格。

（2）配股阶段。证监会规定配股条件之一是上市公司连续 3 年净资产收益率平均达到 10%，且连续 3 年里任一年的最低净资产收益率不得低于 6%。配股的好处在于，上市公司可以因此筹集到一大笔低成本资金。特别是当上市公司有良好的经营业绩时，不仅可以筹集低成本资金，还可以以较高的价格进行配股。可见，经营业绩好的情况下，配股给公司带来的效益是惊人的，不过，要达到证监会规定的配股条件并非易事。由于达到配股的条件不易，而配股带来的融资效益是相当具有诱惑力的，因此，想要配股的上市公司往往有通过财务报告舞弊来提高经营业绩的动机，目的就是为了想办法保 10%，为了配股。

（3）增发新股阶段。根据规定，上市公司在增发新股前 3 年得连续盈利，并且新股的价格由发行公司和承销商协商而定。所以，上市公司为了能增发新股，筹集更多的资金，自然有可能粉饰财务报告。

根据规定，连续两年亏损或每股净资产低于面值的上市公司将被 ST（特别处理），如果连续 3 年亏损，其股票将 PT（暂停上市）处理。上市公司一旦被 ST、PT 乃至终止上市，公司及其利益相关者的利益都将极大受损，管理层的名誉也随之受到影响。这显然是管理层所不愿意看到的。

股价的上升能给上市公司带来诸多好处：①股价上升，投资者会认为该公司前景大好，从而能提升公司形象。②管理层一般情况下都持有其所在公司的股票，股价上升能给管理层及其他利益相关者带来经济利益。③股价上升能显示高层管理人员的价值和能力。在这诸多好处的诱惑下，一些上市公司的管理层存在着与券商合作，通过财务报告舞弊，达到操纵股价的目的。

利用收入项目舞弊财务报告已成了全世界舞弊当局的共同喜好。无论是国外震惊世界的财务报告舞弊案，如安然、世界通信和阳光电器等，还是我国的财务报告舞弊大案，如银广夏、红光实业等，细细分析其舞弊手段，可发现收入舞弊已成为全世界通用的舞弊手段。对于我国上市公司的典型收入舞弊手段，主要有以下几种：

（1）虚构收入。虚构收入是指舞弊公司通过伪造原始凭证，制造实际并不存在的经济业务，然后据以确认收入的行为。它是收入舞弊中较常见、影响比较恶劣的行为。此种舞弊手段的操作流程是：先伪造合同、原材料入库单、销售发票、出库单等一系列的原始凭证，然后根据这些假的原始凭证确认销售收入，最后将这些虚构的收入反映在对外披露的财务报告里。为了让大众对该种舞弊手段的操作流程有更加直观的认识，下面以西安达尔曼公司的财务报告舞弊案为例进行分析。

达尔曼公司从上市到退市，历经 8 年之久。在这 8 年里，达尔曼不断虚增收入，持续地虚构公司经营业绩和生产记录，可以说，达尔曼所有的采购、生产、销售基本上都是在一种虚拟的状态下进行的。并且比起臭名远扬的银广夏，达尔曼的财务造假工程更具欺骗性和缜密性，因为公司的虚假经营业绩规划有与其相配套的货币资金流转规划。除此之外，为了完善舞弊的过程，该公司伪造了充分的虚假原始凭证和单据，还真实缴纳了税款，并且公司的资金也往往在不同公司（这些公司是原董事长许宗林所导演设立的关联公司或壳公司）多个账户之间进行倒账。舞弊过程规划得如此缜密，加上相关的合同、单据和银行记录等都齐备，所以从表面上很难发现达尔曼的财务报告舞弊行为。通过该种手段，仅 2002~2003 年，达尔曼公司共虚构销售收入 4.06 亿元，占这两年全部收入的 70% 以上，虚增利润 1.52 亿元。此外，还有黎明股份和红光实业等上市公司均通过虚构收入来粉饰财务报告，从而达到舞弊目的。

（2）提前确认收入。提前确认收入就是将属于以后期间确认的收入提前到当期确认。虽说这种舞弊手段只是改变收入确认的时间，并非操纵收入总额，但是这种舞弊手段会误导投资者对上市公司的经营情况的判断，本质上仍属于财务报告舞弊行为。按会计准则的规定，只有当商品所有权上的主要报酬和风险均已转移时，才能确认收入，但公司管理层为了操纵当期的财务报告往往提前就确认了收入。该种手段的典型表现是：当公司发生一篮子交易时，按理说篮子里各项交易所带来的收入确认时点是不一样的。比如说，篮子里既有商品交易，又有劳务交易，可能还有特许权交易等。按准则做账的话，商品交易收入应在与商品所有权有关的主要报酬和风险均已转移时予以确认，而劳务收入应在提供劳务时加以确认，特许权收入的确认时点就更要看情况了。而现实情况是，上市公司的高管往往为了粉饰当期的业绩，往往于当期就同时确认一整篮子交易收入，这就是通过提前确认收入对财务报告加以粉饰。该种舞弊手段很容易被软件公司所运用，软件公司提供的业务经常是“一篮子”业务，“篮子”里至少有硬件销售和软件服务这两项业务。对此，按准则操作的话，硬件销售收入一般是当期确认，软件服务是递延到提供服务时确认的，而某些有舞弊动机的软件公司往往于当期就把所有的收入确认了，由此达到了通过提前确认收入的目的。除此之外，伴有退货条件的销售交易，按准则是不能在当期确认的，一般要等到退货期满才能确认。然而，一些公司为了提高当期的经营业绩，就把这种带有退货条件的收入提前到当期确认了，从而虚增了当期的收入。

（3）非营业收入营业化。要得知一家公司收入质量如何，一般主要看它的营业收入有多少。随着此理被越来越多的利益相关者得知，利用非营业收入进行舞弊自然就变得没多大用处，反而很容易激起公司外部人的疑心，由此非营业收入营业化就自然成为了上市公司舞弊财务报告的新手段。其手段的操作方式主要有两种：①将投资收益营业化。投资收益和营业收入虽说都属于营业利润的范畴，但两者的内涵是不一样的。营业收入代表公司日常经营活动所创造的业绩，而投资收益是由公司投资活动所带来的收益，伴随着风险，因为任何投资都是有风险的。所以，现在的投资者在评价一个公司的核心竞争力时，一般都只关注营业收入。对此，舞弊公司为了与投资者所关注的相符，便采用新手段，将投资收益给营业化。如东方电子在 4 年内（1997~2001 年），先后把公司内部职工股股票收益和公司炒股收益中的 15.95 亿元，通过种种伪造收入的手段计入销售收入，虚构的销售收入占 4 年销售收入总额的 47%。此外，在 2005 年，被证监会处罚的丰乐种业主要舞弊手段也是将炒股收益粉饰为营业收入。②将营业外收入营业化。虽说营业外收入会影响公司利润总额，但却代表不了一个公司的持续运营能力。

关联方关系就像家庭成员之间的关系一样，一般事情都可以在关联方之间商量（家里人有话好说），如关联方之间进行购销的价格就可以在关联方之间协商确定。正是这种家庭纽带关系的存在，为其他家族成员即关联公司帮助上市公司进行财务报告舞弊提供了便利的条件。此外，由于关联方之间的操作一般是内部性的，导致它们所联合主演的财务报告舞弊通常都很隐秘，而且也很大手笔。虽然经它们联手粉饰的上市公司财务报告看起来赏心悦目，但舞弊表现出来的业绩毕竟是假的。所以，由这些所谓的家庭成员所联手操纵的财务报告舞弊，往往会给投资者、债权人等利益相关者甚至整个社会带来巨大的危害。目前，上市公司通过关联交易舞弊财务报告的方式主要有：

（1）关联交易非关联化。近年来，财政部为了遏制上市公司利用不公允关联交易进行财务报告舞弊，发布了新的规范关联交易的准则。这些新准则在一定程度上遏制了上市公司利用关联交易进行财务报告舞弊的行为。但所谓道高一尺，魔高一丈。与此同时，想要利用有失公允的关联交易进行舞弊的上市公司，为了突破新准则的束缚，便采用一种可怕的关联交易舞弊手段——关联交易非关联化。其方式主要有：①交易双方名义上先解除关联关系。具体操作是先通过中止受让或出让股份等方法，使要进行交易的双方不再是法律形式上的关联方，再让本为关联的双方进行交易。这样一来，双方之间的不公允交易从形式上看就是非关联交易，不再被准则所束缚。通过这种变相的安排，上市公司达到利用非公允交易操作财务报告的目的。②将一项关联交易操作成两项非关联交易。如 A 是一家上市公司，B 是 A 的关联方。现 A 想通过非公允的关联交易操纵利润，但却碍于准则的规定：如果关联交易的交易价格明显不公允，对显失公允的部分，就不得确认为收益。于是，为了能规避准则的关联交易规定，A 和 B 之间的交易刻意地多走了一家中介公司 C（C 不是 A 或 B 的关联方），以使关联交易变为非关联交易。

（2）利用货币资金。利用货币资金舞弊是近来越来越受欢迎的手段。由于利润指标弹性较大进而影响其质量，尤其是随着一系列财务报告舞弊案件的接连曝光，使得投资者等利益相关者对上市公司财务报告所反映的利润质量和真实性产生了不信任。与此同时，专家们对诸多财务报告舞弊案进行了分析，得出上市公司的现金流量状况一般比其利润还重要的结论。在这种情况下，投资者等利益相关者愈加关注起了上市公司的现金流状况。所谓上有政策，下有对策。随着人们的关注，上市公司的管理层自然就有了粉饰现金流的动机，并且创出了多种虚增货币资金的手段，主要有虚构货币资金和隐瞒货币资金受限情况。上市公司的管理层已慢慢认识到任何一种舞弊行为都要考虑周全，不能只盯着利润预期，因为没有现金相配套的利润一般是不正常的，只会引起证监会等外部机构和外部人员的怀疑，有种不打自招的感觉。因此，为了让外部人很难察觉到，现在的舞弊者趋向于采用虚构货币资金与虚构收入相配套的舞弊手段。如金花股份在 2005 年发布公告承认虚构 2.85 亿元银行存款。再如西安达尔曼为了使其虚构的经营业绩看起来更真实，该公司为配合虚构的经营业务，伪造相应的资金流，从形式上看，公司的购销业务都有资金流转轨迹和银行单据，但实质上，那都是虚构的。同时，达尔曼利用上市公司信用，为壳公司贷款提供担保，再通过支出成本、费用的方式将部分资金转出，伪造与业绩相关的资金收付款痕迹。隐瞒货币资金受限的情况是指上市公司拿定期存单等货币资金质押给银行等金融机构，为关联公司提供担保，却故意没有对此进行披露，目的是使投资者误以为该公司还有那么多的自由货币资金。如金花股份已将 28500 万元以存单质押的方式为控股股东金花投资及其关联公司提供全额银行承兑保证，却从未披露这些货币资金已质押的情况，故意误导利益相关者，本质上属于财务报告舞弊行为。

关联交易就像一把双刃剑，其一方面有利于企业实现规模经济和多元化经营等，进而有利于整个社会经济发展以及世界经济交流；而另一方面，由于很多投资者也已深谙此理，不怎么在乎一个公司的营业外收入有多少。随之，公司通过对营业外收入来包装财务报告显然已不合时宜。对此，舞弊者为了让营业外收入引起投资者的重视，就来了个改头换面，将营业外收入营业化。之后，沿此思路的新型舞弊形式接连出现，如将本应计入营业外收入的补贴收入、罚款收入粉饰为营业收入等。对于上市公司，利用费用项目操纵财务报告主要表现为少列费用。典型的费用项目舞弊手段主要有费用资本化和滥用会计估计两种。现实中，上市公司利用费用资本化来粉饰财务报告，主要表现为两点：其一，利用广告费用。广告费用按准则一般应计入销售费用，不允许资本化，因为广告费未来是否能给公司带来效益以及它到底能带来多久的效应都很不确定。虽说准则作出这样的规定是有根据的，但一些想舞弊的上市公司常以广告带来的效应是长期的为由，将广告费计入长期待摊费用，意在减少当期费用，进而美化当期的财务报告。其二，利用利息费用。按规定，公司为取得固定资产发生的借款利息费用，从固定资产达到预定可使用的状态之日起应予以费用化，计入财务费用。然而，在实际操作的过程中，不少上市公司为了操纵财务报告，滥用利息资本化的规定。如在固定资产先达到预定可使用状态、后办理竣工决算的情况下，为了美化财务报告，管理层就想办法推迟利息费用资本化的时间，目的是为了减少当期费用，虚增当期利润。会计估计的可选择性，使其成了会计准则里最具有弹性的一部分，同时成了上市公司操纵财务报告的手段。对于该手段，主要有两种常用方式：其一，利用减值准备的计提弹性，减少当期费用。通常，减值准备的计提标准和计提比率都是由公司自行决定。因此，不少舞弊上市公司通过不提或少提减值准备，减少当期费用，虚增当期利润。其二，选用不合理的折旧方法和折旧年限。一般来说，上市公司的固定资产在总资产中占的比重很大，因此，折旧费用自然在很大程度上影响到利润的高低。所以，为了能少计提折旧费用，上市公司常常通过选用不合理的折旧方法和随意变更折旧年限来粉饰经营业绩。其手法具体包括把折旧方法由加速折旧法改为直线法或延长折旧年限。

利用隐藏在水面之下的关联关系，方式主要有：①利用入主前的潜在关系。在潜在关联方正式成为上市公司法律意义上的关联方之前，上市公司按非公允价格与潜在关联方进行交易，等按高得离谱的价格确认收益之后，才让潜在关联方正式成为法律意义上的关联方。②暗箱里的关联关系。潜在关联方利用错综复杂的参股方式隐秘地控制上市公司，但形式上它与上市公司并非是关联方，因此，它们之间的不公允交易并非是准则所规范的显性关联交易，于是，它们便可以肆无忌惮地进行暗箱操作。③利用产品购销网间的紧密潜在关联关系。市场经济条件下，产品的整个购产销环节的利益是相关的，即当处在某个环节的公司出现问题时，网里其他公司的利益都会或多或少地受到影响，处在各环节上的公司本质上是潜在的关联方。特别是在市场竞争非常激烈的情况下，更凸显它们之间的潜在关联化。若处在网里的公司联合起来舞弊的话，其舞弊将会是非常隐秘的，给社会造成的危害也将会非常大。如想美化财务报告的上市公司 B 与想避税的企业或是想平滑利润的上市公司（A 和 C）彼此之间就会有联合舞弊的动机。上市公司利用关联购销进行财务舞弊的方式主要有：①虚构关联购销业务。为了帮助上市公司粉饰业绩，上市公司背后的集团公司往往配合上市公司制作虚假购销合同，虚构关联购销业务，从而达到人为地抬高上市公司业绩的目的；或上市公司在年末前先与关联方做一大笔销售交易，再在次年初做销售退回，也达到粉饰当年业绩的目的。②采用集团公司向上市公司转移价差的方法进行购销。在上市公司业绩不佳时，集团公司往往会低价给上司公司提供原材料，又高价购买上市公司的产品，从而达到向上市公司转移价差的目的，上市公司的业绩也就随之上去了。上市公司与关联公司之间的业务一般是关联的，尤其是母子公司之间经营的业务关联度更高。所以，上市公司一般还需要关联公司给它提供相关方面的服务，伴随之的是其按理说每年都应该向关联公司支付相关的费用。但当上市公司经营业绩不理想时，母公司或其他关联公司为了帮其提高业绩，就在内部或主动调低该上市公司应交的费用，或替它分担些费用，甚至将以前年度已从上市公司那里收到手的费用如数退回，从而使其账面上的费用减少，业绩上升。

第十二章　全面预算控制技术

全面预算是企业对一定期间经营活动、投资活动、财务活动等作出的预算安排。全面预算作为一种全方位、全过程、全员参与编制与实施的预算管理模式，通过将企业的资金流与实物流、信息流相整合，优化了企业的资源配置，提高了资金的使用效率。然而，企业要想使全面预算管理达到预期的效果，必须要特别关注和防范预算管理中的风险，主要包括：不编制预算或预算不健全，可能导致企业经营缺乏约束或盲目发展；预算目标不合理、编制不科学，可能导致企业资源浪费或发展目标难以实现；预算缺乏刚性、执行不力、考核不严，可能导致预算管理流于形式。为此，全面预算应用指引要求企业在加强全面预算工作的组织领导，明确预算管理体制以及各预算执行单位的职责权限、授权批准程序和工作协调机制的基础上，着重做到以下几点：①企业应当建立和完善预算编制工作制度，明确编制依据、编制程序、编制方法等内容，确保预算编制依据合理、程序适当、方法科学，避免预算指标过高或过低。②企业应当根据发展战略和年度生产经营计划，综合考虑预算期内经济政策、市场环境等因素，按照上下结合、分级编制、逐级汇总的程序，编制年度全面预算。企业预算管理委员会应当对预算管理工作机构在综合平衡基础上提交的预算方案进行研究论证，从企业发展全局角度提出建议，形成全面预算草案，并提交董事会审核。企业全面预算按照相关法律法规及企业章程的规定报经审议批准后，应当以文件形式下达。③企业应当加强对预算执行的管理。全面预算一经下达，各预算执行单位必须以此为依据，认真组织各项生产经营和投融资活动，严格预算执行和控制。企业预算工作机构和各预算执行单位还应当建立预算执行情况分析制度，定期召开预算执行分析会议，妥善解决预算执行中存在的问题。④企业应当建立严格的预算执行考核制度，对各预算执行单位和个人进行考核，切实做到有奖有惩、奖惩分明。必要时，企业可实行预算执行情况内部审计制度。

第一节　全面预算控制流程

企业全面预算业务的基本流程一般包括预算编制、预算执行和预算考核三个阶段。其中，预算编制阶段包括预算编制、预算审批、预算下达等具体环节；预算执行阶段包括预算指标分解和责任落实、预算执行控制、预算分析、预算调整等具体环节。这些业务环节相互关联、相互作用、相互衔接，周而复始地循环，从而实现对企业全面经济活动的控制。图 12–1 列示了各类企业全面预算的基本业务流程。全面预算是企业加强内部控制、实现发展战略的重要工具和手段，但同时也是企业内部控制的对象。企业应当参照图 12–1 的基本流程，结合自身情况及管理要求，制定具体的全面预算业务流程。

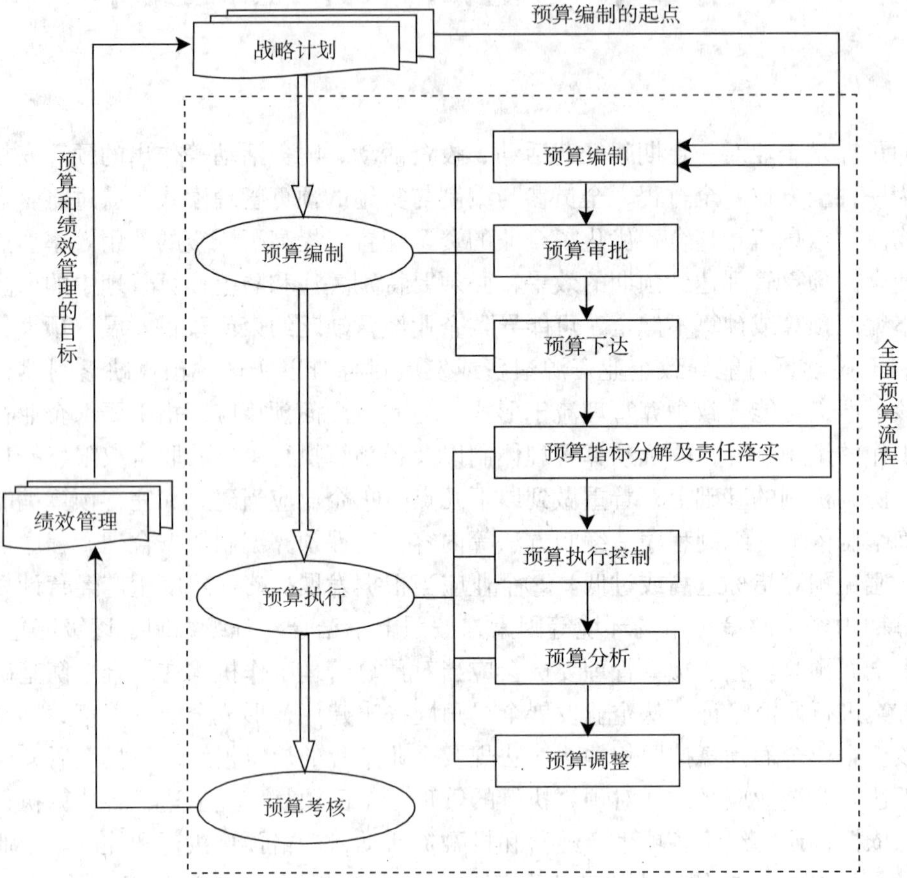

图 12–1　全面预算控制流程

第二节　全面预算关键风险点

一、预算编制

预算编制是企业实施全面预算管理的起点。预算编制环节的主要风险是：①预算编制以财务部门为主，业务部门参与度较低，可能导致预算编制不合理，预算管理责、权、利不匹配；预算编制范围和项目不全面，各个预算之间缺乏整合，可能导致全面预算难以形成。②预算编制所依据的相关信息不足，可能导致预算目标与战略规划、经营计划、市场环境、企业实际等相脱离；预算编制基础数据不足，可能导致预算编制准确率降低。③预算编制程序不规范，横向、纵向信息沟通不畅，可能导致预算目标缺乏准确性、合理性和可行性。④预算编制方法选择不当，或强调采用单一的方法，可能导致预算目标缺乏科学性和可行性。⑤预算目标及指标体系设计不完整、不合理、不科学，可能导致预算管理在实现发展战略和经营目标、促进绩效考评等方面的功能难以有效发挥。⑥编制预算的时间太早或太晚，可能导致预算准确度不高，或影响预算的执行。

主要控制措施：

（1）全面性控制。一是明确企业各个部门、单位的预算编制责任，使企业各个部门、单位的业务活动全部纳入预算管理；二是将企业经营、投资、财务等各项经济活动的各个方面、各个环节都纳入预算编制范围，形成由经营预算、投资预算、筹资预算、财务预算等一系列预算组成的相互衔接和勾稽的综合预算体系。

（2）编制依据和基础控制。一是制定明确的战略规划，并依据战略规划制定年度经营目标和计划，作为制定预算目标的首要依据，确保预算编制真正成为战略规划和年度经营计划的年度具体行动方案；二是深入开展企业外部环境的调研和预测，包括对企业预算期内客户需求、同行业发展等市场环境的调研，以及宏观经济政策等社会环境的调研，确保预算编制以市场预测为依据，与市场、社会环境相适应；三是深入分析企业上一期间的预算执行情况，充分预计预算期内企业资源状况、生产能力、技术水平等自身环境的变化，确保预算编制符合企业生产经营活动的客观实际；四是重视和加强预算编制基础管理工作，包括历史资料记录、定额制定与管理、标准化工作、会计核算等，确保预算编制以可靠、翔实、完整的基础数据为依据。

（3）编制程序控制。企业应当按照上下结合、分级编制、逐级汇总的程序，编制年度全面预算。其基本步骤及其控制为：一是建立系统的指标分解体系，并在与各预算责任中心进行充分沟通的基础上分解下达初步预算目标；二是各预算责任中心按照下达的预算目标和预算政策，结合自身特点以及预测的执行条件，认真测算并提出本责任中心的预算草案，逐级汇总上报预算管理工作机构；三是预算管理工作机构进行充分协调、沟通，审查平衡预算草案；四是预算管理委员会应当对预算管理工作机构在综合平衡基础上提交的预算方案进行研究论证，从企业发展全局角度提出进一步调整、修改的建议，形成企业年度全面预算草案，提交董事会；五是董事会审核全面预算草案，确保全面预算与企业发展战略、年度生产经营计划相协调。

（4）编制方法控制。企业应当本着遵循经济活动规律，充分考虑符合企业自身经济业务特点、基础数据管理水平、生产经营周期和管理需要的原则，选择或综合运用固定预算、弹性预算、滚动预算等方法编制预算。

（5）预算目标及指标体系设计控制。一是按照“财务指标为主体、非财务指标为补充”的原则设计预算指标体系；二是将企业的战略规划、经营目标体现在预算指标体系中；三是将企业产、供、销、投融资等活动的各个环节、各个方面的内容都纳入预算指标体系；四是将预算指标体系与绩效评价指标协调一致；五是根据各责任中心在工作性质、权责范围、业务活动特点等方面的不同，设计不同或各有侧重的预算指标体系。

（6）预算编制时间控制。企业可以根据自身规模的大小、组织结构和产品结构的复杂性、预算编制工具和熟练程度、全面预算开展的深度和广度等因素，确定合适的全面预算编制时间，并应当在预算年度开始前完成全面预算草案的编制工作。

二、预算审批

预算审批环节的主要风险是：全面预算未经适当审批或超越授权审批，可能导致预算权威性不够、执行不力，或可能因重大差错、舞弊而导致损失。

主要控制措施：企业全面预算应当按照《公司法》等相关法律法规及企业章程的规定报经审议批准。

三、预算下达

预算下达环节的主要风险是：全面预算下达不力，可能导致预算执行或考核无据可查。

主要控制措施：企业全面预算经审议批准后应及时以文件形式下达执行。

四、预算指标分解和责任落实

该环节的主要风险是：预算指标分解不够详细、具体，可能导致企业的某些岗位和环节缺乏预算执行和控制依据；预算指标分解与业绩考核体系不匹配，可能导致预算执行不力；预算责任体系缺失或不健全，可能导致预算责任无法落实，预算缺乏强制性与严肃性；预算责任与执行单位或个人的控制能力不匹配，可能导致预算目标难以实现。

主要控制措施：

（1）企业全面预算一经批准下达，各预算执行单位应当认真组织实施，将预算指标层层分解，横向将预算指标分解为若干相互关联的因素，寻找影响预算目标的关键因素并加以控制；纵向将各项预算指标层层分解落实到最终的岗位和个人，明确责任部门和最终责任人；时间上将年度预算指标分解细化为季度、月度预算，通过实施分期预算控制，实现年度预算目标。

（2）建立预算执行责任制度，对照已确定的责任指标，定期或不定期地对相关部门及人员责任指标完成情况进行检查，实施考评。可以通过签订预算目标责任书等形式明确各预算执行部门的预算责任。

（3）分解预算指标和建立预算执行责任制应当遵循定量化、全局性、可控性原则。即预算指标的分解要明确、具体，便于执行和考核；预算指标的分解要有利于企业经营总目标的实现；赋予责任部门和责任人的预算指标应当是通过该责任部门或责任人的努力可以达到的，责任部门或责任人以其责权范围为限，对预算指标负责。

五、预算执行控制

预算执行控制环节的主要风险是：缺乏严格的预算执行授权审批制度，可能导致预算执行随意；预算审批权限及程序混乱，可能导致越权审批、重复审批，降低预算执行效率和严肃性；预算执行过程中缺乏有效监控，可能导致预算执行不力，预算目标难以实现；

缺乏健全有效的预算反馈和报告体系，可能导致预算执行情况不能及时反馈和沟通，预算差异得不到及时分析，预算监控难以发挥作用。

主要控制措施：

（1）加强资金收付业务的预算控制，及时组织资金收入，严格控制资金支付，调节资金收付平衡，防范支付风险。

（2）严格资金支付业务的审批控制，及时制止不符合预算目标的经济行为，确保各项业务和活动都在授权的范围内运行。企业应当就涉及资金支付的预算内事项、超预算事项、预算外事项建立规范的授权批准制度和程序，避免越权审批、违规审批、重复审批现象的发生。对于预算内非常规或金额重大事项，应经过较高的授权批准层（如总经理）审批。对于超预算或预算外事项，应当实行严格、特殊的审批程序，一般须报经总经理办公会或类似权力机构审批；金额重大的，还应报经预算管理委员会或董事会审批。预算执行单位提出超预算或预算外资金支付申请，应当提供有关发生超预算或预算外支付的原因、依据、金额测算等资料。

（3）建立预算执行实时监控制度，及时发现和纠正预算执行中的偏差。确保企业办理采购与付款、销售与收款、成本费用、工程项目、对外投融资、研究与开发、信息系统、人力资源、安全环保、资产购置与维护等各项业务和事项，均符合预算要求；对于涉及生产过程和成本费用的，还应严格执行相关计划、定额、定率标准。

（4）建立重大预算项目特别关注制度。对于工程项目、对外投融资等重大预算项目，企业应当密切跟踪其实施进度和完成情况，实行严格监控。对于重大的关键性预算指标，也要密切跟踪、检查。

（5）建立预算执行情况预警机制，科学选择预警指标，合理确定预警范围，及时发出预警信号，积极采取应对措施。有条件的企业，应当推进和实施预算管理的信息化，通过现代电子信息技术手段控制和监控预算执行，提高预警与应对水平。

（6）建立健全预算执行情况内部反馈和报告制度，确保预算执行信息传输及时、畅通、有效。预算管理工作机构应当加强与各预算执行单位的沟通，运用财务信息和其他相关资料监控预算执行情况，采用恰当的方式及时向预算管理委员会和各预算执行单位报告、反馈预算执行进度、执行差异及其对预算目标的影响，促进企业全面预算目标的实现。

六、预算分析

预算分析环节的主要风险是：预算分析不正确、不科学、不及时，可能削弱预算执行控制的效果，或可能导致预算考评不客观、不公平；对预算差异原因的解决措施不得力，可能导致预算分析形同虚设。

主要控制措施：

（1）企业预算管理工作机构和各预算执行单位应当建立预算执行情况分析制度，定期召开预算执行分析会议，通报预算执行情况，研究、解决预算执行中存在的问题，认真分析原因，提出改进措施。

（2）企业应当加强对预算分析流程和方法的控制，确保预算分析结果准确、合理。预算分析流程一般包括确定分析对象、收集资料、确定差异及分析原因、提出措施及反馈报告等环节。企业分析预算执行情况，应当充分收集有关财务、业务、市场、技术、政策、法律等方面的信息资料，根据不同情况分别采用比率分析、比较分析、因素分析等方法，从定量与定性两个层面充分反映预算执行单位的现状、发展趋势及其存在的潜力。

（3）企业应当采取恰当的措施处理预算执行偏差。企业应针对造成预算差异的不同原因采取不同的处理措施：因内部执行导致的预算差异，应分清责任归属，与预算考评和奖惩挂钩，并将责任单位或责任人的改进措施的实际执行效果纳入业绩考核；因外部环境变化导致的预算差异，应分析该变化是否长期影响企业发展战略的实施，并作为下期预算编制的影响因素。

七、预算调整

预算调整环节的主要风险是：预算调整依据不充分、方案不合理、审批程序不严格，可能导致预算调整随意、频繁，预算失去严肃性和“硬约束”。

主要控制措施：

（1）明确预算调整条件。由于市场环境、国家政策或不可抗力等客观因素，导致预算执行发生重大差异确需调整预算的，应当履行严格的审批程序。企业应当在有关预算管理制度中明确规定预算调整的条件。

（2）强化预算调整原则。一是预算调整应当符合企业发展战略、年度经营目标和现实状况，重点放在预算执行中出现的重要的、非正常的、不符合常规的关键性差异方面。二是预算调整方案应当客观、合理、可行，在经济上能够实现最优化。三是预算调整应当谨慎，调整频率应予以严格控制，年度调整次数应尽量少。

（3）规范预算调整程序，严格审批。调整预算一般由预算执行单位逐级向预算管理委员会提出书面申请，详细说明预算调整理由、调整建议方案、调整前后预算指标的比较、调整后预算指标可能对企业预算总目标的影响等内容。预算管理工作机构应当对预算执行单位提交的预算调整报告进行审核分析，集中编制企业年度预算调整方案，提交预算管理委员会。预算管理委员会应当对年度预算调整方案进行审议，根据预算调整事项性质或预算调整金额的不同，根据授权进行审批，或提交原预算审批机构审议批准，然后下达执行。企业预算管理委员会或董事会审批预算调整方案时，应当依据预算调整条件，并考虑预算调整原则严格把关，对于不符合预算调整条件的，坚决予以否决；对于预算调整方案欠妥的，应当协调有关部门和单位研究改进方案，并责成预算管理工作机构予以修改后再履行审批程序。

八、预算考核

预算考核环节的主要风险是：预算考核不严格、不合理、不到位，可能导致预算目标难以实现、预算管理流于形式。其中，预算考核是否合理受到考核主体和对象的界定是否合理、考核指标是否科学、考核过程是否公开透明、考核结果是否客观公正、奖惩措施是否公平合理且能够落实等因素的影响。

主要控制措施：

（1）建立健全预算执行考核制度。一是建立严格的预算执行考核制度，对各预算执行单位和个人进行考核，将预算目标执行情况纳入考核和奖惩范围，切实做到有奖有惩、奖惩分明。二是制定有关预算执行考核的制度或办法，并认真、严格地组织实施。三是定期组织实施预算考核，预算考核的周期一般应当与年度预算细分周期相一致，即一般按照月度、季度实施考评，预算年度结束后再进行年度总考核。

（2）合理界定预算考核主体和考核对象。预算考核主体分为两个层次：预算管理委员会和内部各级预算责任单位。预算考核对象为企业内部各级预算责任单位和相关个人。界定预算考核主体和考核对象应当主要遵循以下原则：一是上级考核下级原则，即由上级预算责任单位对下级预算责任单位实施考核；二是逐级考核原则，即由预算执行单位的直接上级对其进行考核，间接上级不能隔级考核间接下级；三是预算执行与预算考核相互分离原则，即预算执行单位的预算考核应由其直接上级部门来进行，而绝不能自己考核自己。

（3）科学设计预算考核指标体系。应主要把握以下原则：预算考核指标要以各责任中心承担的预算指标为主，同时本着相关性原则，增加一些全局性的预算指标和与其关系密切的相关责任中心的预算指标；考核指标应以定量指标为主，同时根据实际情况辅之以适当的定性指标；考核指标应当具有可控性、可达到性和明晰性。

（4）按照公开、公平、公正原则实施预算考核。一是考核程序、标准、结果要公开。企业应当将全面预算考核程序、考核标准、奖惩办法、考核结果等及时公开。二是考核结果要客观公正。预算考核应当以客观事实作为依据。预算执行单位上报的预算执行报告是预算考核的基本依据，应当经本单位负责人签章确认。企业预算管理委员会及其工作机构定期组织预算执行情况考核时，应当将各预算执行单位负责人签字上报的预算执行报告和已掌握的动态监控信息进行核对，确认各执行单位预算完成情况。必要时，实行预算执行情况内部审计制度。三是奖惩措施要公平合理并得以及时落实。预算考核的结果应当与各执行单位以及员工的薪酬、职位等进行挂钩，实施预算奖惩。企业设计预算奖惩方案时，应当以实现全面预算目标为首要原则，同时还应遵循公平合理、奖罚并存的原则。奖惩方案要注意各部门利益分配的合理性，要根据各部门承担的工作难易程度和技术含量合理确定奖励差距。要奖罚并举，不能只奖不罚，并防止奖惩实施中的人情添加因素。

第三节　全面预算控制程序

一、预算编制

企业应当建立和完善预算编制工作制度，明确编制依据、编制程序、编制方法等内容，确保预算编制依据合理、程序适当、方法科学，避免预算指标过高或过低。企业应当在预算年度开始前完成全面预算草案的编制工作。

企业应当根据发展战略和年度生产经营计划，综合考虑预算期内经济政策、市场环境等因素，按照上下结合、分级编制、逐级汇总的程序，编制年度全面预算。企业可以选择或综合运用固定预算、弹性预算、滚动预算等方法编制预算。

企业预算管理委员会应当对预算管理工作机构在综合平衡基础上提交的预算方案进行研究论证，从企业发展全局角度提出建议，形成全面预算草案，并提交董事会。

企业董事会审核全面预算草案，应当重点关注预算科学性和可行性，确保全面预算与企业发展战略、年度生产经营计划相协调。企业全面预算应当按照相关法律法规及企业章程的规定报经审议批准。批准后，应当以文件形式下达执行。

二、预算执行

企业应当加强对预算执行的管理，明确预算指标分解方式、预算执行审批权限和要求、预算执行情况报告等，落实预算执行责任制，确保预算刚性，严格预算执行。

企业全面预算一经批准下达，各预算执行单位应当认真组织实施，将预算指标层层分解，从横向和纵向落实到内部各部门、各环节和各岗位，形成全方位的预算执行责任体系。企业应当以年度预算作为组织、协调各项生产经营活动的基本依据，将年度预算细分为季度、月度预算，通过实施分期预算控制，实现年度预算目标。

企业应当根据全面预算管理要求，组织各项生产经营活动和投融资活动，严格预算执行和控制。企业应当加强资金收付业务的预算控制，及时组织资金收入，严格控制资金支付，调节资金收付平衡，防范支付风险。对于超预算或预算外的资金支付，应当实行严格的审批制度。企业办理采购与付款、销售与收款、成本费用、工程项目、对外投融资、研究与开发、信息系统、人力资源、安全环保、资产购置与维护等业务和事项，均应符合预算要求。涉及生产过程和成本费用的，还应执行相关计划、定额、定率标准。对于工程项目、对外投融资等重大预算项目，企业应当密切跟踪其实施进度和完成情况，实行严格监控。

企业预算管理工作机构应当加强与各预算执行单位的沟通，运用财务信息和其他相关资料监控预算执行情况，采用恰当的方式及时向决策机构和各预算执行单位报告、反馈预算执行进度、执行差异及其对预算目标的影响，促进企业全面预算目标的实现。

企业预算管理工作机构和各预算执行单位应当建立预算执行情况分析制度，定期召开预算执行分析会议，通报预算执行情况，研究、解决预算执行中存在的问题，提出改进措施。企业分析预算执行情况，应当充分收集有关财务、业务、市场、技术、政策、法律等方面的信息资料，根据不同情况分别采用比率分析、比较分析、因素分析等方法，从定量与定性两个层面充分反映预算执行单位的现状、发展趋势及其具有的潜力。

企业批准下达的预算应当保持稳定，不得随意调整。由于市场环境、国家政策或不可抗力等客观因素，导致预算执行发生重大差异确需调整预算的，应当履行严格的审批程序。

三、预算考核

企业应当建立严格的预算执行考核制度，对各预算执行单位和个人进行考核，切实做到有奖有惩、奖惩分明。

企业预算管理委员会应当定期组织预算执行情况考核，将各预算执行单位负责人签字上报的预算执行报告和已掌握的动态监控信息进行核对，确认各执行单位预算完成情况。必要时，实行预算执行情况内部审计制度。

企业预算执行情况考核工作，应当坚持公开、公平、公正的原则，考核过程及结果应有完整的记录。

第四节　全面预算控制案例分析

一般而言，推行全面预算管理必须具备企业高层领导的支持、良好的基础管理工作、相对稳定的经营环境和全体职工的积极参与等条件。洪都集团领导高度重视全面预算管理工作，总经理多次过问全面预算管理的开展情况，并对全面预算提出了具体的要求；公司成立了全面预算管理委员会，董事长委托总经理管理全面预算管理委员会的日常工作，基本建立了全面预算管理的组织体系，搭建了预算管理的基础平台。另外，从经营环境来看，公司属于大型军工企业，军品订货计划性强，经营环境相对稳定，这为全面预算管理提供了较好的运行环境。上述这些要点为公司全面预算管理施行创造了有利条件，加上公司已有近 5 年预算管理工作的实践经验，可以说公司推行全面预算管理的条件基本具备。

一、预算管理体系应用的一般要求

通过以组织机构为基础，设立相应的责任网络预算。责任网络以公司的现行组织机构为基础，根据所承担的预算责任划分，包括公司各职能部门、车间分厂及子分公司。预算责任网络负责提供编制预算的各项基础资料，包括本单位/部门的预算初稿和初稿依据；监督本单位/部门预算的执行情况并及时进行反馈；根据内外部环境的变化提出预算调整申请，协调本单位/部门内部资源及单位/部门之间的预算关系。各单位/部门第一负责人对本单位/部门预算承担第一责任。全面预算责任网络是各级预算执行主体，根据其在组织内部具有的一定权限和承担的相应经济责任划分为不同的责任中心，以承担不同的预算目标责任。责任中心可分为利润中心（内部利润中心）、成本中心、费用中心。

利润中心（内部利润中心）为负有利润责任的子、分公司，其决策能够决定本责任中心的利润（内部利润）、收入、成本费用等因素，控制目标是特定预算年度的利润（内部利润）及其相关指标。所谓预算管理系统，主要是研究预算管理的组织体系如何运作并发挥效用，简单地说，就是全面预算管理的组织体系运作流程。构建一个顺畅、快捷、高效的控制流程，是全面预算管理可以充分发挥其管理功能的关键所在。预算管理系统的主要内容包括预算目标的确定与下达、预算编制与汇总、预算执行与控制以及预算差异分析和考核。从规划到更新，全部程序可分为规划、拟订方案、研制、生产、安装、运转和更新七个阶段。对一个大型项目可分为明确目的、指标设计、系统方案组合、系统分析、最优化、作出决定和制定方案七个步骤。系统工程需使用各种专业知识，霍尔把这些知识分成工程、医药、建筑、商业、法津、管理、社会科学和艺术等，把这些专业知识称为知识维。通过系统工程的原理，洪都集团一体化全面预算管理的内涵主要包括以下几个方面：

建立了一体化的组织、考核、责任、工作、监控、评价六个体系。

全面预算管理的实施实行决策、执行、监控三维一体，各负其责，有效运转，相互制衡。

坚持事前预测、事中监控和事后分析、评价一体化。

坚持预算编制、执行、分析与考评一体化。

通过六个体系的和谐互动，达到全面、全员、全过程的全面预算管理要求。实现了与企业战略管理、绩效考核等企业管理工作的有机结合，全面提升了企业管理水平。与企业管理体制、财务管理方式更新、信息化建设配套呼应，企业管理提供了现代化的管理手段和方法。

在全面预算管理过程中，除坚持预算管理的一般原则外，还突出地提出并贯彻了系统性原则、流程刚性控制原则、责权利一致原则，以及必要的集权与适度的授权相统一的原则，使全面预算管理与企业其他各项管理工作相辅相成，融为一体，增强了企业的竞争力。为有效发挥洪都集团预算控制作用，必须完善预算管理的组织体系，要在洪都集团现行的组织结构中建立预算管理系统，预算目标的确定与下达是所有内容中的关键，是应该首要解决的问题，它也是预算编制的立足点，所以，预算管理委员会应根据宏观经济形势和对企业运营脉搏的把握以及实业公司的长远规划，制定出下一年度的总体经营预算目标，以此为纲，来平衡总公司及各子公司编报的下年度预算。

根据总公司制定的总体经营目标，各单位编制、平衡自身预算，总公司各职能部门在这个过程中应起到一个平衡、指导、协调的作用。预算编制完成后，需要在零基预算基础上对预算进行滚动分解，实行长期预算五年滚动、年度预算按季滚动、季度预算按月滚动，在保证整体目标不变的前提下，在执行的过程中不断地调整年、季、月预算，使年初制定的静态预算活化起来，真正地对生产经营活动起到指导作用。对预算的执行效果，实行动态考评和综合考评相结合的办法，每季度根据各单位分解的预算指标实行预考核、预兑现，年底对每个企业的年度生产经营情况和预算指标完成的整体情况进行综合考评。

利用系统工程原理，通过建立健全组织、制度、责任、工作、监控和评价六个体系，建立和谐互动的一体化预算管理系统，解决企业全面预算管理存在的问题，以此为突破口，全面提升企业管理水平，促进企业健康、可持续发展。全面预算管理是以财务管理为核心的企业科研、生产、经营全面、全员、全过程的有效管理方法。它是对企业未来一定时期全部经营活动各项指标的数量说明及经济责任约束依据，是以价值形态、数量形态反映的企业未来所有行动及其目标值，是货币化的经营计划和具体化的战略计划。因此是企业资源分配和绩效考评的重要工具，也是企业财务控制重要手段之一。系统工程是一门高度综合性的管理工程技术，涉及自然科学、社会科学等多种学科。构成系统工程的基本要素是人、物、财、目标、机器设备、信息六大因素。各个因素之间是互相联系、互相制约的关系。系统工程的基本方法是系统分析、系统设计相系统的综合评价。20 世纪 70 年代以来，系统工程已广泛地应用于交通运输、通信、企业生产经营等部门，在体育领域亦有应用价值和广阔的前景。它的基本特点是：把研究对象作为整体看待，要求对任一对象的研究都必须从它的组成、结构、功能、相互联系方式、历史的发展和外部环境等方面进行综合的考察，做到分析与综合的统一。最常用的系统工程方法，是系统工程创始人之一霍尔创立的，称为三维结构图。洪都集团的全面预算管理的组织体系以全面预算管理委员会、全面预算管理办公室为主体，具体的组织机构包括董事会、总经理、全面预算管理委员会、全面预算管理办公室及全面预算管理专业小组，见图 12-2。

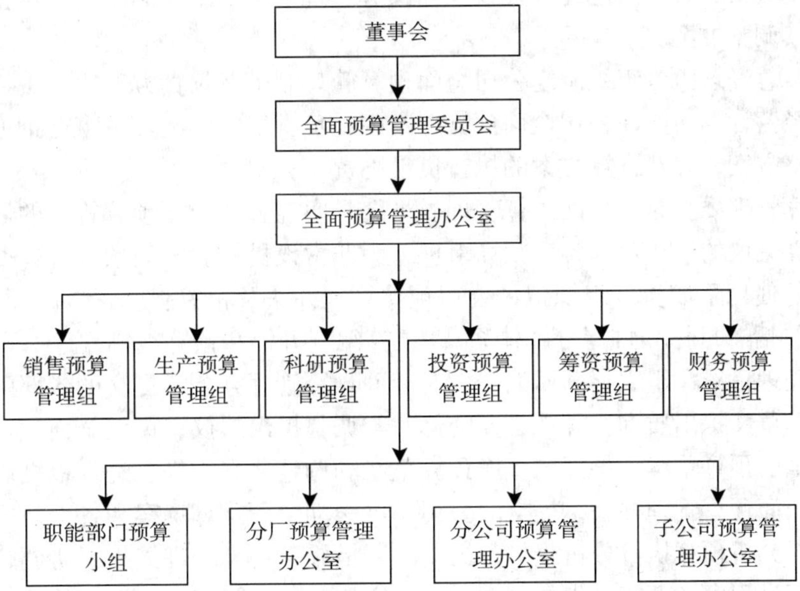

图 12-2　洪都集团的全面预算管理组织体系

集团公司管理层。建立董事会领导，预算管理委员会协调，预算管理办公室具体负责，下设六个预算专业组（销售预算管理组、生产预算管理组、科研预算管理组、投资预算管理组、筹资预算管理组、财务预算管理组）支撑的预算管理组织体系。

集团公司下属各单位。各单位根据本单位的实际情况，参照集团公司的预算管理体系，设置各自的预算管理组织结构，由单位行政主要领导亲自负责，有关科研、生产、销售、计划、财务等人员参加。

人员组成。根据设置的机构和规定的职责配备专业人员从事全面预算管理工作。预算管理委员会：由总经理担任主任，分管计划、财务、企业管理的两名副总经理为副主任，由财务部、制造部、计划部、科研开发部、审计处等单位行政主要负责人作为成员组成预算管理委员会。预算管理办公室由各预算管理专业组的相关人员组成，办公室设在财务部。

预算作用的充分发挥，不但要进行价值管理，还要进行行为管理；不但要落实指标责任，还要落实行为责任；不但要明确责任单位的责任，还要明确责任个人的责任；企业全面预算管理的权责关系、制衡管理和行为功过非常重要的方面就是在授权的同时还必须落实责任，使预算管理“人格化”。授权是每个人乐于接受的事情，落实责任却是非常难的工作。因此，在落实好全面预算管理工作责任的同时，还按照经济责任区域划分，重点抓好了责任单位和责任经济责任的落实。按照集团公司的全面预算管理组织体系，从上而下，建立相应的工作责任体系，明确各级预算管理组织的工作责任，做到责权统一，要求各级预算管理组织机构严格履行各自的职责，将预算管理工作真正落到实处。

董事会。董事会是全面预算管理的最高决策机构，董事会依据公司的发展战略结合中航第二集团的期望收益、经营环境、经营计划等因素审议、批准公司上报的年度全面预算方案及其调整方案，并通过总经理授权全面预算管理委员会组织制定、下达正式年度全面预算方案及其调整方案。

总经理。总经理负责组织制定公司全面预算管理制度及预算方案，负责将董事会决议和公司年度经营计划落实在公司全面预算方案中，负责组织实施经董事会批准通过的预算方案及其调整方案，并对预算方案的执行负最终责任。

全面预算管理委员会。全面预算管理委员会是实施公司全面预算管理的最高决策咨询机构，以预算会议的形式审议各项预算事项，为非常设机构。全面预算管理委员会在总经理的授权下行使以下职责：组织拟订公司预算管理办法及相关制度、年度预算基本假设、预算目标（包括总目标和目标分解体系）、预算编制方针和预算编制程序、预算执行监控方法，报总经理批准；组织召开质询会，对全面预算管理办公室提交的各部门预算草案和公司整体预算草案提出质询，并就必要的修改与调整提出建议；审议全面预算管理办公室提交的公司全面预算草案，各部门年度预算草案和调整草案，经总经理审批后上报董事会审批；审议全面预算管理办公室提交的公司季度滚动全面预算草案和各部门季度滚动预算草案；审查、分析预算执行分析报告、提出改善措施；在总经理授权下协调、裁定公司预算编制、执行过程中各部门发生的重大冲突；审议与全面预算执行情况挂钩的考核及奖惩办法。

全面预算管理办公室。全面预算管理办公室是全面预算管理委员的执行机构，由公司经理部、财务部、综合计划部、制造部、资产企管部人力资源部、制造工程部、科研开发部、物资供应部等各职能部门有关领导组成，办公地点设在集团公司财务部。在全面预算管理委员会直接领导下行使以下职权：具体负责拟订和修改公司预算管理办法及相关制度、年度预算基本假设、预算目标（包括总目标和目标分解体系），预算编制方针、预算编制程序、全面预算编制手册（编制说明、编制表格），预算内执行监控方法等，报全面预算委员会审议；根据年度经营计划，将全面预算管理委员会提出的全面预算总目标进行分解、下达；组织各部门编制预算或调整预算，对分厂、部门编制的预算草案或预算调整进行初步审议、协调和平衡，汇总后编制公司预算草案或预算调整方案，上报预算管理委员会审议；向公司各部门下达经批准的全面预算方案，监督各部门预算执行情况，定期进行预算执行情况的分析评价和反馈；组织预算管理的培训工作，向预算编制、执行单位提供技术支持，提出改进预算管理工作的意见；遇有特殊情况时，向全面预算委员会提出预算修正建议，或接受并初步审议各部门提出的预算调整申请；监督全面预算执行情况，并组织对全面预算执行结果进行分析评价和反馈，在规定的权责范围内处理相关问题，向全面预算管理委员会提交本预算年度全面预算管理工作的分析报告；协助全面预算管理委员会协调、处理预算执行过程中出现的一些问题。

全面预算管理专业组。全面预算管理专业组是全面预算管理办公室的辅助执行机构，由销售预算管理组、生产预算管理组、财务预算管理组、科研预算管理组、投资预算管理组、筹资预算管理组组成。在全面预算管理办公室直接领导下行使以下职权：①销售预算管理组。设在综合计划部，配备正副组长一名，预算师一名，具体职责如下：根据市场预测和销售合同并结合公司生产能力编制销售预算，并及时上报到预算管理办公室；将销售收入预算发至各有关预算编制责任单位；检查督促销售收入预算执行，定期对销售收入预算执行情况进行分析；根据预算执行情况及时调整预算，并将调整情况及时上报预算管理办公室。②生产预算管理组。设在制造部，配备正副组长一名，预算师一名，具体职责如下：在销售收入预算的基础上编制集团公司生产预算，并及时上报到预算管理办公室：检查督促生产预算的执行，定期对生产预算执行情况进行分析；根据预算执行情况及时调整预算，并将调整情况及时上报预算管理办公室。③财务预算管理组。设在财务部，配备正副组长一名，预算师三名，具体职责如下：根据各专业组上报的预算编制预算期财务状况、经营成果、现金流动情况的预算；定期对预算执行情况进行分析；根据预算执行情况及时调整预算。④科研预算管理组。设在科研开发部，配备正副组长一名，预算师一名，具体职责如下：根据科研项目和研制进度编制科研费用支出预算；根据科研项目和研制的实际进度控制科研费用支出，定期对科研费用使用情况进行分析；根据预算执行情况及时调整预算，并将调整情况及时上报预算管理办公室。⑤投资预算管理组。设在综合计划部、资产企管部，配备正副组长一名，预算师二名，具体职责如下：根据董事会的投资决策制订投资计划，编制对外投资预算；对投资情况进行监控，确保投资的安全性和收益性，并定期对投资预算执行情况进行分析。根据技改部门、机动设备、基建等主管部门的项目预算编制资本性支出预算；根据预算执行情况及时调整预算，并将调整情况及时上报预算管理办公室。⑥筹资预算管理组。设在财务部，配备正副组长一名，预算师一名，具体职责如下：根据预算期科研生产经营计划，测算出预算期资金需求量和资金筹集量，并编制筹集预算；根据筹资预算，考虑筹资成本和筹资难易程度，选择合适的筹集渠道和筹集方式筹集资金，并定期对预算执行情况进行分析；根据预算执行情况及时调整预算，并将调整情况及时上报预算管理办公室。

健全制度体系，统一预算政策。通过完善预算编制制度，明确不同责任主体在预算编制过程中的责任，明确预算目标的制定、预算编制的方法、预算包含的内容、预算上报校审的程序等，从而使预算目标得以落实和细化，为预算控制提供良好的前提。通过建立预算执行制度，来强调和实现执行过程中的控制。重点包括：①授权制度（包括管理层和执行层）。通过授权，使各责任单位的权利得以明确体现，明确各责任单位的权利和义务，通过这种激励和约束并存的制度来提高责任单位积极性和责任感；要重点强调必要的集权和适度授权相结合的预算控制体制，建立完善“董事长——总经理——总会计师”三维一体的预算控制核心体系，预算外开支由其审批。②重点控制制度。通过选取集团公司预算期内的核心业务和重点事项进行重点控制，达到事半功倍的效果，节省控制成本。③信息反馈、报告制度。建立一个自下而上的信息反馈、报告系统，要求各级预算执行单位及时、真实地上报预算执行情况，以便集团公司管理层及时了解预算执行情况，有效地对预算执行中存在的问题作出应对决策。把及时、真实的信息反馈作为预算管理的支撑，能保证预算管理工作的顺畅，提高预算管理工作的效率。

通过健全预算考评制度，明确考核的内容和方法，对预算编制工作、预算管理日常工作、预算指标的执行情况进行全方位考核。来实现预算管理的结果控制，进一步强化预算管理的激励和约束机制作用。同时，需要建立全面预算编制具体方法、高层财务管理制度、财务审批权限、财务审批程序、项目预算管理办法、预算追加制度、成本费用开支及预算标准、成本费用控制具体措施、内部经济责任承包制度、预算责任追究制度等一系列内部控制制度，作为全面预算管理制度的补充，形成一个以全面预算管理制度为主体、内部控制制度为补充的完整的预算管理制度体系（见图 12–3）。

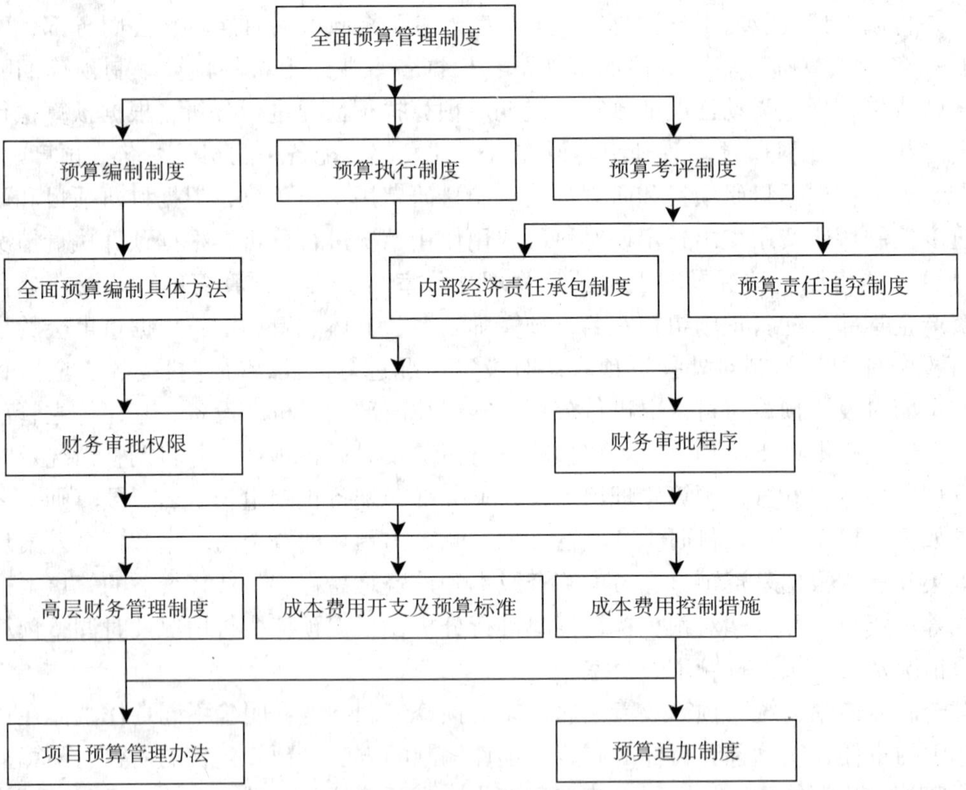

图 12–3　完整的预算管理制度体系

全面预算管理的工作是预算管理理念的体现，是全面预算管理的具体实施，我们通过对全面预算管理建立规范的工作体系来规范全面预算管理的流程，以达到真正实现科学预算管理的目的（见图 12–4）。

预算编制工作。①下达目标。集团公司董事会根据集团公司发展战略和对预算期经济形势的初步预测，在决策的基础上，一般于每年的 9 月底以前提出下一年度的销售收入、

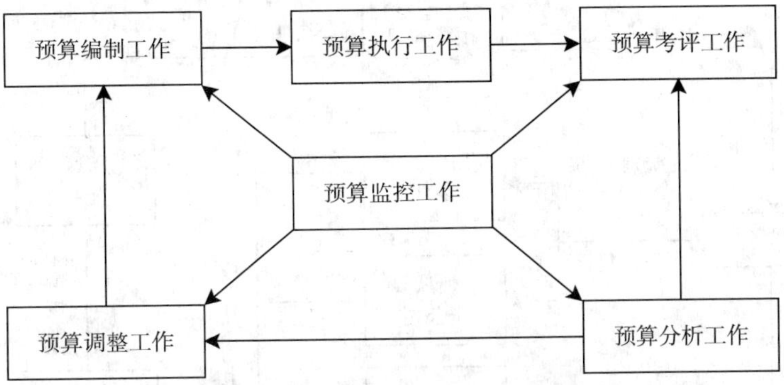

图 12-4 全面预算管理工作体系

利润等全面预算指令性目标，由集团公司全面预算管理委员会下达给各单位的董事会（类似机构）或经理班子。②编制上报。各单位的董事会（类似机构）或经理班子根据下达的目标，结合自身特点以及预算的执行条件，讨论本单位的科研生产经营等各项经济指标，并依此编制本单位的全面预算，经过董事会（类似机构）或经理班子审议后，于每年的10月底以前上报到集团公司预算管理办公室。③审查平衡。预算管理办公室将各单位上报的全面预算分发到各预算管理专业组进行审查：审查无误的签字确认后在一个工作日之内交预算管理办公室；审查有问题的提出修改意见，在7个工作日之内要求单位按意见重新修改后再进行审查，审查无误后签字交预算管理办公室。预算管理办公室对各单位的预算方案进行平衡汇总，编制集团公司的全面预算方案，并报集团公司预算管理委员会进行审议。④审议批准。预算管理委员会对预算管理办公室上报的全面预算方案进行审议，对不符合集团公司发展战略或预算目标的事项，预算管理委员会应责成预算管理有关单位进行修订、调整（见图 12-5）。

预算调整工作。根据预算的实际情况，在对预算执行情况进行科学分析的基础上，对预算基础发生变化而需要调整预算的，要及时调整预算，确保预算的指导性、真实性和可执行性，并将调整后的预算报董事会批准。公司全面预算的调整权属于公司董事会和全面预算管理委员会，其中，董事会对涉及公司年度经营目标的调整具有决定权；全面预算管理委员会在保证公司年度经营总目标不变的情况下，对月度、季度预算及年度预算项目的内部结构调整具有决定权。

预算监控工作。通过采取事前专业控制、事中会计监督、事后审计和监察相结合的手段，对预算管理的编制、执行及考核阶段的工作进行监控，保证预算管理工作质量。

全面预算执行控制体系由责任中心负责人、公司财务部和总经理组成，其中，责任中心第一负责人：根据本责任中心的预算目标，负责本责任中心具体业务活动的领导和监督，按照预算目标控制资金及成本支出，完成指定的工作目标；公司财务部：依据预算目标对责任中心的各种经济行为实施事中审核，确保预算执行部门在预算目标框架下运营；公司总经理：在董事会授权的额度范围内对各责任中心的预算外行为进行审批控制。

全面预算控制方法。预算指标是与业绩考核挂钩的硬性指标，一般情况不得突破。预算指标是制定业绩合同和业绩考核设计方案的重要依据，根据预算执行情况对责任人进行

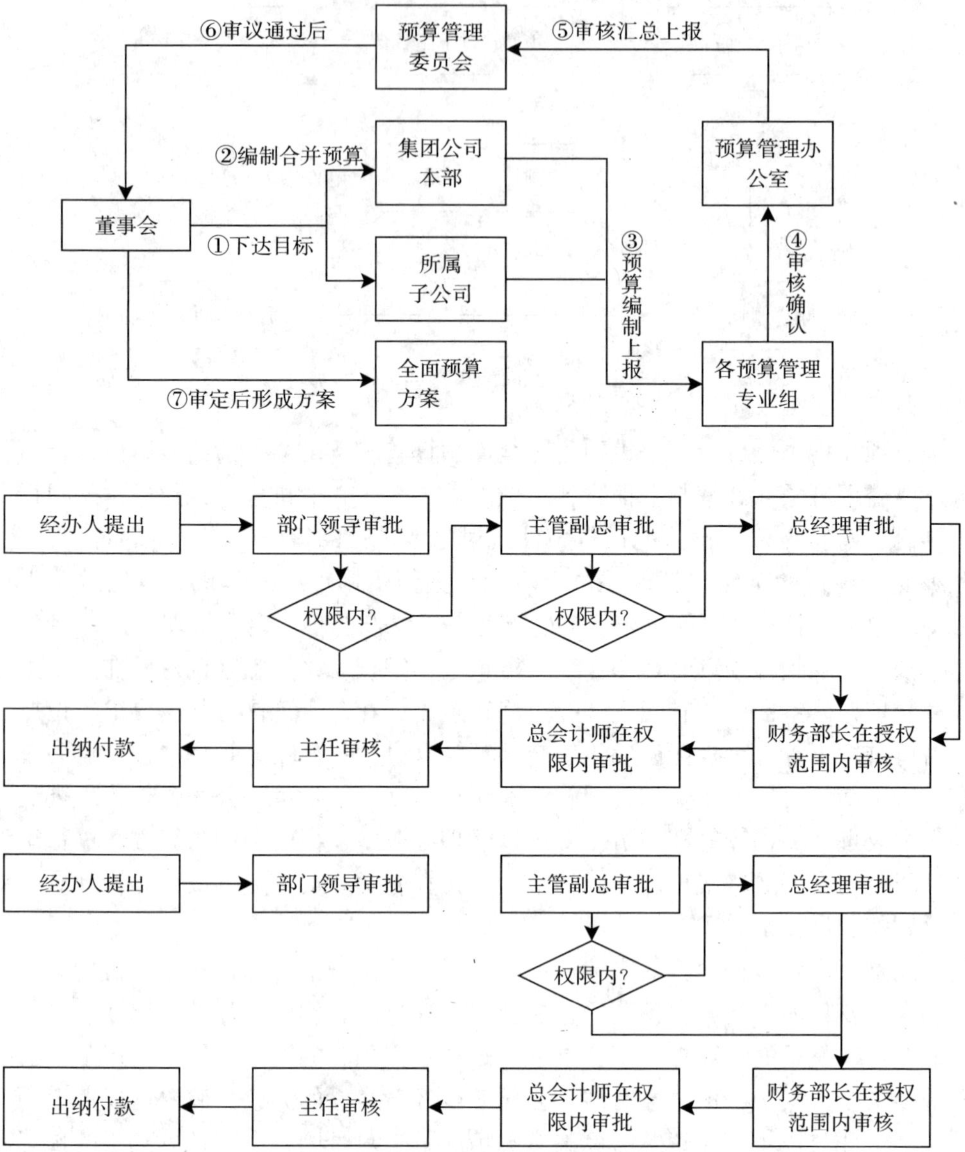

图 12–5　预算编制工作流程

考核，奖惩；费用预算剩余可以跨月转入使用，但不能跨年度使用；成本、费用预算如遇特殊情况确需突破时，必须由相关部门提出申请，说明原因，经总经理审批纳入预算外支出；严格预算资金控制流程，对预算外资金，首先在预算预备费中列支（一般不超过预算总金额的 5%），超出预备费的部分，总经理无权审批，应报董事会审批。

预算考核工作。考核与奖惩是预算工作的生命线，没有考核，预算工作便无法执行，预算管理就会变得毫无意义。预算的考核，就是要把预算执行情况与责任人和员工的经济利益挂钩，奖惩分明，从而使员工与企业形成责、权、利相统一的责任共同体，最大限度地调动每个员工的积极性和创造性。公司严格按下达的预算指标对各单位的执行情况进行考核，保证预算指标的严肃性，不得随意调整，并根据考核情况实施奖惩。公司必须定期对预算执行的绩效进行评估。通过将预算指标与实际结果相比较，得到详细的预算执行反馈信息，经过差异分析，可以明确哪些方面运转良好，哪些方面存在问题，以便更有效地进行计划和管理。通过预算绩效评估在中期和年末兑现相应的奖惩措施，涉及每一名职工对预算控制制度的反应，能够督促职工更主动地借助预算来实施控制，评价业绩，促进沟通和协调。

建立监控体系，实行动态监控制度。事前以专业监控为主，事中以会计监督为主，事后以纪检监察、财务和审计等监督相结合的方式为主。同时以计算机为工具，采用信息化手段，对预算执行情况进行实时监控；并建立预警指标，加强预算管理的风险控制，即将各项预算年度指标和预警指标分季度输入计算机，由计算机对整个预算的执行情况进行监控制，当预算执行出现偏差时，计算机将发出预警，引导我们查找原因。并通过“董事长—总经理—总会计师”三维一体的审批流程，动用按年初预算指标 3%计提留存的预备金对预算及时进行纠偏，以达到控制预算。

预算控制评价体系是全面预算管理过程中的最后一个环节，是预算控制成果的鉴别阶段。它起到总结过去、奖功惩过的作用。根据集团公司所属单位的不同情况，分门别类地设立“绩效报告”，以预算指标为定量考核指标，以明确的工作责任为定性考核指标，由预算管理办公室根据各单位的“绩效报告”编制“预算指标完成情况表”，借助内部经济责任考评机制，“按月考核，季度兑现，年终清算”。具体如下：预算编制工作考核：是对各单位预算编制的及时性、完整性和真实性进行考核；及时性考核：是否在规定的时间内编制并上报预算；完整性考核：是否按规定的格式和内容编制预算；真实性考核：编制的预算是否真实，是否符合集团公司科研生产经营的能力，预算责任单位是否按规定的工作职责开展工作。预算指标完成情况考核，即根据分解下达给各单位的预算指标对各单位的执行情况进行考核，并根据考核情况实施奖惩。预算指标包括经营成果指标、现金流动指标、资产负债指标及成本费用指标（见图 12–6）。

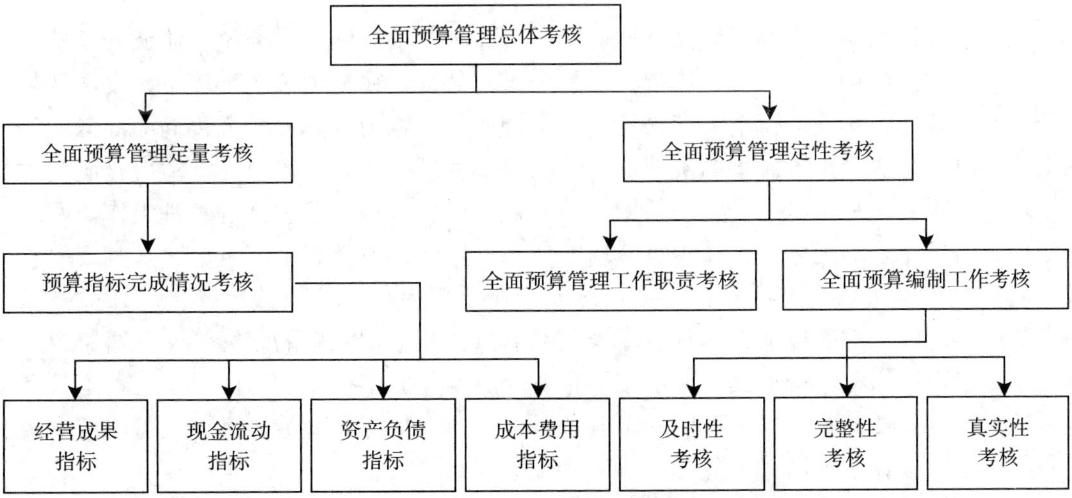

图 12–6　预算控制评价体系

各利润中心根据经审核的各项财务预算，进行平衡、汇总，编制本单位的预算，上报集团公司全面预算管理办公室。各分厂依据全面预算管理委员会审定的预算，签订责任书。目前洪都集团推行了全面预算管理，并取得了一定的效果和经验。本书选取了在众企业中较有代表性、实施全面预算管理比较成功的内部利润中心作为案例分析样本，把它实施全面预算管理的模式与本书所设计的模式进行比较分析。

分厂核算模式决定着分厂的预算管理模式。从同行业企业对直属分厂的管理及洪都集团实施全面预算管理的历史可以看出，以工时为预算目标存在着诸如不注重费用控制、制造费用会激增的弊端。所以，对分厂预算目标的考核还必须以价值量为基础，即以利润为目标。分厂实行内部经济核算，仅核算投入与产出，按集团公司内部核算价格结算收入，是内部利润中心。按月编制内部利润表和成本报表，对分厂的预算考核目的是降低生产成本，保证产品优质按时交付。所以它的关键预算指标是内部利润和可控费用。

内部利润中心全面预算管理实施情况的分析。为尽快建立全面预算管理体系并组织实施，利润中心及下属各单位均成立了相应的全面预算管理机构，对各部门在全面预算管理体系中的工作权责进行了明确划分。首先设置了预算管理专门机构——预算管理小组，全面负责预算的组织、协调工作。预算管理小组组长由分厂厂长亲自挂帅，成员由会计、计划员、人事员、分厂管理员等组成。年初，全面预算管理办公室召开新一轮的全面预算办公会，就预算指标的制定、编制、调整、考核等事项及其他特殊事项进行讨论，形成决议报全面预算管理委员会通过。然后，集团公司依据预算年度经营目标及相关制度确定内部利润中心的年度利润、可控费用等预算指标。各分厂在确保完成集团公司下达的各项目标的前提下，根据本单位实际经营情况编制预算年度草案，并在规定时间内上报集团公司。

各利润中心编制与该中心有关的各项预算，报相关归口管理部门审核。归口的管理部门审核相关预算方案，审定后报本专业预算管理组审核。

二、××电力公司预算管理的应用

电力市场机制的引入不仅对经济性提出了更高的要求，同时需要统一协调安全性和经济性，切实保证市场规则对所有成员公平、公正、公开。在电力市场环境下，发电商与电网公司成为公平买卖、进行电力交易的平等市场成员，电力及其服务成为商品。深刻的体制变革给电力企业带来了巨大的挑战。传统的成本管理和行政手段已无法适应充满竞争的市场环境，因此，每个电力企业必须用全新的视角重新审视企业内部的管理工作。发电企业是电力市场竞争的主体，直接担负着发电任务。发电企业只有上网发电，且其发电收入大于其发电成本，才有经济效益。换言之，企业要想提高经济效益，就要“开源节流”。即在装机容量许可的前提下，尽可能增大上网电量，而上网电量的多寡，又取决于企业的上网电价。而以何种电价上网，又依赖于企业的成本与期望的利润。同时，公司电价和发电量较为稳定，类似于市场成熟期的企业情况，选择以目标利润为管理起点、以成本控制为中心的全面预算管理模式。

在以成本为核心的预算管理模式下，预算编制主要包括三个基本环节：设定目标成本、分解落实目标成本、实现目标成本。

设定目标成本。目标成本是指企业及相关各环节、层次为适应市场竞争和实现目标利润而预先设定并力求达成的成本的指标值，是基于市场竞争条件与保障企业生存与发展，对成本设定的最大容许值。在制定目标成本时应遵循以下三项原则：①充分考虑未来。②目标成本具有先进可行性。③目标成本的实现必须全员参与。目标成本的设定是整个以成本为核心的预算管理模式的起点，从技术上看，一般有修正方式和倒挤方式。修正方式是在企业过去达到的成本管理水平上，结合企业未来成本挖掘的潜力及相关环境变化，对历史成本指标进行适当修正以得到当期目标成本的方式。采用此方式设定企业目标成本时，首先必须搞清楚可能对企业成本产生影响的一切内外部因素；其次要明确这些因素对成本降低或升高的不同影响；最后根据对预算期间这些因素的可能变化趋势来调整历史成本指标以求得目标成本。在具体设定目标成本的过程中有两个问题需要特别注意：一是在分析预算期间可能对目标成本产生影响的因素时既要看到企业内部的相关因素，也要充分重视企业外部因素的影响作用，如原材料价格的涨落、同行业的竞争，乃至国际贸易发展趋势和国际政治经济状况等都需要认真考虑并在企业目标成本的设定中有所体现；二是在确定目标成本时还要结合企业的战略目标、实际技术水平以及管理工作基础进行修正，忌将目标制定得过高。倒挤方式是在企业进行充分的市场调查、初步明确企业的产品售价以及市场占有份额的基础上，确定企业的预期收益，结合企业预期利润，倒挤出企业目标成本的一种做法。用公式表达为：目标成本 = 预期收益 - 预期利润。目标单位 = 预期单位 - 预期单位。产品成本 = 产品售价 - 产品利润。其中，预期单位产品售价可以通过与同行业同类产品的横比或与本企业历史水平的纵比，结合预算期间企业的相关状况确定。公司应当适应资本市场的要求，以目标利润为导向，确定目标成本。公司目标成本安排的指导方针应当为：以实现利润最大化为目标，以成本费用控制为重点，以深化改革、加强管理为手段，争取安全生产多发电，增收节支，提高盈利水平，努力实现业绩优良的经营理念。比照证监会对上市公司利润水平有净资产收益率不低于 10%的要求，并且有 3~5 年内上市的战略计划，公司目标利润需要较大幅度增长，综合考虑这些因素后，公司确定预期利润。电价相对稳定，预期收益可由单价与生产技术部编制的计划发电量相乘得出。预期利润与预期收益确定后，目标成本即可确定下来。

分解落实目标成本。在目标成本确定之后，接下来要做的工作就是将各成本预算指标按照一定的要求，采用一定的形式和方法，细化为各责任单位和个人的具体目标，并通过对这些预算指标细化后明确落实到各责任单位和个人的指标的考评、控制和奖惩中来确保目标成本的实现。在目标成本的分解过程中需注意以下原则：

结合企业产品生产、技术和经营管理的特点来科学地选择目标成本分解具体的依据和方法。无论企业采用哪种目标成本分解方法，都应该结合企业自身特点，因地制宜，考虑目标分解后的落实、控制、分析和考评的要求，既要便于责任划分，使分解后的具体目标都能得到落实，又要有利于落实、控制、分析和考评，使分解后的具体目标能真正成为企业上下努力的方向。

要根据成本的具体内容，尽量把目标成本细化到最小单元，分解到不能再细分的层次。如果目标分解得不彻底、不细致，就不便于落实、控制、分析和考评，达不到预期的效果。这里，我国成本核算中讲的“主要从细、次要从简、细而有用、简而有理”的工作经验是值得借鉴学习的。

要注意目标成本分解过程中的一致性原则。一方面，要保证分解后的各子目标之和与被分解的目标值相等，即目标总成本等于各子目标成本之和，使得各责任单位和个人在完成了自身目标成本的同时，企业整体目标成本也得以实现；另一方面，要按照目标成本的特性要求，使分解后的子目标具体化、数量化，各子目标之间协调一致，形成一个有机的目标成本体系。

以成本为核心的全面预算管理模式的选择和设计。所谓成本预算，就是基于市场竞争导向，依据企业的成本要素结构与作业流程，通过量化的形式确定各要素与作业流程成本的目标值，并依次对产品成本形成的全过程实施追踪控制的管理方式与管理制度。建立以成本控制为中心的全面预算管理模式，是由基于电力产品的同质性所决定的。由于电力产品从物理学的角度考察可以近似地看成无差异的、完全“同质”的产品，生产同质产品的企业不可以通过差异化的竞争战略来实现自己的市场目标，而只能以适度的规模为基础，通过企业内部低成本的运行来实现企业的价格目标进而全面实现市场目标。

以成本为核心的全面预算管理模式的选择。从国际、国内的发展形势看，电力走向市场是历史的必然。电力走向市场，就是要将电力工业纳入市场经济的框架中，通过市场竞争资源，达到全社会资源的最优配置。

建立责任会计制度，保证成本指标落实到责任单位。为每个成本中心编制责任预算，作为日常成本控制的依据；定期编制责任中心实绩报告，和企业预算对比，发现差异。分析原因并及时采取应对措施，根据各责任中心的考评结果进行奖惩，使责、权、利紧密结合。

建立信息反馈系统，及时反映成本目标控制的偏差。在目标成本实现的过程中，企业要建立一个成本信息反馈中心，及时反映实际成本与目标成本的差异，揭示差异产生的原因，以便于企业采取有效措施纠正偏差，保障目标成本的实现。企业全面预算和责任预算已经把企业生产经营活动的全部过程和环节以及完成这些预算的责任目标都规定得比较明确了。为了能够适时地掌握和控制整个企业预算的执行情况及各级责任单位和个人的责任预算的履行情况，就需要建立及时、高效的有关预算执行情况的信息反馈系统，以便企业管理者及时了解预算的执行情况，并根据反馈信息作出相应的决策，控制经济活动的实际状况脱离预算的差异，保证企业全面预算管理目标的实现。

健全岗位责任制度。为确保目标成本的实现，在企业管理中要注意岗位责任制度的健全，做到因岗设人、竞争上岗、定期培训，明确各岗位职责，规范操作流程，鼓励人才竞争，提高工作效率。

建立目标成本实现与业绩挂钩的奖惩制度。为了使利益激励与风险约束机制同时发挥作用，确保目标成本的实现，首先要建立健全科学合理的责任奖惩制度，与成本预算考评结果挂钩，以促使各级责任单位和个人自觉主动地去执行成本预算，促进目标成本的实现，使得各级责任单位和个人的奖惩有规可依；其次，要严格奖惩制度的执行，无论何级单位和人员，都一视同仁，做到有规必依，违规必究。

资本预算是公司在预算期内进行资本性投资活动的预算，主要指固定资产投资预算和权益性资本投资预算。

固定资产投资预算是公司在预算期内购建、改建、扩建、更新固定资产进行资本投资的预算，依据公司发展战略、经营管理需要及固定资产的性能状况编制。公司处置固定资产所引起的现金流入，也需列入资本预算。

权益性资本投资预算是公司在预算期内为了获得其他企业的股权及收益分配权而进行资本投资的预算，根据公司的发展战略、有关投资决策资料编制。公司转让权益性资本投资或者收取被投资单位分配的利润（股利）所引起的现金流入，也需列入资本预算。财务预算主要以预计现金流量表、预计资产负债表和预计利润表等形式反映。

预计现金流量表是按照现金流量表主要项目内容编制的反映公司预算期内一切现金收支及其结果的预算。它以业务预算、资本预算和筹资预算为基础，是其他预算有关现金收支的汇总，主要作为公司资金管理的依据。

预计资产负债表是按照资产负债表的内容和格式编制的综合反映公司期末财务状况的预算报表。根据预算期初实际的资产负债表和业务预算、资本预算、筹资预算等有关资料分析编制。

预计利润表是按照利润表的内容和格式编制的反映公司在预算期内利润目标的预算报表。根据业务预算、资本预算、筹资预算等有关资料分析编制。

业务预算、资本预算、财务预算在公司全面预算管理体系中缺一不可，相互支撑、相互依赖，是一个完整而紧密的系统。该系统以企业预算目标为核心，以业务预算为起点，最终以货币形式集中反映在财务预算中。业务预算和资本预算是财务预算的基础，财务预算是各项业务、资本预算的综合结果。公司财务预算围绕公司的战略要求和发展规划，以业务预算、资本预算、筹资预算为基础，以成本控制为重点，并主要以财务报表形式予以反映。

电力公司实行全面预算管理，根据全面预算管理对于企业业务流、资金流、信息流和人力资源流的整合职能，应将所有业务收支都纳入预算管理，不允许出现预算外收支行为。根据公司的经营管理内容，公司的全面预算体系应由财务预算、业务预算、资本预算、筹资预算共同构成。业务预算是反映预算期内公司可能形成现金收付的生产经营活动的预算，包括生产预算、电力销售预算、期间费用预算、福利费预算、其他业务预算等。

生产预算主要包括生产量预算、制造费用预算、电力成本预算等。生产量预算是从事电力生产的预算执行单位在预算期内的发电量、厂用电量、主变损失率、上网电量的预算，主要依据发电能力、水量预测等编制。

制造费用预算是从事电力生产和辅助生产的预算执行单位在预算期内所需各种间接费用的预算，主要在生产量预算基础上，按照费用项目及其上年预算执行情况，根据预算期降低成本、费用的要求编制。

电力成本预算是从事电力生产的预算执行单位在预算期内发电所需的生产成本的预算，主要依据生产量预算、制造费用预算、水费、大修理、日常维护各项材料及人工的消耗定额等汇总编制。

电力销售预算是预算期内公司可能实现的电力产品的销售量及其收入的预算，由公司市场营销部依据公司发电量计划、预测的市场销量以及价格编制。

期间费用预算是预算期内预算执行单位（主要指公司各部门）组织经营活动必要的管理费用、财务费用、销售（营业）费用等预算，根据上年实际费用水平和预算期内的变化因素，结合费用开支标准和公司降低成本、费用的要求，分项目、分责任单位进行编制。

福利费预算是公司在预算期内组织生产经营活动必要的用于职工医疗保险、补充养老保险、困难补助等方面的预算，由公司财务部根据实际情况和国家有关政策规定编制。

其他业务预算是公司在预算期内主营业务以外的其他业务的收支预算。

电力公司全面预算管理拟利用预算对公司各部门（单位）的各种财务及非财务资源进行分配、考核、控制，以便有效地组织和协调公司的生产经营活动，完成既定的经营目标。

××电力公司全面预算管理应遵循以下基本原则和要求：

全面预算原则。公司实行全面预算管理，所有业务收支都纳入预算管理，不允许出现预算外收支行为。

效益优先原则。公司的各类经济业务活动立项和实施以创造效益、提升公司价值为出发点。

归口管理原则。根据公司各单位、部门不同的业务分工，核定不同的归口管理项目和指标。

权责对等原则。预算执行单位只对经济业务活动有控制权的项目实施控制和考核。

分级实施原则。建立公司、生产单位（职能部门）、生产单位成本控制部门三级预算归口管理体系。

绩效考核原则。公司建立预算管理考核的责任体系，对预算管理的执行情况进行年度绩效考核。

公司应建立预算委员会、预算管理部门和预算执行单位三级预算管理组织体系。预算委员会是预算工作的最高管理机构，主要负责制定预算的目标、政策，审议、平衡预算方案，决定预算调整，协调解决预算编制和执行中的重大问题，组织审计、考核预算的执行情况，审议年度决算报告。将预算管理委员会的执行机构设在公司财务部。公司各部门（单位）的第一负责人是本部门（单位）预算管理第一责任人，负责本部门（单位）预算的编制、执行、分析、控制等工作。公司预算资料或者说预算初稿由各相关部门、单位分别提供，但正式的预算编制机构应由财务部和生产技术部兼任（其中以财务部为主）。生产技术部负责大修理工程、生产性固定资产投资、研发经费、物资采保费、列入项目管理的枢纽专项支出等业务预算和资本预算的编制，财务部负责公司其他预算的编制及公司全面预算的汇总、协调和平衡。

公司改制后建立了扁平化的组织结构，公司需在此基础上构建全面预算的责任网络。根据全面预算的责任网络理论，公司本部为战略经营层投资中心和利润中心，以战略规划为导向，以流程中心为单位进行分权、确定目标、衡量绩效、实施奖惩，既要对公司成本、费用、收入负责，最终对利润预算负责，又要对投资报酬率或资产利润率预算负责，实质上是公司全面预算的执行人；公司下辖的各生产单位以及公司的各职能部门定位为成本费用中心，是最基本的预算责任单位。

公司职能部门在预算责任网络中作为归口管理部门既具有管理职能，又具有执行职能，具有双重身份，既是投资利润中心，又是成本费用中心。

全面预算运行机制。归口管理的含义就是规定组织内的某种资源或某类项目由一个专门的部门负责管理，所有与此资源或项目相关的事务都要由该部门负责或参与管理。归口管理能够更好地、更合理地分配和使用某种资源，也使这种资源的使用在企业内部达到优化的目的和某种程度的平衡，有利于实现专业化管目标成本的分解方法，一般可分别从以下三个方面考虑：

（1）将目标成本沿成本控制的对象，即物的要素进行分解。由于电力企业属能源转换工业，电力产品的生产是将煤炭、石油、水力、核能等一次能源转换为电能。电力企业产品单一，生产过程属连续、大量、重复生产，生产过程不能间断，电力产品不能储存，产、销一致且在瞬间完成，没有在产品和产成品。因此，发电企业应按料、工、费等成本要素项目对目标成本进行分解。

（2）将目标成本沿成本控制的主体，即人的要素进行分解。按企业组织管理系统，或按经济责任制系统，即各级责任单位和个人进行分解，分解后形成一个由责任单位和个人组成的子目标控制体系。如果企业能够按人分解目标成本、无疑可以将目标成本归属为人这一能动的行为主体，从而激励企业各层次、各环节和各方面能力资源的积极能动性与创造性、责任感与成本意识，保障目标成本的顺利实现。

（3）将目标成本沿成本控制的时间序列，即预算期间进行分解。分解后形成一个用时间段表示的子目标体系，其中包括年度目标成本、季度目标成本、月度目标成本。

公司目标成本的分解应主要采用从目标成本控制主体即人的要素进行分解的方法。根据归口管理的原则，细化各部门的预算责任，从而指定不同的部门或单位负责各项费用的预算编制、指标分解和实施控制。

在利润目标指引下，公司成本费用预算应坚持突出重点，兼顾一般的原则。支出预算的重点是确保安全生产及公司上市、市场营销等工作，控制一般性管理费用支出。生产性项目根据轻重缓急合理安排，控制非急需的生产性支出。

实现目标成本。对目标成本进行分解落实之后要做的工作就是如何动员各方面的潜能，充分调动全体员工的积极性，参与到预算执行活动中来，以实现目标成本，这其实就是成本控制的过程，亦即企业内部对目标成本负有责任的各级责任单位和个人，在成本的形成过程中，根据制定的目标成本，按照一定的原则，对各级责任单位和个人日常发生的各项成本和费用进行严格的控制、分析、调整和考评，以保证目标成本的实现的过程，主要要发以下几个方面的预算编制的通知：

（1）编制上报。各预算执行单位结合自身特点以及预测的执行条件，提出详细的预算方案，根据归口管理部门职责的划分上报至归口管理部门，归口管理部门审核、平衡后，于 11 月底前上报财务部。

（2）审查平衡。财务总监组织财务部、生产计划部、总经理工作部、人力资源部等具有归口管理职责的部门对各部门（单位）上报的预算方案进行逐项审查和综合平衡，编制公司年度预算方案，提交预算委员会。在预算审查平衡过程中，对发现的问题提出初步调整意见，并反馈给有关部门（单位）进行修正。

（3）审议批准。预算委员会对财务部提交的年度预算方案进行讨论。对不符合公司发展战略或者预算目标的事项，责成有关预算执行单位进一步修订、调整。在讨论、调整的基础上，财务部正式编制年度财务预算草案，由预算委员会提交董事会讨论通过后报股东大会审议批准。

（4）下达执行。财务部对审议批准的年度总预算（除生产计划部归口管理的部分），于次年 3 月底以前，分解成一系列的指标体系，由预算委员会逐级下达各预算执行单位执行。生产计划部归口管理的预算则以公司生产与固定资产投资计划的形式下达各预算执行单位执行。

公司预算可以根据不同的预算项目，分别采用固定预算、弹性预算、滚动预算、零基预算、概率预算等方法进行编制。

公司的整体预算采用滚动预算的编制方法。预算管理是企业经营活动和发展战略之间的桥梁，为了保持预算的完整性、持续性，便于企业领导者从动态中把握企业的未来，公司的整体预算可以采用滚动预算的编制方法，即预算期连续不断，总保持 12 个月，每过去一个季度，根据新的情况，修订下一个季度的预算，如此往复，不断滚动。滚动预算符合人们的认识规律，人们对未来客观事物的认识都有一个从粗到细、从简单到复杂的过程，滚动预算可以克服预算的盲目性，避免预算与实际有较大的出入。同时，滚动预算还可以使企业各层级的管理者始终对未来 12 个月或更长一段时期的生产经营活动有周详的考虑和全盘规划，保证各项工作有条不紊地进行。在实际操作中，考虑到编制滚动预算工作比较繁重，可以按季滚动来编制预算，而在执行预算的那个季度里再按月具体地编制预算，这样可以简化预算的编制工作。

变动成本采用弹性预算的编制方法。变动成本预算以变动成本法为基础，在编制预算时使预算具有一定的伸缩范围，以适应不同的售电量和发电量规模。采用弹性预算的编制方法，增加了预算的适应性，避免了由于电力销售量和电力生产量的变化而对预算作频繁的修改，这在市场经济条件下有着重要的意义。另外，弹性预算使对预算执行情况的评价和考核，建立在更加客观和可靠的基础上。

电力成本中管理费用预算和生产单位中费用中心的成本预算采用零基预算的编制方法。电力成本中管理费用预算和生产单位中费用中心的成本预算长期采用增量预算的编制方法，掩盖了许多矛盾，实际上电力成本中管理费用预算和生产单位中费用中心的成本预算很多项目与以前年度的发生数没有必然联系，例如水电费、研究开发费、坏账损失等。因此，电力成本中管理费用预算和二级单位中费用中心的成本预算可以采用零基预算的编制方法，即每年的费用预算都不以历史数据为依据，而是以零为出发点编制预算。零基预算使预算目标的确定更切合实际，不仅能够有力地压缩各项可控费用，而且能够调动各级预算部门的积极性和创造性，合理使用资金，提高经济效益。

在预算编制过程中，可将成本费用划分为常量和变量两部分，常量是指重复性发生、可以制定用量标准的费用，变量是指一次性的、特殊性的费用。在公司范围内，对常量实行标准化管理，编制备品备件定额、工器具定额、办公设备定额，制定经常性费用预算标准，作为下年度预算编制的依据；对变量实行一事一议，立项审查通过以后，才能列入预算，采用零基预算的方法。

预算执行和控制。公司根据预算项目的可控程度分别将预算指标分解到相关部门（单位）归口管理或归口控制。归口管理部门在预算的执行和控制中起着重要作用。公司预算一经批准下达，各预算执行单位必须认真组织实施，将预算指标层层分解，从横向和纵向落实到各部门、各单位、各环节和各岗位，形成全方位的预算执行责任体系。各预算执行单位将预算作为组织、协调各项经营活动的基本依据，将年度预算细分为月份和季度预算，以分期预算控制确保年度预算目标的实现。实现规模效益，降低企业的成本或资本投入。同时，全面预算管理是在经营管理过程中对会计控制和业务控制的结合，全面预算的控制不能就预算论预算，必须深入到价值管理活动的本源——公司的日常经营活动的具体环节，进行业务控制和财务控制的融合。基于此，公司应当将归口管理贯穿于公司全面预算运行机制，建立以归口管理为重点的预算管理责任制，建立公司、生产单位（职能部门）、生产单位成本控制部门三级预算归口管理体系。根据预算项目的可控程度分别将预算指标分解到相关部门（单位）归口管理或归口控制，从而实现业务控制与财务控制的融合。

根据公司经营管理内容，可以按下列方式划分归口管理部门的职责：生产技术部归口管理范围：大修理工程、生产性固定资产投资、研发经费、物资采保费、列入项目管理的枢纽专项支出等；总经理工作部归口管理范围：绿化物业管理费、交通费、党群经费、宣传费、租赁费、公司本部水电费、邮电通信费、车辆使用费、固定资产零购及低值易耗品、办公设施修理费、印刷费、资料费等；人力资源部归口管理范围：工资及附加、劳动保护费、职工培训、离退休费用等；财务部归口管理范围：折旧费、福利费、财产保险费、列入经费管理的枢纽专项支出、财务费用等；公司对各部门（单位）均核定相应的办公费、差旅费、业务招待费、会议费及预算年度的专项费用等，由各部门（单位）归口控制；公司将可控生产成本、制造费用分解到生产单位归口控制。

公司建立不可控费用制度，作为年度预算的补充。公司本部不可控费用由财务部集中管理，由公司分管总经理负责审批使用；生产单位不可控费用由生产单位第一负责人审批使用。

公司预算编制程序和方法：应按照先业务预算、资本预算、筹资预算，后财务预算的流程进行，并按照各预算执行单位所承担经济业务的类型及其责任权限，编制不同形式的预算。公司年度预算的编制应按照“上下结合、分级编制、逐级汇总”的程序进行。

确定目标。预算委员会根据公司发展战略和预算期经济形势的初步预测，于每年 10 月底前提出下一年度公司预算目标，确定预算编制的政策，要加强现金流量的预算管理，按时组织预算资金的收入，严格控制预算资金的支付，调节资金收付平衡，控制支付风险。对于预算内的资金拨付，由公司财务部门按授权审批程序执行；对于预算外的项目支出，原则上不予办理付款，确因生产经营需要，报预算委员会批准后纳入预算管理。

在日常控制中，要健全凭证记录，逐步完善各项管理规章制度，严格执行生产经营月度计划和成本费用的定额、定率标准，加强适时监控。对预算执行中出现的异常情况，预算执行单位应及时查明原因，提出解决办法。公司财务部门及时向预算执行单位提供预算的执行进度、执行差异及其对预算目标的影响等会计信息。

公司建立预算执行分析制度。由公司预算委员会定期召开预算执行分析会议，全面掌握预算的执行情况，研究、落实解决预算执行中存在问题的政策措施，纠正预算的执行偏差。各预算执行单位每季度结束后 10 个工作日内归口管理部门报告预算的执行情况，归口管理部门总结后报财务部。财务部每季度结束后 20 个工作日内向预算委员会报告上季度公司预算执行情况汇报。

预算执行分析应采用逐步深入的分析方法，首先进行实际与预算的简单对比分析，然后对预算执行差异进行对比分析包括同一时期不同项目差异的横向比较分析、不同时期同一项目差异的纵向对比分析；通过分析，总结出规律，关注异常现象，找出原因，制定应对措施；可以将公司一级的预算执行情况分析会，扩展到各生产单位等预算执行单位层层组织分析。充分发挥公司稽核部内部审计的监督作用，维护财务预算管理的严肃性，定期对预算执行情况进行审计。审计结论作为预算调整、改进内部经营管理的一项重要参考。

预算执行过程中要充分发挥归口管理部门的作用，由归口管理部门和财务部共同完成对预算执行的控制。

公司的预算调整。公司正式下达执行的预算，一般不予调整。预算执行单位在执行中由于市场环境、经营条件、政策法规等发生重大变化，致使预算的编制基础不成立，或者将导致预算执行结果产生重大偏差的，可予调整预算。预算调整应严格控制以维护预算的严肃性。

生产单位年度业绩考核指标。这种做法对预算管理有着较好的激励作用，值得进一步细化和推广。

关注执行力的全面预算管理体系。构筑完整的全面预算管理体系，将公司全部经济活动纳入全面预算，如物资采购预算、生产预算，资本支出、科技投入等专门预算，成本预算、费用预算及财务预算等。在全面预算体系中，要从以下方面认识和理解财务预算和业务预算的关系：

（1）整个预算体系中，财务预算是纲，其预算目标要求体现出作为企业本质所要求的利润最大化。一方面，财务预算在思想上统率着其他预算，资金观念和效益观念是编制财务预算的根本观念，其他各项业务、资本预算实施的效果又要通过财务预算来反映；另一方面，其他预算又是财务预算的基础，财务预算若脱离其他预算，则成为无本之木，无源之水。

（2）各个预算要前后关联，互相支撑。针对目前有些企业投资与成本、福利与成本相互挤占，甚至投资、成本两张皮分开预算的现象，公司必须将所有的资金统一到全面预算过程中。以前由于投资由计划部门管理，成本资金及其他的费用资金由财务部门管理，淡化了投资与成本的因果关系，不能充分预测投资的成本效应，因此，应从全局角度将投资和成本管理纳入统一的管理体系，体现出持续效益的原则，同时也便于对发电企业的整体经营情况进行分析。

（3）要把全面预算与企业的长期发展结合起来，由于预算管理是以经营主体的目标为标准，容易出现一定的短期行为，因此企业在安排预算时，必须在中长期预算的基础上，规划年度预算目标，从而真正实现电力的安全生产经营战略。

（4）建立交互式、权责对等的全面预算体系。从管理学的角度来看，要充分调动人的积极性，必须体现出管理人员在企业运营中的能力、权限和责任。在资金管理过程中，通过落实责任预算，将事权与财权赋予个人，这样可以调动人的积极性，但是财权的大小与事权的范围和责任是否匹配，在电力预算管理过程中不易解决。因此，在预算管理过程中，落实责任与权利的前提就是合理确定责任与权利，即应该建立具有交互式、权责对等的全面预算方法和制度。

执行以价值分析为中心的全过程的预算管理。

事前价值分析（投入产出决策分析）。在预算控制上，注重和强调事中控制，强调在实施过程中如何挖潜、降耗、增效是十分必要的。但是，对于预算执行结果有着决定性作用的事前因素如何控制则没有引起高度的重视，对预算的事后控制也仅仅局限于考核预算目标的完成情况而已，尚未达到真正控制预算实施的目的，因此，只有把预算视为决策和设计，将对目标的决策与设计、运行的决策与设计、措施的决策与设计、政策的决策与设计作为出发点，预算才成为有效的管理。

事中过程控制。预算的事中控制以分解责任目标为中心，重在落实。事中控制，是在预算执行过程中，采取有效的手段和措施，监督、控制预算的执行，这是全面预算管理的关键阶段。过程控制重点是对已确定的项目在实施过程中使偏差减少到最小程度。

事后分析与考评。预算的事后控制以分析差异为重点，重在反馈。预算的事后控制，是指在事前、事中预算控制的基础上，对预算执行结果进行检查、分析和报告。目前对预算的事后控制主要是从考核兑现的角度来进行的，资金超支节约，通过奖惩兑现来得以体现。从某种意义上说，目前的财务预算管理没有起到激发和鼓励节约的作用。实际上，预算的事后预算调整一般应当遵循以下要求：

（1）预算调整不能偏离公司的发展战略。

（2）预算调整方案在经济上应当能够实现最优化。

（3）预算调整重点应当放在预算执行中出现的重要的、非正常的、不符合常规的关键性差异方面。

预算调整集中审批，每年第三季度调整一次，调整后的预算目标低于原定预算目标10%~20%的，由公司董事会审批；调整后的预算目标低于原定预算目标 20%以上的，由公司股东大会审批。公司建立内部的弹性预算机制，对于不影响财务预算目标的费用项目之间的预算调整事项，由预算执行单位提出预算调整报告，经业务归口管理部门初审后，报财务部即时审批。

各预算执行单位需调整预算时，应提出书面预算调整报告，经业务归口管理部门初审后，报公司财务部。公司财务部应当对预算执行单位的预算调整报告进行审核分析，集中编制公司年度财务预算调整方案，按审批权限提交预算委员会以至公司董事会审议批准，然后下达执行。

公司的预算考核。公司应将全面预算作为制定、落实内部经济责任制，进行年度绩效考核的重要依据。考虑到单纯的财务指标考评的局限性，公司预算执行考核应将财务指标和非财务指标结合起来，不完全以预算目标的完成为原则，而可以将预算执行的考核分为预算编制水平、预算执行结果、内部控制建设和成本费用管理措施、财务制度执行情况四个部分，并规定每部分的权重，将预算的考评从执行结果延伸到了预算的编制、执行全过程，引导预算执行部门加强内部制度建设，提高经营管理水平。同时，将预算考核结果与绩效挂钩，通过年终绩效奖的方式兑现考核结果，将员工切身利益与预算管理直接挂钩，对预算考核者、预算的编制和执行者都会产生明显的推动作用。预算年度终了，预算委员会组织各归口管理部门对预算执行单位的预算完成情况进行考核。

考核结果作为公司绩效评价的主要内容。目前公司实行年初与部分归口管理职能部门、四个单位签订了《部门工作任务责任书》、《生产单位业绩考核责任书》，年末进行考核，将预算管理纳入年终考核依据。

加强公司基础管理和相关员工素质建设。加强公司基础管理和信息化建设全面预算管理是企业实现经营目标的重要手段，但是全面预算的编制、执行、分析、考核却是一个复杂的动态管理过程。预算管理不是孤立的管理系统，必须是建立在公司现有的基础管理和核算系统之上的龙头。为了使预算管理得到顺利推行，预算管理所需的各项计划、标准、业务流程和实践信息反馈等必须满足预算管理的要求，才能推动和发展全面预算管理的龙头作用。因此，只有加强公司的各种基础管理，才能使预算指标的制定更加科学合理，才能更好地体现公司的经营要求，也有利于防止目标置换的倾向。

提高预算管理人员、业务人员的素质。预算管理具有全面覆盖的特点，全面反映了公司生产经营的各个方面，一方面作为预算管理人员，必须了解生产经营的各个方面，才能起到预算审核和管理的作用；另一方面各业务部门为了安排好各项内容的费用预算，需对各项工作进行详细的计划，对工作过程中将发生的各项费用支出进行测算，相应对费用支出的水平和费率进行分析判断或制定一系列内容控制的标准和方法，所有这一切都需要业务人员逐渐具有财务管理知识，因此，预算管理人员和专业管理人员只有通过不断地学习互为促进和配合，才能从根本上改变管事和管钱两者分离的现象，提高预算的管理水平。

综合来看，全面预算管理思想体现于企业的全过程，具有很广泛的意义，目前国内一些管理比较先进的企业，如“邯钢”推行的管理方法，就体现了这一思想，展现出强大的竞争力，因此，国电四川公司有必要加强认识并认真推行全面预算管理。

控制的根本点在于分析，重在反馈。通过比较预算实施结果与预算目标之间的差异，进一步分析产生差异的原因，并在此基础上制定措施，为下期制定目标提供依据。

强化业务预算和资本预算。加强业务预算、资本预算的编制和管理应用，在此基础上，形成并应用财务预算。协调全面预算管理与生产计划管理的关系，充分重视业务职能部门在业务预算、资本预算管理中的核心作用。在业务预算编制中，应重视发挥基层各单位的作用，通过预算的编制和上下协商，确定工作目标，为公司精细化管理打下基础。在业务预算中，应确立以目标利润为起点的管理思路。在业务预算、资本预算基础上形成的财务预算应更加合理和内容充分，为企业加强资金和成本管理、分析财务状况和经营水平创造条件。

健全内部控制制度和业绩评价系统。实施预算管理的目的在于强化内部经营管理，控制投资和成本费用支出，提高企业的经济效益。针对预算考核上存在的问题，应在严格考核、硬兑现、强化预算管理约束力的前提下，建立和完善科学的预算考核指标体系，以财务考核指标为中心，建立科学的预算考核指标体系，确保预算考核的顺利实施。

第十三章　合同管理控制技术

合同是企业与自然人、法人及其他组织等平等主体之间设立、变更、终止民事权利义务关系的协议。合同包括书面合同和口头合同。在市场经济环境下，合同已成为企业最常见的契约形式，甚至可以说，市场经济就是合同经济。然而，合同管理往往又是企业内部控制中最容易疏忽和薄弱的环节之一。如果企业未订立合同、未经授权对外订立合同、合同对方主体资格未达要求、合同内容存在重大疏漏和欺诈，会导致企业合法权益受到侵害；如果合同未全面履行或监控不当，又可能导致企业诉讼失败，经济利益受损；如果合同纠纷处理不当，则会损害企业利益、信誉和形象。为此，制定了合同管理应用指引，有针对性地提出：①企业对外发生经济行为，除即时结清方式外，应当订立书面合同。对于影响重大、涉及较高专业技术或法律关系复杂的合同，应当组织法律、技术、财会等专业人员参与谈判，必要时可聘请外部专业人员参与相关工作；谈判过程中的重要事项和参与谈判人员的主要意见，应当予以记录并妥善保存。②企业应当根据协商、谈判结果，拟定合同文本，明确双方的权利义务和违约责任，并严格进行审核。合同文本须报经国家有关主管部门审查或备案的，应当履行相应程序。③企业应当按照规定的权限和程序与对方当事人签署合同。正式对外订立的合同，应当由企业法定代表人或其授权代理人签名或加盖有关印章。属于上级管理权限的合同，下级单位不得签署。④企业应当加强合同信息安全保密工作，未经批准，不得以任何形式泄露合同订立与履行过程中涉及的商业机密或国家机密。⑤企业应当遵循诚实信用原则严格履行合同，对合同履行实施有效监控，发现有显失公平、条款有误或对方有欺诈行为等情形，或因政策调整、市场变化等客观因素，已经或可能导致企业利益受损的，应当按照规定程序及时报告，并经双方协商一致，按照规定权限和程序办理合同变更或解除事宜；存在合同纠正情形的，应依据国家的相关法律法规，在规定时效内与对方当事人协商并按照规定权限和程序及时报告，协商无法解决的，根据合同约定选择仲裁或诉讼方式解决。⑥企业应当建立合同履行情况评估制度，至少于每年年末对合同履行的总体情况和重大合同履行的具体情况进行分析评估，对分析评估中发现的不足或问题应及时加以改进。企业需要建立一系列制度体系和机制保障，促进合同管理的作用得到有效发挥。

第一节　合同管理控制流程

合同管理从大的方面可以划分为合同订立阶段和合同履行阶段。合同订立阶段包括合同调查、合同谈判、合同文本拟定、合同审批、合同签署等环节；合同履行阶段涉及合同履行、合同补充和变更、合同解除、合同结算、合同登记等环节。图 13–1 列示的合同管理流程具有一定的通用性。

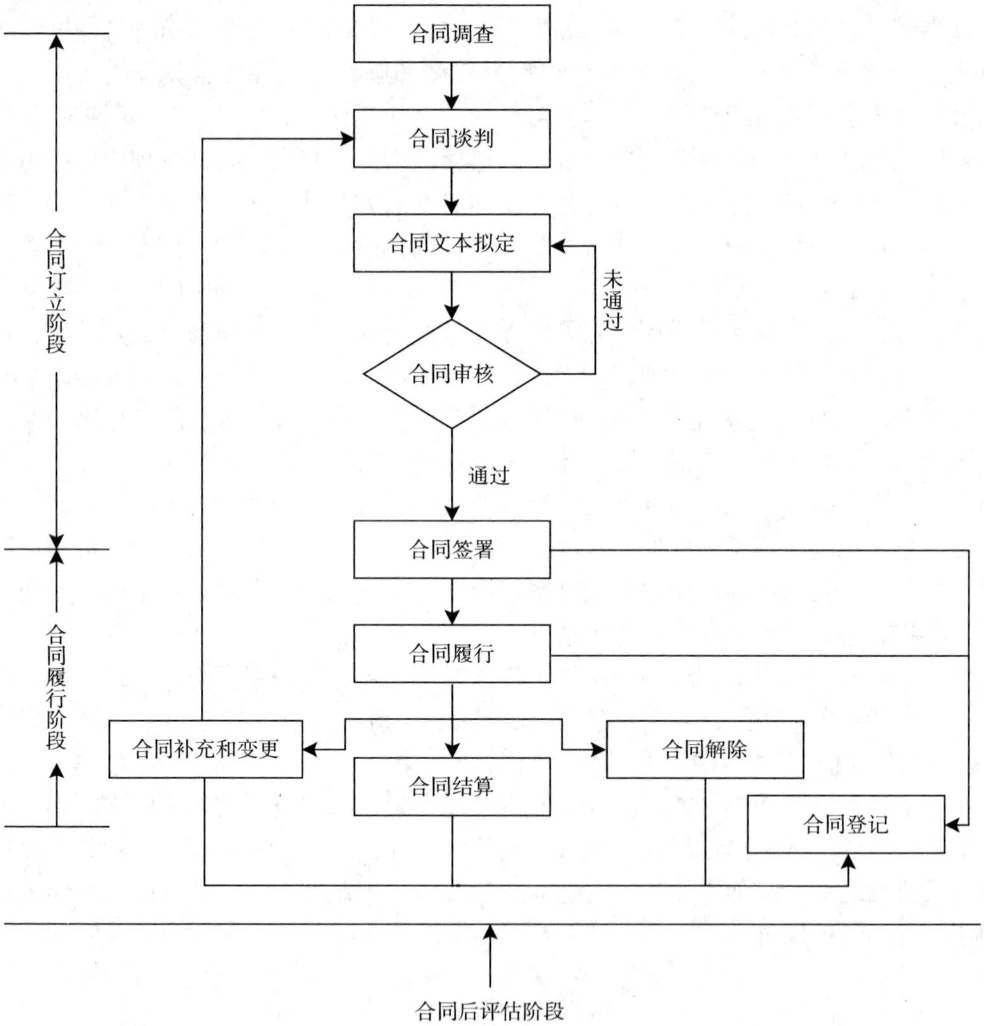

图 13–1　合同管理控制流程

第二节　合同管理控制关键风险点

一、合同调查

合同订立前，企业应当进行合同调查，充分了解对方的主体资格、信用状况等有关情况，确保对方当事人具备履约能力。该环节的主要风险是：忽视被调查对象的主体资格审查，准合同对象不具有相应民事权利能力和民事行为能力或不具备特定资质，与不具备代理权或越权代理的主体签订合同，导致合同无效，或引发潜在风险；在合同签订前错误判断被调查对象的信用状况，或在合同履行过程中没有持续关注对方的资信变化，致使企业蒙受损失；对被调查对象的履约能力给出不当评价，将不具备履约能力的对象确定为准合同对象，或将具有履约能力的对象排除在准合同对象之外。

主要管控措施：

（1）审查被调查对象的身份证件、法人登记证书、资质证明、授权委托书等证明原件，必要时，可通过发证机关查询证书的真实性和合法性，关注授权代理人的行为是否在其被授权范围内，在充分收集相关证据的基础上评价主体资格是否恰当。

（2）获取调查对象经审计的财务报告、以往交易记录等财务和非财务信息，分析其获利能力、偿债能力和营运能力，评估其财务风险和信用状况，并在合同履行过程中持续关注其资信变化，建立和及时更新合同对方的商业信用档案。

（3）对被调查对象进行现场调查，实地了解和全面评估其生产能力、技术水平、产品类别和质量等生产经营情况，分析其合同履约能力。

（4）与被调查对象的主要供应商、客户、开户银行、主管税务机关和工商管理部门等沟通，了解其生产经营、商业信誉、履约能力等情况。

二、合同谈判

初步确定准合同对象后，企业内部的合同承办部门将在授权范围内与对方进行合同谈判，按照自愿、公平原则，磋商合同内容和条款，明确双方的权利义务和违约责任。该环节的主要风险是：忽略合同重大问题或在重大问题上作出不当让步；谈判经验不足，缺乏技术、法律和财务知识的支撑，导致企业利益损失；泄露本企业谈判策略，导致企业在谈判中处于不利地位。

主要管控措施：

（1）收集谈判对手资料，充分熟悉谈判对手情况，做到知己知彼；研究国家相关法律法规、行业监管、产业政策、同类产品或服务价格等与谈判内容相关的信息，正确制定本企业谈判策略。

（2）关注合同核心内容、条款和关键细节，具体包括合同标的的数量、质量或技术标准，合同价格的确定方式与支付方式，履约期限和方式，违约责任和争议的解决方法、合同变更或解除条件等。

（3）对于影响重大、涉及较高专业技术或法律关系复杂的合同，组织法律、技术、财会等专业人员参与谈判，充分发挥团队智慧，及时总结谈判过程中的得失，研究确定下一步谈判策略。

（4）必要时可聘请外部专家参与相关工作，并充分了解外部专家的专业资质、胜任能力和职业道德情况。

（5）加强保密工作，严格责任追究制度。

（6）对谈判过程中的重要事项和参与谈判人员的主要意见，予以记录并妥善保存，作为避免合同舞弊的重要手段和责任追究的依据。

三、合同文本拟定

企业在合同谈判后，根据协商谈判结果，拟定合同文本。该环节的主要风险是：选择不恰当的合同形式；合同与国家法律法规、行业产业政策、企业总体战略目标或特定业务经营目标发生冲突；合同内容和条款不完整、表述不严谨准确，或存在重大疏漏和欺诈，导致企业合法利益受损；有意拆分合同规避合同管理规定等；对于合同文本须报经国家有关主管部门审查或备案的，未履行相应程序。

主要管控措施：

（1）企业对外发生经济行为，除即时结清方式外，应当订立书面合同。

（2）严格审核合同需求与国家法律法规、产业政策、企业整体战略目标的关系，保证其协调一致；考察合同是否以生产经营计划、项目立项书等为依据，确保完成具体业务经营目标。

（3）合同文本一般由业务承办部门起草，法律部门审核；重大合同或法律关系复杂的特殊合同应当由法律部门参与起草。国家或行业有合同示范文本的，可以优先选用，但对涉及权利义务关系的条款应当进行认真审查，并根据实际情况进行适当修改。各部门应当各司其职，保证合同内容和条款的完整准确。

（4）通过统一归口管理和授权审批制度，严格合同管理，防止通过化整为零等方式故意规避招标的做法和越权行为。

（5）由签约对方起草的合同，企业应当认真审查，确保合同内容准确反映企业诉求和谈判达成的一致意见，特别留意“其他约定事项”等需要补充填写的栏目，如不存在其他约定事项时注明“此处空白”或“无其他约定”，防止合同后续被篡改。

（6）合同文本须报经国家有关主管部门审查或备案的，应当履行相应程序。

四、合同审核

合同文本拟定完成后，企业应进行严格的审核。该环节的主要风险是：合同审核人员因专业素质或工作态度原因未能发现合同文本中的不当内容和条款；审核人员虽然通过审核发现问题但未提出恰当的修订意见；合同起草人员没有根据审核人员的改进意见修改合同，导致合同中的不当内容和条款未被纠正。

主要管控措施：

（1）审核人员应当对合同文本的合法性、经济性、可行性和严密性进行重点审核，关注合同的主体、内容和形式是否合法，合同内容是否符合企业的经济利益，对方当事人是否具有履约能力，合同权利和义务、违约责任和争议解决条款是否明确等。

（2）建立会审制度，对影响重大或法律关系复杂的合同文本，组织财会部门、内部审计部、法律部、业务关联的相关部门进行审核，内部相关部门应当认真履行职责。

（3）慎重对待审核意见，认真分析研究，慎重对待，对审核意见准确无误地加以记录，必要时对合同条款作出修改并再次提交审核。

五、合同签署

企业经审核同意签订的合同，应当与对方当事人正式签署并加盖企业合同专用章。该环节的主要风险是：超越权限签订合同，合同印章管理不当，签署后的合同被篡改，因手续不全导致合同无效等。

主要管控措施：

（1）按照规定的权限和程序与对方当事人签署合同。对外正式对外订立的合同应当由企业法定代表人或由其授权的代理人签名或加盖有关印章。授权签署合同的，应当签署授权委托书。

（2）严格合同专用章保管制度，合同经编号、审批及企业法定代表人或由其授权的代理人签署后，方可加盖合同专用章。用印后保管人应当立即收回，并按要求妥善保管，以防止他人滥用。保管人应当记录合同专用章使用情况以备查，如果发生合同专用章遗失或被盗现象，应当立即报告公司负责人并采取妥善措施，如向公安机关报案、登报声明作废等，以最大限度消除可能带来的负面影响。

（3）采取恰当措施，防止已签署的合同被篡改，如在合同各页码之间加盖骑缝章、使用防伪印记、使用不可编辑的电子文档格式等。

（4）按照国家有关法律、行政法规规定，需办理批准、登记等手续之后方可生效的合同，企业应当及时按规定办理相关手续。

六、合同履行

合同订立后，企业应当与合同对方当事人一起遵循诚实信用原则，根据合同的性质、目的和交易习惯履行通知、协助、保密等义务。该环节的主要风险是：本企业或合同对方当事人没有恰当地履行合同中约定的义务；合同生效后，对合同条款未明确约定的事项没有及时协议补充，导致合同无法正常履行；在合同履行过程中，未能及时发现已经或可能导致企业利益受损情况，或未能采取有效措施；合同纠纷处理不当，导致企业遭受外部处罚、诉讼失败，损害企业利益、信誉和形象等。

主要管控措施：

（1）强化对合同履行情况及效果的检查、分析和验收，全面适当执行本企业义务，敦促对方积极执行合同，确保合同全面有效履行。

（2）对合同对方的合同履行情况实施有效监控，一旦发现有违约可能或违约行为，应当及时提示风险，并立即采取相应措施将合同损失降到最低。

（3）根据需要及时补充、变更甚至解除合同。①对于合同没有约定或约定不明确的内容，通过协商对原有合同进行补充；无法达成补充协议的，按照国家相关法律法规、合同有关条款或者交易习惯确定。②对于显失公平、条款有误或存在欺诈行为，以及因政策调整、市场变化等客观因素已经或可能导致企业利益受损的合同，按规定程序及时报告，并经双方协商一致，按照规定权限和程序办理合同变更或解除事宜。③对方当事人提出中止、转让、解除合同，造成企业经济损失的，应向对方当事人书面提出索赔。

（4）加强合同纠纷管理，在履行合同过程中发生纠纷的，应当依据国家相关法律法规，在规定时效内与对方当事人协商并按规定权限和程序及时报告。合同纠纷经协商一致的，双方应当签订书面协议；合同纠纷经协商无法解决的，根据合同约定选择仲裁或诉讼方式解决。企业内部授权处理合同纠纷，应当签署授权委托书。纠纷处理过程中，未经授权批准，相关经办人员不得向对方当事人作出实质性答复或承诺。

七、合同结算

合同结算是合同执行的重要环节，既是对合同签订的审查，也是对合同执行的监督，一般由财会部门负责办理。该环节的主要风险是：违反合同条款，未按合同规定期限、金额或方式付款；疏于管理，未能及时催收到期合同款项；在没有合同依据的情况下盲目付款等。

主要管控措施：

（1）财会部门应当在审核合同条款后办理结算业务，按照合同规定付款，及时催收到期欠款。

（2）未按合同条款履约或应签订书面合同而未签订的，财会部门有权拒绝付款，并及时向企业有关负责人报告。

八、合同登记

合同登记管理制度体现合同的全过程封闭管理，合同的签署、履行、结算、补充或变更、解除等都需要进行合同登记。该环节的主要风险是：合同档案不全，合同泄密，合同滥用等。

主要管控措施：

（1）合同管理部门应当加强合同登记管理，充分利用信息化手段，定期对合同进行统计、分类和归档，详细登记合同的订立、履行和变更、终结等情况，合同终结应及时办理销号和归档手续，以实行合同的全过程封闭管理。

（2）建立合同文本统一分类和连续编号制度，以防止或及早发现合同文本的遗失。

（3）加强合同信息安全保密工作，未经批准，任何人不得以任何形式泄露合同订立与履行过程中涉及的国家机密或商业秘密。

（4）规范合同管理人员职责，明确合同流转、借阅和归还的职责权限和审批程序等有关要求。

九、合同管理的后评估

合同作为企业承担独立民事责任、履行权利义务的重要依据，是企业管理活动的重要痕迹，也是企业风险管理的主要载体，为此，合同管理内部控制指引强调企业应当建立合同管理的后评估制度。企业应当建立合同履行情况评估制度，至少于每年年末对合同履行的总体情况和重大合同履行的具体情况进行分析评估，对分析评估中发现的合同履行中存在的不足，应当及时加以改进。

第三节　合同管理控制程序

一、合同的订立

企业应当根据协商、谈判等的结果，拟订合同文本，按照自愿、公平原则，明确双方的权利义务和违约责任，做到条款内容完整，表述严谨准确，相关手续齐备，避免出现重大疏漏。

企业应当对合同文本进行严格审核，重点关注合同的主体、内容和形式是否合法，合同内容是否符合企业的经济利益，对方当事人是否具有履约能力，合同权利和义务、违约责任和争议解决条款是否明确等。

企业应当按照规定的权限和程序与对方当事人签署合同。正式对外订立的合同，应当由企业法定代表人或由其授权的代理人签名或加盖有关印章。

企业应当建立合同专用章保管制度。合同经编号、审批及企业法定代表人或由其授权的代理人签署后，方可加盖合同专用章。

企业应当加强合同信息安全保密工作，未经批准，不得以任何形式泄露合同订立与履行过程中涉及的商业秘密或国家机密。

二、合同的履行

企业应当遵循诚实信用原则严格履行合同，对合同履行实施有效监控，强化对合同履行情况及效果的检查、分析和验收，确保合同全面有效履行。合同生效后，企业就质量、价款、履行地点等内容与合同对方没有约定或者约定不明确的，可以协议补充；不能达成补充协议的，按照国家相关法律法规、合同有关条款或者交易习惯确定。

在合同履行过程中发现有显失公平、条款有误或对方有欺诈行为等情形，或因政策调整、市场变化等客观因素，已经或可能导致企业利益受损的，应当按规定程序及时报告，并经双方协商一致，按照规定权限和程序办理合同变更或解除事宜。

企业应当加强合同纠纷管理，在履行合同过程中发生纠纷的，应当依据国家相关法律法规，在规定时效内与对方当事人协商并按规定权限和程序及时报告。合同纠纷经协商一致的，双方应当签订书面协议。合同纠纷经协商无法解决的，应当根据合同约定选择仲裁或诉讼方式解决。企业内部授权处理合同纠纷的，应当签署授权委托书。纠纷处理过程中，未经授权批准，相关经办人员不得向对方当事人作出实质性答复或承诺。

企业财会部门应当根据合同条款审核后办理结算业务。未按合同条款履约的，或应签订书面合同而未签订的，财会部门有权拒绝付款，并及时向企业有关负责人报告。

合同管理部门应当加强合同登记管理，充分利用信息化手段，定期对合同进行统计、分类和归档，详细登记合同的订立、履行和变更等情况，实行合同的全过程封闭管理。

第四节　合同管理控制案例分析

一、BOO 合同管理

BOO 是英文 Build—Own—Operate 的缩写，即建设—拥有—营运。BOO 既是项目建设模式，也是项目融资方式，在我国也称“特许权融资方式”，其含义是指国家或者地方政府部门通过特许权协议，授予签约方的投资企业承担公共性基础设施（基础产业）项目的融资、建造、经营和维护；在协议规定的特许权内，项目公司拥有投资建造设施的所有权，允许向设施使用者收取适当的费用，由此回收项目投资、经营和维护成本并获得合理的回报，但是并不将此基础设施项目移交给政府。

BOT（Build—Operate—Transfer）即建设—经营—移交。在标准的 BOT 方式中，私人财团或国外财团根据政府或所属机构对项目的建设和经营提供一种特许权协议，作为项目融资的基础，由项目的投资者和经营者安排融资，承担风险，开发建设项目，并在有限的时间内经营项目获取商业利润。最后，根据协议将该项目转让给相应的政府机构。有时，BOT 模式被称为暂时私有化过程。BOT、BOO 虽然操作方式不同，但基本特点是一致的，就是项目公司必须得到有关部门授予的特许经营权。但是 BOT 与 BOO 也有不同的地方：在 BOT 项目中，项目公司在特许期结束后必须将项目设施交还给政府，而在 BOO 项目中，项目公司有权不受任何时间限制地拥有并经营项目设施。从 BOT 的字面含义，也可以推断出基础设施国家独有的含义：作为私人投资者在经济利益驱动下，本着高风险、高回报的原则，投资于基础设施的开发建设，为收回投资并获得投资回报，私人投资者被授权在项目建成后的一定期限内对项目享有经营权，并获得经营收入。期限届满后，将项目设施经营权无偿移交给项目东道国政府（或管理部门）。由此可见，项目设施最终经营权仍然掌握在国家手中，而且在 BOT 项目整个运作过程中，私人投资者自始至终都没有对项目的所有权。BOO 方式，在项目建成后，私人拥有所建成项目的所有权和经营权，没有转让项目的期限，项目的所有权不再交还给政府（或管理部门）。但是，必须注意的是：

BOO 项目的经营是政府的特许经营权下进行的，而特许经营权是有条件限制的，如果项目的经营达不到（或不符合）特许经营协议内规定的条件，政府有权收回特许经营权，也意味着项目经营期限的结束。

世界银行在《1994 年世界发展报告》中指出，BOT 有三种具体形式：BOT、BOO、BOOT（Build—Own Operate—Transfer）。同时随着项目投资的多样化，项目融资模式的创新，在实践中还有一些变通形式。如 BTO（Build—Transfer—Operate），即建设—转让—经营，DBFO（Design—Build—Finance—Operate），即设计—建设—融资—经营，BLT (Build—Lease—Transfer)，即建设—租赁—移交。每一种 BOT 形式及其变形，都体现了对于基础设施项目政府所愿意提供的私有化程度。BOT 意味着一种很低的私有化程度，因为项目设施的所有权并不转移给私人。BOT 代表了一种居中的私有化程度，因为设施的所有权在一定的时间内转移给了私人。最后，就项目设施没有任何时间限制地被私有化并转移给私人而言，BOO 代表的是一种最高级别的私有化。

BOO 是狭义项目融资（Porject Financing），是一种无追索权或有限追索权的为项目筹集资金的融资方式。美国银行家彼德·内维特在其《项目融资》一书中是这样定义的，项目融资是“为一个特定经济实体所安排的融资，其贷款人在开始考虑安排贷款时，满足于使用该经济实体的现金流量和收益作为偿还贷款的资金来源，并且满足于使用该经济实体的资产作为贷款的安全保障”。或者说，BOO 的有限追索性，就是项目融资过程中仅以项目资产和项目在运行中产生的现金流量作为项目融资的担保，在项目产生风险时也仅对项目资产和现金流量拥有追索权，而不能对项目发起人进行追索。鉴于此，项目融资过程要有一系列的担保措施及相应法律文件，将风险做合理的分散，这就是信用保证结构。

投资者承担的风险比较大。BOO 项目的一个主要特点是项目风险由传统的“业主”(政府）无限期地转移给了项目的发起人和财团，而且 BOO 项目的建设与运营时间长，参与方多、关系错综复杂，各种风险贯穿于项目的全过程，包括设计、建造、运营、维护等，项目风险比较大。

融资总体成本较高。首先，由于 BOO 项目的建设资金大部分来自银行贷款，因此银行承担了较大的风险，要求的贷款利率要比普通贷款高；其次，BOO 项目融资要求繁多的担保与抵押，需要收取较高的手续费；另外，贷款方及其律师、技术专家在评估项目、推敲文件、设计担保方案时都要花费较多时间，增加了融资费用；最后，再加上谈判的费用，最终导致 BOO 项目融资产生较高的总成本。一个典型的 BOO 项目的主要参与人有政府或政府授权机构、项目公司、投资人、银行或财团、设计建造商、运营商、保险公司以及融资、技术、法律顾问等第三方中介机构（见图 13-2）。

政府是 BOO 项目的控制主体。政府决定着是否设立、是否采用 BOO 方式，并对将要实施的项目进行规划和研究；政府在 BOO 体系中扮演着重要角色，在从事这一活动中除了对项目公司的辅助外，还负责批准与项目公司的特许经营权协议，在谈判确定 BOO 项目协议合同时政府占据着有利地位。同时，它还有权在项目进行过程中对必要的环节进行监督。项目公司（业主）是项目的执行主体。其资本金由项目各方提供的股本金组成，同时也是获得项目所需投资的必要贷款的机制或途径；所有关系到 BOO 项目的筹资、分包、

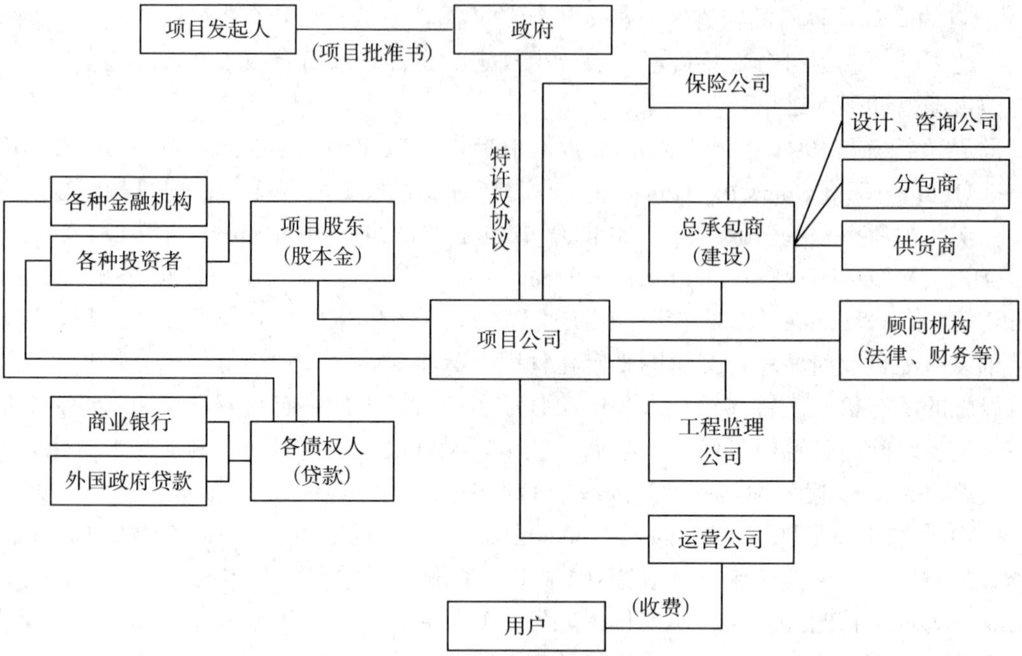

图 13–2　项目融资程序

建设、验收、经营管理体制以及还债和偿付利息的有关事宜都由业主负责；大型基础设施项目通常专门设立项目公司作为业主，是具有与政府签订项目实施特许经营权必要协定以及与设计单位、建筑承包商、设备承包商、原材料供应商签订合同或其他合约的法人实体。银行或银团通常是 BOO 项目的主要出资人，通过发行债券或提供贷款，或其他投资方式为项目实施提供必要的融资。对于中小型的 BOO 项目，一般单个银行足以为其提供所需的资金，而大型的 BOO 项目往往使单个银行感觉力不从心，从而组成银团共同提供贷款，由于 BOO 项目的负债率一般高达 70%~90%。所以贷款往往是 BOO 项目的最大资金来源。银行一般有以下两种方式融资：第一种方式是无追索权项目融资，贷款银行和作为贷款及其利息偿还担保的投资机构依赖于由场地、机械、设备及为项目实施提供服务所得收益组成的项目本金；第二种方式是有限追索权项目融资，在偿还债务的担保中，银行依赖于项目资本金，此外还有项目股东的个人或实物担保，直至项目建设和运营完成之后这一担保才结束，投资再次变成无追索权项目融资。投资人（项目公司发起人）是 BOO 项目的风险承担主体。他们以投入的资本承担有限责任，尽管原则上讲政府和私人机构分担风险，但实际上各国在操作中差别很大，发达市场经济国家在 BOO 项目中分担的风险很小，而发展中国家在跨国 BOO 项目中往往承担很大比例的风险。用户是项目产品（或服务）的购买者（或消费者）。

项目融资结构。从不同的角度来考察，BOO 既是一种基础设施建设方式，有时也称“公共工程特许权”，只是这种建设形式通常采用项目融资这种方式来筹资。同时，BOO 又是一种筹资方式。因此，BOO 项目可以通过项目融资来借款，也可以通过其他方式来借款。BOO 融资过程：①项目投资者出资注册项目公司。项目公司负责与政府机构签订特许协议。②商业银行同项目公司签订贷款协议，并接受担保。③项目公司与承包商签订建设施工合同，接受保证金，同时接受分包商或供应商保证金的转让，与经营者签订经营协议。④项目公司向担保信托方转让收入。

从总体上讲，资金来源不外乎权益资本和债务资本两大渠道，其中债务资本又可以大体分为贷款、发行债券和租赁。BOO 项目的筹资一般采用将项目发起人提供的股本金与商业银行、国际金融机构和政府放款人等提供的贷款结合在一起的办法。融资成本高是 BOO 项目融资的一大缺点。因此，在借贷资金中采用多种借款方式组合，对于降低项目的资金成本是十分必要的。发起人资金是项目发起人的出资，一般多为自有资金。由于项目投资较大，政府在进行招标时，投标人的资金实力成为一个重点考虑的因素。发起人资金可以是国有法人资金，也可以是民营资金。银行贷款是项目主要的资金来源。政府在进行项目招标时，要求投标人同时提供相应的融资方案。融资方案的深度和可行性是重点考虑的因素，投资人应具有较强的融资能力。由于是无追索权或有限追索权的融资，因此，国内商业银行对 BOO 项目融资一般比较谨慎，通常要求融资人提供担保或抵押。我国国内银行对项目的贷款一般按期限分为长期贷款和短期贷款。基本建设贷款是长期贷款的用途之一，是银行根据国家基本建设投资计划，用于以扩大生产能力或增加工程效益为目的的新建、扩建或改建项目的贷款。贷款利率主要按通货膨胀率、宏观经济调控需要以及资金供求关系适时进行调整。外国政府贷款。外国政府贷款是外国政府作为政府信贷向我国政府提供的长期优惠贷款，属于政府间的开发援助。它的偿还期一般为 20~30 年，年利率只有 2%~3%。政府信贷政治性强，只有双方对国际形势、区域政治达成一定共识才有可能签订贷款协议。此类贷款一般投入借款国非盈利的开发项目，如城市基础设施、交通、能源等项目，或者是贷款国的优势行业，有利于向该国出口设备。

项目公司根据特许权协议或合同规定的技术和时间等要求，对项目的勘察设计、施工建设、工程监理、材料设备采购等进行公开招标，优选项目建设的参与单位。项目建设招标的工作好坏直接影响着整个项目建设投资的控制效果。工程建设招投标工作可以保证项目最优的技术、最佳的质量、最低的价格和最短的周期来完成。为规避风险，现在大型建设项目的设计、施工、监理和材料设备采购招标，通常引入招标代理这样的专业中介机构，使整个招标过程更加专业、高效。

谈判签约。合同谈判是合同签订双方是否签订合同以及合同具体内容达成一致的协商过程。在项目评标结束后，由计划合同部牵头，公司主要领导、各部门负责人及法律顾问参加，组织合同谈判小组，分别与设计、施工、监理业务的中标单位进行谈判，谈判的主要内容：项目内容和范围的确认，技术要求、技术规范和施工技术方案，价格调整条款，合同款支付方式，工期和维修期，争端的解决以及其他改善合同条款的问题等。经过双方几个回合的讨论和妥协，在原投标文件的基础上，就整个合同达成了基本一致意见，共同确定最终正式合同文本和签署合同。BOO 项目由于建设周期长、合同金额大、参建单位多和项目之间接口复杂等特点，加强合同管理具有十分重要的意义。

合同管理是建设项目管理的核心。任何一个建设项目的实施，都是通过签订一系列的承发包合同来实现的。通过对承包内容、范围、价款、工期和质量标准等合同条款的制订和履行，业主和承包商可以在合同环境下调控建设项目的运行状态。通过对合同管理目标责任的分解，可以规范项目管理机构的内部职能，紧密围绕合同条款开展项目管理工作。因此，无论是对项目公司本身的内部管理，还是对承包商的管理，合同始终是建设项目管理的关键。一个典型的 BOO 项目的主要参与者有政府或政府授权机构、股东、项目公司、放贷方（代理银行）、设计建造商、运营商、保险商、用户、原料供应商以及融资、技术、法律顾问等第三方中介机构。BOO 项目的合同分类有多种多样，采用不同的划分标准，就有不同的分类方法。如按签约各方的关系分类；按合同计价方式分类；按承包范围分类等。为便于工程造价的总体控制，对合同进行分类，并依据各类合同的特性进行管理是必要的。按照项目实施阶段划分，将其分为项目公司组建合同、项目建设合同、项目运营合同三部分（见图 13-3）。

BOO 模式的合同管理与其他工程项目的合同管理相比，工程项目的合同管理内容单一、环节少、风险低。而 BOO 项目的合同管理具有种类多、内容复杂、涉及面广、要求高、周期长、风险高等特点。

合同种类多。从 BOO 项目一开始，就有投资者协议、特许权协议、贷款协议等；在

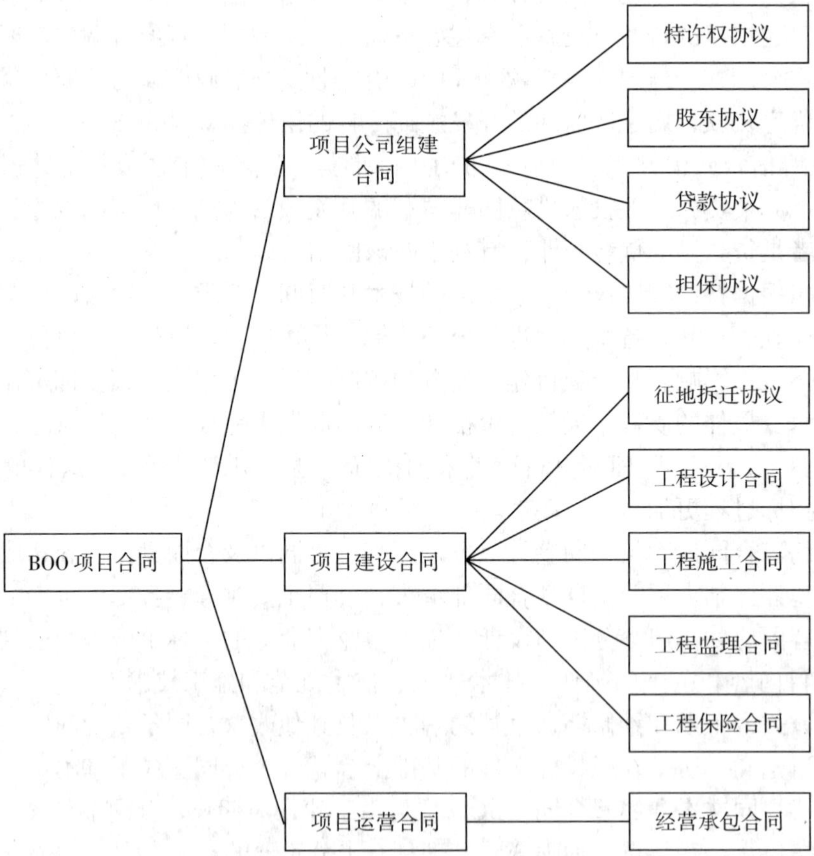

图 13-3 BOO 项目合同的分类

项目建设过程中有勘察设计合同、委托监理合同、工程承包合同、工程保险合同及工程建设材料采购合同等；在项目建成运营后，将有运营管理协议、与用户的运输协议或合同等。有时一项协议或合同签订后，还会因项目的变化签署补充协议或合同等，因此，BOO项目的合同种类繁多。

合同内容复杂。由于项目合同的“标的物”特殊、履行周期长等特点，内容复杂。如施工合同条款除《合同法》规定的工程范围、建设工期、中间交工、工程的开工和竣工时间、工程质量、工程造价、技术资料交付时间、材料和设备供应责任，拨款和结算、竣工验收、质量保修范围和质量保证期、双方相互协作等条款外，还有如有关图纸、技术资料，保证工期的进度计划，提前或延误工期的责任、价款的预付和调整、设计变更、现场“三通一平”、地下障碍、工程分包、不可抗力、合同解除、缓建等重要内容。我国建设工程施工合同示范文本通用条款就有 11 大部分，共 47 个条款、173 个子款；国际 FIDCI 施工合同通用条款有 25 节，共 72 个条款、194 个子款、20 多万个印刷字符。BOO 项目的合同谈判数量多、时间较长，而且非常复杂，因为项目建设与运营牵涉到一系列合同以及相关条件，必须准备花费大量的时间和精力进行谈判和修改合同，在谈判结束以后必须签署相关协议和合同，以确保项目建设的顺利进行。

股东协议。出资协议又叫合资协议，在不同的项目投资结构中，这种合资协议会有不同的称谓和作用。该项目采用了有限责任公司投资结构，在这种结构中，合资协议又称股东协议。股东协议中应明确规定以下条款：应明确定义和说明投资项目的经营范围，包括明确投资者之间的法律经济关系，明确每一个投资者在合资项目中的责任和权益，以及利益的分配方式。各股东的出资额及比例；出资方式和资金到位的时间安排。本项目资本金考虑以现金方式出资，并在规定的时间内必须到账。不确定性的资本补充条款。项目的管理和控制条款。出资协议中应明确规定项目的管理机制，包括重大问题的决策和日常的生产管理两个方面。违约行为的处理方法条款。违约行为是指合资结构中某一投资者未能履行合资协议中所规定的义务，一个投资者的违约行为有可能立即造成非违约方甚至整个项目的重大损失。因此，在合资协议中需要对违约事件的处理作出明确的规定。

贷款协议。一般贷款与 BOO 项目融资的主要区别在于：前者是银行贷款给借款人，由借款人用于投资，银行注重借款人的自身信用，并要求借款人以自有资产作担保；但 BOO 项目融资是银行直接将款项贷给某一投资项目，银行注重的是该投资项目建成后的经营收益和资产，偿还贷款本息的义务由项目公司承担，而不是由投资者承担。因此，银行对如期足额偿还贷款尤为关注。若得不到充分保证，银行决不会将巨额资金投到还款得不到保障的项目。贷款协议（或借款合同）是贷款过程基本文件，它规定了贷款过程中的基本条件，包括贷款期限、利率、用途、分期用款计划、还款计划、借贷双方的权利和义务、违约责任等。协议条款要符合现行的法律规定，同时建设项目在经济上和技术上是可行的。对合同签订双方来说，贷款协议具有强制性，是各方履行义务和享有权利的文件。在贷款协议正式签署以前，银行会要求项目具备以下条件：项目已经过政府部门批准立项。项目可行性研究报告和项目设计预算已经政府有关部门审查批准。项目的技术、设备先进适用，配套完整，有明确的技术保证。项目的生产规模合理。项目有良好的前景和发展潜力，盈利能力较强。项目投资的成本以及各项费用预测较为合理。项目生产所需的原料来源稳定可靠，并已经签订供应协议。项目建设地点及建设用地已经落实。项目建设以及生产所需的水、电、通信等配套设施已经落实。项目已作出完整的经济评价，有较好的经济效益和社会效益。其他与项目有关的建设条件已经落实。以上手续完全齐备后，银行可考虑同项目公司签署贷款协议。考虑到项目融资的特殊风险，一般来说，银行都有要求签署担保协议。

担保协议。BOO 项目的担保协议有很多，这里指的是贷款担保协议。贷款方通常要求借款方与其签订协议，以项目公司的所有或部分合同权益、现有资产、未来收入以及其他有形或无形的资产作为未来的还款保证。项目担保人包括项目投资者、与项目利益有关的第三方参与者如政府等，以及商业担保人，如各种商业性的保险公司。

特许权协议。特许权协议是政府授予项目发起人以开发或建设特定项目的权利和从事经营的权利的法律文件。BOO 方式中的特许权协议，是整个 BOO 方式运作的基础，也是贷款人对项目贷款的基础。政府出于提高这类基础设施建设和运营水平的目的，将项目的建设和经营权出让给项目公司。特许权协议是 BOO 方式和非 BOO 方式的一个重要区别。在 BOO 项目中，政府和项目公司在一定程度上处于平等的地位，特许权协议规定了双方的权利和义务。BOO 项目特许权协议的主要内容一般包括：特许权协议各方的法定名称、住所；项目特许权的内容、方式及期限；项目工程设计、建造施工、经营和维护标准；项目的组织实施计划和安排；项目成本计划和收费方案；签约双方各自权利、义务与责任；项目转让、抵押、征收、中止条款；罚责与仲裁等。

建设承包合同。工程施工合同通常包括以下部分：合同条款（包括一般条款和特殊条款）；技术资料和说明；图纸；协议书；招标规定和说明（投标组织及有关说明资料）；投标书中标有价格的工程量清单和费率等；补遗及附录。施工合同文本适用于各类公用建筑、民用建筑、工业厂房、交通设施及线路、管道的施工和设备安装。《建设工程施工合同》（示范文本）由协议书、通用条款、专用条款三个部分组成，并附有《承包人承揽工程项目一览表》、《发包人供应材料设备一览表》和《工程质量保修书》三个附件。第一部分是“协议书”，是施工合同的核心部分。主要规定了合同中的工程概况、工程承包范围、合同工期、质量标准、合同价款、组成合同的文件、承包人对发包人的承诺、发包人对承包人的承诺、合同生效等这些合同当事人双方权利和义务的主要内容，而且当事人双方在这一部分文件上要签字盖章，因此，具有很高的法律效力。第二部分是“通用条款”，属于施工合同的共性条款，适用于各类工程项目的建筑安装，对当事人双方的权利和义务作出了详细规定，除了双方通过协商一致在专用条款中对某些条款作出修改、补充或取消外，当事人都需要履行。主要有 11 个部分共 47 个条款 173 个子款。词语定义和合同条件；双方的一般权利和义务；施工组织设计和工期；质量与检验；安全施工；合同价款与支付；材料设备供应；工程变更；竣工验收与结算；违约、索赔与争议；其他。第三部分是“专用条款”，属于施工合同的个性条款。因为每一份施工合同的签订涉及的是一个具体的工程项目，而每个具体的工程项目都有自身的特点、性质和内容，再加上每个工程项目的环境和条件也不相同，发包人与承包人的能力也有差异，所以仅有“通用条款”不能满足每个具体工程项目的需要，必须配以"专用条款"，当事人双方可以在协商一致的基础上对某些条款进行修改或补充，使第二部分和第三部分的条款成为双方统一意愿的体现，"专用条款"也是由 11 个部分 47 个条款组成。

二、合同管理程序

管理程序指规范项目各类合同谈判与起草、合同审核与签订、合同登记与保管、合同执行与监督、合同变更处理、合同结束与归档等工作流程，明确各部门在合同管理工作流程中的职责，见图 13–4。合同管理工作的程序是现代化项目管理的要求，是合同管理工作标准化的基础，是做好合同管理的一项根本性的管理基础工作，是确保合同履行与项目执行成败的关键。

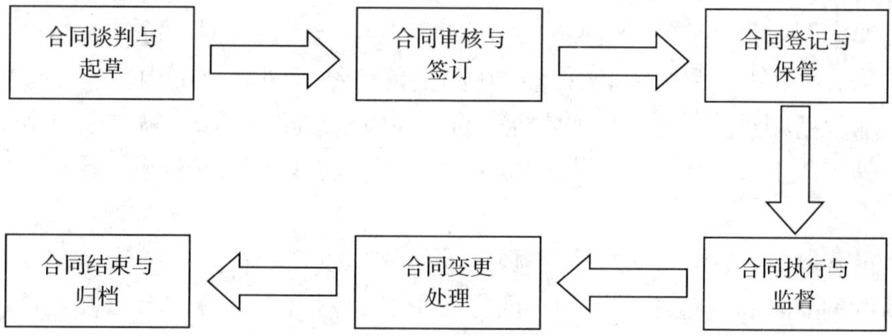

图 13–4　合同管理程序

（1）合同谈判与起草。合同谈判是合同当事人是否签订合同以及合同具体内容达成一致的协商过程。合同谈判的内容因项目和合同性质、招标文件规定等的不同而有所不同。一般来讲，合同谈判会涉及合同的商务和技术的所有条款，可能涉及的主要内容有：关于项目内容和范围的确认；关于技术要求、技术规范和施工技术方案；关于价格调整条款；关于合同款支付方式；关于工期和维修期；关于争端的解决；其他改善合同条款的问题等。在呼准铁路项目的合同管理中，由计划合同部负责牵头、组织合同谈判，并负责谈判过程中商务问题的谈判与把关。作为项目业主方，通过谈判，可以了解投标者报价的构成，进一步审核报价；进一步了解和审查投标者的施工规划和各项技术措施是否合理，以及负责项目实施的班子力量能否保证工程的顺利实施。同时，各部门也设置了兼职档案员，负责对本部门的各种资料进行登记和管理，根据分工职责，对超越权限的、不能在本部门留存的合同管理资料要及时整理、上交。合同登记与保管工作非常烦琐，需要花费大量的时间和精力，要求合同管理人员要有强烈的责任心和奉献精神。特别是原始的工程资料都是在合同实施的过程中产生的，是由业主、承包商及项目的管理人员提供的，建立这些文档与对这些文档进行管理对日后工程的索赔、结算、验收，甚至争议解决等有着十分重要的意义。

合同起草由负有主要管理责任的部门安排专人负责，计划合同部负责提供合同范本。起草合同是按照有关法律法规，以书面形式明确项目内容和范围、技术标准、工期，以及合同双方的权利和义务关系的制订过程，如有关法律、法规、政府部门、行业惯例约定的合同示范文本，应尽量按合同范本为基础起草或修改。如工程采购合同一般都采用FIDIC《土木工程施工合同条件》作为范本，并根据项目的具体情况进行修改，FIDIC施工合同条件，是工程承包的国际惯例，具有成熟、规范、严格和公正的特点，使用FIDIC合同条件，不仅能提高合同的起草质量，还能熟悉国际惯例，便于参与国际竞争。合同谈判与起草是一项高智力的、涉及全面的、专业性与技术性强的、极为复杂的管理工作。具体地说就是不仅要通晓法律知识，还要熟知工程项目的运作规律。因此，首要的任务是必须具备高素质的人才，对合同谈判前进行充分的准备，要认真分析对方的谈判人员、谈判目标、合同文本等，事前拟订谈判的方案；在合同起草中当事人双方的权利、义务必须明确、具体，文字表达要清楚、准确，合同条款要求严密、完整。如在某工程施工合同中写明价款采用固定价格方式，在合同价款中包括的风险范围一栏写道：钢筋含量除外，设计变更调整按招标下浮率同比例调整。于是竣工结算时，业主与承包商对"除外"这一表述各执一词，业主认为，"除外"是指钢筋含量不在固定价格结算风险范围内，应当按实计算，同比例下浮。承包商则认为，"除外"是指钢筋不在下浮之列。因此，重视合同的条款措辞，在合同条款的措辞上仔细斟酌、反复推敲尤其重要，防止出现歧义并导致竣工结算时出现争议。

（2）合同审核与签订。合同审核是根据项目的招投文件、有关的法律法规规定，以及项目管理制度的要求，通过组织评判、会签等形式，对合同条件的合法性、严密性、可行性进行审查审批的过程。负有管理责任的部门在完成合同草本后，报计划合同部进行初审，计划合同部将组织有关部门和人员按照合同审核程序组织评审。在合同审核与签订过程中，严格遵守合同评审程序是最重要的环节，因为合同条款多、内容复杂、前后逻辑性强，特别是有的合同条款专业性强，合同条款难免有挂一漏万的情况，就是说不全面、不完整，有缺陷、有漏洞。通过合同审核，可以发挥各方人士的管理专长，及时发现、修改问题。同时，充分发挥法律顾问的帮助与指导作用也很重要，可以做到事前预防，有效地减少合同纠纷，确保合同的全面履行。在合同管理中，坚持合同"五不签"的原则，即"未经审查的合同不签、不合法的合同不签、低于成本价的合同不签、有失公平的合同不签、不合招投标程序的合同不签"，这样确保了签订合同质量，有效避免了合同陷阱。

（3）合同登记与保管。合同登记与保管是对签订的合同文件及相关资料，由有权管理的部门进行登记造册保管，便于工作需要时能及时查阅使用。合同文件属于重要的法律性文件，要建立合同文档系统，专人负责，并制定相应的管理制度来规范和约束。

（4）合同执行与监督。合同执行与监督，是按照合同的要求严格履行我方权利与义务并监督对方单位履行权利与义务，随时了解合同履行情况，发现问题及时处理，对合同条款的执行情况进行监督和评估。合同执行与监督主要工作内容是做好合同分析。计划合同部通过对合同的总体分析和详细分析，形成合同执行文件，使业务部门的执行人员明确合同责任在哪里，便于实施全员合同控制。合同总体分析，分析的重点是合同协议书和合同文件，把合同规定落实到全局性问题上。合同详细分析，就是把合同规定的内容落实到合同事件上，通过制作合同事件表把合同的责任分解到具体的人员或岗位上。在合同执行与监督过程中，合同结算是合同履行的主要环节和内容，合同管理部门应与财务部门密切配合，把好合同的结算关，这既是对合同签订的审查，也是对合同履行的监督。另外，对违约合同的处理也是重要环节，当合同履行过程中出现违约情况时，对合同负有主要管理责任的部门应及时将情况上报主管职能部门，并提出相应的处理意见。涉及合同违约金支付、收取情况的，应报工程、财务等部门进行金额核算，并听取和征求法律顾问的意见，合同违约需诉讼解决时，合同责任部门要积极配合法律顾问进行诉讼。

（5）合同变更处理。由于 BOO 项目建设的复杂性，一方面，在合同的实施过程中经常会受到外界的干扰，呈波浪形向合同目标靠拢，这就需要及时发现，并加以调整；另一方面，合同本身也在不断变化，绝对不变的合同是不存在的。合同变更是否频繁是 BOO 合同审查的主要工作内容，包括有合同效力的审查，即合同当事人的主体资格是否合法、订立程序是否违反法定程序、订立的合同是否违反其他法律和行政法规等；合同内容的审查，即对合同的范围、工期、造价、质量、违约责任等条款进行审查，原则上应对合同的每项条款都进行仔细的审查。计划合同部将组织合同评审意见汇总后，反馈到起草部门，由起草部门与合同当事人协商，并将协商结果再次报计划合同部，由其再次组织合同审核，经过几轮审核直至意见统一后形成正式合同文本。在合同的评审中，法律顾问全程参与指导监督，帮助研究、斟酌合同的条款，对合同的合法性、严密性进行把关，最后由计划合同部草拟审批手续后，报请合同管理领导小组审批同意，与合同当事人签订合同。

合同变更的主要原因有项目设计调整或错误、环境变化、合同实施出现问题而必须调整合同目标或修改合同条款等。在合同实施过程中，并不是所有的变更都可以作为合同变更的。合同的变更应当根据合同条款的有关约定，经当事人协商一致，达成变更协议后，对合同进行修改或补充。合同变更的处理要迅速、全面、系统，变更指令要立即在工程实施中贯彻并体现出来，以免影响项目建设进展，造成不必要的投资损失。在处理合同变更时，一定要采用书面形式，同时需听取监理工程师和法律顾问的意见。

（6）合同结束与归档。合同结束，意味着合同的权利和义务履行完毕，合同生命周期的结束。

合同管理部门要及时撰写合同管理总结报告，分析合同执行过程中好的做法和存在的问题，开展合同管理的后评价，评价合同项目“三控制”（进度、质量、投资）的成果，针对合同项目管理部门的职责，检查对合同项目实施管理的情况，并将后评价的结果作为对合同管理责任单位考核和奖惩的重要依据，进一步完善合同管理制度，提高合同管理水平。合同文本及相关资料是重要法律文件，是重要的证据性资料，合同履行结束之后，要及时建账归档并妥善保存。主要是因为项目建设运营周期长，面临情况复杂，在经过一个长时间的建设运营之后，很多具体问题仍需要依靠当时的资料作为证据。如项目建造完成后竣工验收的有关资料，需要长期保留，对某些不太重要的资料，在达到销毁年限并履行相关手续后才能销毁。因此，合同归档时既要重视合同文本，又要重视相关资料的归档情况，做好合同归档工作绝不是简单的文档管理问题，应落实责任，专人负责。

三、防范合同风险

BOO 项目的一个主要特点是项目风险由传统的“业主”（政府）无限期地转移给了项目的发起人和财团，而且 BOO 项目的时间长，参与方多，关系错综复杂，各种风险贯穿于项目的全过程，包括设计、建造、运营、维护等，体现在每一个参与方身上，项目发起人能否取得 BOO 项目的成功并获得利润，在很大程度上取决于能否辨识风险，并把各种风险合理分配给各参与方分别承担。

合同风险是合同中的不确定因素，它是项目风险、业主资信风险、外界环境风险的集中反映和体现。合同风险是客观存在的，是由项目建设的复杂性决定的，是合同双方必须共同承担的。根据合同主体行为，可将其分为客观性合同风险和主观性合同风险。

客观性合同风险是由法律法规、合同条件以及国际惯例规定的，其风险责任是合同双方无法回避的，通过主观努力往往无法控制的风险。对项目公司来说，可能遇到的如政治局势变动、突发的自然灾害、政策的变化等不可抗拒的风险均属于客观性合同风险。

主观性合同风险是由人为因素引起的，同时能通过人为因素避免或控制的合同风险。如人为的过错、疏忽、遗漏等，也有恶意的人为因素，比如合同当事人之间的串通、腐败等行为。在相当多的国内项目建设中，业主利用有利的竞争地位和起草合同条款的便利条件，在合同协议中通过苛刻的条件把风险隐含在合同条款中，让承包商就范。而承包商为了承揽工程，在合同协议中，对自身权利不敢据理力争，任其摆布。对合同谈判只重视价格和工期，对其他条款不予注意，这样即使不平等的合同也愿意签，甚至有欺骗的合同也敢签，在合同签订上表现出极大的盲目性和随意性。

第十四章　内部信息传递控制技术

内部信息传递是企业内部各管理层级之间通过内部报告形式传递生产经营管理信息的过程。《企业内部控制基本规范》十分重视信息与沟通这一控制要素，多次强调内部信息传递的重要性。为此，专门制定了内部信息传递应用指引，梳理出相关重要风险：如果企业内部报告系统缺失、功能不健全、内容不完整，可能会影响生产经营的有序运行；如果内部信息传递不通畅、不及时，则可能导致企业决策失误、相关政策措施难以落实；如果内部信息传递中泄露商业秘密，则会削弱企业核心竞争力。针对这些重要风险，内部信息传递应用指引要求企业建立科学的内部信息传递机制，明确内部信息传递的内容、保密要求、传递方式以及各管理层级的职责、权限等，促进内部报告的有效利用，充分发挥内部报告的作用。①企业应当根据发展战略、风险控制和业绩考核要求，科学规范不同级次内部报告的指标体系，采用经营快报等多种形式，全面反映与企业生产经营管理相关的各种内外部信息。②企业应当制定严密的内部报告流程，充分利用信息技术，强化内部报告信息集成和共享，将内部报告纳入企业统一信息平台，构建科学的内部报告网络体系。③企业应当拓宽内部报告的渠道，通过落实奖惩措施等多种有效方式，广泛收集合理化建议。④企业应当重视内部报告的使用。企业各级管理人员应当充分利用内部报告管理和指导企业的生产经营活动，及时反映全面预算执行情况，协调企业内部相关部门和各单位的运营进度；企业应当有效利用内部报告进行风险评估，准确识别和系统分析企业生产经营活动中的内外部风险，确定风险应对策略。

第一节　内部信息传递控制流程

企业应当加强内部报告管理，全面梳理内部信息传递过程中的薄弱环节，建立科学的内部信息传递机制，明确内部信息传递具体要求，关注内部报告的有效性、及时性和安全性，促进内部报告的有效利用，充分发挥内部报告的作用。图 14–1 列示的内部信息传递流程具有普适性。企业在实际操作中，应当充分结合自身业务特点和管理要求，构建和优化内部信息传递流程。

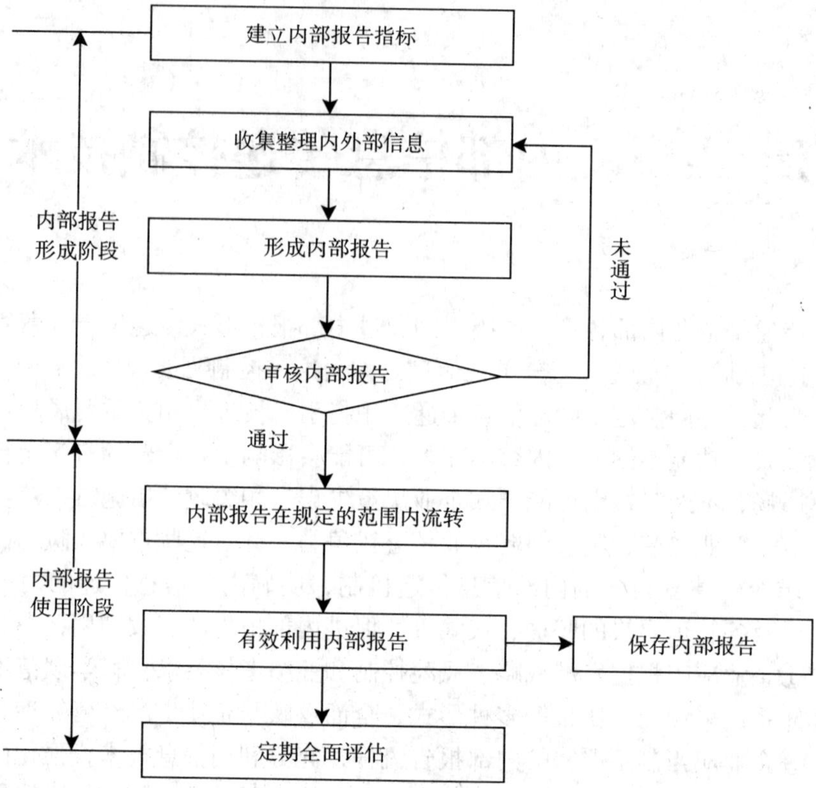

图 14–1　内部信息传递控制流程

第二节　内部信息传递控制关键风险点

一、建立内部报告指标体系

内部报告指标体系是否科学，直接关系到内部报告反映的信息是否完整和有用，这就要求企业应当根据自身的发展战略、风险控制和业绩考核特点，系统、科学地规范不同级次内部报告的指标体系，合理设置关键信息指标和辅助信息指标，并与全面预算管理等相结合，同时应随着环境和业务的变化不断进行修订和完善。

在设计内部报告指标体系时，企业应当根据内部各“信息用户”的需求选择信息指标，以满足其经营决策、业绩考核、企业价值与风险评估的需要。该环节的主要风险是：指标体系的设计不能结合企业的发展战略，指标体系级次混乱，与全面预算管理要求相脱节，并且一旦设定后不能根据环境和业务的变化而调整。

主要管控措施：

（1）应认真研究企业的发展战略、风险控制要求和业绩考核标准，根据各管理层级对信息的需求和详略程度，建立一套级次分明的内部报告指标体系。企业明确的战略目标和具体的战略规划为内部报告控制目标的确定提供了依据。

（2）企业内部报告指标确定后，应进行细化，层层分解，使企业中各责任中心及其各相关职能部门都有自己明确的目标，以利于控制风险并进行业绩考核。由此可见，企业的战略目标、战略规划、内部报告的控制目标、各责任中心以及各职能部门的控制目标，是一个通过内部信息传递相互联系、不断细化的体系。

（3）内部报告需要依据全面预算的标准进行信息反馈，将预算控制的过程和结果向企业内部管理层报告，以有效控制预算执行情况、明确相关责任、科学考核业绩，并根据新的环境和业务，调整决策部署，更好地规划和控制企业的资产和收益，实现资源的最有效配置和管理的协同效应。

二、收集内外部信息

为了随时掌握有关市场状况、竞争情况、政策变化及环境的变化，保证企业发展战略和经营目标的实现，企业应当完善内外部重要相关信息的收集机制和传递机制，使重要信息能够及时获得并向上级呈报。企业可以通过行业协会组织、社会中介机构、业务往来单位、市场调查、来信来访、网络媒体以及有关监管部门等渠道获取外部信息；通过财务会计资料、经营管理资料、调研报告、专项信息、内部刊物、办公网络等渠道获取内部信息。企业应当广泛收集、分析、整理内外部信息，并通过内部报告传递到企业内部相关管理层级，以便及时采取应对策略。该环节的主要风险是：收集的内外部信息过于散乱，不能突出重点；内容准确性差，据此信息进行的决策容易误导经营活动；获取内外部信息的成本过高，违反了成本效益原则。

主要管控措施：

（1）根据特定服务对象的需求，选择信息收集过程中重点关注的信息类型和内容。为特定对象、特定目标服务的信息，具有更高的适用性，对于使用者具有更现实、更重要的意义。因此，需要根据信息需求者要求按照一定的标准对信息进行分类汇总。

（2）对信息进行审核和鉴别，对已经筛选的资料做进一步的检查，确定其真实性和合理性。企业应当检查信息在事实与时间上有无差错，是否合乎逻辑，其来源单位、资料份数、指标等是否完整。

（3）企业应当在收集信息的过程中考虑获取信息的便利性及其获取成本的高低，如果需要较大代价获取信息，则应当权衡其成本与信息的使用价值，确保所获取信息符合成本效益原则。

三、编制及审核内部报告

企业各职能部门应将收集的有关资料进行筛选、抽取，然后根据各管理层级对内部报告的信息需求和先前制定的内部报告指标建立各种分析模型，提取有效数据并进行反馈汇总，在此基础上，对分析模型进一步改造，进行资料分析，起草内部报告，形成总结性结论，并提出相应的建议，从而对发展趋势、策略规划、前景预测等提供重要的分析指导，为企业的效益分析、业务拓展提供有力的保障。企业内部报告因报告类型不同、反映的信息特点不同，内部报告的格式不尽一致。一般情况下，企业内部报告应当包括报告名、文件号、执行范围、内容、起草或制定部门、报送和抄送部门及时效要求等。该环节的主要风险是：内部报告未能根据各内部使用单位的需求进行编制，内容不完整，编制不及时，未经审核即向有关部门传递。

主要管控措施：

（1）企业内部报告的编制单位应紧紧围绕内部报告使用者的信息需求，以内部报告指标体系为基础，编制内容全面、简洁明了、通俗易懂的内部报告，便于企业各管理层级和全体员工掌握相关信息，正确履行职责。

（2）企业应合理设计内部报告编制程序，提高编制效率，保证内部报告能在第一时间提供给相关管理部门。对于重大突发事件应尽可能快地编制出内部报告，向董事会报告。

（3）企业应当建立内部报告审核制度，设定审核权限，确保内部报告信息的质量。企业必须对岗位与职责分工进行控制，内部报告的起草与审核岗位分离，内部报告在传递前必须经签发部门负责人审核。对于重要信息，企业应当委派专门人员对其传递过程进行复核，确保信息正确地传递给使用者。

四、构建内部报告流转体系及渠道

企业应当制定严密的内部报告传递流程，充分利用信息技术，强化内部报告信息集成和共享，将内部报告纳入企业统一信息平台，构建科学的内部报告网络体系。企业内部各管理层级均应当指定专人负责内部报告工作。正常而言，内部报告应当按照职责分工和权限指引中规定的报告关系传递信息。但为保证信息传递的及时性，重要信息应当及时传递给董事会、监事会和经理层。企业应当拓宽内部报告渠道，通过落实奖励措施等多种有效方式，广泛收集合理化建议。该环节的主要风险是：缺乏内部报告传递流程，内部报告未按传递流程进行传递流转，内部报告流转不及时。

主要管控措施：

（1）企业应当制定内部报告传递制度。企业可根据信息的重要性、内容等特征，确定不同的流转环节。

（2）企业应严格按设定的传递流程进行流转。企业各管理层对内部报告的流转应做好记录，对于未按照流转制度进行操作的事件，应当调查原因，并作相应处理。

（3）企业应及时更新信息系统，确保内部报告有效安全地传递。企业应在实际工作中尝试精简信息系统的处理程序，使信息在企业内部更快地传递。对于重要紧急的信息，可以越级向董事会、监事会或经理层直接报告，便于相关负责人迅速作出决策。

五、内部报告有效使用及保密要求

企业各级管理人员应当充分利用内部报告进行有效决策，管理和指导企业的日常生产经营活动，及时反映全面预算执行情况，协调企业内部相关部门和各单位的运营进度，严格绩效考核和责任追究，确保企业实现发展战略和经营目标。企业应当有效利用内部报告进行风险评估，准确识别和系统分析企业生产经营活动中的内外部风险。企业对于内部报告反映出的问题应当及时解决。企业应当制定严格的内部报告保密制度，明确保密内容、保密措施、密级程度和传递范围，防止泄露商业秘密。该环节的主要风险是：企业管理层在决策时并没有使用内部报告提供的信息，内部报告未能用于风险识别和控制，商业秘密通过企业内部报告被泄露。

主要管控措施：

（1）企业在预算控制、生产经营管理决策和业绩考核时充分使用内部报告提供的信息。企业应当将预算控制和内部报告接轨，通过内部报告及时反映全面预算的执行情况；要求企业尽可能利用内部报告的信息对生产、购售、投资、筹资等业务进行因素分析、对比分析和趋势分析等，发现存在的问题，及时查明原因并加以改进；将绩效考评和责任追究制度与内部报告联系起来，依据及时、准确、按规范流程提供的信息进行透明、客观的定期业绩考核，并对相关责任人进行追究惩罚。

（2）企业管理层应通过内部报告提供的信息对企业生产经营管理中存在的风险进行评估，准确识别和系统分析企业生产经营活动中的内外部风险，涉及突出问题和重大风险的，应当启动应急预案。

（3）企业应从内部信息传递的时间、空间、节点、流程等方面建立控制，通过职责分离、授权接触、监督和检查等手段防止商业秘密泄露。

六、内部报告的保管

在企业的经营管理活动中，会产生大量的数据信息，管理好这些资料，对于分析和解决企业管理中的问题至关重要。但是，有些企业对这些管理中产生的大量数据记录采取粗放经营的态度，甚至使一些重要数据丢失，造成不可挽回的损失。例如，在原材料采购和商品销售过程中，市场价格的调查资料、对供应商和销售商作出选择的依据、对方企业的资金信用状况等数据资料，不仅是企业以后购销工作的重要参考依据，同时也是实行财务监督的重要依据，但是许多企业对以上资料不作长期保留，致使发生了原材料质量问题或者应收账款变成坏账等问题以后，都找不到企业内部的责任者，分析不出失误的原因，更找不到解决问题的方法。该环节的主要风险是：企业缺少内部报告的保管制度，内部报告的保管存放杂乱无序，对重要资料的保管期限过短，保密措施不严。

主要管控措施：

（1）企业应当建立内部报告保管制度，各部门应当指定专人按类别保管相应的内部报告。

（2）为了便于内部报告的查阅、对比分析，改善内部报告的格式，提高内部报告的有用性，企业应按类别保管内部报告，对影响较大的、金额较高的一般要严格保管，如企业重大重组方案、企业债券发行解读方案等。

（3）企业对不同类别的报告应按其影响程度规定其保管年限，只有超过保管年限的内部报告方可予以销毁。对影响重大的内部报告，应当永久保管，如公司章程及相应的修改、公司股东登记表等。有条件的企业应当建立电子内部报告保管库，分性质，按照类别、时间、保管年限、影响程度及保密要求等分门别类地储存电子内部报告。

（4）企业应当制定严格的内部报告保密制度，明确保密内容、保密措施、密级程度和传递范围，防止泄露商业秘密。有关公司商业秘密的重要文件要由企业较高级别的管理人员负责，至少由两人共同管理，放置在专用保险箱内。查阅保密文件时，必须经高层管理人员同意，由两人分别开启相应的锁具方可打开。

七、内部报告评估

由于内部报告传递对企业具有重要影响，《内部信息传递》强调企业应当建立内部报告评估制度。企业应当对内部报告是否全面、完整，内部信息传递是否及时、有效，对内部报告的利用是否符合预期做到心中有数，这就要求企业建立内部报告评估制度，通过对内部报告的编制和利用情况进行全面的回顾和评价，掌握内部信息的真实状况。企业对内部报告的评估应当定期进行，具体由企业根据自身管理要求作出规定，至少每年度对内部报告进行一次评估。企业应当重点关注内部报告的及时性、内部信息传递的有效性和安全性。经过评估发现内部报告存在缺陷的，企业应当及时进行修订和完善，确保内部报告提供的信息及时、有效。该环节的主要风险是：企业缺乏完善的内部报告评价体系，对各信息传递环节和传递方式控制不严，针对传递不及时、信息不准确的内部报告缺乏相应的惩戒机制。

主要管控措施：

（1）企业应建立并完善企业对内部报告的评估制度，严格按照评估制度对内部报告进行合理评估，考核内部报告在企业生产经营活动中所起的真实作用。

（2）为保证信息传递的及时准确，企业必须执行奖惩机制。对经常不能及时或准确传递信息的相关人员应当进行批评和教育，并与绩效考核体系挂钩。

八、反舞弊

舞弊是指以故意的行为获得不公平的或者非法的收益，主要存在以下领域：虚假财务报告、资产的不适当处置、不恰当的收入和支出、故意的不当关联方交易、税务欺诈、贪污以及收受贿赂和回扣等方面。有效的反舞弊机制，是企业防范、发现和处理舞弊行为、优化内部环境的重要制度安排。有效的信息沟通是反舞弊程序和控制成功的关键。如果信息交流机制不畅通，就会产生信息不对称的问题，舞弊行为产生的机会就会增大。企业应当建立反舞弊机制，坚持惩防并举、重在预防的原则，明确反舞弊工作的重点领域、关键环节和有关机构在反舞弊工作中的职责权限，规范舞弊案件的举报、调查、处理、报告和补救程序。该环节的主要风险是：忽视了对员工的道德准则体系的培训，内部审计监察不严，内部人员未经授权或者采取其他不法方式侵占、挪用企业资产，在财务会计报告和信息披露等方面存在着虚假记录、误导性陈述或者重大遗漏等，董事、监事、经理及其他高管人员滥用职权，相关机构或人员串通舞弊，企业对举报人的保护力度小，信访事务处理不及时，缺乏相应的舞弊风险评估机制。

主要控制措施：

（1）企业应当重视和加强反舞弊机制建设，对员工进行道德准则培训，通过设立员工信箱、投诉热线等方式，鼓励员工及企业利益相关方举报和投诉企业内部的违法违规、舞弊和其他有损企业形象的行为。

（2）企业应通过审计委员会对信访、内部审计、监察、接受举报过程中收集的信息进行复查，监督管理层对财务报告施加不当影响的行为、管理层进行的重大不寻常交易，以及企业各管理层级的批准、授权、认证等，防止企业资产侵占、资金挪用、虚假财务报告、滥用职权等现象的发生。

（3）企业应当建立反舞弊情况通报制度。企业应定期召开反舞弊情况通报会，由审计部门通报反舞弊工作情况，分析反舞弊形势，评价现有的反舞弊控制措施和程序。

（4）企业应当建立举报人保护制度，设立举报责任主体、举报程序，明确举报投诉处理程序，并做好投诉记录的保存。切实落实举报人保护制度是举报投诉制度有效运行的关键。结合企业的实际情况，企业应明确举报人应向谁举报，以何种方式进行举报，举报内容的界定等；确定举报责任主体接到投诉报告后进行调查的程序、办理时限、办结要求及将调查结论提交董事会处理的程序等。

第三节　内部信息传递控制程序

一、内部报告的形成

企业应当根据发展战略、风险控制和业绩考核要求，科学规范不同级次内部报告的指标体系，采用经营快报等多种形式，全面反映与企业生产经营管理相关的各种内外部信息。内部报告指标体系的设计应当与全面预算管理相结合，并随着环境和业务的变化不断进行修订和完善。设计内部报告指标体系时，应当关注企业成本费用预算的执行情况。内部报告应当简洁明了、通俗易懂、传递及时，便于企业各管理层级和全体员工掌握相关信息，正确履行职责。

企业应当制定严密的内部报告流程，充分利用信息技术，强化内部报告信息集成和共享，将内部报告纳入企业统一信息平台，构建科学的内部报告网络体系。企业内部各管理层级均应当指定专人负责内部报告工作，重要信息应及时上报，并可以直接报告高级管理人员。企业应当建立内部报告审核制度，确保内部报告信息质量。

企业应当关注市场环境、政策变化等外部信息对企业生产经营管理的影响，广泛收集、分析、整理外部信息，并通过内部报告传递到企业内部相关管理层级，以便采取应对策略。

企业应当拓宽内部报告渠道，通过落实奖励措施等多种有效方式，广泛收集合理化建议。企业应当重视和加强反舞弊机制建设，通过设立员工信箱、投诉热线等方式，鼓励员工及企业利益相关方举报和投诉企业内部的违法违规、舞弊和其他有损企业形象的行为。

二、内部报告的使用

企业各级管理人员应当充分利用内部报告管理和指导企业的生产经营活动，及时反映全面预算执行情况，协调企业内部相关部门和各单位的运营进度，严格绩效考核和责任追究，确保企业实现发展目标。

企业应当有效利用内部报告进行风险评估，准确识别和系统分析企业生产经营活动中的内外部风险，确定风险应对策略，实现对风险的有效控制。企业对于内部报告反映出的问题应当及时解决；涉及突出问题和重大风险的，应当启动应急预案。

企业应当制定严格的内部报告保密制度，明确保密内容、保密措施、密级程度和传递范围，防止泄露商业秘密。

企业应当建立内部报告的评估制度，定期对内部报告的形成和使用进行全面评估，重点关注内部报告的及时性、安全性和有效性。

第四节　内部信息传递控制案例分析

一、集团企业内部报告

集团企业组织架构是集团企业的框架，框架的合理、完善在很大程度上影响集团企业的经营目标能否顺利实现。集团企业应根据外部环境和内部环境，设计和调整组织结构。集团企业战略与组织架构关系战略决定架构，架构传承战略。组织架构是发展战略的支撑，战略决定了组织架构，为组织架构设计提供了依据。公司确定发展战略之后，就会有相应的业务及业务组合去实现这个战略，而这些业务和业务组合需要在一定的组织架构中实施。不同的战略需要不同的业务活动完成，进而影响管理职务和部门的设计。而战略重点的改变会引起组织工作的重点改变，从而导致职务与部门在集团企业中重要程度的改变，并最终导致各管理职务和部门之间关系的相应调整。组织架构反映了集团企业内部的资源如何得到优化配置和有效使用，并在很大程度上决定了发展战略的实施和管理目标的实现。将企业的整体战略划分为若干战略实施单元，这些单元实际上就构成了组织架构的基本框架，保证组织架构对战略的传承作用。

集团企业组织架构的确立将清晰地指明集团总部与下属业务单元的功能定位，并进一步明确各级组织在不同功能中的角色。组织架构的形式有以下几种：直线型组织架构、职能型组织架构、事业部制组织架构、子公司制组织架构、矩阵型组织架构。集团企业常采用事业部制、分公司制和子公司制兼有的混合型组织架构，因为就集团企业的发展战略和方向来说，适当的多元化经营可以在一定程度上分散风险，因此，各事业部、分公司和子公司经营相关但经营不同的业务对集团企业来说是一个比较合理的选择。组织架构中，集团企业起领导和统筹作用，无生产和经营运作实体。集团企业对下属事业部、分公司和子公司在战略上统一部署，但在实际运营中实行集权和分权统一管理。事业部是为解决企业规模扩大和多样化经营对组织结构的制约而出现的组织设计，而分公司、子公司是大型集团企业实行多种经营、开展各项业务活动的必然选择，只不过子公司与其母公司不是行政上的隶属关系，子公司在法律上具有独立的法人地位。

集团企业内部报告体系实施架构。集团企业内部报告体系是在现有对外财务报告和内部报告的基础上，以新会计准则的要求和内部管理要求的变化为指导，编制的一套完整的内部报告，以期更有效地为内部管理服务。集团企业内部报告是一种有效的战略实施手段，集团企业部门繁多、人员数量庞大，其战略实施往往并不局限在一个部门内，而是需要不同的部门和不同的人员来实施。在战略实施过程中，管理者需要了解战略目标执行信息，以便及时给予指导和纠错，确保战略目标的实现。内部报告能够反映集团企业战略制定、实行、分析、控制等情况，是战略实施过程中的一种重要媒介。从集团企业内部报告体系的角度出发，参与内部报告编制、传递、分析、反馈工作的有六个工作主体。集团企业内部报告体系的实施架构如下：

1. 集团企业内部报告编制工作实体

主要包括：事业部、分公司、子公司财务人员。事业部、分公司、子公司财务人员作为基层会计人员，负责所在运营实体的内部报告编制工作，确保内部报告及时、准确是其工作职责。基层会计人员负责日常采购、生产、销售等经营活动的会计记录，严格按照会计准则和集团企业财务规范进行相关会计确认和计量，保证本运营实体的会计记录真实、可靠、及时。除日常工作外，事业部、分公司、子公司财务人员需以月为时间单位，下月初定期将上一个月的本运营实体内部报告传递给集团财务人员。

集团财务人员。集团财务人员在每月初收到各事业部、分公司、子公司上传的内部报告后，严格按照会计准则和集团企业财务规范将这些报告合并整理成集团内部报告，此集团内部报告要求数据完整、翔实，抵销有据，格式清晰。依据集团内部报告和各事业部、分公司、子公司内部报告，运用财务分析和差别报告等多种会计理论和方法，编制出一套“简化”的集团内部报告，此套“简化”内部报告包含集团总体和各事业部、分公司、子公司的财务状况，以简洁的报告形式突出主要的财务信息，避免信息庞杂不利于阅读，供集团董事层使用，使集团董事层获得其所需要的财务信息。

2. 集团企业内部报告传递流程

具体如下：事业部、分公司、子公司财务人员编制的内部报告要经事业部、分公司、子公司财务经理的审查和批准后方可传递给集团财务人员。事业部、分公司、子公司财务经理承诺对本运营实体的内部报告负责，有利于提高内部报告的可信度。集团财务人员编制的集团内部报告上交给集团财务经理，集团财务经理对于集团内部报告这一事项权责并重。经理有权就集团内部报告提出问题，并且集团财务经理对其认可的集团内部报告的真实性和可靠性负有责任。集团财务人员编制的“简化”内部报告要经过集团财务经理的审查和批准后方可传递给集团管理层。集团企业内部报告分析层次具体如下：

（1）分部角度财务分析。各事业部、分公司、子公司财务人员对本运营实体的内部报告进行分析，利用内部报告的可比性作本运营实体的纵向分析和同级运营实体的横向比较，形成书面报告，将得出的财务分析报告上交给本运营实体的财务经理。

（2）集团角度财务分析。集团财务人员对各事业部、分公司、子公司的内部报告进行比较和分析，运用财务分析的方法得出各运营实体财务数据的相对数，分门类、分明细地将各运营实体的主要财务状况集中体现，为“简化”内部报告做数据支持。

（3）高级管理者角度财务分析。集团董事层和集团财务经理关注集团的长期问题并着重维系集团的生存、成长和总体有效性，他们的决策是否正确、职权的运用是否得当，直接关系到整个集团的兴衰成败。因此，集团财务经理依照集团财务人员进行的集团角度财务分析、集团董事层依据“简化”内部报告进行集团整体分析，是集团战略实施的一个关键过程，因为这一分析有可能导致集团战略的重大调整。集团董事层此时可向集团财务人员询问除“简化”内部报告数据之外的财务情况，以掌握集团整体财务状况，也可向集团财务经理寻求专业意见。

3. 集团企业内部报告反馈机制

具体如下：集团董事层召开会议，集团财务经理、事业部、分公司、子公司管理层、事业部、分公司、子公司财务经理参加会议，会议通过内部报告和财务分析提供的会计信息，对上一阶段各运营实体的经营和财务状况作一总结，公布总体绩效考评结果和工作调整，并部署下一阶段集团整体任务和各运营实体任务。

集团财务经理召集各事业部、分公司、子公司财务经理举行会议，会议就各运营实体的财务工作中出现的情况和问题进行讨论。集团财务经理站在集团角度提出财务改进措施，听取各事业部、分公司、子公司财务经理提出的意见，对他们反映的内部财务问题进行记录，并尽快解决。

各事业部、分公司、子公司管理层和财务经理进行本运营实体工作的讨论，根据集团绩效考评审视本运营实体的经营情况，讨论前一阶段出现的成绩和问题，为下一阶段工作的开展提供借鉴。

集团财务经理对集团财务人员的工作方法等提出改进意见，使内部报告的编制更合理，更能为集团企业的整体运营服务。

4. 集团企业内部报告体系实施

为了使集团企业内部报告体系更好地为企业提供信息，应关注其在实施过程中可能会出现的问题并采取及时的应对策略。

实施战略问题。集团总体战略决定着集团每个工作的方向和细节。如果没有统一的实施战略，内部报告体系将如一盘散沙：各事业部、分公司、子公司之间内部报告的结构和形式不同，无法横向比较和纵向流通；集团财务人员无法按照接收的各事业部、分公司、子公司不同形式的内部报告编制集团整体内部报告，集团财务状况不能及时体现；集团高层管理者得不到对集团整体财务状况和各事业部、分公司、子公司的运营情况的说明，无法判断已有策略的正确性以及作出下一步的工作部署。缺乏战略指导的内部报告体系将无法发挥其应有的作用。在集团总体战略的基础上，形成一个切实可行的内部报告体系实施战略，将会使内部报告体系实施有据可依、有纪可遵。

评价标准问题。内部报告体系是集团企业内部管理和控制的重要手段，所以它应准确、真实、详尽和及时。为了达成这样的目标，参与内部报告体系实施的工作人员应遵循一定的标准：

作为编制工作实体的事业部、分公司、子公司财务人员，确保其所编制的本运营实体的内部报告的真实性、准确性和及时性，事业部、分公司、子公司财务经理负责评价其工作的完成情况，集团财务人员也可根据接收的各运营实体的内部报告提供评价意见；集团财务人员，应确保其所编制的集团内部报告的真实性、完整性和及时性，集团财务经理负责评价其工作的效率。

事业部、分公司、子公司内部报告需及时传递给集团财务人员，本运营实体财务分析需客观、准确且进行充分的纵向与横向比较，同编制评价标准相同，事业部、分公司、子公司财务经理负责对其工作进行评价，同时集团财务人员也可发表评价意见；集团财务人员传递集团内部报告和“简化”内部报告的及时性和财务分析工作的效果，需由集团财务经理评价。

各事业部、分公司、子公司管理层和财务经理进行本运营实体工作的反馈讨论的有效性，将由集团高层管理者在下一期总结时作评价；各事业部、分公司、子公司的财务工作是否进行了调整以适应新阶段需要，由集团财务经理负责评价；集团财务人员对集团财务经理提出改进意见的实施情况由集团财务经理负责评价。

信息及时性与流畅性和内部财务信息的及时性是制约集团企业制定下一阶段目标和任务的关键，而及时性牵涉到集团企业内部报告体系实施的整个过程，要求编制、传递、分析和反馈均要在标准时间范围内完成，一个步骤的拖延会导致下一个步骤无法正常进行，进而使整个体系的实施缺乏预计的效果和效力。制定一份适合集团企业运用的时间规范会保证内部财务信息及时、有效地发挥作用。另外，为保证内部财务信息的流畅性，特别是分部角度分析时，各事业部、分公司、子公司财务人员要借鉴同级运营实体的财务信息作比较分析，集团管理层也要关注不同事业部、分公司、子公司财务状况的比较以形成决策，所以信息的交互性和流畅性将变得尤为重要。因此，建立一个实时、完整的财务系统将是内部报告体系得以建立和健全的重要保障，并且集团企业财务系统要设计录入、查询、监管等权限，以保证信息的安全性。

第十五章　信息系统控制技术

信息系统是信息内部传递和信息对外报告的技术手段，是企业利用计算机和通信技术，对内部控制进行集成、转化和提升所形成的信息化管理平台。通过信息系统强化内部控制，有利于减少人为因素，提高控制的效率和效果。同时也应意识到，信息系统自身也存在风险，需要加强管理和控制。首先，信息系统缺乏或规划不合理，可能造成信息孤岛或重复建设，导致企业经营管理效率低下；其次，系统开发不符合内部控制要求，授权管理不当，可能导致无法利用信息技术实施有效控制；最后，系统运行维护和安全措施不到位，可能导致信息泄露或毁损，系统无法正常运行。为此，信息系统应用指引应当结合组织架构、业务范围、地域分布、技术能力等因素，制定信息系统建设整体规划，加大投入力度，有序组织信息系统开发、运行与维护，优化管理流程，防范经营风险。①企业应当根据信息系统建设整体规划提出项目建设方案，明确建设目标、人员配备、职责分工、经费保障和进度安排等相关内容，按照规定的权限和程序审批后实施。②企业开发信息系统，应当将生产经营管理业务流程、关键控制点和处理规则嵌入系统程序，实现手工环境下难以实现的控制功能。③企业应当加强信息系统开发全过程的跟踪管理，组织开发单位与内部各单位的日常沟通和协调，督促开发单位按时保质完成编程工作，对配备的硬件设备和系统软件进行检查验收，组织系统上线运行等。企业还应当组织独立于开发单位的专业人员对开发完成的信息系统进行验收测试，并做好信息系统上线的各项准备工作。④企业应当加强信息系统运行与维护的管理，制定信息系统工作程序、信息管理制度以及各模块子系统的具体操作规范，及时跟踪、发现和解决系统运行中存在的问题，确保信息系统按照规定的程序、制度和操作规范持续稳定运行。⑤企业应当重视信息系统运行中的安全保密工作，确定信息系统的安全等级，建立不同等级信息的授权使用制度、用户管理制度和网络安全制度，并定期对数据进行备份，避免损失。对于服务器等关键信息设备，未经授权，任何人不得接触。

第一节　信息系统控制流程

信息系统流程多种多样。下面以提货业务来说明其形式，见图 15-1。客户提供货物信息和客户信息，业务管理员将其制作成提货订单。查阅货物目录得到货物编号所对应存货订单号，再查阅存货订单记录，得到存货订单号对应客户编号。若存货订单对应的客户编号和客户提供的客户编号不相符合，拒绝提货订单，将提货订单销毁。若存货订单对应的客户编号和客户提供的客户编号相符合，接受提货订单，在登账后，将提货订单发送给客户作为提货依据。登账是把提货信息登入提货订单记录、把提货订单中提货细节登入提货订单细则、把提货订单中老客户更新资料登入客户名册。根据提货订单记录和提货订单细则，得到所提货物编号和提货量，根据库存情况台账得到提货的库存情况。综合上述两点确定提货方案，再根据提货方案制作提货通知单给仓库，制作提货运输任务单给运输部，更新库存情况台账。通过提货订单记录得到客户编号，然后通过存货订单记录得到客户的存货订单号，再通过货物目录得到客户所有存货的货物编号，查阅库存情况台账得到每个货物编号的货物库存量，基于上述计算制作客户存货清单送给客户，作为下次提货的依据。根据提货订单细则，货物目录计算客户提货容积，根据提货订单细则、货物目录、存货订单记录得到所提货物的存货日期，根据提货订单记录提供提货日期，将提货日期减去存货日期得到所提货物的存放天数。依据提货订单记录的客户编号，查阅客户名册得到级别编号，查对级别收费表得到单位存储费用，最后将提货容积、存放天数、单位存储费用三者相乘得到提货的存储费用，制作客户存储费用清单送给财务部，作为财务部制作客户费用清单的重要依据。

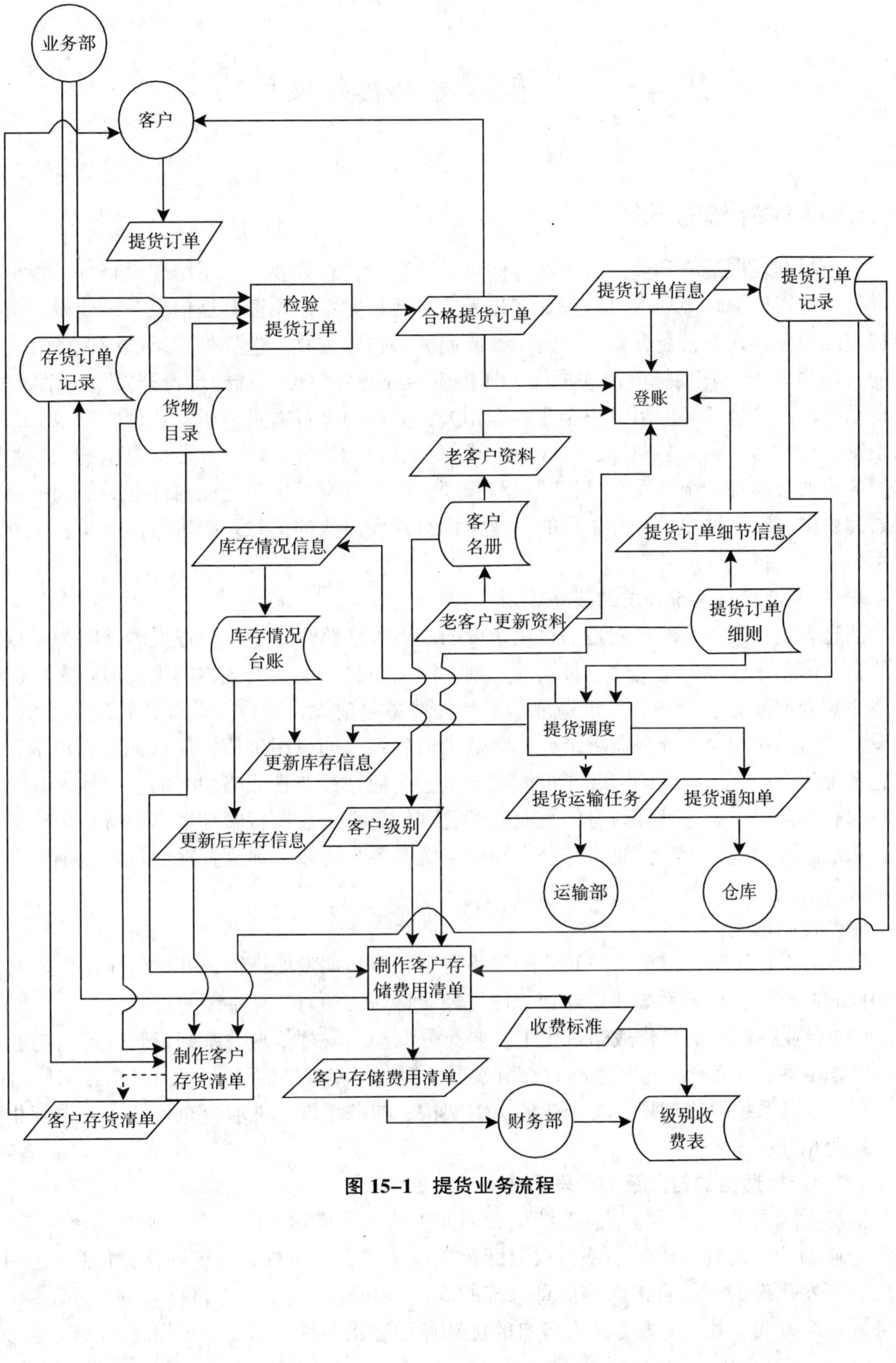
业务部
客户
提货订单
检验
提货订单
合格提货订单
提货订单信息
提货订单
记录
存货订单
记录
货物
目录
登账
老客户资料
客户
名册
提货订单细节信息
库存情况信息
老客户更新资料
提货订单
细则
库存情况
台账
提货调度
更新库存信息
提货运输任务
提货通知单
更新后库存信息
客户级别
运输部
仓库
制作客户存
储费用清单
收费标准
制作客户
存货清单
客户存储费用清单
客户存货清单
财务部
级别收
费表

图 15-1　提货业务流程

第二节　信息系统控制关键风险点

一、信息系统的开发

企业根据发展战略和业务需要进行信息系统建设，首先要确立系统建设目标，根据目标进行系统建设战略规划，再将规划细化为项目建设方案。企业开展信息系统建设，可以根据实际情况，采取自行开发、外购调试或业务外包等方式。选择外购调试或业务外包方式的，应当采用公开招标等形式择优选择供应商或开发单位。选择自行开发信息系统的，信息系统归口管理部门应当组织企业内部相关业务部门进行需求分析，合理配置人员，明确系统设计、编程、安装调试、验收、上线等全过程的管理要求。企业信息系统归口管理部门应当加强信息系统开发全过程的跟踪管理，增进开发单位与企业内部业务部门的日常沟通和协调，组织独立于开发单位的专业机构对开发完成的信息系统进行检查验收，并组织系统上线运行。

（一）制定信息系统开发的战略规划

信息系统开发的战略规划是信息化建设的起点，战略规划是以企业发展战略为依据制定的企业信息化建设的全局性、长期性规划。制定信息系统战略规划的主要风险是：①缺乏战略规划或规划不合理，可能造成信息孤岛或重复建设，导致企业经营管理效率低下。②没有将信息化与企业业务需求结合，降低了信息系统的应用价值。信息孤岛现象是企业信息系统建设中普遍存在的问题，根源在于这些企业往往忽视战略规划的重要性，缺乏整体观念和整合意识，这就导致有的企业财务管理信息系统、销售管理信息系统、生产管理信息系统、人力资源管理系统、办公自动化系统等各自为政、孤立存在的现象，削弱了信息系统的协同效用，甚至引发系统冲突。

主要控制措施：

（1）企业必须制订信息系统开发的战略规划和中长期发展计划，并在每年制订经营计划的同时制订年度信息系统建设计划，促进经营管理活动与信息系统的协调统一。

（2）企业在制定信息化战略过程中，要充分调动和发挥信息系统归口管理部门与业务部门的积极性，使各部门广泛参与，充分沟通，提高战略规划的科学性、前瞻性和适应性。

（3）信息系统战略规划要与企业的组织架构、业务范围、地域分布、技术能力等相匹配，避免相互脱节。

（二）选择适当的信息系统开发方式

信息系统的开发建设是信息系统生命周期中技术难度最大的环节。在开发建设环节，要将企业的业务流程、内控措施、权限配置、预警指标、核算方法等固化到信息系统中，因此，开发建设的好坏直接影响信息系统的成败。开发建设主要有自行开发、外购调试、业务外包等方式。各种开发方式有各自的优缺点和适用条件，企业应根据自身实际情况合理选择。

1. 自行开发

自行开发是指企业依托自身力量完成整个开发过程。其优点是开发人员熟悉企业情况，可以较好地满足本企业的需求，尤其是具有特殊性的业务需求。通过自行开发，还可以培养锻炼自己的开发队伍，便于后期的运行和维护。其缺点是开发周期较长、技术水平和规范程度较难保证，成功率相对较低。因此，自行开发方式的适用条件通常是企业自身技术力量雄厚，而且市场上没有能够满足企业需求的成熟的商品化软件和解决方案。如百度的搜索引擎系统就偏重于自行开发。

2. 外购调试

外购调试的基本做法是企业购买成熟的商品化软件，通过参数配置和二次开发满足企业需求。其优点是开发建设周期短；成功率较高；成熟的商品化软件质量稳定，可靠性高；专业的软件提供商实施经验丰富。其缺点是难以满足企业的特殊需求；系统的后期升级进度受制于商品化软件供应商产品更新换代的速度，企业自主权不强，较为被动。外购调试方式的适用条件通常是企业的特殊需求较少，市场上已有成熟的商品化软件和系统实施方案。如大部分企业的财务管理系统、ERP 系统、人力资源管理系统等多采用外购调试方式。

3. 业务外包

信息系统的业务外包是指委托其他单位开发信息系统，基本做法是企业将信息系统开发项目外包出去，由专业公司或科研机构负责开发、安装实施，由企业直接使用。其优点是企业可以充分利用专业公司的专业优势，量体裁衣，构建全面、高效满足企业需求的个性化系统；企业不必培养、维持庞大的开发队伍，相应节约了人力资源成本。其缺点是沟通成本高，系统开发方难以深刻理解企业需求，可能导致开发出的信息系统与企业的期望产生较大偏差；同时，由于外包信息系统与系统开发方的专业技能、职业道德和敬业精神存在密切关系，也要求企业必须加大对外包项目的监督力度。业务外包方式的适用条件通常是市场上没有能够满足企业需求的成熟的商品化软件和解决方案，企业自身技术力量薄弱或出于成本效益原则考虑不愿意维持庞大的开发队伍。

（三）自行开发方式的关键控制点和主要控制措施

虽然信息系统的开发方式有自行开发、外购调试、业务外包等多种方式，但基本流程大体相似，通常包含项目计划、需求分析、系统设计、编程和测试、上线等环节。

1. 项目计划环节

战略规划通常将完整的信息系统分成若干子系统，并分阶段建设不同的子系统。比如，制造企业可以将信息系统划分为财务管理系统、人力资源管理系统、MRP 系统（销售、采购、库存、生产）、计算机辅助设计和制造系统、客户关系系统、电子商务系统等若干子系统。项目就是指本阶段需要建设的相对独立的一个或多个子系统。

项目计划通常包括项目范围说明、项目进度计划、项目质量计划、项目资源计划、项目沟通计划、风险对策计划、项目采购计划、需求变更控制、配置管理计划等内容。项目计划不是完全静止、一成不变的，在项目启动阶段，可以先制订一个较为原则的项目计划，确定项目主要内容和重大事项，然后根据项目的大小和性质以及项目进展情况进行调整、充实和完善。项目计划环节的主要风险是：信息系统建设缺乏项目计划或者计划不当，导致项目进度滞后、费用超支、质量低下。

主要控制措施：

（1）企业应当根据信息系统建设整体规划提出分阶段项目的建设方案，明确建设目标、人员配备、职责分工、经费保障和进度安排等相关内容，按照规定的权限和程序审批后实施。

（2）企业可以采用标准的项目管理软件（比如 Office Project）制订项目计划，并加以跟踪。在关键环节进行阶段性评审，以保证过程可控。

（3）项目关键环节编制的文档应参照《GB8567-88 计算机软件产品开发文件编制指南》等相关国家标准和行业标准进行，以提高项目计划编制水平。

2. 需求分析环节

需求分析的目的是明确信息系统需要实现哪些功能。该项工作是系统分析人员和用户单位的管理人员、业务人员在深入调查的基础上，详细描述业务活动涉及的各项工作以及用户的各种需求，从而建立未来目标系统的逻辑模型。这一环节的主要风险是：①需求本身不合理，对信息系统提出的功能、性能、安全性等方面的要求不符合业务处理和控制的需要。②技术上不可行、经济上成本效益倒挂，或与国家有关法规制度存在冲突。③需求文档表述不准确、不完整，未能真实全面地表达企业需求，存在表述缺失、表述不一致甚至表述错误等问题。

主要控制措施：

（1）信息系统归口管理部门应当组织企业内部各有关部门提出开发需求，加强系统分析人员和有关部门的管理人员、业务人员的交流，经综合分析提炼后形成合理的需求。

（2）编制表述清晰、表达准确的需求文档。需求文档是业务人员和技术人员共同理解信息系统的桥梁，必须准确表述系统建设的目标、功能和要求。企业应当采用标准建模语言（例如 UML），综合运用多种建模工具和表现手段，参照《GB8567-88 计算机软件产品开发文件编制指南》等相关标准，提高系统需求说明书的编写质量。

（3）企业应当建立健全需求评审和需求变更控制流程。依据需求文档进行设计（含需求变更设计）前，应当评审其可行性，由需求提出人和编制人签字确认，并经业务部门与信息系统归口管理部门负责人审批。

3. 系统设计环节

系统设计是根据系统需求分析阶段所确定的目标系统逻辑模型，设计出一个能在企业特定的计算机和网络环境中实现的方案，即建立信息系统的物理模型。系统设计包括总体设计和详细设计。总体设计的主要任务是：①设计系统的模块结构，合理划分子系统边界和接口。②选择系统实现的技术路线，确定系统的技术架构，明确系统重要组件的内容和行为特征，以及组件之间、组件与环境之间的接口关系。③数据库设计，包括主要的数据库表结构设计、存储设计、数据权限和加密设计等。④设计系统的网络拓扑结构、系统部署方式等。详细设计的主要任务包括：程序说明书编制、数据编码规范设计、输入输出界面设计等内容。系统设计环节的主要风险是：①设计方案不能完全满足用户需求，不能实现需求文档规定的目标。②设计方案未能有效控制建设开发成本，不能保证建设质量和进度。③设计方案不全面，导致后续变更频繁。④设计方案没有考虑信息系统建成后对企业内部控制的影响，导致系统运行后衍生新的风险。

主要控制措施：

（1）系统设计负责部门应当就总体设计方案与业务部门进行沟通和讨论，说明方案对用户需求的覆盖情况；存在备选方案的，应当详细说明各方案在成本、建设时间和用户需求响应上的差异；信息系统归口管理部门和业务部门应当对选定的设计方案予以书面确认。

（2）企业应参照《GB8567-88 计算机软件产品开发文件编制指南》等相关国家标准和行业标准，提高系统设计说明书的编写质量。

（3）企业应建立设计评审制度和设计变更控制流程。

（4）在系统设计时应当充分考虑信息系统建成后的控制环境，将生产经营管理业务流程、关键控制点和处理规程嵌入系统程序，实现手工环境下难以实现的控制功能，例如，对于某一财务软件，当输入支出凭证时，可以让计算机自动检查银行存款余额，防止透支。

（5）应充分考虑信息系统环境下的新的控制风险，如要通过信息系统中的权限管理功能控制用户的操作权限，避免将不相容职务的处理权限授予同一用户。

（6）应当针对不同的数据输入方式，强化对进入系统数据的检查和校验功能。如凭证的自动平衡校对。

（7）系统设计时应当考虑在信息系统中设置操作日志功能，确保操作的可审计性。对异常的或者违背内部控制要求的交易和数据，应当设计由系统自动报告并设置跟踪处理机制。

（8）预留必要的后台操作通道，对于必需的后台操作，应当加强管理，建立规范的操作流程，确保足够的日志记录，保证对后台操作的可监控性。

4. 编程和测试环节

编程阶段是将详细设计方案转换成某种计算机编程语言的过程。编程阶段完成之后，要进行测试，测试主要有以下目的：一是发现软件开发过程中的错误，分析错误的性质，确定错误的位置并予以纠正。二是通过某些系统测试，了解系统的响应时间、事务处理吞吐量、载荷能力、失效恢复能力以及系统实用性等指标，以便对整个系统作出综合评价。测试环节在系统开发中具有举足轻重的地位。

这一环节的主要风险是：①编程结果与设计不符。②各程序员编程风格差异大，程序可读性差，导致后期维护困难，维护成本高。③缺乏有效的程序版本控制，导致重复修改或修改不一致等问题。④测试不充分。单个模块正常运行但多个模块集成运行时出错，开发环境下测试正常而生产环境下运行出错，开发人员自测正常而业务部门用户使用时出错，导致系统上线后可能出现严重问题。

主要控制措施：

（1）项目组应建立并执行严格的代码复查评审制度。

（2）项目组应建立并执行统一的编程规范，在标识符命名、程序注释等方面统一风格。

（3）应使用版本控制软件系统（例如 CVS），保证所有开发人员基于相同的组件环境开展项目工作，协调开发人员对程序的修改。

（4）应区分单元测试、组装测试（集成测试）、系统测试、验收测试等不同测试类型，建立严格的测试工作流程，提高最终用户在测试工作中的参与程度，改进测试用例的编写质量，加强测试分析，尽量采用自动测试工具提高测试工作的质量和效率。具备条件的企业，应当组织独立于开发建设项目组的专业机构对开发完成的信息系统进行验收测试，确保在功能、性能、控制要求和安全性等方面符合开发需求。

5. 上线环节

系统上线是将开发出的系统（可执行的程序和关联的数据）部署到实际运行的计算机环境中，使信息系统按照既定的用户需求来运转，切实发挥信息系统的作用。这一环节的主要风险是：①缺乏完整可行的上线计划，导致系统上线混乱无序。②人员培训不足，不能正确使用系统，导致业务处理错误，或者未能充分利用系统功能，导致开发成本浪费。③初始数据准备设置不合格，导致新旧系统数据不一致、业务处理错误。

主要控制措施：

（1）企业应当制订信息系统上线计划，并经归口管理部门和用户部门审核批准。上线计划一般包括人员培训、数据准备、进度安排、应急预案等内容。

（2）系统上线涉及新旧系统切换的，企业应当在上线计划中明确应急预案，保证新系统失效时能够顺利切换回旧系统。

（3）系统上线涉及数据迁移的，企业应当制订详细的数据迁移计划，并对迁移结果进行测试。用户部门应当参与数据迁移过程，对迁移前后的数据予以书面确认。

（四）其他开发方式的关键控制点和主要控制措施

下面介绍其他开发方式（业务外包、外购调试）的关键控制点和主要控制措施。

在业务外包、外购调试方式下，企业对系统设计、编程、测试环节的参与程度明显低于自行开发方式，因此可以适当简化相应的风险控制措施，但同时也因开发方式的差异产生一些新的风险，需要采取有针对性的控制措施。

1. 业务外包方式的关键控制点和主要控制措施

选择外包服务商。这一环节的主要风险是：由于企业与外包服务商之间本质上是一种委托—代理关系，合作双方的信息不对称容易诱发道德风险，外包服务商可能会实施损害企业利益的自利行为，如偷工减料、放松管理、信息泄密等。

主要控制措施：

（1）企业在选择外包服务商时要充分考虑服务商的市场信誉、资质条件、财务状况、服务能力、对本企业业务的熟悉程度、既往承包服务成功案例等因素，对外包服务商进行严格筛选。

（2）企业可以借助外包业界基准来判断外包服务商的综合实力。

（3）企业要严格外包服务审批及管控流程，对信息系统外包业务，原则上应采用公开招标等形式选择外包服务商，并实行集体决策审批。

签订外包合同。这一环节的主要风险是：由于合同条款不准确、不完善，可能导致企业的正当权益无法得到有效保障。

主要控制措施：

（1）企业在与外包服务商签约之前，应针对外包可能出现的各种风险损失，恰当拟定合同条款，对涉及的工作目标、合作范畴、责任划分、所有权归属、付款方式、违约赔偿及合约期限等问题作出详细说明，并由法律部门或法律顾问审查把关。

（2）开发过程中涉及商业秘密、敏感数据的，企业应当与外包服务商签订详细的“保密协定”，以保证数据安全。

（3）在合同中约定付款事宜时，应当选择分期付款方式，尾款应当在系统运行一段时间并经评估验收后再支付。

（4）应在合同条款中明确要求外包服务商保持专业技术服务团队的稳定性。

持续跟踪评价外包服务商的服务过程。这一环节的主要风险是：企业缺乏外包服务跟踪评价机制或跟踪评价不到位，可能导致外包服务质量水平不能满足企业信息系统开发需求。

主要控制措施：

（1）企业应当规范外包服务评价工作流程，明确相关部门的职责权限，建立外包服务质量考核评价指标体系，定期对外包服务商进行考评，并公布服务周期的评估结果，实现外包服务水平的跟踪评价。

（2）必要时，可以引入监理机制，降低外包服务风险。

2. 外购调试方式的关键控制点和主要控制措施

在外购调试方式下，一方面，企业面临与委托开发方式类似的问题，企业要选择软件产品的供应商和服务供应商、签订合约、跟踪服务质量，因此，企业可采用与委托开发方式类似的控制措施；另一方面，外购调试方式也有其特殊之处，企业需要有针对性地强化某些控制措施。

软件产品选型和供应商选择。在外购调试方式下，软件供应商的选择和软件产品的选型是密切相关的。这一环节的主要风险是：①软件产品选型不当，产品在功能、性能、易用性等方面无法满足企业需求。②软件供应商选择不当，产品的支持服务能力不足，产品的后续升级缺乏保障。

主要控制措施：

（1）企业应明确自身需求，对比分析市场上的成熟软件产品，合理选择软件产品的模块组合和版本。

（2）企业在软件产品选型时应广泛听取行业专家的意见。

（3）企业在选择软件产品和服务供应商时，不仅要评价其现有产品的功能、性能，还要考察其服务支持能力和后续产品的升级能力。

服务提供商选择。大型企业管理信息系统（例如ERP系统）的外购实施，不仅需要选择合适的软件供应商和软件产品，也需要选择合适的咨询公司等服务提供商，指导企业将通用软件产品与本企业的实际情况有机结合。这一环节的主要风险是：服务提供商选择不当，削弱了外购软件产品的功能发挥，导致无法有效满足用户需求。

主要控制措施：

在选择服务提供商时，不仅要考核其对软件产品的熟悉、理解程度，也要考核其是否深刻理解企业所处行业的特点、是否理解企业的个性化需求、是否有过相同或相近的成功案例。

二、信息系统的运行与维护

信息系统的运行与维护主要包含三方面的内容：日常运行维护、系统变更和安全管理。

1. 日常运行维护的关键控制点和主要控制措施

日常运行维护的目标是保证系统正常运转，主要工作内容包括系统的日常操作、系统的日常巡检和维修、系统运行状态监控、异常事件的报告和处理等。这一环节的主要风险是：①没有建立规范的信息系统日常运行管理规范，计算机软硬件的内在隐患易于爆发，可能导致企业信息系统出错。②没有执行例行检查，导致一些人为恶意攻击会长期隐藏在系统中，可能造成严重损失。③企业信息系统数据未能定期备份，可能导致损坏后无法恢复，从而造成重大损失。

主要控制措施：

（1）企业应制定信息系统使用操作程序、信息管理制度以及各模块子系统的具体操作规范，及时跟踪、发现和解决系统运行中存在的问题，确保信息系统按照规定的程序、制度和操作规范持续稳定运行。

（2）切实做好系统运行记录，尤其是对于系统运行不正常或无法运行的情况，应将异常现象、发生时间和可能的原因作出详细记录。

（3）企业要重视系统运行的日常维护，在硬件方面，日常维护主要包括各种设备的保养与安全管理、故障的诊断与排除、易耗品的更换与安装等，这些工作应由专人负责。

（4）配备专业人员负责处理信息系统运行中的突发事件，必要时应会同系统开发人员或软硬件供应商共同解决。

2. 系统变更的关键控制点和主要控制措施

系统变更主要包括硬件的升级扩容、软件的修改与升级等。系统变更是为了更好地满足企业需求，但同时应加强对变更申请、变更成本与进度的控制。这一环节的主要风险是：①企业没有建立严格的变更申请、审批、执行、测试流程，导致系统随意变更。②系统变更后的效果达不到预期目标。

主要控制措施：

（1）企业应当建立标准流程来实施和记录系统变更，保证变更过程得到适当的授权与管理层的批准，并对变更进行测试。信息系统变更应当严格遵照管理流程进行操作。信息系统操作人员不得擅自进行软件的删除、修改等操作；不得擅自升级、改变软件版本；不得擅自改变软件系统的环境配置。

（2）系统变更程序（如软件升级）需要遵循与新系统开发项目同样的验证和测试程序，必要时还应当进行额外测试。

（3）企业应加强紧急变更的控制管理。

（4）企业应加强对将变更移植到生产环境中的控制管理，包括系统访问授权控制、数据转换控制、用户培训等。

3. 安全管理的关键控制点和主要控制措施

安全管理的目标是保障信息系统安全，信息系统安全是指信息系统包含的所有硬件、软件和数据受到保护，不因偶然和恶意的原因而遭到破坏、更改和泄漏，信息系统能够连续正常运行。这一环节的主要风险是：①硬件设备分布物理范围广，设备种类繁多，安全管理难度大，可能导致设备生命周期短。②业务部门信息安全意识薄弱，对系统和信息安全缺乏有效的监管手段。少数员工可能恶意或非恶意滥用系统资源，造成系统运行效率降低。③对系统程序的缺陷或漏洞安全防护不够，导致遭受黑客攻击，造成信息泄露。④对各种计算机病毒防范清理不力，导致系统运行不稳定甚至瘫痪。⑤缺乏对信息系统操作人员的严密监控，可能导致舞弊和利用计算机犯罪。

主要控制措施：

（1）建立信息系统相关资产的管理制度，保证电子设备的安全。硬件和网络设备不仅是信息系统运行的基础载体，也是价值昂贵的固定资产。企业应在健全设备管理制度的基础上，建立专门的电子设备管控制度，对于关键信息设备（例如银行的核心数据库服务器），未经授权，不得接触。

（2）企业应成立专门的信息系统安全管理机构，由企业主要领导负总责，对企业的信息安全作出总体规划和全方位严格管理，具体实施工作可由企业的信息主管部门负责。企业应强化全体员工的安全保密意识，特别要对重要岗位员工进行信息系统安全保密培训，并签署安全保密协议。企业应当建立信息系统安全保密制度和泄密责任追究制度。

（3）企业应当按照国家相关法律法规以及信息安全技术标准，制定信息系统安全实施细则。根据业务性质、重要程度、涉密情况等确定信息系统的安全等级，建立不同等级信息的授权使用制度，采用相应技术手段保证信息系统运行安全有序。对于信息系统的使用者和不同安全等级信息之间的授权关系，应在系统开发建设阶段就形成方案并加以设计，在软件系统中预留这种对应关系的设置功能，以便根据使用者岗位职务的变迁进行调整。

（4）企业应当有效利用 IT 技术手段，对硬件配置调整、软件参数修改严加控制。例如，企业可利用操作系统、数据库系统、应用系统提供的安全机制，设置安全参数，保证系统访问安全；对于重要的计算机设备，企业应当利用技术手段防止员工擅自安装、卸载软件或者改变软件系统配置，并定期对上述情况进行检查。

（5）企业委托专业机构进行系统运行与维护管理的，应当严格审查其资质条件、市场声誉和信用状况等，并与其签订正式的服务合同和保密协议。

（6）企业应当采取安装安全软件等措施防范信息系统受到病毒等恶意软件的感染和破坏。企业应当特别注重加强对服务器等关键部位的防护；对于存在网络应用的企业，应当综合利用防火墙、路由器等网络设备，采用内容过滤、漏洞扫描、入侵检测等软件技术加强网络安全，严密防范来自互联网的黑客攻击和非法侵入。对于通过互联网传输的涉密或者关键业务数据，企业应当采取必要的技术手段确保信息传递的保密性、准确性、完整性。

（7）企业应当建立系统数据定期备份制度，明确备份范围、频度、方法、责任人、存放地点、有效性检查等内容。系统首次上线运行时应当完全备份，然后根据业务频率和数据重要性程度，定期做好增量备份。数据正本与备份应分别存放于不同地点，防止因火灾、水灾、地震等事故产生不利影响。企业可综合采用磁盘、磁带、光盘等备份存储介质。

（8）企业应当建立信息系统开发、运行与维护等环节的岗位责任制度和不相容职务分离制度，防范利用计算机舞弊和犯罪。一般而言，信息系统不相容职务涉及的人员可以分为三类：系统开发建设人员、系统管理和维护人员、系统操作使用人员。开发人员在运行阶段不能操作使用信息系统，否则就可能掌握其中的涉密数据，进行非法利用；系统管理和维护人员担任密码保管、授权、系统变更等关键任务，如果允许其使用信息系统，就可能较为容易地篡改数据，从而达到侵吞财产或滥用计算机信息的目的。此外，信息系统使用人员也需要区分不同岗位，包括业务数据录入、数据检查、业务批准等，在他们之间也应有必要的相互牵制。企业应建立用户管理制度，加强对重要业务系统的访问权限管理，避免将不相容职责授予同一用户。企业应当采用密码控制等技术手段进行用户身份识别。对于重要的业务系统，应当采用数字证书、生物识别等可靠性强的技术手段识别用户身份。对于发生岗位变化或离岗的用户，用户部门应当及时通知系统管理人员调整其在系统中的访问权限或者关闭账号。企业应当定期对系统中的账号进行审阅，避免存在授权不当或非授权账号。对于超级用户，企业应当严格规定其使用条件和操作程序，并对其在系统中的操作全程进行监控或审计。

（9）企业应积极开展信息系统风险评估工作，定期对信息系统进行安全评估，及时发现系统安全问题并加以整改。

系统终结的关键控制点和主要控制措施。系统终结是信息系统生命周期的最后一个阶段，在该阶段信息系统将停止运行。停止运行的原因通常有：企业破产或被兼并、原有信息系统被新的信息系统代替。这一环节的主要风险是：①因经营条件发生剧变，数据可能泄密。②信息档案的保管期限不够长。

主要控制措施：

（1）要做好善后工作，不管因何种情况导致系统停止运行，都应将废弃系统中有价值或者涉密的信息进行销毁、转移。

（2）严格按照国家有关法规制度和对电子档案的管理规定（比如审计准则对审计证据保管年限的要求），妥善保管相关信息档案。

第三节　信息系统控制程序

一、信息系统的开发

企业应当根据信息系统建设整体规划提出项目建设方案，明确建设目标、人员配备、职责分工、经费保障和进度安排等相关内容，按照规定的权限和程序审批后实施。企业信息系统归口管理部门应当组织内部各单位提出开发需求和关键控制点，规范开发流程，明确系统设计、编程、安装调试、验收、上线等全过程的管理要求，严格按照建设方案、开发流程和相关要求组织开发工作。企业开发信息系统，可以采取自行开发、外购调试、业务外包等方式。选定外购调试或业务外包方式的，应当采用公开招标等形式择优确定供应商或开发单位。

企业开发信息系统，应当将生产经营管理业务流程、关键控制点和处理规则嵌入系统程序，实现手工环境下难以实现的控制功能。企业在系统开发过程中，应当按照不同业务的控制要求，通过信息系统中的权限管理功能控制用户的操作权限，避免将不相容职责的处理权限授予同一用户。企业应当针对不同数据的输入方式，考虑对进入系统数据的检查和校验功能。对于必需的后台操作，应当加强管理，建立规范的流程制度，对操作情况进行监控或者审计。企业应当在信息系统中设置操作日志功能，确保操作的可审计性。对异常的或者违背内部控制要求的交易和数据，应当设计由系统自动报告并设置跟踪处理机制。

企业信息系统归口管理部门应当加强信息系统开发全过程的跟踪管理，组织开发单位与内部各单位的日常沟通和协调，督促开发单位按照建设方案、计划进度和质量要求完成编程工作，对配备的硬件设备和系统软件进行检查验收，组织系统上线运行等。

企业应当组织独立于开发单位的专业机构对开发完成的信息系统进行验收测试，确保在功能、性能、控制要求和安全性等方面符合开发需求。

企业应当切实做好信息系统上线的各项准备工作，培训业务操作和系统管理人员，制订科学的上线计划和新旧系统转换方案，考虑应急预案，确保新旧系统顺利切换和平稳衔接。系统上线涉及数据迁移的，还应制订详细的数据迁移计划。

二、信息系统的运行与维护

企业应当加强信息系统运行与维护的管理，制定信息系统工作程序、信息管理制度以及各模块子系统的具体操作规范，及时跟踪、发现和解决系统运行中存在的问题，确保信息系统按照规定的程序、制度和操作规范持续稳定运行。企业应当建立信息系统变更管理流程，信息系统变更应当严格遵照管理流程进行操作。信息系统操作人员不得擅自进行系统软件的删除、修改等操作；不得擅自升级、改变系统软件版本；不得擅自改变软件系统环境配置。

企业应当根据业务性质、重要性程度、涉密情况等确定信息系统的安全等级，建立不同等级信息的授权使用制度，采用相应技术手段保证信息系统运行安全有序。企业应当建立信息系统安全保密和泄密责任追究制度。委托专业机构进行系统运行与维护管理的，应当审查该机构的资质，并与其签订服务合同和保密协议。企业应当采取安装安全软件等措施防范信息系统受到病毒等恶意软件的感染和破坏。

企业应当建立用户管理制度，加强对重要业务系统的访问权限管理，定期审阅系统账号，避免授权不当或存在非授权账号，禁止不相容职务用户账号的交叉操作。

企业应当综合利用防火墙、路由器等网络设备，漏洞扫描、入侵检测等软件技术以及远程访问安全策略等手段，加强网络安全，防范来自网络的攻击和非法侵入。企业对于通过网络传输的涉密或关键数据，应当采取加密措施，确保信息传递的保密性、准确性和完整性。

企业应当建立系统数据定期备份制度，明确备份范围、频度、方法、责任人、存放地点、有效性检查等内容。

企业应当加强服务器等关键信息设备的管理，建立良好的物理环境，指定专人负责检查，及时处理异常情况。未经授权，任何人不得接触关键信息设备。

第四节　信息系统控制案例分析

一、COBIT

（一）COBIT 的含义

信息系统内部控制（COBIT）是一个可以预防、检测和纠正非法事件的系统的总称。内部控制包含一系列的相关组成部分，它们共同工作以达到一个共同的目标。内部控制的焦点是非法事件，输入信息系统的数据出现异常（如未授权、不准确、不完整、无效或低效）或信息系统在处理输入的数据也出现上述异常时都会导致非法事件的产生。信息系统的内部控制就是用来预防、检测和纠正非法事件的，其目的是减少系统内部非法事件带来的损失。信息系统的内部控制分为一般控制和应用控制，其中一般控制又包括管理控制和运行控制（见图 15–2）。

（1）管理控制。信息系统的管理控制对于实现资产安全、数据完整、系统的有效性和高效性具有重要意义。信息系统的管理控制涉及整个信息系统的决策、开发以及日常的使用和维护。主要包括高层管理控制、系统开发管理控制、程序编码管理控制、数据资源管理控制、安全管理控制和质量保证管理控制。

（2）运行控制。运行控制负责系统硬件和软件的日常运行，保证应用系统能完成工作目标。运行控制主要包括计算机操作控制、通信网络控制、数据准备和输入控制、生产控制、系统数据的管理控制、文档和程序的控制、员工培训和技术支持控制、性能监视控制

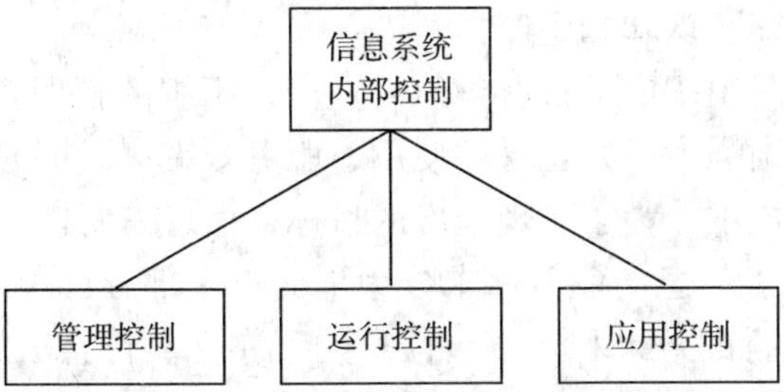

图 15-2　信息系统内部控制

和外部采购控制。

（3）应用控制。应用控制保证各个应用系统达到保护资产安全、数据完整、系统有效和高效的目标。应用控制有三个基本的特征：①应用控制的对象是硬件和软件。②应用控制应用于数据和数据的处理。③应用控制倾向于保护资产的安全和数据的完整性。应用控制包括边界控制、输入控制、通信控制、处理控制、数据库控制和输出控制。

COBIT 的全名是 Control Objectives for Information and Related Technology，是由美国信息系统审计与控制协会（ISACA）在 1996 年公布的，目前已经更新至第三版，是国际上公认的最先进、最权威的安全与信息技术管理和控制标准。COBIT 原本基于 ISACA 的控制目标而建立，后来通过吸收国际技术以及各种专业和行业标准而得到完善。COBIT 的控制目标主要针对政府或企业范围内的信息系统的应用。COBIT 试图在实现与具体 IT 平台无关的情况下更加真实地反映业务需求。COBIT 吸收世界上信息控制领域中已被接受的其他标准，形成一套专供企业经营者、IT 专家和 MIS 审计员强化和评估 IT 管理和控制的规范。COBIT 吸收的其他标准包括：①ISO、EDIFACT 技术标准。②欧洲委员会颁布的产品代码，如 OECD、ISACA 等。③信息系统和过程的认证标准：ITSEC、TCSEC、ISO 9000、SPICE、TickIT、CommonCriteria 等。④内部审计控制的专业标准：COSO 报告、IFAC、IIA、AICPA、GAO、PCIE、ISAC 等。⑤工业论坛（ESF，I4）和政府论坛（IBAG、NIST、DTI）中规定的行业惯例和要求。⑥新兴行业（例如银行业、电子商务和 IT 制造业）的特殊要求。

COBIT 集中反映了 IT 控制的目标和思想，COBIT 模型中关于控制的含义是："控制是一系列策略、程序、实践和组织结构的设计，以便对业务目标提供有效的确证（Assurance），对意外事件进行防护、监控和纠正。"而 IT 控制目标的定义是：通过在特定的 IT 活动中实施控制程序，以便获得期望的结果和目标所给出的陈述。COBIT 的控制目标体系从一个简单而实际的假设开始：为了提供政府或企业达到其目标而需要的信息，IT 资源需要有一组自然分类的 IT 过程管理。COBIT 控制目标体系可以看作是从 IT 资源、IT 处理过程到业务需求三者间关系所衍生出的循环。在 COBIT 中，IT 资源包括数据、应用系统、技术、设施、人力，这是 IT 处理过程的主要对象。①数据。泛指外部和内部、结构化和非结构化的文字、图像、影像、声音等。②应用系统。指人工和程序化的过程的总合。③技术。包括硬件、操作系统、数据库管理系统、网络和多媒体等。④设施。指可以支持和保护信息系统的所有相关资源。⑤人力。指人员在计划、组织、获取、支持和监控信息系统和服务中的技能、认知和生产力。

信息及其相关技术是组织内部最有价值的资产，组织的管理者期望信息系统的服务质量能不断提高，功能逐渐强大，并且易于使用，服务效率高，同时在不断提高服务质量的同时，维持较低的服务成本。为了实现提出的目标，信息需要遵循一定的规范，在 COBIT 中称为信息的业务需求。信息的业务需求分为下面三个部分：①质量需求：质量、成本、服务。②信任需求：运行的效果和效率、信息的可靠性、符合法规的要求。③安全需求：保密性、完整性、可用性。COBIT 的目的是实现业务需求，通过参考 COSO 等其他的控制模型，COBIT 定义了 7 个相互独立的信息评价指标来满足信息的质量需求、信任需求和安全需求，即信息的有效性、高效性、保密性、完整性、可用性、兼容性、可靠性。

（二）COBIT 模型结构

COBIT 模型的总体结构中包含高级控制目标及其分类。分类的原理是对 IT 资源的管理从本质上分成了三层工作，从最底层至最顶层分别是活动任务、处理过程和域。活动任务层中的“活动”是生命周期的概念，而“任务”是更加分散的概念；处理过程层高于活动任务层，处理过程定义为一系列关联的能够自然终止的活动和任务；在处理活动的上一层，处理过程被划分成域。COBIT 确定了 34 个 IT 处理过程。每一个处理过程是一系列关联的 IT 活动或任务，它们被标识并分成 4 个域，分别是“规划与组织”（Planning & Organization）、“获取与实施”（Acquisition & Implementation）、“交付与支持”（Delivery & Support）、“监控”（Monitoring）。

（1）规划与组织。这个域包括战略和战术，关注 IT 如何才能更好地有助于业务目标，以及战略和战术的实现需要从不同的方面去计划、交流和管理，同时合理的组织和技术设施也要准备妥当。

（2）获取与实施。为实现 IT 战略，就要选择、开发或获取相关的 IT 解决方案，同时必须同业务处理过程结合起来去实施。另外，这个域还覆盖对现有系统的更新和维护，确保系统的生命周期顺利运转。

（3）交付与支持。这个域关注提供所需要的服务，包括安全服务到培训服务；同时还包括了应用系统的数据处理，这属于应用控制的范围。

（4）监控。这个域关注是否经常评估所有的 IT 过程的效率并检查他们是否符合控制需求。COBIT 在规划与组织、获取与实施、交付与支持、监控四个方面确定了 34 个处理过程以及 318 个详细控制目标，此外对每个过程还有评审工具。COBIT 的 34 个处理过程，如表 15-1 所示。

所谓 IT 的控制目标是指组织在特定的 IT 活动中通过行使控制而达到的期望的结果目的。通过实现控制目标，可以保证对组织的 IT 环境已建立了一套充分的控制机制。按照逆向工程的原则，控制目标以面向 IT 处理过程的方式来定义，每个 IT 处理过程由一个高级控制目标来指导。一个高级控制目标包括对应的 IT 处理过程要满足的业务需求、完成 IT 过程的途径、实施 IT 控制目标的措施以及在实践中要考虑的问题。另外，在高级控制目标中，还特别指出了它所使用的信息评价指标、使用的程度（主要的和次要的）以及涉及的 IT 资源。可以用三维 COBIT 立方体来表示，三维分别是信息评价指标（Information

表 15-1　COBIT 的四个控制域的 34 个处理过程

规划与组织	获取与实施	交付与支持	监　控
定义 IT 战略规划	确定自动化的解决方案	定义并管理服务水平	过程监控
定义信息体系结构	获取并维护应用程序软件	管理第三方的服务	评价内部控制的适当性
确定技术方向	获取并维护技术基础设施	管理性能与容量	获取独立保证
定义 IT 组织与关系	程序开发与维护	确保服务的连续性	提供独立的审计
管理 IT 投资	程序安装与鉴定	确保系统安全	
传达管理目标和方向	更新管理	确定并分配成本	
人力资源管理		教育并培训客户	
确保与外部需求一致		信息技术咨询	
风险评估		配置管理	
项目管理		处理问题和突发事件	
质量管理		数据管理	
		设施管理	
		运营管理	

Criteria)、IT 资源（IT Resources）、IT 处理过程（IT Processes）。COBIT 模型指出，所有的控制措施不必在同等程度上满足业务对信息的各种不同需求，控制措施对信息需求的满足程度有以下几种：①主要。所定义的控制目标直接满足相关的信息评价指标。②次要。所定义的控制目标只是部分或间接满足相关的信息评价指标。③空白。可以采用，但控制目标只满足此处理过程或另一个处理过程的其他信息评价指标。

同样，所有的控制措施也不必在同等程度上影响各种不同的 IT 资源。总之，为了提供企业所需的信息，企业要实施信息系统内部控制来保证 IT 资源受控于一系列自然分组的 IT 处理过程，如表 15-2 所示。

表 15-2　COBIT 高级控制目标影响的信息评价指标和 IT 资源

域	IT 处理过程	信息评价指标							IT 资源				
		有效性	高效性	保密性	完整性	可用性	兼容性	可靠性	人员	应用程序	技术	设施	数据
规划与组织	定义 IT 战略规划	P	S						√	√	√	√	√
	定义信息体系结构	P	S	S	S					√			√
	确定技术方向	P	S								√	√	
	定义 IT 组织与关系	P	S						√				
	管理 IT 投资	P	P					S	√	√	√	√	
	传达管理目标和方向	P					S		√				
	人力资源管理	P	P						√				
	确保与外部需求一致	P					P	S	√	√			√
	风险评估	P	S	P	P	P	S	S	√	√	√	√	√
	项目管理	P	P						√	√	√	√	
	质量管理	P	P		P			S	√	√	√	√	

续表

域	IT 处理过程	信息评价指标							IT 资源				
		有效性	高效性	保密性	完整性	可用性	兼容性	可靠性	人员	应用程序	技术	设施	数据
获取与实施	确定自动化的解决方案	P	S							√	√	√	
	获取并维护应用程序软件	P	P		S		S	S		√			
	获取并维护技术基础设施	P	P		S						√		
	程序开发与维护	P	P		S		S	S	√	√	√	√	
	程序安装与鉴定	P			S	S			√	√	√	√	√
	更新管理	P	P		P	P		S	√	√	√	√	√
交付与支持	定义并管理服务水平	P	P	S	S	S	S	S	√	√	√	√	√
	管理第三方的服务	P	P	S	S	S	S	S	√	√	√	√	√
	管理性能与容量	P	P			S				√	√	√	
	确保服务的连续性	P	S			P			√	√	√	√	√
	确保系统安全			P	P	S	S	S	√	√	√	√	√
	确定并分配成本		P					P	√	√	√	√	√
	教育并培训客户	P	S						√				
	信息技术咨询	P	P						√	√			
	配置管理	P				S		S		√	√	√	
	处理问题和突发事件	P	P			S			√	√	√	√	√
	数据管理				P			P					√
	设施管理				P	P						√	
	运营管理	P	P		S	S			√	√		√	√
监控	过程监控	P	P	S	S	S	S	S	√	√	√	√	√
	评价内部控制的适当性	P	P	S	S	S	P	S	√	√	√	√	√
	获取独立保证	P	P	S	S	S	P	S	√	√	√	√	√
	提供独立的审计	P	P	S	S	S	P	S	√	√	√	√	√

COBIT 在特定的 IT 处理过程中以业务需求的形式局限在高级控制目标范畴中，IT 处理过程通过控制语句激活，控制语句要考虑可以采用的控制。COBIT 关注每一处理过程的高级控制目标，控制目标关注与每一处理过程相关的、特殊的、详细的控制目标。COBIT 控制目标体系把整个 COBIT 框架与详细的控制目标统一起来，构成了关于 IT 的国际标准和准则，它描述了在 IT 活动中实施控制过程所能取得的目的和结果，因此为整个行业和世界范围内的信息系统管理和控制提供了清晰的政策和良好的实践。

下面以“定义 IT 战略规划”为例，说明高级控制目标及详细控制目标。在“定义 IT 战略规划”这个流程的控制中，效果性准则最为重要，效率性准则其次，其他准则可不予考虑。同时，在该控制流程中需要均衡人力、应用、技术、设施和数据等多种资源。在“定义 IT 战略规划”流程的高层控制目标下又定义了如下 7 个详细的控制目标：①IT 作为企业长期和短期计划的一个组成部分的控制目标。②IT 长期规划的控制目标。③IT 长期规划变化的控制目标。④实现 IT 功能的短期规划控制目标。⑤IT 规划沟通的控制目标。⑥监督和评价 IT 规划的控制目标。⑦现有系统评估的控制目标。COBIT 模型由六个相互关联的部分组成，如图 15-3 所示。

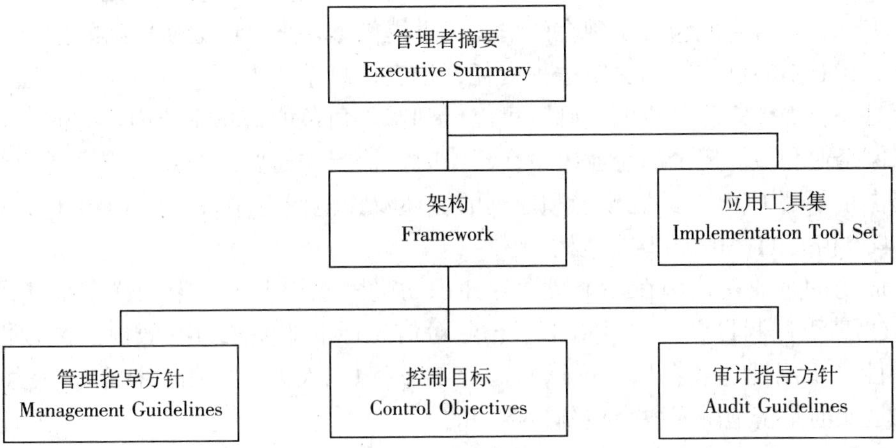

图 15-3　COBIT 模型的组成

目前国内的信息系统内部控制还处于起步阶段，必须有一个好的参考标准来指导。关于控制的模型有很多，如美国的 COSO、英国的 Cadbury、加拿大的 CoCo、南非的 King 等，但这些模型都不能为企业提供一个全面的 IT 控制模型，以确保能够成功而有效地整合信息系统与业务流程。COBIT 的目的就是为这种整合提供基础，从而在业务需求和 IT 控制之间建立联系。COBIT 的优点如下：

（1）COBIT 是一个非常有用的工具，而且易于理解和实施，可以帮助在管理层、IT 与审计之间交流的鸿沟上搭建桥梁，提供了彼此之间沟通的共同语言。几乎每个机构都可以从 COBIT 中获益，来决定基于 IT 过程及他们所支持的业务功能的合理控制。信息系统的审计、控制及安全专业人员应该考虑采用 COBIT 控制模型。

（2）COBIT 提供了一个共同的标准来使得 IT 处理过程实施者更容易与其他组织的 IT 处理过程的实施者以及提供各种不同 IT 服务的个人或厂商彼此相互沟通。

（3）通过实施 COBIT，增加了管理层对控制的感知和支持。COBIT 帮助管理层懂得控制如何影响业务功能。COBIT 提供一种被广泛接受的与信息系统内部控制实践有关的框架来评估现有的或准备建立的 IT 环境，使组织的管理层即使不精通信息系统，也能理解信息系统带来的利益和花费的成本，明白其中存在的风险，然后作出正确的决策。COBIT 提供的实施工具集包括优秀的案例资料，帮助向管理层很好地表述信息系统内部控制的概念，使管理层在基于最佳实践的基础上作出正确的决策。

（4）COBIT 使信息系统内部控制的工作简化并量化，减轻对复杂信息系统内部控制工作的难度，并且可以应用在每天都在发生的各种新问题中。对于那些不具有广博 IT 知识的人来讲，是一个认清信息技术的有价值的工具。它也使得信息系统审计师具有与 IT 专业人员相同的专业广度，并且可以询问 IT 工程相关的问题。

（5）为 IT 处理过程的实施者提供一个完整的理论指导，使他们可以对 IT 处理过程中的相关活动实施管理和控制，满足企业对信息系统的安全、可靠与有效的需求，为企业达成其目标提供合理保障。

（6）COBIT 提供了一个国际通用的信息系统内部控制方案，普遍适用于各种不同的业务项目和审计，并且它既包容了现在的情况，也提供了将来可能会使用到的指导方针。

（7）COBIT 模型可以帮助决定过程责任，提高信息系统内部控制的水平。通过采用该模型作为对一个责任矩阵分析的基础，可以做到基于角色的信息系统内部控制，定义过程措施，确保企业利益。健全的企业决策在于实时、恰当和简要的信息，管理者摘要为企业管理层提供了了解 COBIT 关键概念和原则的综述及让他们更深入了解 COBIT 细节的四个领域及 34 个相关 IT 程序的概要架构。

一个成功的企业是建构在一个数据和知识的坚固架构上的，架构详细描述了 COBIT 的 34 个 IT 高级控制目标，并且指出了企业对信息标准的要求（有效性、高效性、保密性、完整性、可用性、兼容性、可靠性）和 IT 资源（人力、应用、技术、能力和数据）上的需求是如何紧密地融入各个控制目标中的。

审计指导方针（Audit Guidelines）。为了达到期待的目标，必须要持续和确实地审计所有的程序。审计指导方针建议了关于 34 个 IT 高级控制目标的审计步骤，来协助信息系统的审计员检验 IT 程序是否符合详细控制目标，以提供管理上的保证和改进的建议。

控制目标（Control Objectives）。在科技不断变化的环境中能够维持盈利的关键在于能够维持良好的控制。COBIT 的控制目标为 IT 控制提供了一个用来制定明晰的策略和良好的准则的关键方针，包括了用来达成所期待目的或结果的详细控制目标的说明。

管理指导方针（Management Guidelines）。管理指导方针包括四个部分：

（1）成熟度模型（Maturity Models）。成熟度模型让管理者可以了解企业目前的发展如何，帮助确定控制的每个阶段和期望水平，以及是否符合产业标准，与本行业最好的企业和国际标准相比处于什么样的水平以及今后的发展方向。

（2）关键的成功因素（Critical Success Factors）。为达到对 IT 处理过程及其内部实施控制的目的，关键的成功因素定义了最重要的面向管理的实现方法。

（3）关键目标指标（Key Goal Indicators）。关键目标指标定义了衡量 IT 的处理是否满足业务需求度量指标。

（4）关键性能指标（Key Performance Indicators）。用来衡量 IT 控制过程能否完成指标。

应用工具集（Implementation Tool Set）。应用控制集包括了管理意识（Management Awareness）、IT 控制的诊断（IT Control Diagnostics）、应用指导（Implementation Guide）、常见问题集（FAQs）、应用 COBIT 组织的个案研究（Case Studies）及介绍 COBIT 的相关材料（Slide Resentations）。这些新的工具组主要是为了让 COBIT 的应用更为容易、让组织能快速且成功地从教材中学到如何在工作环境中应用 COBIT，并且使管理层思考 COBIT 对企业目标的重要性。

COBIT 在信息系统中的应用。COBIT 模型是企业战略目标和信息技术战略目标之间的桥梁，使信息技术目标和企业战略目标之间实现互动。COBIT 考虑了企业自身的战略规划，对业务环境和企业总的业务战略进行分析定位，并将战略规划所产生的目标、政策、行动计划作为信息技术的关键环节，由此确定 IT 准则。在 IT 准则指导下，利用控制目标模型，分别从规划与组织、获取与实施、交付与支持、监控等过程来控制和管理信息资源，在信息系统管理和控制的同时，引入审计指南，从而保证 IT 资源管理的安全性、可靠性和有效性。COBIT 还提供了目前最佳案例和关键的信息系统管理，把信息处理、IT 资源和信息本身与企业的策略和目标联系在一起。它包括规划与组织、获取与实施、交付与支持和对 IT 性能监控的优化方法。信息系统管理能够使企业充分利用信息资源，从而取得最大的利益。管理指导方针增强了企业管理层有效处理信息系统管理需求的能力。该指导方针是面向实践和通用的，指导管理层如何确保企业的信息及其相关过程有足够的控制、如何保证企业目标的完成、如何监控每个 IT 过程的性能等。

管理者摘要（Executive Summary）。从以上的分析可以看出，整个模型实现了企业战略与 IT 战略的互动，并形成持续改进的良性循环机制，为企业提供了具有一定参考价值的解决方案。因此，针对我国信息化存在的问题，借鉴 COBIT 模型的信息系统管理和控制的框架，科学、系统地对信息及相关技术进行管理，逐步建立信息系统内部控制，对推动我国信息技术的发展和应用具有十分重要的现实意义。正因为 COBIT 的通用性，它忽略了各个信息系统的特殊性，因此，不能生搬硬套 COBIT 的整套控制目标体系，而是需要根据实际情况把它具体化。首先，企业在应用 COBIT 前必须先了解其指导思想，COBIT 是为了有效地整合组织的业务流程与信息系统，因此，必须理解从 IT 资源的规划、信息的产生到整个业务流程的循环中，需要投入的 IT 资源，可以达到的 IT 目标，以及如何使每个 IT 处理过程有效运转，相互协调。其次，以 COBIT 的 34 个 IT 处理过程为模板，结合企业的业务流程和信息系统的具体情况，建立基于企业特殊要求的 IT 处理过程，然后提出每个 IT 处理过程的控制目标。最后，在应用 COBIT 的过程中，企业的业务流程、业务需求以及 IT 技术在不断的变化发展中，COBIT 本身也在不断地更新，因此，企业的 IT 处理过程及其控制目标必须及时更新。

第十六章　企业内部控制评价

本章分别对内部控制评价的目的、原则、内容、程序、报告以及内部控制缺陷的认定等方面内容作了规范。下面，就其内容作一些详细的解读，以利于读者更好地理解和掌握本章的主要内容。

第一节　企业内部控制评价含义

一、企业内部控制评价目的与要求

（一）《企业内部控制评价指引》的目的

《企业内部控制评价指引》第1条指出："为了促进企业全面评价内部控制的设计与运行情况，规范内部控制评价程序和评价报告，揭示和防范风险，根据有关法律法规和《企业内部控制基本规范》，制定本指引。"

本条文指出，指定《企业内部控制评价指引》是为了达到以下三个目的：一是促进企业全面评价内部控制的设计与运行情况；二是规范内部控制评价程序和评价报告；三是揭示和防范风险。

企业内部控制范围非常广泛，内容非常复杂，并且各个企业之间背景差异十分巨大，究竟怎么样的内部控制制度才符合要求则是广大企业管理人员所关心的问题。这涉及内部控制设计与运行两个方面的问题。这两个方面的问题，其实就是对与企业内部控制密切相关的三个方面问题的诉求：企业内部控制设计是否规范？运行是否有效？其评价标准是什么？本指引就这三方面问题作出了回答并提供了指南。

1. 促进企业全面评价内部控制的设计与运行情况

自财政部公布企业内部控制基本规范以来，大多数企业基本建立了自己的内部控制制度，并在实际过程中发挥了积极的作用。但是，许多企业管理人员对于本企业内部控制制度本身设计是否符合要求，运行效果如何，总是很难作出比较合理的判断。究其原因，在于评价标准和方法缺乏规范的认同。管理当局也注意到这一问题的迫切性，并着手努力解决这一问题。从内部控制理论与实际发展来看，内部控制的评价也总是滞后于内部控制设计规范的研究。就美国来说，关于内部控制评价的研究也是到了21世纪初期才得到全面发展。

20世纪70年代以来，管理层对内部控制有效性是否进行报告曾进行广泛的争论，但直到《萨班斯—奥克斯利法案》颁布之前，还没有形成统一的规范。实务中仅有美国联合存款保险局（Federal Deposit Insurance Corporation）对加入保险的总资产超过5亿美元的金融机构要求提供管理层内部控制有效性的报告。2002年7月，美国国会通过的《萨班斯—奥克斯利法案》第一次对财务报告内部控制的有效性提出了明确的要求。该法案涉及内部控制的条款主要有：

第103款规定，对管理层财务报告内部控制评估的审计师报告，需要评价公司的内部控制政策和程序是否包括详细程度合理的记录，以准确公允地反映公司的资产交易和处置情况；内部控制是否合理保证公司对发生的交易活动进行了必要的记录，以满足财务报告编制符合公认会计原则的要求；是否合理保证公司的管理层和董事会对公司的收支活动进行了合理授权。

第302款规定，公司首席执行官和首席财务官应当对所提交的年度或季度报告签署书面证明，证明中涉及内部控制的内容包括：签字人员有责任建立和维护一套内部控制程序，并且这套内部控制程序的设计应当确保企业内部其他管理人员都能够知道公司及其纳入合并范围的子公司的所有重大信息，尤其在定期报告编制期间；保证在财务报告编制之前90天内已经对公司内部控制的有效性进行了评价；将关于内部控制有效性的结论反映在报告中；向外部审计师和公司董事会下的审计委员会报告了在内部控制设计或运行中对公司财务信息的记录、加工、汇总和报告产生不利影响的所有重大控制缺陷以及重要控制弱点。

第404款规定，根据1934年《证券交易法》中13（a）或15（d）款要求递交年报的公司，管理层需要对财务报告的内部控制进行报告。同时，该条款要求这些公司的审计师对管理层的评估进行认证和报告。404条款的规定引起了法律界和职业界的广泛关注，SEC和AICPA积极行动起来，分别提出了自己的提案和征求意见稿。

20世纪80年代末至90年代初，随着内部控制的发展，内部控制评价开始受业内人员的关注，但此时的内部控制评价仍停留在对内部管理制度执行的一般了解。内部控制评价体系设计还只是起辅助作用，有的甚至流于形式，企业自身也没有对内部控制评价产生足够的重视。这时，我国学术界逐渐开始了对这一领域的探索和研究。20世纪90年代后期开始，我国政府开始积极推进内部控制评价的规范化建设。1996年12月，财政部发布《独立审计具体准则第9号——内部控制和审计风险》，要求注册会计师审查内部控制，并提出内部控制的内容：控制环境、会计系统和控制程序。1999年10月颁布、2000年7月实施的《会计法》中明确要求各单位应当建立健全本单位内部会计监督制度，强调了对企业内部控制制度建设的要求，这是我国第一部体现内部控制要求的法律。中国证监会于2000年发布的《公开发行证券公司信息披露编报规则》中要求公开发行证券的商业银行、保险公司、证券公司，应委托所聘请的注册会计师对其内部控制制度及风险管理系统的完整性、合理性和有效性进行评价，提出改进建议，并出具评价报告。中国注册会计师协会2001年颁布的《独立审计实务公告——内部控制审核》要求注册会计师对上市公司内部控制的完整性、合理性及有效性进行评价，并出具审核报告。针对近年来国内商业银行频繁发生重大金融案件，银监会于2004年9月颁布了《商业银行内部控制评价试行办法》。该办法体现了“管内控”的监管理念，同时也充分体现了《新资本协议》中内控评估的思想。2006年6月，上海证券交易所颁布了《上海证券交易所上市公司内部控制指引》，要求董事会对公司内部控制制度的建立和实施情况作出自我评价，出具评估报告。会计师事务所参与了主管部门有关规定对公司内部控制自我评估报告进行核实评价。2010年《企业内部控制评价指引》的诞生，标志着我国企业内部控制评价从此走上了规范化的道路。

2. 规范内部控制评价程序和评价报告

本指引第3章和第5章对内部控制评价程序和评价报告作了规范。在本指引公布之前，对内部控制评价程序通常按审计规范来进行评价。但是对内部控制的审计评价与自我评价毕竟有所不同，因而也应有所区别。

通常，在对内部控制审计时，内部控制评价程序可作如下概括：通过对控制系统的了解和记录，初步认定控制风险的高低，然后按照测试和评价的重点分为健全性测试和评价、符合性测试和评价、实质性测试和评价三个阶段。最后，在对拟依赖的健全性测试、符合性测试和实质性测试的基础上，进行综合评价。在对内部控制系统的整体情况有了了解之后，应对内部控制制度的健全性进行测试，判断企业是否具备制度上的保障。然后，应对已建立的各种内部控制程序与措施的遵守与执行情况进行评审。这种评审通常称为“内部控制制度的符合性测试”。符合性测试的具体对象是各种内部控制制度，包括内部会计控制制度和内部管理控制制度，其目的在于揭示控制制度是否有效、协调地运行，可靠程度如何。符合性测试的过程中外部评价主体应有效利用内部评价主体的工作，同内部审计人员协调工作。注册会计师等外部评价主体应定期同内部审计人员会谈、复核工作计划表、取得内部审计人员的审计工作底稿、复核内部审计报告。值得注意的是，注册会计师在协调工作时，应注意评价内部审计人员工作的质量和有效性，从而确定内审人员工作底稿的可信度。此外，注册会计师可要求内部审计人员在执行符合性测试中提供直接的支持。所谓实质性测试，一般指收集确切证据并进行更为深入的测试，以便审计人员据以作出审计结论。实质性测试主要包括实物盘点，向第三者询证，复算，仔细检查某项业务及其余额、账账、账表、账证之间进行核对，对账户中数字和余额的内容进行分析比较，对有关文件进行“复阅”，对重要的比率和趋势、不平常的波动以及较重大的问题进行分析性的复查、审核和研究。但是，本指引第3章作了一些不同的规定。

同样，内部控制评价程序完成后，应根据综合评价结果，依据发现的内部控制缺陷和薄弱环节撰写内部控制评价报告、提出改进建议，并以书面的形式反映。撰写评价报告应做到描述准确、详略得当、涵盖所有重大风险以及实质性弱点。在将企业风险管理理念运用到内部控制领域以后，一些学者对内部控制报告内容作出了精辟的概括：对内部控制报告内容而言，所有已经识别的影响一个主体制定和执行其战略目标能力的内部控制缺陷，都必须报告给那些被安排来采取必要措施的人。除了缺陷以外，所识别的提高主体目标实现的可能性的机会也应该报告。内部控制报告应当成为内部控制执行过程的一部分，通过它可以把组织的控制状态告知相关决策者。对公司发布内部控制报告的要求，在英国是通过《综合法》提出的，在美国是通过《萨班斯—奥克斯利法案》第404条款提出的，而在我国则通过《企业内部控制评价指引》提出。

3. 揭示和防范风险

揭示和防范风险，既是内部控制设计目的，也是内部控制评价目的。内部控制评价就是确认企业内部控制是否达到了这些目的。为此目的而建立的内部控制制度，通过运行来验证其有效性，如果出现了问题，说明必定在内部控制某些环节存在薄弱之处，需要引起管理当局的重视。但是，有时内部控制在运行过程中有些潜在风险未必马上发生，或者在某种情况下该业务未发生，这时如果没有对内部控制及时进行评价，就有可能发现不了潜在的风险，从而导致企业损失。因此，内部控制评价是揭示和防范风险所必不可少的。

企业的内部控制是一个系统的、动态的过程，随着经济环境的变化，企业的内部控制制度需要适时调整以适应新的发展需要，这就需要通过定期或不定期的内部控制评价及时发现内部控制制度的缺陷，不断完善内部控制，改善内部管理，减少舞弊，从而提升企业价值。一方面，内部控制评价可以增强企业管理当局对内部控制的了解和重视，从而改善企业内部控制环境；另一方面，评价内部控制的前提是对内部控制的设计和运行进行充分的了解、记录，这个过程可以发现内部控制中存在的问题，从而改善企业内部管理。

（二）内部控制评价含义

内部控制评价什么，历来是学者们讨论的话题。有的认为是评价程序合法性的问题，有的认为是评价控制程序实质性的问题。实际上，企业的内部控制涉及方方面面，如果没有一个明确的评价重点，则会损害内部控制制度的建设。该问题的关键点在于，内部控制评价的含义究竟应该如何来鉴定。《企业内部控制评价指引》为内部控制评价规范了方向。

该指引第2条指出："本指引所称内部控制评价，[①]是指企业董事会或类似权力机构对内部控制的有效性进行全面评价、形成评价结论、出具评价报告的过程。"

该条文规范了两个方面内容，一是内部控制评价是针对其"有效性"评价；二是规范了评价主体，即"企业董事会或类似权力机构"。

1. 内部控制的有效性

尽管相关各方都在探讨内部控制的评价，追求有效的内部控制，但并没有就内部控制的有效性给出一个确切的定义。内部控制不是独立存在的，从本质上来说它服务于企业的目标，派生于企业的经营和管理，从而，内部控制的目标也是派生于企业的目标。所以，从本源的角度来看，内部控制的有效性是指内部控制为相关目标的实现提供的保证程度或水平，有效性不同的内部控制可以提供不同程度的保证，其变动范围应当是0~100%。一般情况下，不同企业的内部控制系统运行在不同的有效性水平上，同样，某一特定内部控制系统在不同时点的运行可能也不同。尽管内部控制是一个过程，其有效性却是该过程在某一时点的状态或情形。这就产生了一个问题：是评价内部控制在某一时点的有效性，还是某一时期的有效性？对一项具体的控制活动来说，如果仅仅是在某一个时点对其有效性

① 关于内部控制评价范围，目前美国仅限于财务报告内部控制的评价，所以，在现有的有关内部控制评价的美国文献中叫财务呈报内部控制评价，而我国的内部控制评价还包括了一些非财务报告内容的内部控制评价，所以我国直接称内部控制评价。——编者引

进行评价，那么，这个有效性是指该项控制活动在这一时点的状态或情形。但是，从本质上来说企业内部控制是一个整体系统，而整体系统的有效性就必须具有一定的稳定性，只评价某一个时点的有效性并没有太大的价值和意义。另外，内部控制是为相关目标乃至企业目标的实现提供合理保证，而相关目标的实现都存在一个过程，都与一定的期间（如财务年度）相对应。所以，上市公司内部控制的年度评价应当是评价上市公司内部控制截至财务报告日或最近财务年度的有效性，是对内部控制在某个期间有效性的评价。

评价内部控制的有效性，首先要解决的一个问题就是什么是有效的内部控制。解决这一问题的方法主要是制定一个企业内部控制框架，很多国家和机构都对这个问题进行了研究，包括美国注册会计师协会、美国的反欺诈财务报告委员会发起组织委员会（COSO）、英国财务报告理事会等，都制定了内部控制的框架或标准来阐述有效内部控制应当具备的要素和内容。通过这个企业内部控制框架界定内部控制的含义，确定内部控制的目标，描述有效的内部控制通常情况应该具备的要素。比如，COSO 的《内部控制——整合框架》构建了包括三类目标、五个构成要素的内部控制框架，《企业风险管理——整合框架》构建了包括四类目标、八个构成要素的企业风险管理框架等，这些框架也就是所谓的内部控制评价标准。我国《企业内部控制评价指引》五个构成要素的内部控制框架构成了内部控制评价的标准。

（1）有效的内部控制不是一个点，而是一个区间。众所周知，绝对保证是指 100%的保证，有效的内部控制提供的既然是合理保证，就不是 100%的保证。

美国《证券交易法》条款 13(b) 把“合理保证”和“适当详细”定义为“这样一种详细水平和保证程度，它使谨慎的高级职员在处理它们自己的事务时感到满意”。尽管我们很难准确地确定合理保证具体是什么水平的保证，但是，可以确定的是在合理保证和绝对保证之间必然存在一个区间。所以，COSO 对有效内部控制的这种界定只可能是界定了有效内部控制的一个下限，而不是上限。从逻辑和理论上来看，有效的内部控制是指能够为内部控制目标的实现提供合理或者更高水平保证的内部控制，或者讲，有效的内部控制不是一个点，而是存在一个判定区间。这个区间的上限为 1，即 100%的绝对保证，下限是一个不确定的数值，它取决于人们的判断，设定为 P_0，这个区间就是 $[P_0, 1]$。只要内部控制保证相关目标实现的水平落入就有效。

（2）有效的内部控制对于不同的相关目标来说含义不同。由于内部控制不同目标实现的影响因素不同，所以，对于内部控制的不同目标而言，有效内部控制的含义是不同的，合理保证的内容是不一样的。对于财务报告的可靠性、遵循相关的法律法规这两个目标来说，企业内部控制可以合理保证它们的实现，因为这两类目标的实现处于企业的控制范围之内，并且取决于企业相关控制活动完成得好坏。而对于经营目标和战略目标来说，却不是这样。企业内部控制不能防止糟糕的判断或决策，也不能防止那些能够导致经营业务没有达到经营目标的外部事项。也就是说，企业经营目标和战略目标的实现除了受到自身因素的影响外，还要受到外部因素的影响，并不总是处在企业的控制范围之内。因此，企业内部控制尽管能够增大管理层作出更好决策的可能性，但不能合理保证这些目标的实现，只能合理地保证管理层以及起监督作用的董事会了解企业向着实现目标的方向前进的程度。所以，有效的内部控制，对于财务报告目标和合规目标来说指的是能够合理保证财务报告可靠性、遵循相关的法律法规，而对于经营目标和战略目标来说，指的则是能够合理保证管理层和董事会及时了解目标正在实现的程度。因此，评价企业内部控制的有效性实际上是在判断企业内部控制能够为相关目标的实现提供的保证水平是否处于有效内部控制的区间。如果企业内部控制为相关目标的实现提供的保证水平达到甚至超过了合理保证的水平，也就是在有效内部控制的区间内，那么它就是有效的；如果提供的保证水平低于合理保证的水平，那么，它就是无效的。

（3）有效的企业内部控制与相关目标的实现。由于内部控制有效性的评价是基于潜在事项的判断，而不是实际发生的事项，有效的内部控制为相关目标的实现提供的只是合理保证，而不是绝对保证，所以，相关目标实际实现了的内部控制不一定是有效的内部控制，相关目标没有实际实现的内部控制也不一定是无效的内部控制。以财务报告内部控制的评价为例，评价财务报告内部控制的有效性是基于公司的内部控制能否防止或及时发现一个潜在的重要错报，而不是根据一个重要错报是否实际已经发生，从而评价财务报告内部控制能否合理保证财务报告的可靠性。所以，财务报表实际没有发生重要错报时，内部控制不一定是有效的内部控制，而财务报表实际发生了重要错报时，内部控制也不一定是无效的内部控制。假定合理保证的水平为 P_0，财务报表发生重要错报的固有风险为 MR，内部控制没有防止或及时发现重要错报的风险为 CR，则财务报表最终发生错报的风险 $FR = MR \times CR$。按照内部控制评价的一般逻辑，如果 $FR < (1 - P_0)$，则财务报告内部控制是有效的，如果 $FR > (1 - P_0)$，则财务报告内部控制是无效的。

在不考虑内部控制的情况下，财务报表发生重要错报的风险 $MR < 1$，即 $(1 - MR) > 0$，也就是说即使没有内部控制，财务报表没有发生重要错报的可能性并不是 0，而是大于 0，也就是说，在财务报表实际没有发生重要错报的情况下，也有可能 $FR > (1 - P_0)$。所以，即使财务报表实际没有发生重要错报，在评价财务报告内部控制时，也可能评价为无效。财务报表最终发生重要错报的风险 $FR = MR \times CR$，尽管 FR 可能很小，但大于 0，也就是说，即使财务报表实际发生了重要错报，也有可能 $FR < (1 - P_0)$。所以，即使财务报表实际发生了重要错报，在评价内部控制时，也可能评价为有效。

2. 企业董事会或类似权力机构

评价的实际价值在很大程度上受到评价者的动机和能力的影响。应由谁对企业内部控制实施评价，才能产生高质量的评价结论呢？在实践中，随着对内部控制的认识的日益全面，内部控制评价主体已经随着评价范围的不断扩展而超出了审计师行业，出现了多种评价主体并存的状况。那么，哪些主体具有更高的评价质量，其评价结果具有更高的可信度呢？

企业内部控制评价在不同国家处于不同的发展阶段，其中美国和英国一直走在世界内部控制发展的前列，它们的评价主体构成及特征对我国制定《企业内部控制评价指引》具有重要的参考意义。

美国上市公司内部控制的评价与报告体系大体包括：①公司管理层对财务报告内部控制的有效性进行评价，对内向审计委员会报告、对外发布公开报告。②注册会计师对财务报告内部控制进行审计，对管理层财务报告内部控制有效性评价发表鉴证意见，以及对公司财务报告内部控制的有效性发表意见。可见，美国的内部控制评价主体不仅强调外部评价主体，也非常重视内部评价主体，并呈现出对内部评价主体日趋重视的趋势。具体表现在：一是要求公司管理层对财务报告内部控制有效性进行评价；二是对审计委员会监督和评价的要求；三是美国的内部评价主体是管理当局，而不是处于公司管理最高层的董事会。美国的内部控制评价主体特征主要体现为：在《萨班斯—奥克斯利法案》中体现了对管理层责任要求不断加强的趋势；对审计委员会的评价地位比较重视；内部审计部门的独立性较强；要求注册会计师不仅要对管理层财务报告内部控制有效性评价发表鉴证意见，还要对公司财务报告内部控制的有效性发表意见，并承担相应责任。

英国的内部控制评价体系在 2005 年修订的 Turnbun 指南中体现为：董事应每年至少一次对公司内部控制的有效性进行检查并向股东报告；董事会最终要对内部控制负责并应考虑是否有建立内部审计部门的必要。根据上市登记规则，外部审计师要对董事会审查内部控制系统的有关遵循声明进行审查，如果审计师认为董事会的内部控制声明与审计师了解的情况不一致，那么审计师要在审计报告中说明。英国的内部控制评价主体特征体现在：①与美国相比，英国的内部评价主体的层次较高，强调董事会或企业最高负责人对内部控制负责，而美国将内部评价主体定位于管理层。②与美国相比，英国没有扩展注册会计师有关公司内部控制声明的责任，英国外部评价主体的职能和责任并没有增大。在英国体系下，审计师只是对董事会的内部控制声明进行审查，并不需要对公司内部控制系统的有效性出具报告，而在美国体系下，审计师要在审计财务报表的同时对公司的财务报告内部控制进行审计，既要评价管理层对内部控制的评价，又要对内部控制的有效性发表意见。

随着国际环境的变化，我国也逐渐认识到了内部控制评价的重要性。中国注册会计师协会陆续颁布了《内部控制审核指导意见》、《中国注册会计师执业准则指南》等一系列与内部控制相关的条例。从这些规定中可以看出，我国的内部控制评价主要是依赖注册会计师的审核实施的，呈现只重视外部评价主体（注册会计师），忽视了内部评价主体的局面。我国内部控制评价主体特征体现在：①主要依赖注册会计师这一外部评价主体的鉴证，内部评价主体的层次不高，独立性不强。事实上，我国内审部门在企业中大多处于和其他部门平行的地位，其独立性必然由于部门间的利益关系受到影响。②审计委员会没有在实践中发挥理想的作用。我国的审计委员会制度尚不健全、从属问题还不明确，其实施也存在公司治理上的障碍，所以审计委员会作为外部评价主体的作用甚微。③无论内部评价主体还是外部评价主体法律责任的限定模糊，加之注册会计师提供的“合理”保证而非“绝对”保证，更加大了诉诸法律解决问题的难度。④影响内部控制评价质量的主体特征。

高质量的内部控制评价要求评价者发现并报告内部控制中的弱点，其概率取决于两个方面：其一，评价主体发现内部控制弱点的概率；其二，评价主体对已经发现的内部控制弱点进行报告或披露的概率。第一个概率（发现）取决于评价主体的胜任能力和在评价方面投入的人力和物力。第二个概率取决于评价主体相对于客户的独立性。这样，影响内部控制评价质量的主体特征主要包括四个方面：①独立性和权威性。内部控制评价主体的权威性和独立性是影响评价质量的重要因素，它影响着评价主体报告控制弱点的概率。②法律责任。评价主体承担的法律责任越大，重视程度越高，对内部控制评价的投入越大，有效评价的概率越大。美国《萨班斯—奥克斯利法案》第 404 条强调了公司管理层建立和维护内部控制系统及保持相应控制程序充分有效的责任。这一责任的加强使管理层对内部控制系统评价十分重视，对内部控制评价效果是非常有益的影响因素。③信息获得。获得准确可靠的信息是实施高质量评价的前提条件。如果不了解内部控制的实际情况，科学的评价指标体系和评价方法就都没有了用武之地。④专业胜任能力。评价主体的经验和能力决定了其能否发现内部控制中存在的弱点和缺陷。由于我国企业董事会或类似权力机构能够满足这些条件，因而理所当然地成了内部控制自我评价的主体。

（三）内部控制评价原则

根据《企业内部控制评价指引》第 3 条规定，企业内部控制评价至少遵循三大原则：全面性、重要性和客观性原则。本条文指出："企业实施内部控制评价至少应当遵循下列原则：（一）全面性原则。评价工作应当包括内部控制的设计与运行，涵盖企业及其所属单位的各种业务和事项。（二）重要性原则。评价工作应当在全面评价的基础上，关注重要业务单位、重大业务事项和高风险领域。（三）客观性原则。评价工作应当准确地揭示经营管理的风险状况，如实反映内部控制设计与运行的有效性。"

按照上述指引，需要进一步说明全面性、重要性和客观性原则的意义。

1. 全面性原则

根据《企业内部控制应用指引》，内部控制评价的全面性原则的含义应该包括其 18 个内部控制方面的内容，并且要包括每一项应用指引下的各项业务和事项，这才符合全面性原则。全面性，意味着包括企业所有的业务和事项，而不应该有所取舍。因而，企业应该至少对 18 项内部控制方面的制度进行评价。全面性原则是指在构建内部控制评价体系时，应包括所有能反映企业整个内部控制系统重要内容的指标。在选取指标时应尽量使各指标之间相互补充又不重复，构成完整的内部控制评价指标体系。

2. 重要性原则

重要性概念，在会计学和审计学中有着不同的含义，而且在学术界至今还没有形成一致的认识[①]。就内部控制评价而言，就某单位而言，什么是重要业务，什么是非重要业务是显而易见的。因而，在运用重要性原则时必须结合本单位的具体情况才能确定。一般来

① 审计准则中对重要性的定义也是借用了会计重要性的概念，如《中国注册会计师审计准则第 1221 号——重要性》第三条规定："重要性取决于在具体环境下对错报金额和性质的判断。如果一项错报单独或连同其他错报可能影响财务报表使用者依据财务报表作出的经济决策，则该项错报是重大的。"就是 IAASB 在其 ISA320"计划与执行审计中的重要性"的征询意见稿中的重要性定义也取自 ISAB 的 IAS1"财务报表表达"中的重要性定义。IAASB 认为被审单位财务报表可适用的财务报告框架中的重要性规定与讨论可以为审计师在审计中确定重要性提供指南，如果没有，则审计具体准则中对重要性的讨论是审计师确定审计重要性的主要指南。

FASB，作为第二号财务会计概念公告——"会计信息质量特征"的一部分。但是，将重要性的最初研究计划撤出其可预见的工作日程。因为它们认为不可能制定出能够囊括一个经验丰富人员判断所涉各种情形的一般重要性标准。不过，FASB 对此还留有余地，声明并不排除 FASB 在将来重新审视这一结论或就特殊项目制定重要性的量化标准。至此，就重要性问题的研究结果得到了一个实质内涵清晰的重要性概念——在具体情形下，若财务报告中某一项目的漏报包含在财务报告中或错报受到更正，可能改变或影响依靠财务报告的理性决策者的决策，则该项目的漏报或错报是重大的。此外，还取得以下共识：在没有权威标准指导重要性判断时，或在决定最低数额标准不适合的特殊情况下，重要性的判断与运用需要运用个人判断。这就使得希望取得重要性判断一致性程度高的企业需要自己制定相应的指南，事务所也缺乏权威指南来减少不同审计师之间的重要性判断差异，个人重要性判断的指南大都源于其他非权威资料。

说，该单位的主营业务和高风险业务是重要性的业务，也是内部控制的评价重点。一些非重要性的业务和事项，不会对企业的财务状况和经营成果产生重要影响，在内部控制评价时可以简单测试。高风险业务是对未来会产生重要影响的业务，如果经营不当必将对企业产生重要的影响。

建立内部控制体系是为了实现经营目标、减少可能发生的损失，而设计、实施内部控制制度要支付一定的成本，企业必须关注实施内部控制的收益和成本，控制成本与控制收益都必须符合成本效益原则。企业内部控制涉及方方面面，它们对企业的影响程度有所不同。为合理、有效地实施内部控制，必须将控制应用在关键的环节上。反映和影响内部控制成效的因素很多，随实践的发展可供评价的因素将不断扩大。对内部控制的评价，应分析主要控制点和关键影响因素。在选取评价指标时应随着具体环境和评价目的的不同有所侧重，遵循重要性原则。由于结果评价选取的定量指标影响因素很多，内部控制只是其中一环，因此结果评价应采用弹性分析方法的思想，允许评价结果在标准值一定范围内发生波动，从而更合理地评价企业内部控制。

3. 客观性原则

客观性原则是管理心理学研究的首要原则。因为人的心理现象是受外界条件制约的，是在各种实践活动中表现出来的。所以，我们只有在实践活动中，观察人们的所作所为，才能对他们的心理状态作出正确的判断。由于人的行为和心理现象是复杂多变的，因此管理心理学的研究成果往往不像自然科学那样直观，容易运用数量分析处理，但不能否认它的客观性。内部控制评价的客观性原则要求评价主体能够准确地揭示经营管理的风险状况，如实反映内部控制设计与运行的有效性。

（四）评价要求

本指引第4条规定："企业应当根据本评价指引，结合内部控制设计与运行的实际情况，制定具体的内部控制评价办法，规定评价的原则、内容、程序、方法和报告形式等，明确相关机构或岗位的职责权限，落实责任制，按照规定的办法、程序和要求，有序开展内部控制评价工作。企业董事会应当对内部控制评价报告的真实性负责。"

根据本条规定，企业应该制定具体的内部控制评价办法。结合我国内部控制的应用指引，企业至少应该制定组织结构、发展战略、人力资源、社会责任、企业文化、资金活动、采购业务、资产管理、销售业务、研究与开发、过程项目、担保业务、业务外包、财务报告、全面预算、合同管理、内部信息传递和信息系统等内部控制评价方面的管理办法。内部控制评价办法包括评价的原则、内容、程序、方法、报告形式、组织机构、岗位的职责权限等。

由于对内部控制的有效性进行全面评价、形成评价结论、出具评价报告的过程是由企业董事会或类似权力机构组织的，所以，董事会也应该对其评价报告的真实性负责。

第二节　内部控制评价的内容

一、内部控制评价的范围

《企业内部控制评价指引》第5条就内部控制评价范围作了规定。本条文指出："企业应当根据《企业内部控制基本规范》、应用指引以及本企业的内部控制制度，围绕内部环境、风险评估、控制活动、信息与沟通、内部监督等要素，确定内部控制评价的具体内容，对内部控制设计与运行情况进行全面评价。"

确定某一内部控制系统的有效性，需要在评估五个内部控制组成要素是否存在以及是否运行良好的基础上作出判断。内部控制的有效运行为某个或某些相关的内部控制目标的实现提供了合理保证。因此，这些控制组成要素就成为有效内部控制的确定标准。不过，尽管五个组成部分都应该被满足，但这并不意味着在不同的企业中每个组成部分都得到同样的执行。不同组成部分之间存在某种平衡。因为内部控制能够满足多个目的，一个组成部分中的控制可能会满足另外一个组成部分范畴内的控制需要实现的目标。另外，控制降低风险的程度是不同的，所以效果有限的多个控制一起可以达到满意的控制效果。此外，不同企业的内部控制系统的运行效果是不同的。类似地，某个系统在不同时期的运行效果也是不同的。当一个内部控制系统能够达到如下的标准时，它就被认为是有效的：董事会和管理层了解企业经营管理目标的实现程度；公布的财务报告是可靠的；适用的法律和法规获得遵循。所以，利用内部控制整合框架来评价内部控制的有效性是从内部控制的控制环境、风险评估、控制活动、信息与沟通、监控五个构成要素分别入手的。在对每一构成要素的评估中，又将其分为更加具体的方面，每一方面都设计了详细的评价内容和问题。

二、内部环境评价

《企业内部控制评价指引》第6条就内部环境评价范围作了规定。本条文指出："企业组织开展内部环境评价，应当以组织架构、发展战略、人力资源、企业文化、社会责任等应用指引为依据，结合本企业的内部控制制度，对内部环境的设计及实际运行情况进行认定和评价。"

控制环境是组织的基调，主导或左右着组织成员的控制理念，是其他内部控制整体框架中所有构成要素的基础要素，为内部控制提供了前提和结构。控制环境反映了董事会、管理者、股东和其他人员对内部控制的态度、认识和行为。对于企业而言，诚信道德的企业文化的建立，直接影响了企业内部控制的有效性。控制环境的七要素是：正直诚信与道德观、员工素质要求、董事会或审计委员会、管理层理念及经营风格、组织架构、权限及职责分配、人力资源政策及程序。

1. 正直诚信与道德观

企业目标及其实现方式是建立在偏好、价值判断和管理风格的基础上。偏好和价值判断转化为行为标准后，会反映出管理层的诚信度和遵循的道德观。正直诚信和道德观是控制环境的关键因素，影响着其他内部控制要素的设计、管理和监督。企业的管理层在公司里应倡导诚实、诚信的道德价值观，以自身良好的一言一行影响企业员工。高级管理层的价值观应与企业、员工、供应商、顾客、竞争对手和公众的要求相协调。企业应通过制定员工行为规范、奖惩制度、绩效考核制度等在企业内树立公平、公正的道德价值观，赏罚分明、奖善惩恶，不盲目追求不切实际的目标，或仅仅关注短期利益，以致造成过高的压力。去除、减少员工不诚实、不道德、实施舞弊的动机及诱惑因素。

2. 员工素质要求

企业应提倡员工对正义、公理、公德的忠诚，而非狭隘的“公司忠诚”，企业要求不能置于公理和正义之上。员工应具备工作胜任能力，即具备完成工作任务所需的知识和技能，目的是保证员工能够正确理解相关规定，及时恰当分析和处理业务，这是维护内部控制有效性的必备条件。企业应通过招聘管理、定期培训等提高员工的基本素质与技能。管理层应设定各工作岗位的知识和技能水平要求，在招聘、选用员工时作为评选的标准或条件。在设定工作所需知识和技能时，一方面要根据工作的性质和所需的职业判断，考虑能力需求；另一方面还应考虑人力资源成本与效益的平衡，不可小材大用，也不必大材小用。

3. 董事会和审计委员会

控制环境和“最高基调”受到企业董事会和审计委员会的显著影响。董事会或审计委员会的职能是实施治理、指导和监督管理层的工作。如果对管理层缺乏必要的监督，管理层可能会凌驾于控制之上，甚至故意歪曲结果，因此，董事会或审计委员会的监督作用对确保内部控制的有效性十分重要。为了合理保证董事会或审计委员会充分发挥作用，应考虑以下因素：相对于管理层的独立性；胜任能力，具有足够知识、行业经验和时间；参与经营活动的广度与深入程度；外部独立董事的比例；与内部审计和外部审计的协同合作及关系实质。对于股份公司来说，其董事会、审计委员会和监事会都需要考虑上述因素，符合要求。

4. 管理层理念及经营风格

管理哲学和经营风格影响企业管理的方式，包括企业承受的风险类型。一个已经成功承担巨大风险的企业和一个由于冒险而面临艰难经济条件和监管结果的企业在内部控制上会有所不同。管理层的经营理念和经营风格形成了企业文化，它是一切业务实现的基础，也为内部控制的实施提供了平台。它往往是企业内部一种无形的力量，影响企业成员的思维方法和行为方式，包括企业承受经营风险的种类、整个企业的管理方式、企业管理层对法规的反应、对企业财务的重视程度以及对人力资源的政策及看法等。它们都深深地影响着内部控制的成效。例如，某些公司管理层的经营理念和风格较为激进，愿意承担更高的风险以追求更高的盈利回报；而某些公司的管理层则比较保守，在风险承担方面表现得较为谨慎。不同的经营理念和风格决定了管理层在承担风险方面采取不同的态度和作出不同的决策。管理层的经营理念和经营风格还表现在：管理层对财务报告的态度，对可选会计原则保守或激进的选择，对所作会计估计的谨慎和尽责，对待数据处理、会计职能及人事管理等方面的态度等。

5. 组织架构

企业的组织结构提供了一个构架，在此构架中规划、执行、控制和监督为实现企业目标而进行的活动。企业应根据自己的需要确定组织结构。有些企业是集权型，有些是分权型。可以具有直接的报告关系，也可以采用矩阵型的组织结构。一些企业按照行业或产品线，按照地理分布，按照特定的分销渠道或营销网点来组织架构。但不论何种组织结构，应确保企业目标的实现。企业应根据企业的规模和所从事经营活动的性质采取合适的架构，根据公司的业务性质进行适当的集中或分散，确保信息的上传、下达和在各业务间的流动。定义关键领域的权责分工，确定恰当的报告途径。组织的架构应有利于组织实施为实现特定目标而制定的策略，提供管理所需信息，各级人员所负责任恰当。当外部环境改变时，企业应相应调整其组织的结构。

6. 权限及职责分配

权力和责任分配是指对于组织内的全部活动合理有效地分配职责和权限，将企业的目标层层分解落实到每个员工，将员工的行为与企业目标联系起来，确保员工对自身权限职责有清晰的认识，增强员工的自主控制意识。权力与责任分配的关键是权力与责任相对等，为执行任务和承担职责的组织成员、关键岗位的人员提供配备其履行职责所需要的资源，授予相应权限，并确保他们的知识和经验与其职责权限相匹配。

7. 人力资源政策及程序

人力资源政策和措施是关于员工聘用、培训、考核、晋升、薪酬等方面的政策和程序，目的是聘用和维持有能力的人员，保证公司的计划得以实施，目标得以实现。人力资源措施向员工传递关于预期的诚信度、道德行为和才能的信息。这些与雇佣、指导、培训、评估、咨询、提升、补偿、矫正等行为相关。因此，人力资源政策和措施应考虑如何招聘进来有能力、可信任的人员，如何进行相关培训使员工意识到他们的工作职责和公司对他们的要求，如何通过考核、薪酬、提升等政策激励约束员工。对招聘人员的教育背景、工作经验、过去的成就、诚信的品格和道德的行为进行充分的了解。对新进员工进行企业文化、道德价值观的培训的同时，对在职员工进行持续的道德价值观培训和教育。制定合理的薪酬福利制度、业绩考核制度、奖惩制度，避免诱发不道德行为。

表 16-1 列示了内部控制环境重点评价内容方面。

三、风险评估机制评价

《企业内部控制评价指引》第 7 条就风险评估机制评价作了规定。本条文指出："企业组织开展风险评估机制评价，应当以《企业内部控制基本规范》有关风险评估的要求，以及各项应用指引中所列主要风险为依据，结合本企业的内部控制制度，对日常经营管理过程中的风险识别、风险分析、应对策略等进行认定和评价。"

《企业内部控制基本规范》有关风险评估，要求企业开展风险评估，应当准确识别与

表 16-1 内部控制环境重点评价内容

评价要素	评价子要素	评价重点内容
内部控制环境	诚信与道德价值观	是否存在行为准则及商业行为、利益冲突、伦理等方面的道德标准，并有效执行
		是否树立了明确的“高层风气”，包括明确的道德指导和在公司范围内进行沟通指导的程度
		与员工、供应商、客户、投资人、债权人、保险人、竞争对象和审计师等的关系如何
		针对违反政策和道德准则的情况是否采取了适当的措施，采取的措施是否在公司范围内进行了沟通
		管理层对干预或逾越既定控制制度的态度
		是否存在不切实际的目标压力（特别是那些短期目标压力），企业薪酬在多大程度上基于业绩目标的实现
	员工胜任能力	公司是否存在正式和非正式的工作描述，或其他能说明具体工作任务和责任的方式
		公司是否存在对胜任工作所需要知识和技能的分析
	公司董事会或审计委员会	董事会或审计委员会是否独立于管理层
		必要时是否建立了董事会专门委员会，以特别关注和处理相关重要事件
		董事的知识和经验如何
		董事会（或审计委员会）与首席财务官、会计人员、内部审计和外部审计人员会面的频率和时间
		企业为董事会或专门委员会委员提供信息的及时性和充分性
		董事会如何聘用和终止高级管理人员，是否监督高级管理人员的薪酬问题
		董事会对“高级管理层基调”的态度和举措
		董事会或审计委员会是否对其所发现的问题采取了相应的行动，包括特殊调查等
	公司管理层的管理理念和经营风格	管理层对待风险的态度，如管理层是否经常介入特别高风险的业务，还是在接受风险方面非常保守
		公司关键职能部门（如经营、会计、数据处理、内部审计等部门）的人员流动情况
		管理层对财务等重要职能的态度，以及对财务报告可靠性和资产安全性的关切程度
		公司高级管理层和业务部门管理层相互交流的频率，特别是双方处于不同地域时的交流频率
		管理层对财务报告的态度和行动，包括对会计处理争议所持的态度和采取的行动
	公司组织结构	组织结构的适当性，以及其提供管理活动必要信息流的能力
		关键管理者的职责定义，以及他们对自身职责的理解
		关键管理者是否充分具备与履行其相关职责的知识和经验
		组织内部报告关系的适当性
		公司的组织结构如何随环境的变化而变化
		公司员工数量的合理性，特别是管理和监督人员的数量合理性
	权力和责任的分配	如何根据公司目标、经营职能和监管要求分配责任和授权，包括信息系统的责任和授权的变化
		公司与控制相关的标准、程序的适当性，包括员工职责描述
		职员数量的适当性，特别是数据处理和会计职能，这些职员应具备与企业规模、业务活动和系统相适应的技术水平
		授权和所分配的责任是否相吻合
	人力资源政策及实施情况	企业招聘、培训、晋升、薪酬等政策和程序的恰当性
		员工是否意识到他们的工作职责和公司对他们的期望
		对背离既定政策和程序的行为所采取的补救措施的适当性
		对应征员工背景调查的适当性
		人力资源政策与相应的道德标准是否一致
		员工留任和晋升标准的适当性

实现控制目标相关的内部风险和外部风险，确定相应的风险承受度。企业风险表现在各个业务环节与事项过程之中，因此，企业在进行风险评估时，应该结合业务与事项来进行评价。

通常，评价风险评估是从目标、风险识别与分析、管理变化三个方面进行的。

1. 目标

目标可以以高度组织化的方式设定，也可以以非正式的方式设定：它们可以明确地表述，也可以含蓄地表述。它们通常通过实体的使命和价值声明来表示。更为具体的目标源于主要战略。这些是实体层次的目标，它们与活动层次的目标相联系并结合在一起。

目标主要包括三类：

（1）经营目标，与效果和效率有关，包括绩效和盈利目标以及保护资源不受损失。这些内容的变化取决于管理层有关结构和绩效的选择。

（2）财务报告目标，与编制可靠的对外公布的财务报表相关，并主要受外部要求的驱动。

（3）遵循目标，与遵守的法律、法规有关。这些取决于外部因素。在某些情况下，所有的实体都受制于它们，其他的都是行业性的。

目标的评价主要是评价实体范围的目标和业务层次的目标：

1）实体范围的目标。实体范围目标的评价内容主要包括：

① 他们对实体所期望实现的东西提供充分广泛的说明和指导，而且，要明确到足以直接与实体相联系。

② 实体范围的目标与低层员工和董事会沟通的有效性。

③ 战略与实体范围的目标的关系和一致性。

④ 经营计划和预算与实体范围的目标、战略计划和当前状况的一致性。

2）评价业务层次的目标。业务层次目标的评价内容主要包括：

① 业务层次的目标彼此之间的联系。

② 业务层次的目标之间的一致性。

③ 业务层次的目标与所有重大的经营过程之间的相关性。

④ 业务层次目标的明确性。

⑤ 目标相关资源的重组性。识别对实现实体范围的目标来说重要（关键的成功因素）的目标。

⑥ 所有层次的管理人员对目标设定的参与和他们对目标承诺的程度。

2. 风险识别与分析

由于内部或外部因素的影响，绩效可能会存在风险，这会影响明确的目标或隐含的目标。一个实体的风险评估过程应当是综合的，考虑到可能会发生的风险。应当考虑到商品、服务和信息的所有重大的相互作用。风险评估过程是反复的，并且通常与计划过程结合在一起。风险识别与分析的评价主要是评价针对公司层次的风险和业务层次的风险是否存在充分的识别和分析机制。

（1）公司层次的风险的识别。公司层次的风险可能是由外部因素引起的，对下列外部因素引起的风险要有充分的识别机制：

①技术发展。②变化的顾客需求或期望。③竞争。④新的立法或规章。⑤自然灾害。⑥经济变化。

公司层次的风险也可能是由内部因素引起的，对下列内部因素引起的风险要有充分的识别机制：①信息系统的崩溃。②所雇用员工的质量、培训方法和激励。③管理层责任的变化。④实体活动的性质和员工对资产的接触。⑤软弱或低效的董事会或审计委员会。

（2）业务层次风险的识别。要识别每一重大的实体层次目标的重大风险。对每一个目标来说，许多风险是可以识别的。不能实现目标的潜在原因的范围比较广，可能是明显的，也可能是模糊的，产生的潜在影响可能是重大的，也可能是无关紧要的。

风险分析过程的全面性和相关性包括：①估计每一风险的重要性。②评价风险发生的可能性。③考虑应当如何管理风险。

3. 管理变化

每一个实体都需要有一个正式或非正式的过程，来识别那些能显著改变其实现目标能力的情况，包括现状的变化。应适当配置合理的机制来预测那些能影响实体绩效的变化，或者避免问题，或者利用机会。

管理变化的评价主要是评价变化的环境是否得到了充分的关注。下列发生企业内部控制论改变的环境需要特别关注：①发生改变的经营环境。②新员工。③新的或改装过的信息系统。④快速的增长。⑤新技术。⑥新生产线、产品、作业。⑦公司结构改革。⑧国外的经营。

4. 风险评估评价举例

评估舞弊风险的目的是为了让各部门的负责人对自己的部门中相对风险高的项目能认知，采取恰当的应对措施。实施舞弊风险评估是必须的步骤。对于识别的风险高的舞弊项目，应采取有效的舞弊防范控制措施，并恰当地运用到实际业务中，这是非常重要的。具体来说，可以在舞弊风险评估工作表的舞弊风险评估结果基础上，对舞弊防范控制措施是否有效设计、实施进行评价。对舞弊风险评估确定的主要风险项目确定其控制措施，并书写在评价表上；对舞弊防范的控制的设计、运用状况的有效性实施评估。

实施舞弊风险评估时，如公司的业务种类有较大的差别，其舞弊风险的评估应区分业务的种类分别实施。同时为避免工作量过分庞大，业务模式相似的应尽量合并实施。

对财务报告产生影响的公司舞弊行为可以分为以下五大类：①粉饰财务报表：不正当会计凭证录入、不恰当的提前或推迟确认收入。②高估资产、低估负债。③资产挪用、侵占，工资的虚支等。④不正当付款与负债：支付或收受贿赂、调节利润的交易、洗钱。⑤不正当取得收入或资产、不正当的逃避支出：逃税行为等。

风险评估采用工作小组讨论的形式来实施较好。小组的成员应包含公司经营者、中层管理干部、业务操作人员，组成一个工作小组，这样可以从不同的视角更全面地评估公司的舞弊风险。对每项舞弊风险从“影响金额”、“实施可能性”、“发现的难易度”三个维度进行评估（高：3分；中：2分；低：1分），记在对应栏里，实施舞弊风险的评估。

（1）影响金额的标准应根据公司的规模，可以按公司资产总额的百分比或公司净利润的百分比来确定其标准。例如，可以按如下标准来确定影响金额的标准。

①影响金额高（3分）：资产总额的5%以上，或净利润的10%以上。

②影响金额中（2分）：资产总额的1%~5%，或净利润的3%~10%。

③影响金额小（1分）：资产总额的1%以下，或净利润的3%以下。

（2）实行可能性的评估标准可以按以下来确定。

①实行可能性高（3分）：实施舞弊时，单独一人可以实施，不需要特殊的知识、接触系统、流程，公司资产非常容易。

②实行可能性中（2分）：实施舞弊时，需要同谋者，需要一定程度的特殊知识，需要接触日常业务中不常用的系统、流程及公司资产。

③实行可能性小（1分）：实施舞弊时，需要公司内外两人及以上的同谋者，需要具有日常业务范围以外的特殊知识，需要接触日常业务之外的系统、流程、公司资产。

（3）发现的难易度可以按以下标准来确定。

①发现的难易度高（3分）：确认或核对工作没有实施或只是不定期地实施，需要高级专业知识来发现异常。

②发现的难易度中（2分）：不很频繁但定期地（每月）实施确认与核对工作，需要一些专业知识来发现异常。

③发现的难易度低（1分）：频繁地实施（每日或每周）确认与核对业务，业务处理不复杂，容易发现异常。

④在对各舞弊项目进行评估后，将影响金额、实行可能性、发现的难易程度分值相加，按以下分类得出各舞弊风险的程度。

舞弊风险的程度评分合计（影响金额＋实行可能性＋发现的难易程度）：

高：8~9分；中：5~7分；低：3~4分。

（4）舞弊风险的识别认定。从评估的风险项目中选出舞弊风险高的所有项目，风险高的项目不足三项时，选择前三位记录在汇总表上。对识别的舞弊风险，应将降低风险的控制措施记录在评价表上。评价表上涉及舞弊风险防范控制目的的项目，应至少从舞弊防范控制措施中选择一项为关键性控制或增加舞弊防范控制为关键性控制，实施控制自我评估。

四、控制活动评价

《企业内部控制评价指引》第8条就控制活动评价作了规定。本条文指出："企业组织开展控制活动评价，应当以《企业内部控制基本规范》和各项应用指引中的控制措施为依据，结合本企业的内部控制制度，对相关控制措施的设计和运行情况进行认定和评价。"

控制活动是实现目标所必备的所有政策和程序，是通过组织机构整体，由所有层面、所有职务人员执行，确保管理层指示得以执行的政策和程序。它有助于进行风险管理和保证企业目标的实现，控制活动贯穿于企业的所有层次和部门。它们包括一系列不同的活动，如审批、授权、确认、核对、审核经营业绩、资产保护以及职责分工等。

五、信息与沟通评价

《企业内部控制评价指引》第9条就信息与沟通评价作了规定。本条文指出："企业组织开展信息与沟通评价，应当以内部信息传递、财务报告、信息系统等相关应用指引为依据，结合本企业的内部控制制度，对信息收集、处理和传递的及时性、反舞弊机制的健全性、财务报告的真实性、信息系统的安全性，以及利用信息系统实施内部控制的有效性等进行认定和评价。"

信息与沟通的评价主要从信息、沟通两个方面进行。

1. 信息

信息评价的主要内容包括：

（1）获取外部和内部信息，针对实体有关已确定目标的绩效，向管理层提供必要报告。

（2）向适当的人员及时提供充分详细的信息，使他们能够有效率、有效果地履行他们的责任。

（3）根据信息系统的战略规划（与实体的整体战略相关联）开发和修改信息系统，并对实体范围和作业层面目标的实现作出响应。

（4）管理层对开发必要信息系统的支持表现在对适当资源（人力和财务）的承诺。

2. 沟通

沟通评价的主要内容包括：

（1）员工职责和控制责任沟通的有效性。

（2）为人们报告可疑的不当行为建立沟通渠道。

（3）管理层对员工建议提高生产率、质量的方法或类似改进的接受能力。

（4）组织内横向沟通的适当性、信息的完整性和及时性以及能够使人们有效履行职责的充分性。

（5）与顾客、供应商和其他外部各方沟通有关变化的顾客需求所用渠道的开放性和有效性。

（6）外部各方对实体道德标准的认知程度。

（7）由于收到来自顾客、卖主、监管者或其他外部各方传递的信息，管理层采取后续措施的及时性和适当性。

六、内部监督评价

《企业内部控制评价指引》第10条就信息与沟通评价作了规定。本条文指出："企业组织开展内部监督评价，应当以《企业内部控制基本规范》有关内部监督的要求，以及各项应用指引中有关日常管控的规定为依据，结合本企业的内部控制制度，对内部监督机制的有效性进行认定和评价，重点关注监事会、审计委员会、内部审计机构等是否在内部控制设计和运行中有效发挥监督作用。"

内部监督的评价可以从持续监督、单独评估、报告缺陷三个方面来进行。

1. 持续监督

持续监督评价的内容主要包括：

（1）员工在进行日常活动的过程中，可以在何种程度上获得内部控制系统是否持续发挥作用的相关证据。

（2）从外部各方传递来的信息在何种程度上证实了内部产生的信息或表明存在问题。

（3）定期比较会计系统记录的数额和实务资产。

（4）对外部审计师和内部审计师建议强化内部控制方式的反应。

（5）培训会议、规划讨论和其他会议在何种程度上向管理层提供有关内部控制是否有效运行的反馈。

（6）是否定期要求员工陈述他们是否理解和遵循了实体的行为规范，并定期实施了关键的控制活动。

（7）内部审计活动的有效性。

2. 单独评估

单独评估评价的内容主要包括：

（1）内部控制系统单独评估的范围和频率。

（2）评估程序的适当性。

（3）评估系统的方法是否合理和适当。

（4）档案记录的等级是否适当。

3. 报告缺陷

报告缺陷评价的内容主要包括：

（1）存在一种机制，来获得和报告已识别的内部控制缺陷。

（2）报告方式的适当性。

（3）后续措施的适当性。

七、评价工作底稿

《企业内部控制评价指引》第 11 条就评价工作形成的工作底稿作了规定。本条文指出："内部控制评价工作应当形成工作底稿，详细记录企业执行评价工作的内容，包括评价要素、主要风险点、采取的控制措施、有关证据资料以及认定结果等。评价工作底稿应当设计合理、证据充分、简便易行、便于操作。"

评价工作底稿时评价人员的工作记录，是形成评价报告的关键环节。一个完整的评价工作底稿应该包括评价要素、主要风险点、采取的控制措施、有关证据资料以及认定结果等内容。

在实施内部控制的评价时，对于判断依据及结果均需要做成书面文件，这是内部控制设计、运用评估的基础工作。在判断基准的工作底稿工作中，确定与财务报告信赖性相关的内部控制构筑、评价的控制目的，确定与控制目的相关的风险，确定与控制相关联的部门、人员是非常重要的。包含了以上重要信息及其他内部控制评价所需要的信息的文件分为组织机构（公司）层面的控制与业务流程层面的控制两大类，各自分为以下几类规范化的标准文件来制作。

1. 组织机构（公司）层面的控制

组织层面控制的文件中，需要对判断为对财务报表影响大的每个要点进行描述，做成以下四类文件：①评价表。②规程、手册。③职务分离检查表。④舞弊风险评价工作表。

2. 业务流程层面的控制

一般以容易发生粉饰行为的销售收入、应收账款、存货、固定资产管理为对象。在业务流程层面控制的文件中，将对财务报表有较大影响、内部控制复杂、发生问题可能性大的每个重要业务流程做成以下三类书面文件：①业务流程图、业务流程描述书。②评价表。③规程、手册。

3. 评价工作底稿要点

为了保证经营者的内部控制报告书及审计对象的财务报告目的的控制措施恰当地选定，并书面化，首先需要正确理解认定、控制目的、控制措施的要点。如果不能正确理解这些要点是不能做成恰当的评价工作底稿的。

（1）控制目的。控制目的是将认定具体化的控制措施的目的。评价表中需明确各业务流程的控制目的、风险及管理层认定的关系，确认各控制目的的达成（风险充分被降低），明确显示与哪项管理层认定的确保相关联。表 16–2 以销售流程为例说明认定与控制目的的关联。

表 16–2　认定与控制目的的关联（以销售流程为例）

认　定	控制目的
真实性	• 发票、付款是真实有效的发货 • 销售退货、折扣处理均被记录
完整性	• 销售的所有货物均开具发票要求付款 • 销售的所有货物均已记录
期间归属	• 销售收入在恰当的期间记录 • 销售退货、折扣处理均在恰当期间记录
记录的正确性	• 销售收入、发票正确的计算、记录 • 系统登录的客户信息均有效，所有变更都录入、处理
评价的恰当性	• 监督应收账款债权及时地回收 • 所有的销售退货、折扣处理均被记录
列示的恰当性	• 财务报表的企业所得税列示所有必需的、十分可靠的数据均已得到

（2）识别关键性控制。关键性控制是在评价表记录的控制中，起关键性控制作用的控制。也是控制自我评估的主要对象。关键性控制的选定可以从以下几点来考虑。

公司层面：从发现、防止财务报表错误的角度出发，对评价表上的所有控制目的，每个控制目的选择一项控制为关键性控制。对于包含舞弊控制的控制目的项目，必须至少从舞弊防止控制中选择一项为关键性控制。在必须的时候，可以适当增加关键性控制。对被选为关键性控制的舞弊防止控制应实施控制自我评估。

业务流程层面：对评价表上的所有控制目的，每一项控制目的原则上均应选择一项控制为关键性控制。通常，在选择关键性控制时，在评价表中记录的控制中，能实现多个控制目标的、自动化的、交易层面的、实施频率高的、防止性控制、利用外部证据的、独立部门参与、与报价或评估相关等的控制，在实施测试时是优先测试的对象。

（3）控制频率的选定。控制的实施频率（发生时、每日发生多次、每日、每周、每月、每季度、半年、每年）是进行运用情况评估测试时决定抽取业务样本数量的重要因素（通常控制实施频率高的，样本数量也相应较多），对于无法确定实施频率的控制，可以记录为 N/A。各个内部控制文书化的实施者及评估者，在文书化工作的过程中，对风险的各控制实施频率的充分性应再次确认，以确定工作底稿化作业及控制的改善点。

（4）评价表。各业务流程的评价表，是确定降低该业务流程的认定及阻碍目标达成的风险控制措施，将控制目标与具体控制措施进行关联化的工作底稿。

控制目的（控制目标）、风险及认定。应在分析业务风险的基础上确定。

控制编号。为了明确评价表与业务流程图的相关性，本栏填入在业务流程图上赋予控制连续编号。

实施的控制。本栏记录实施的控制措施。记录在业务流程图、业务描述书上确定的控制对于控制目的达成重要的控制措施。每个控制目标应至少记录两项控制。

下面举例说明销售业务的人工控制与系统控制：

1）人工控制：

①处理订单录入以外的人员，对录入的订单数据及取消订单数据与原凭证对照复核。

②订单取消数据与原始的订单对照复核。

③订单连续编号，保证对订货无遗漏地处理。

④记录的销售收入、销售毛利及其他收入每季度与预算对比，经营者、管理者对重要的差异进行复核、批准。

⑤对会计报表决算日前后客户的退货无遗漏地记录在正确的会计期间。

⑥对系统登录的客户信息，实施定期修正，及时更新。

⑦银行对账单每月定期地与账簿对账复核。

⑧对决算日前后的收款审查，确认无遗漏地记录在恰当的会计期间。

⑨对应收账款余额定期分析、报告。

2）系统控制：

①订单子系统传输给发货、收款子系统的数据，按批审核，数据不一致时，系统发出错误清单。对错误清单确认即时修正错误。

②通过电子交换（EDI）接受客户的订单、取消订单数据。

③会计系统中，总账与辅助账由同一数据库生成。

④对系统登录的客户信息的变更权限只有指定权限人员才有。客户信息变更时系统生成变更报告，将变更申请书与变更报告复核，确认信息得到及时、准确的变更。

⑤合同做成时，以收到的客户订货单为准。在系统中，只有管理者拥有审批权限。

（5）规程、手册。公司内部控制制度、流程图的描述。

（6）认定结果。对每一控制环节进行认定，形成评价报告。

第三节　内部控制评价的程序

一、内部控制评价程序

《企业内部控制评价指引》第 12 条就评价工作形成的工作底稿作了规定。本条文指出："企业应当按照内部控制评价办法规定的程序，有序开展内部控制评价工作。内部控制评价程序一般包括：制订评价工作方案、组成评价工作组、实施现场测试、认定控制缺陷、汇总评价结果、编报评价报告等环节。企业可以授权内部审计部门或专门机构（以下简称内部控制评价部门）负责内部控制评价的具体组织实施工作。"

注册会计师对企业内部控制进行评价包括会计报表审计中的内部控制评价和内部控制审核，可以分为四个步骤：①了解内部控制。②评价内部控制设计的合理性。③测试和评价内部控制执行的有效性。④综合性评价，对内部控制设计的合理性和执行的有效性进行综合测试，确定内部控制的风险水平。内部审计人员对内部控制评价的程序和方法类似外部评价。首先，在评价准备阶段由内部审计人员制订评价实施方案，明确本次评价的目的、范围、准则、时间安排和相应的资源配置，准备必要的工作文件，包括评价问卷、抽样计划、被评价机构的内部控制体系文件及相关记录等；其次，由内部审计人员按照既定的评价方案实施评价，在评价实施中应通过适当的方法收集与评价目的、范围和准则有关的信息，了解内部控制体系，根据评价方案对被评价项目进行测试，对有关数据进行确认和分析并予以记录；最后，由审计人员根据评价实施情况，对被评价机构内部控制制度进行综合评价后，撰写评价报告，并与被评价机构管理层沟通，核对数据，确认事实，并就评价中的问题征求意见。

控制自我评估包括计划、预备工作、研讨会、报告和行为方案的实施等一系列过程。①计划。控制自我评估要求参与该活动的员工理解控制的必要性，掌握各种用于评价内部控制的方法和技巧，明确自身在活动中的角色和职责。这些必要知识的培训一般由内部审计部门提供，为控制自我评估工作的开展奠定坚实的基础。②预备工作。先以讨论的方式使参与者熟知企业及其控制目标，这些目标可能包括规章制度、管理层预定的发展方向和战略、企业对这些讨论内容应以正式的文件加以确定，并且使之和其他部门政策相统一，内部审计人员作为讨论会的引导者，可以根据审计经验，提供一份预期控制一览表。参与人员将用一段时间按照上述制度、发展方向和战略，调查企业内部控制的实际情况，并形成个人意见。③研讨会。研讨会在完全匿名的形式下进行，以保证任何人不因参与内部控制评价而受到报复，鼓励大家畅所欲言，这样才能真正发现并解决问题。④报告和行为方案的实施。研讨会后与会各方都要进行后期工作。一方面，作为会议协调人的内部审计人员准备会议综述，叙述被评价部门的情况、研讨会进行的情况以及投票表决结果；另一方面，参加研讨会的管理者负责针对发现的控制弱点起草行动方案。

本指引规定的评价工作程序，实际上综合了内部控制外部评价、内部评价与自我评价三方面的程序。

二、拟订评价工作方案

《企业内部控制评价指引》第13条就拟订评价工作方案作了规定。本条文指出："企业内部控制评价部门应当拟订评价工作方案，明确评价范围、工作任务、人员组织、进度安排和费用预算等相关内容，报经董事会或其授权机构审批后实施。"

根据本指引，评价工作方案内容主要包括：①评价范围。②工作任务。③人员组织。④进度安排。⑤费用预算。⑥其他。

三、评价工作组

《企业内部控制评价指引》第14条就内部控制评价工作组作了规定。本条文指出："企业内部控制评价部门应当根据经批准的评价方案，组成内部控制评价工作组，具体实施内部控制评价工作。评价工作组应当吸收企业内部相关机构熟悉情况的业务骨干参加。评价工作组成员对本部门的内部控制评价工作应当实行回避制度。企业可以委托中介机构实施内部控制评价。为企业提供内部控制审计服务的会计师事务所，不得同时为同一企业提供内部控制评价服务。"

内部控制评价工作组是实施内部控制评价的人员。工作组应由内部审计、会计与财务报告、信息技术、法律、人力资源和经营部门的人员组成。项目小组成员应具有适当的财务报告和控制的技术与知识。尽管在较小的主体内，CEO和CFO可能是项目小组的成员，但项目小组应当向CEO和CFO报告。项目小组应为文档记录和测试规划、项目进展和结果的沟通制定指导原则和程序。项目小组每一成员的任务和职责应当明确规定。审计委员会应当审定项目规划。如果主体不具备适当的资源或专业知识，可以在项目组中加入第三方，在文档记录或测试内部控制方面提供帮助。即使聘用了第三方，管理层也要继续负责评价和报告内部控制设计和运行的有效性。

本指引提出了两个方面的不作为：一是评价工作组成员对本部门的内部控制评价工作应当实行回避制度；二是为企业提供内部控制审计服务的会计师事务所，不得同时为同一企业提供内部控制评价服务。这样做的目的，是为了保证内部控制评价过程的客观性。

四、现场测试

《企业内部控制评价指引》第15条就内部控制评价现场测试作了规定。本条文指出："内部控制评价工作组应当对被评价单位进行现场测试，综合运用个别访谈、调查问卷、专题讨论、穿行测试、实地查验、抽样和比较分析等方法，充分收集被评价单位内部控制设计和运行是否有效的证据，按照评价的具体内容，如实填写评价工作底稿，研究分析内部控制缺陷。"

本条文规定了内部控制评价现场测试的一些方法，是对内部控制评价技术作了一次总结。从这些评价方法来看，既有传统评价技术，也有现代评价技术。下面就这些评价技术作一些说明。

外部评价和内部审计人员对内部控制的评价方法都是传统的评价方法。即运用检查、询问、观察以及重新执行等程序。检查程序是指通过检查交易和事项的凭证来反证内部控制的有效性。询问和观察程序是指就企业内部控制设计和执行等方面的情况向相关人员调查、了解并进行实地观察，从中发现内部控制实际运行情况。重新执行程序是指选择相应的交易和事项，重新通过要审查的内部控制系统，验证内部控制在运行上是否有效。控制自我评估方法在西方国家实践中已经发展到20余种，但从其基本形式来看，主要有三种：引导会议法、问卷调查法和管理结果分析法。引导会议法是指由引导者内部审计人员把管理当局和员工召集起来就特定的问题或过程进行面谈或讨论的一种方法。它从代表一个组织多种层次的工作组中收集有关内部控制的信息。问卷调查法利用问卷工具使得受访者只要作出简单研究的（是/否）或（有/无）的反应，利用调查结果来评价它们的内部控制制度。管理结果分析法是指除上述两种方法之外的任何自我评估方法。通过这种方法，管理当局布置工作人员学习经营过程，最后由控制自我评估引导者把员工的学习结果与其他方面加以综合。通过综合分析，引导者提出一种分析方法，使得控制程序执行者能在他们为控制评价作出努力时利用这种分析方法。以上三种方法各有其适用情况。目前西方用得比较多的是引导会议法。在该方法下，引导人员应受到一般的引导技巧和内部控制制度设计方面的培训，具有高素质的软性能力，以便引导参与人员研讨、分析并写出评估报告，提出改进措施。引导人员还应对企业外部的机遇与风险进行分析，以决定采取最为恰当形式的引导会议或结合使用多种形式。然而，引导会议法的效果在一定程度上取决于企业的组织文化是否支持和鼓励员工的诚实反应。

1. 调查表法

调查表法也称内部控制问卷法，是目前较为流行的内部控制制度描述与评价方法之一，它指审计人员根据被审计单位的业务类型、业务循环、内部控制等，将内部控制的必要事项特别是与保证会计记录的正确、可靠以及保证财产物资的安全、完整有关的主要事项作为调查项目，事先设计出一系列有针对性、标准化的调查表，利用调查表来了解被审单位内部控制是否健全完善，从而对内部控制加以描述的一种方法。采用调查表法，评价人员应该先确定调查范围和目标，列示测试要点，设计出所要调查的问题；然后将调查表发放给企业有关人员，要求他们在调查表规定的栏目里如实填写有关答案；最后评价人员汇总调查表，据以评价企业的内部控制系统。编制内部控制调查表，关键是针对需要调查了解的控制系统及控制点，设计拟调查的问题条款。调查问题的提出，要紧紧围绕控制系统中各个控制点尤其是关键控制点及其控制措施。即对控制点设置的各项控制措施，逐一设计调查问题条款，并补充控制环境、一般控制等调查问题条款。设计调查问题一般可分三步进行：一是确定被审计单位内部控制系统的调查目标；二是根据调查目标，确定所要调查的控制点及其控制措施；三是根据控制点及其控制措施拟定具有针对性的调查问题调查表的格式，通常有封闭式和开放式两种。其要素包括调查单位、调查项目、调查时间、调查问题、调查答案以及被调查人、审计负责人和审计调查人等。以销售与收款业务为例，其基本格式如下面的“销售与收款业务内部控制调查表”（见表16-3）。

表 16–3　销售与收款业务内部控制调查表

问题	回答					备注
	是	否	不适用	弱点		
				严重	轻微	
检查销售发票副联是否附有发运凭证及顾客订货单	√					
检查顾客的赊购是否经授权批准		√			√	
检查销售发票是否连续编号	√					
检查发运凭证是否连续编号	√					
……						

由表 16–3 可知，调查表具有以下三个方面的特点：一是问题栏中的问题是依据理想的企业内部控制模式来设计的；二是设计的表格中把了解和评价企业内部控制制度结合起来；三是回答栏中对问题的回答用“是”、“否”、“不适用”等绝对的语句来判断。在内部控制健全性评价中，各控制点的重要性是不同的，存在关键控制点与非关键控制点，它们对内部控制目标的作用不同。调查表中没有对这种情况进行区分，必然会影响对内部控制评价的准确性。这样，调查表法在应用于内部控制符合性测试与评价的过程中，存在着如下问题：

对于企业制定的内部控制制度，百分之百地去执行和完全不执行，这种情况在现实生活中是很少见的，普遍现象是有的执行，有的不执行；有的完全执行，而有的则只在某几个月份执行。例如，发运凭证是否连续编号，在具体的执行过程中虽然很少百分之百去执行，但也不可能不去执行。

对内部控制的弱点分析用“严重”和“轻微”来评价，随意性较大，不够准确，不能对评价的问题进行量化。由于符合性测试与评价是在调查表对企业内部控制制度进行健全性测试与评价的基础上进行的，因此符合性测试与评价的效果在很大程度上取决于健全性测试与评价的结果。调查表法这种“随意性”评价影响了符合性测试与评价的效果，从而影响了实质性测试的范围以及样本量确定的准确性，进而可能会加大评价风险，导致评价结论没有客观地反映企业的实际情况。

调查表法仅仅给出了对单个控制点的评价。对整个企业内部控制制度的评价，它并没有给出一个很好的评价方式，只能依靠评价人员的经验判断。这也在一定程度上增加了内部控制评价的不确定性。

2. 文字表述法

文字描述法又称书面说明法，是指评价人员在询问被审计单位有关人员或查阅被评价单位有关资料时，针对所了解到的被审计单位业务的授权、批准、执行、记录、保管等程序及其实际执行情况用叙述性文字记录下来，以形成对内部控制描述的一种方法。对内部控制进行书面叙述时，评价人员按照不同的经济业务循环编写，阐明各项工作的负责人、经办人员以及由他们编写和记录的文件凭证等。采用这种方法记录的内容主要有：

（1）基本情况。主要包括与评价项目有关的某项内部控制系统管理职能部门的组织分工、人员结构、职务分离等情况；有关管理制度的内容和组织措施以及实际执行情况；有关各项经济业务的生产经营活动及其经济效益状况以及其他有关情况。

(2) 有关经济业务的内部控制情况。主要包括与评价项目有关的该项经济业务的处理程序和方法、管理方式、控制重点、控制效果以及审计人员的初步判断。

在对企业的内部控制制度进行健全性测试与评价时采用文字表述法比较灵活简便，并且可以对被审计单位内部控制制度的各个环节作出比较深入和具体的描述，不受任何限制；该方法摒弃了标准问卷调查表法并不普遍适用于每个企业的缺点，它可以单独对各个企业内部控制制度的各个环节进行了解，运用文字表述法对其具体情况进行详细描述；它也可以与其他的评价方法结合使用，各取所长，可在一定程度上弥补由于评价人员经验不足而造成的疏漏。但是由于我们有时很难用简明易懂的语言来描述企业内部控制的各个细节，因而文字表述有时会显得比较冗赘，也有可能遗漏内部控制设计中的重要环节，而且缺乏形象感和层次感，不利于为有效地进行内部控制评价提供直接的依据，不利于资料整理和对比分析。此外即使我们能够用简明易懂的语言来描述，也仍然达不到对企业内部控制进行完整、系统、全面分析和评价的目的。因为文字表述方法只是对企业的内部控制制度进行了描述，并没有给出具体如何去评价内部控制的方法，评价人员根据其描述的内部控制进行评价时更多地是依据评价人员的经验，因而也很难摆脱评价主观随意性的缺点。文字表述法几乎适用于任何类型、任何规模的单位，特别适用于内部控制制度不甚健全、内部控制程序比较简单和比较容易描述的小企业。

3. 流程图法

流程图法是指用特定的语言符号或图形，将被审计单位的组织结构、职责分工、权限范围、会计记录、业务处理流程等内部控制情况，以图解的形式直观、形象地加以描述的方法。用符号和图形来表示企业经济业务和文件凭证在组织机构内部有序流动的方法，能够很清晰地反映出企业内部控制的情况。内部控制流程图的主要绘制步骤如下：

(1) 选定流程图符号。流程图符号是流程图的语言，它由一系列几何图形符号组成。目前，我们还没有全国统一的流程图符号，世界各国的流程图符号也不一致。

(2) 确定流程图主线。流程图通常以控制流程为主线，自始至终绘制，并涉及分支流程走向。

(3) 确定流程图重点。流程图应重点反映控制点、关键控制点及其控制措施，并显示各种不相容职务的分离。

(4) 编制流程图说明。鉴于在流程图中难以显示各控制点的控制措施，有的专家建议可以另行编制文字说明表，以配合对流程图的理解。该文字说明表，应主要反映各控制点的控制措施以及对应的控制目标。

流程图法是以简明的图式描绘被审计单位的内部控制制度，用特定语言符号来表示企业内部控制制度运行状况的一种直观图式，它能清晰地反映被审单位内部控制的概况，并且便于修改；通过比较企业实际的内部控制流程图与标准的内部控制流程图，能够比较容易地发现企业现行内部控制制度中存在的薄弱环节，便于审计人员对企业内部控制制度进行理解与评价；它综合了企业业务活动中的实物流程、货币流程和信息流程，表明了企业职务分离、权利划分的状况，突出了控制点和关键控制点，是评价人员据以分析、研究和评价企业内部控制系统的有效方式。但是当被审计单位业务量大、组织结构复杂或控制环节较多时，流程图就会过于复杂，绘制流程图要求评价人员具备较娴熟的技术，并且会花费较多的时间，绘制难度较大；在描述企业内部控制制度时，对企业内部控制某些弱点有时很难在流程图上明确表示出来；由于不同审计机构使用的流程图符号不同，因而可能引起理解上的混乱；此外，这种方法缺乏具体的可操作性标准。流程图法与文字表述法一样，只是解决了内部控制描述上的问题。在对企业内部控制制度进行评价时，它们都是把标准的内部控制与企业内部控制实际情况相比较得出评价结果的，在评价时都是依赖于评价人员的主观判断。

4. 询问法

评价人员为了解被审计单位各项业务操作是否符合控制要求，而向有关人员询问某些内部控制和业务执行情况。例如，审计人员通过询问计算机管理人员，就可以知道未经授权的人员是否接触计算机文件。

5. 观察法

评价人员亲临被审计单位的工作现场，实地观察有关人员的实际工作情况，以确定既定控制措施是否得到严格执行。如审计人员亲自到现场观察材料验收和入库情况，就可知道材料是否严格验收，并及时入库，库存材料是否有序摆放，是否安全存放。

6. 证据检查法

评价人员抽取一定数量的账表、凭证等书面证据和其他有关证据，检查是否认真执行相关控制制度，以判断内部控制是否得到有效贯彻执行。如通过检查货款的支付是否有相关责任人和经办人的批准和签字，来判断实际工作中是否执行了批准控制程序。

7. 重复执行法

评价人员就某项内部控制制度来按照被审计单位的业务程序全部或部分重做一次，以验证既定的控制措施是否被贯彻执行。

8. 穿行测试

穿行测试是指追踪交易在财务报告信息系统中的处理过程。这是注册会计师了解被审计单位业务流程及其相关控制时经常使用的审计程序。

在风险管理中，在正常运行条件下，将初始数据输入内控流程，穿越全流程和所有关键环节，把运行结果与设计要求对比，以发现内控流程缺陷。

穿行测试不是单独的一种程序，而是将多种程序按特定审计需要进行结合运用的方法。穿行测试是通过追踪交易在财务报告信息系统中的处理过程，来证实注册会计师对控制的了解、评价控制设计的有效性以及确定控制是否得到执行。可见，穿行测试更多地在了解内部控制时运用。但在执行穿行测试时，注册会计师可能获取部分控制运行有效性的审计证据。

注册会计师在了解内部控制时，可以观察被审计单位的生产经营活动，检查文件、记录和内部控制手册，阅读由管理层和治理层编制的报告，实地察看被审计单位的生产经营场所和设备，追踪交易在财务报告信息系统中的处理过程（穿行测试）。

（1）先将公司规范某项经济业务行为的制度按业务流程的方式描述出来；这表明公司

的该项经济业务应该都是按所描述的业务流程运行的。

(2) 抽取几笔业务样本。

(3) 要求受监察的单位提供所有所抽取业务样本的运行记录。

(4) 按照流程环节，描述样本业务的实际运行情况。

(5) 对照流程环节与要求，比较并记录没有做到位的地方。

例如，甲注册会计师针对销售交易，从订单处理——核准信用状况及赊销条款——填写订单并准备发货——编制货运单据——订单运送/递送追踪至客户或由客户提货——开具销售发票——复核发票的准确性并邮寄/送至客户——生成销售明细账——汇总销售明细账，并过账至总账和应收账款明细账等交易的整个流程，考虑之前对相关控制的了解是否正确和完整，并确定相关控制是否得到执行，这就是穿行测试。

9. 研讨会法（又称引导会议法）

研讨会法，是由内部审计人员或者高层管理者充当会议的引导者，召开由全体评价小组成员（或者称为评价委员）参加的研讨会，对经过调研发现的、影响相关目标实现的公司整体内部控制要素和关键控制点进行讨论、评价，识别内部控制设计和运行中存在的缺陷，进而讨论并提出有针对性的整改措施的一系列过程。

引导会议法有五种主要类型：①以目标为基础，即针对上市公司已有的控制措施和剩余风险进行讨论。②以风险为基础的形式，针对公司面临的主要风险和已有的控制措施。③以控制为基础的形式，即针对公司全部或者重点内部控制的设计和运行状况进行评价。④以流程为基础的形式，即针对公司的业务流程进行关键控制点的评价，按照全面风险管理分析业务流程中存在的风险。⑤按部门或者板块进行评价，即评价公司部门之间或者业务板块运行状况及其部门之间的协调程度，识别出影响经营效率的主要障碍。

COSO 内部控制框架推荐以目标为基础的形式和以风险为基础的形式，而我国内部控制指引中要求以风险为导向。因此在下文中以风险为基础（导向）介绍了引导会议法的实施步骤。

以风险为基础的形式，以识别在实现相关目标过程中的风险为起点，然后识别应对这些风险的内部控制制度是否存在，参照评价标准对内部控制设计应对相关风险的有效性进行评价，最后识别这些内部控制制度是否有效运行，是否能够将风险控制在可以接受的区间内。

引导会议法实施步骤通常包括计划准备阶段、引导会议的召开、提出整改措施、出具内部控制评价报告等一系列过程。

(1) 计划准备阶段。会议召开之前必须确定会议引导人员、书记员和评价委员等全体参会人员。科学地实施内部控制评价，要求评价委员理解内部控制对于公司相关目标的重要意义，掌握一定的内部控制和全面风险管理的知识，明确自己在实施自我评价（CSA）过程中的角色和职责，因此，在召开引导会议之前，需要内部审计部门对评价小组成员进行培训，培训重点包括公司目标、内部控制对于实现相关目标的重要意义、内部控制和全面风险管理的概念和要素、内部控制自我评价的概念等。如果首次进行 CSA，可以聘请专业顾问机构进行指导和提供智库，也可以由他们对评价委员进行培训。内部审计部门提供的培训或者发放的相关知识手册应当为 CSA 的开展奠定基础。

对公司战略目标有了深刻把握之后，内部审计部门通过访谈和发放调查问卷，已经大体掌握了内部控制设计和运行中可能影响战略目标实现的因素，即初步确定了可能存在风险的环节。这些可能会存在风险的控制点和公司重要的事项应当作为引导会议中讨论的重点内容，列入会议讨论提纲中。在准备计划阶段要初步确定研讨会讨论的内容和重点，对列入讨论提纲的问题进行研究，弄清问题的实质，找到解决问题必须达到的目标。

（2）引导会议的召开。

1）会议召开之前的安排。引导会议一般需要 1~2 天的时间完成，所以需要提前通知评价小组成员，至少需要提前一周的时间通知，以便他们能够提前安排自己的工作。如果有的评价委员由于某种原因确实无法到场，应当指定代理人到场参加，要确保代理人员符合评价委员的素质要求。在准备计划阶段由内部审计人员确定的讨论提纲，应提前一周发放给评价小组成员，但讨论提纲并非涵盖了会议要讨论的所有内容。

会议需要使用独立的会议室，会议室能够提供召开圆桌会议和分组讨论的场所，便于在会议过程中，评价小组成员之间的沟通交流、活跃讨论的气氛。有条件的公司应当提供能够实现网络连接的电脑系统、电子投票设备，或者其他可以实现匿名投票的设施，以最大限度地保证与会人员的意见不受他人影响，鼓励参与者尽量发表自己的真实意见，有助于发现问题并解决问题。

每次召开引导会议，评价小组都指定一位会议引导员或者主席，主持研讨会，并安排书记员及时做会议记录。引导员和书记员一般由内部审计部门的负责人和工作人员担任，会议引导员应引导和激发所有与会人员充分发表意见、独立思考，并针对内部控制的缺陷提出建设性的改善建议。会议引导员还应控制会议进程，避免跑题和陷入互相指责、争吵的混乱局面。

2）会议正式召开后的注意事项。引导会议的中心议题必须在会议开始前向全体评价委员宣布，尽可能让评价委员围绕会议讨论提纲来展开讨论，避免会议偏离主题。会议的流程和会议的时间进程安排也要在会议开始时向评价委员说明，以最大限度地提高会议效率。尽管引导会议有中心议题和讨论提纲，但是评价小组讨论和发表意见的内容不限于提纲中规定的事项。会议召开的目的是产生大量有意义的意见和建议，所以允许评价委员自由发表意见和建议，不受约束地对内部控制进行评价。如果有必要，评价委员可以采用匿名的方式发表自己的看法。

会议引导员发挥至关重要的作用，他们必须引导评价委员积极参与讨论，并紧紧围绕高风险的内部控制环节和评价委员重点提出的内部控制的薄弱环节进行讨论。当评价委员的观点出现冲突或者表达不明确时，会议引导员需要澄清并确认各方的观点，并在必要时协调各方的观点，推动各方达成一致意见。会议书记员必须记录评价委员提出的所有想法，一方面，作为评价的证据，加强评价结果的可信性；另一方面，作为日后检查内部控制状况和进行内部控制审计的资料。书记员所做的会议记录需要经过引导员和评价委员签字确认并存档。在会议的最后阶段，会议引导员需要对会议中形成的评价结论和整改建议进行总结，提醒评价委员有无需要补充或者更改之处。

（3）引导会议中开展头脑风暴。头脑风暴法在没有专家到场的研讨会往往比较有效，当人们把追求创意作为一种奖励、需要大量创造性思维的时候，头脑风暴法也是行之有效的方法。引导会议的目标是产生大量对内部控制建设有意义的建议，并采取有效措施予以改进，所以笔者认为在引导会议中适宜开展头脑风暴，让所有评价委员畅所欲言，自由发表意见，包括对公司、对本部门、对公司其他部门和各个营运环节发表意见。在开展有效的头脑风暴会议时，必须遵循以下几条准则：

1）推迟对创意的评价。推迟对所有人的创意进行评估的工作，避免对其他我国上市公司实施内部控制自我评价研究评价委员的建议进行评论。此规则非常关键，原因是过早的评估与判断将有可能扼杀创意的产生。

2）培养并保持“无拘无束”的氛围。“无拘无束”意味着任何想法都是被允许的，不管它有多么奇特或者不现实，一个人天马行空的思维可能会触发另一个人产生非常有用的想法，这就要求在头脑风暴开始之前制造比较轻松的氛围。

3）创意多多益善。创意的数量越多，产生高质量创意的可能性就越大。但需要对创意进行筛选，从中选出最具可行性、有创新性和可识别的意见。

4）鼓励搭便车。搭便车是一种对各种创意进行综合，并予以改进的艺术。换言之，在他人所提建议的基础上构筑自己的想法。一般来说，讨论小组会为小组成员提供一个想要搭便车时可以使用的暗示动作。

（4）草拟内部控制自我评价报告。内部控制评价研讨会包含开展头脑风暴，就所有的内部控制相关问题进行讨论，也包含专题研讨会，就某个比较重大的风险隐患或者某个重要的控制点进行讨论。参与研讨会的管理人员、内部审计人员和关键控制点的员工必须就讨论中发现的内部控制薄弱点起草解决方案，对相关内部控制缺陷进行整改。讨论的所有问题与其讨论经过和讨论结果都要形成会议记录，经过多次研讨会后，作为主要的负责机构和会议的引导者，内部审计部门要对研讨会的内容进行综述，描述研讨会召开的情况、评价的内部控制系统的整体情况、发现的控制缺陷及其整改措施，形成内部控制自我评价报告草案，上报审计委员会修改完善后交董事会审批。

（5）内部控制缺陷的整改及其后续跟踪。公司实施 CSA 旨在发现存在风险隐患、制约企业营运效率的内部控制薄弱环节，但最终目标是采取整改措施改善这些环节的内部控制状况，从而提高公司营运效率。所以，内部控制研讨会的最后阶段也是最关键的阶段便是提出对内部控制薄弱环节的整改措施，并落实到特定管理部门或者特定人员，要求他们在一定期限内按照评价会议确定的整改措施对其负责整改的部分进行改进，并接受内部审计监督检查部门，即内部审计部门的后续跟踪检查，在下一次或者下一年度进行内部控制自我评价时，需要对上一次或者上年度实施 CSA 发现的内部控制缺陷的整改落实情况进行讨论，确认是否已经达到整改的要求。

第四节　内部控制缺陷的认定

一、内部控制缺陷

《企业内部控制评价指引》第16条就内部控制缺陷作了规定。本条文指出："内部控制缺陷包括设计缺陷和运行缺陷。企业对内部控制缺陷的认定，应当以日常监督和专项监督为基础，结合年度内部控制评价，由内部控制评价部门进行综合分析后提出认定意见，按照规定的权限和程序进行审核后予以最终认定。"

内部控制缺陷包括两个方面：设计缺陷和运行缺陷。设计缺陷是指由于内部控制设计本身的问题而带来的技术性缺陷。这种缺陷多是由于设计人员知识缺乏、对业务环境和事项不熟悉而产生。而运行缺陷是指在内部控制施行过程中由于偏离内部控制标准或者执行不力而产生的缺陷。一般来说，设计缺陷由于不知道而为之，而运行缺陷执行人员是有意为之。

内部控制最基本的要求是内部牵制，即不相容职务相分离。这样可以降低一人单独从事违规行为的机会。但是，如果两个或更多的人串通舞弊，则可以逃避控制，使内部控制形同虚设。这既是内部控制的局限之一，也是其建立的基本前提或假设。离开这一假设，内部控制也就无法建立。内部控制是依据一定的程序进行的，而这些控制程序需要付出一定的成本，如设计控制环节、设置岗位、配备人员、保证各控制环节的运行等都必须付出代价，发生成本。控制的环节越多，设置的岗位就会越多，需要配备更多的人员，内部控制的运行成本必然升高。但是控制过于简单又不能收到应有的效果，经营管理过程中出现漏洞、发生舞弊的可能性就会增大，会给企业带来较大的损失。因此，在设计内部控制时企业必然会比较控制的相关成本与效益。如果实施某项控制的成本超过没有此项控制企业可能遭受的损失，就没有必要设置该项控制。但在实践中内部控制的成本与效益却难以估计，需要个人主观判断。主观判断的失误可能会使必要的控制未能实施而造成更大的损失，也可能会使某些控制成本超过预期收益导致控制程序得不偿失。内部控制是由人来执行的，执行人员的实际操作水平直接关系到内部控制的作用能否有效发挥。不能期望这些执行人员在行使控制职能时始终准确无误。现实情况可能是执行人员的素质不适应岗位要求，粗心大意、精力分散，对内部控制的程序或措施经常误解、误判。在这些人为因素的影响下，即使是设计完美的内部控制也可能失效。不相容职务彼此分离是内部控制的一条重要原则，它可以避免一个人单独从事和隐瞒不合规行为，但两个或两个以上的人员或部门合伙就可以避开此类控制，一些出纳与会计串谋案、审计与会计部门联合舞弊等都属于这种情况。内部控制是经营管理的一个重要组成部分，因此它势必要按照管理人员的意图运行。在这种情况下，员工在执行内部控制的过程中，就无法发现并制止负责监督控制的管理人员滥用职权或不正当地使用权力的现象。特别是高层管理人员，他们处于企业的核心管理层和决策层，权力较大，如果他们越权干预、滥用职权必然会导致一些控制程序的失效，最终造成重大舞弊和财务信息失真。

内部控制的这些缺陷，可以通过日常监督和专项监督加以防范与揭示。日常监督通过内部控制监督要素来实施，而专项监督则需要组织专门人员采用专用监督评价程序来实施。

二、内部控制缺陷分类

《企业内部控制评价指引》第 17 条就内部控制缺陷分类作了规定。本条文指出："企业在日常监督、专项监督和年度评价工作中，应当充分发挥内部控制评价工作组的作用。内部控制评价工作组应当根据现场测试获取的证据，对内部控制缺陷进行初步认定，并按其影响程度分为重大缺陷、重要缺陷和一般缺陷。"

（1）重大缺陷，是指一个或多个控制缺陷的组合，可能导致企业严重偏离控制目标。

（2）重要缺陷，是指一个或多个控制缺陷的组合，其严重程度和经济后果低于重大缺陷，但仍有可能导致企业偏离控制目标。

（3）一般缺陷，是指除重大缺陷、重要缺陷之外的其他缺陷。

重大缺陷、重要缺陷和一般缺陷的具体认定标准，由企业根据上述要求自行确定。

本条文对内部控制缺陷作了分类。对内部控制缺陷进行初步认定，并按其影响程度分为重大缺陷、重要缺陷和一般缺陷。但如何把握"影响程度"，本条文以及内部控制其他应用指南中没有作出更详细的规定。条文中仅用"偏离控制目标"来衡量，这可能会给在实际工作中的运用带来一些不便。下面对这个问题就国外的做法作一些说明。

2004 年 12 月，针对美国会众会计委员会发布的审计准则 No.2，与财务报表审计一同进行的财务报告内部控制审计，同其他组织一起开发了名为《一个评价控制例外和缺陷的框架》的报告。[①] 该报告概述了一个建议框架，用来评价来自公司财务报告内部控制评价过程中的例外和缺陷，这个框架是一个需要重要判断的思考过程，其目标是帮助有知识和经验的个人以一致的方式评价缺陷。仅仅机械地应用这个框架不一定产生一个适当的结论，因为，需要应用判断以及考虑和权衡定量和定性因素，不同的人评价同一个情况可能会得出不同的结论。[②] 单个例外和缺陷的评价是一个反复的过程，尽管这个框架把评价过程描述成一个线性过程，但是，根据新信息在评价过程中的任何一点返回和重新考虑前面的任何一个步骤都是正确的。该框架提供了四个评价例外或缺陷的过程：第一个过程是"评价运行有效性测试中发现的例外"，用来评价和确定在实施运行有效性测试中记录下来的例外是否是一个控制缺陷；第二个过程是"评价过程或交易层面的控制缺陷"，用来评价那

---

① BDO Seidman LLP、Crowe Chizek and Company LLC、Deloitte&Touche LLP、Ernst&Young LLP、Grant Thornton LLP、Harbinger PLC、KPMG LLP、McGladrey&Pullen LLP、Price Water House Coopers LLP 共 9 个公司的代表开发了名为《一个评价控制例外和缺陷的框架》（A Framework for Evaluating Control Exceptions and Deficiencies. Version 3）的报告。

② 这个框架主要以 AS 2 的下列内容为基础：AS 2.1304，AS 2.1315，AS 2.1326，AS 2.1337，AS 2.134，AS2.135，AS 2.136，AS 2.137，AS 2.138，AS 2.139，AS 2.140，AS 2.141。这个框架在评价大小和可能性的过程中应用了这些理念，既考虑了定量因素，也考虑了定性因素。这个框架没有提出重要性的确定问题，可以参考 AS 2.238。

些直接与实现相关财务报表认定相关的人工或自动控制中的控制缺陷并对其进行分类；第三个过程是"评价信息技术一般控制（ITGC）的缺陷"，用来评价那些要支持与一个或多个相关财务报表认定有关的控制持续有效运行的ITGCs中的缺陷并对其进行分类；第四个过程是"评价除ITGC以外的普遍控制的控制缺陷"，用来评价普遍控制（除ITGC以外）中的控制缺陷并对其进行分类。

评价运行有效性测试中发现的例外，就是要评价和确定在实施运行有效性测试中记录下来的例外是否代表一个控制缺陷。控制测试一般与有关财务报表认定的重大过程和主要交易类别相关，这些财务报表认定与重大账户和披露是相关的。因此，潜在的假设就是：必须对测试过程中发现的所有例外或缺陷进行评价，因为，作为一个整体来看，它们会关系到那些对财务报表重要的账户和披露。测试的目的是取得一个高水平的保证：控制运行有效。因此，用于测试控制的样本量应当提供这种水平的慰藉。在应用统计方法选样的情况下，频繁地运行人工控制会导致低于90%的信赖水平和不超过10%的上限偏差率，这时的样本量明显不能提供一个高水平的保证。评价控制缺陷的等级（即缺陷、重大缺陷或重要弱点）要依据已知和潜在错报对年度和期中财务报表的影响。此外，尽管这个框架中的一些概念涉及统计抽样，但这个框架没有要求应用统计抽样。统计抽样要满足：①用随机的方法或其他代表总体特征的方法选样。②用统计方法评价。在内部控制测试中，随机选样可能是不切实际的，但是，应当用无偏的方式选样。

本过程主要包括三个步骤：

1. 定量和定性评价例外

所有的例外都应当进行定量和定性评价。全面的了解导致例外的原因在评价企业内部控制论一个测试例外是否代表一个控制缺陷的过程中很重要。这种评价应当考虑与其他控制（如公司的ITGCs和其他COSO内部控制要素）的有效性相关的潜在含义。

在断定测试目标是否实现时，应当考虑：

（1）相对于控制实施频率的偏差率（如没有扩展测试，存在一个假设：不是每天都运行的控制的一个例外是一个控制缺陷）。

（2）定性因素，包括被确定为系统性和反复性的例外或者与AS 2.133、AS2.139和AS 2.140概述的要素相关的例外。

（3）是否知道这项例外将会导致财务报表错报（如存在一个假设：导致财务报表错报超过了控制被设计运行的准确水平的例外是一个控制缺陷）。控制目标可以通过单独一项控制或几项控制的联合来实现。控制测试应用设计用来测试那些单独就能实现控制目标的单项控制以及结合在一起实现控制目标的多项控制。

2. 附加测试

如果没有达到测试目标，应当考虑附加测试能否支持这样一个结论：偏差率不代表整个总体的特征。比如，如果观察到的例外导致了一个不可忽视的偏差率，那么，测试目标一开始就没有实现。在一个用来考虑发现一个或多个偏差的测试中，如果发现的实际偏差数超过计划中允许的偏差数，那么测试目标就没有实现。

3. 扩大测试与重新评价

如果测试目标一开始就没有实现，那么，有两个选择：

（1）如果观察到的例外以及相应的不可忽略的偏差率被认为没有代表总体的特征（如因为抽样误差），那么，可以扩展测试和重新评价。

（2）如果观察到的例外以及相应的不可忽略的偏差率被认为代表了总体的特征，那么，这个例外就被认为是控制缺陷，并且要评价它的重要性。

评价运行有效性测试中发现的例外的流程如图 16–1 所示：

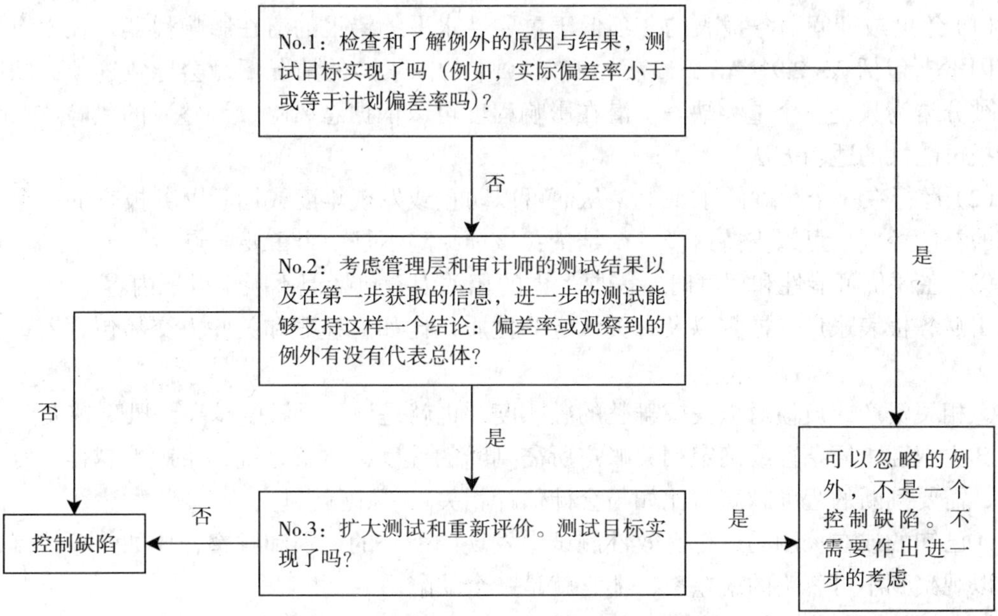

图 16–1　评价运行有效性测试中发现的例外

评价过程或交易层面的控制缺陷，就是要评价那些直接与实现相关财务报表认定相关的人工或自动控制中的控制缺陷并对其进行分类。评价过程或交易层面的控制缺陷主要分为两个步骤：

首先，确定是否存在重大缺陷；其次，确定是否存在重要弱点。

1. 确定是否存在重大缺陷

确定是否存在重大缺陷，要按照以下步骤进行：

（1）评价缺陷时，潜在影响程度（无关紧要、超过无关紧要、重要）是基于对年度和期间财务报表的潜在影响的。年度或期间财务报表的一项没有超过无关紧要的错报的潜在影响程度，在没有任何定性因素（包括 AS 2.9、AS 2.137、AS 2.140 中的那些因素）的情况下，就会导致这项有缺陷的控制被分类为只是一个缺陷。错报的潜在影响程度可以依据总风险、调整后风险或其他考虑错报可能性的适当方法。

（2）如果存在能有效地减轻一个控制缺陷的控制，在没有任何定性因素（包括 AS 2.9、AS 2.137、AS 2.140 中的因素）的情况下，它仅会被分类为一个缺陷。这些控制包括：①能实现相同控制目标的互补控制或冗余控制；②补偿控制，运行在一个精确的水平上，从而使得可以防止或发现年度或期间财务报表的一个超过无关紧要的错报。

（3）导致与重大账户或披露相关的控制目标不能实现的一个未缓解的不完善控制，通常会导致年度或期间财务报表的一个超过无关紧要的错报发生的可能性超过一个较小的概率，因此，这个不完善控制至少是一个重大缺陷。

步骤（1）、（2）、（3）应当分别考虑。调整后的风险不应当被补偿、互补或冗余控制的量化影响所减少。

2. 确定是否存在重要弱点

（1）年度或期间财务报表的一项低于重要性水平的错报的潜在影响程度，在没有任何定性因素（包括 AS 2.9、AS 2.137、AS 2.140 中的因素）的情况下，会导致这项有缺陷的控制被分类为只是一个重大缺陷。潜在影响程度可以依据总风险、调整后的风险或其他考虑错报可能性的适当方法。

（2）运行在一个精确的水平上，从而可以防止或发现年度或期间财务报表的一个重要错报的补偿控制，可以支持这样一个结论：该项缺陷不是一个重要弱点。

（3）在评价可能性和程度时，需要考虑的相关因素包括但不限于以下内容：

①财务报表账户、披露以及有关认定的性质，比如，挂账和关联方交易包含着更大的风险。

②相关资产或负债对损失或舞弊的敏感度，也就是说，灵敏度越高，风险越大。

③主观性、复杂性或确定相关账户所需判断的程度，也就是说，主观性越强，复杂性越大，需要判断的程度越高（比如与会计估计相关），风险就越大。

④已知的或在控制的运行有效性测试中发现的例外的原因和频率，比如一项控制，如果可以观察到不可忽略的偏差率，那它就是一个缺陷。

⑤该项控制与其他控制的相互作用或关系，也就是说，控制的相互依赖性或冗余度。

⑥缺陷未来的可能后果。

⑦错报（包括在当年识别出的错报）的历史记录，证明风险增加的迹象（AS2.140）。

⑧相对于总体重要性的调整后风险。

在评价缺陷时，错报风险对最大可能错报和可能的低报数额来说是不同的。附加评价的结果就是要确定年度和期间财务报表的重要错报的可能性是否是极小的。在极少的情况下，附加测试可以产生这样一个判断：年度和期间财务报表的一项超过无关紧要的错报的可能性是极小的。

3. 与已识别出的错报相关的附加考虑

由管理层或审计师在控制测试或实质性测试中识别出的年度或期中财务报表的一个大于最小的错报，通常表明控制设计和（或）运行有效性中的一个缺陷，它应当按照以下方法评价：

（1）没有防止或发现错报的设计和（或）运行缺陷应当根据“评价过程或交易层面的控制缺陷”进行确认和评价。应用如下：

①对年度或期间财务报表来说无关紧要的一个已知的或可能的（包括计划的）错报至

少是一个缺陷。

②对年度或期间财务报表来说超过无关紧要的一个已知的或可能的（包括计划的）错报是一个重大缺陷的强指示剂。

③对年度或期间财务报表来说重要的一个已知的或可能的（包括计划的）错报，至少是一个重大缺陷并是一个重要弱点的强指示剂。

（2）其他控制，尤其是补偿控制的含义也应当考虑。

4. 评价流程

评价过程或交易层次的控制缺陷的流程如图 16–2 所示。这个评价流程是用来评价控制缺陷的分类的，这些控制缺陷来自下列来源：

（1）设计有效性评价。

（2）运行有效性测试（来自图 16–2）。

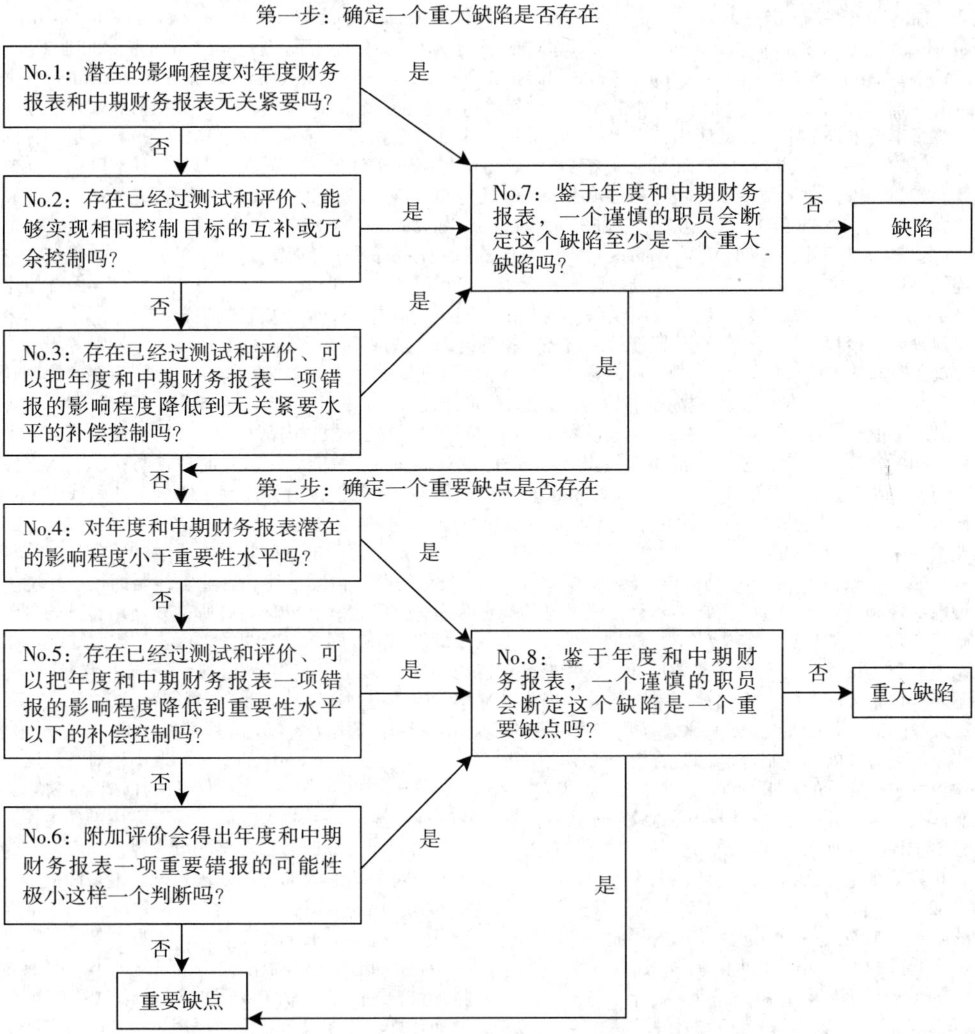

图 16–2　评价过程或交易层次的控制缺陷的流程

（3）管理层或审计师在实施实质性测试工作中发现的那些导致财务报表错报的缺陷。[①]

三、评价质量交叉复核制度

《企业内部控制评价指引》第 18 条就内部控制评价质量交叉复核制度作了规定。本条文指出："企业内部控制评价工作组应当建立评价质量交叉复核制度，评价工作组负责人应当对评价工作底稿进行严格审核，并对所认定的评价结果签字确认后，提交企业内部控制评价部门。"

我国评价质量交叉复核制度是借鉴了注册会计师行业做法，是保证内部控制评价工作质量的一个必不可少的步骤。质量复核是行业协会的一项自律性监管制度。它是注册会计师行业为了行业自身的生存发展和保护社会公众利益，所自觉采取的一种自我监督、自我

① 美国公众公司会计监督委员会（PCAOB）发布了新的内部控制审计标准：《审计准则 5 号——与财务报表审计相结合的财务报告内部控制审计》（Auditing Standard No.5-An Audit of Internal Control Over Financial Reporting That is Integrated with An Audit of Financial Statements，简称 AS5）。PCAOB AS5 取代了 2004 年发布的审计准则 2 号 Auditing Standard No.2-An Audit of Internal Control Over Financial Reporting Performed in Conjunction with An Audit of Financial Statements，简称 AS2），对内部控制审计和财务报表的审计方式产生了重要影响。AS5 强化了 PCAOB2005 年 5 月发布的指南，该指南要求外部审计人员使用自上而下的风险基础审计方法执行内部控制的审计，它被看成是一种内部控制审计实务最好的方法。尽管这种自上而下的风险基础审计方法是 AS5 关注的核心问题，但是审计准则的其他变化也是非常重要的，如 AS5 修改了"重要缺陷"和"重大缺陷"的定义、修改了"重大缺陷"显著征兆的构成、明确了审计中重要性的作用等。AS2 和 AS5 在定义重要缺陷（significant deficiency）和重大缺陷（material weakness）时考虑了 SFAS No.5 的三大概率界限：极小可能（remote）、可能（reasonably possible）和很可能（probable）。如果把这三个界限看作是连续性的风险概率的话，还有一系列风险水平介于"极小可能"、"可能"和"很可能"之间。AS2 使用"极小可能"来定义重要和重大缺陷，指出重要的缺陷是指一个控制缺陷或若干个控制缺陷的集合，对公司依一般公认会计原则可靠地确认、授权、记录、处理和报告外部财务数据的能力，造成不利影响，使其年度或中期财务报告中重要的错报无法被预防和侦查的可能性大于"极小可能"；重大的缺陷是指一个重要的控制缺陷或若干个重要的控制缺陷的集合，使年度或中期财务报告的重大错报无法被预防和侦查的可能性大于"极小可能"。AS5 用"可能"这个术语替代了原来的"极小可能"，以此来定义重要缺陷和重大缺陷。重大缺陷是指财务报告内部控制中的一个缺陷或若干个缺陷的集合，使公司的年度或中期财务报告的重大错报（material misstatement）可能无法被及时地预防和发现。这种可能性包括可能（reasonably possible）和很可能（probable）；重要缺陷是指财务报告内部控制中的一个缺陷或若干个缺陷的集合，比重大缺陷的严重性轻一些，但仍很重要，足以引起那些有责任监督公司财务报告系统的人的注意。用"可能"这个专业术语来定义重要缺陷，会将那些介于"极小可能"和"可能"之间的缺陷排除在重要缺陷之外。修订了重大缺陷显著征兆（strong indicators）的构成。S5 取消了需要将已公布的财务情况重述和企业整体层面控制环境失效至少应该看做内部控制重要缺陷和重大缺陷显著征兆考虑的规定。因为这种变化，外部审计师需要使用自己的判断确定何时财务重述或公司整体层面控制失效不必被认为是内部控制的缺陷。AS5 同样也阐明了未修正的重要缺陷不必被认为是重大缺陷的显著征兆，但是公司整体层面上的控制缺陷除外。正因为如此，外部审计师（可能也包括内部审计师）必须要不断地评估公司整体层面的控制是否无效。当公司整体层面的控制环境确实是无效的时候，未修正的重要缺陷将成为重大缺陷的显著征兆。AS5 中关于"财务重述和未能对外部审计师建议作出反应是否构成重大缺陷的显著征兆"的观点将很可能导致内部控制否定意见的减少。阐明了审计中重要性（materiality）的角色。取消了对管理层内部控制自我评估程序进行评价的要求。EC 规则曾要求报表发布者在每一会计年度终了时，使用合适的框架（一般采用 COSO 内部控制框架，虽然其他框架也能被接受）来评估其内部控制的有效性。为了在 AS2 的指导下完成审计工作，外部审计人员被要求评价管理层每年的内部控制自我评估程序。如果外部审计人员认为管理层的自我评估程序没有为其内部控制的自我评估结论提供充分的支持，那么就要求外部审计师拒绝对公司的内部控制发表意见。重新调整多区域测试要求在 AS2 的规定下，审计师必须评估他们对公司进行的多区域（multi-locations）或多业务单元（multi-business units）的内部控制测试是否引起对公司的大部分范围都进行了测试。这种要求导致许多审计人员对某一公司进行大范围的了解，测试的覆盖面广，而不考虑和这些区域、业务单元相联系的财务报表中重大错报风险大小。由于 AS2 关注的是测试的覆盖面而不是错报风险大小，许多公司觉得他们被迫接受了对内部控制的过度审计。AS5 的出台取消了"要对公司的大部分区域和业务单元进行控制测试"的要求，取而代之的是要求审计人员采用风险基础的方法来决定测试的恰当的区域范围和业务单元。

教育和自我提高的举措，即通过业内自身的力量，通过质量复核的方式，提高整个行业的职业素质和执业质量水平。注册会计师行业的质量复核制度，起源于20世纪70年代的美国，之后在西方多数国家的会计师行业得到推广。国际会计师联合会也要求其会员国建立本国的质量复核制度。尽管各国的质量复核制度在名称和具体操作上有所差异，比如有的叫peer review，有的称为quality review或quality assurance，但在质量复核的定位和指导思想方面却是相同的，都强调以帮助、教育、督促为目的，以提高行业的职业素质和执业质量为目标，针对被复核事务所的具体问题和缺陷，进行现场“诊断”、现场指导和现场培训。同样，通过质量交叉复核制度以控制、约束评价工作的每一个部门、每一个人，在从事每一个评价项目中能够遵循评价准则的要求执业，从而防止重大评价失败的发生。

四、内部控制缺陷认定汇总表

《企业内部控制评价指引》第19条就内部控制评价质量交叉复核制度作了规定。本条文指出：“企业内部控制评价部门应当编制内部控制缺陷认定汇总表，结合日常监督和专项监督发现的内部控制缺陷及其持续改进情况，对内部控制缺陷及其成因、表现形式和影响程度进行综合分析和全面复核，提出认定意见，并以适当的形式向董事会、监事会或者经理层报告。重大缺陷应当由董事会予以最终认定。企业对于认定的重大缺陷，应当及时采取应对策略，切实将风险控制在可承受度之内，并追究有关部门或相关人员的责任。”

本条文和上一条文都要求企业应当制定内部控制缺陷认定标准，对监督过程中发现的内部控制缺陷，应当分析缺陷的性质和产生的原因，提出整改方案，采取适当的形式及时向董事会、监事会或者经理层报告。

企业内部控制的缺陷可能从多个方面表现出来，包括日常监督、专项监督及外部相关方。企业应时刻注意这些缺陷，保证内部控制制度的有效运行。根据本规范的分类，内部控制缺陷包括设计缺陷和运行缺陷。企业应当跟踪内部控制缺陷整改情况，并就内部监督中发现的重大缺陷，追究相关责任单位或者责任人的责任。为此，企业应制定《缺陷报告管理制度》，明确报告的职责、报告的内容、报告缺陷的标准及报告程序；相关的职能部门、单位定期或不定期地对企业内部控制执行情况进行自查及互查，对发现的问题进行记录并采取有效的整改措施；企业汇集从外部获取的相关信息，分析、发现内部控制可能出现的缺陷，制定整改措施并监督该措施的执行情况；评价部门每年进行常规的审计和内部控制专项审计，根据发现的问题，查找内部控制方面存在的缺陷，提出改进和加强管理的建议；监管部门应通过信访受理，发现企业内部控制存在的问题，并做出有效整改。员工发现内部控制的缺陷时，不仅要向该组织的相关负责人报告，同时还要向比直接负责人至少高一级的主管报告，使其可采取有效的矫正活动。对于特殊或敏感的信息，企业应设置其他沟通渠道。为此，企业应制定重大、特大事件报告制度；相关单位对在工作中发现的内部控制的问题或缺陷，及时以书面的形式向主管上级报告；内部控制部门定期或不定期地汇报新出现的风险。识别出的缺陷和问题，应得到及时的改正，这个过程应受到管理部门的监督。为此，审计委员会对内部控制的调查结果和管理层的反馈进行研究分析；管理层授权相关部门对发现的内部控制缺陷进行调查、分析，提出整改建议，采取纠正措施，并监督措施的执行情况；监督管理部门通过实施信访机制，发现内部控制存在的缺陷和问题，进行适当的处理并实施改进措施；企业发生重大及特大事故后，应配合相关部门的调查，落实事故调查报告中的处理意见和防范措施建议；内部控制部门负责跟踪检查内外审计师提出的管理建议和内部控制整改建议的实施情况。

内部控制缺陷认定汇总如表 16-4 所示。

表 16-4　内部控制环境缺陷分析汇总表

单位：

序号	缺陷描述				缺陷评价										改进计划		备注
	单位名称	控制编号索引	缺陷描述	缺陷类别（设计/执行）	步骤一：缺陷是否是审计准则第2号第139段定义的情况（即至少是一项重要缺陷）（是，重要缺陷；否，至步骤二）	步骤二：该缺陷是否是审计准则第2号第140段所定义的情况（即表明其为实质性漏洞的强烈迹象）（是，实质性漏洞；否，至步骤三）	步骤三：是否存在补充或冗余的程序和控制、或补偿性控制，经过测试和评估后，能够确定控制缺陷仅为一般缺陷？（是，至步骤七；否，至步骤四）	步骤四：补充评估能否得出控制缺陷导致年度或中期财务报表出现"大于不重要"错报的可能性为"微小"的判断？（是，至步骤七；否，至步骤五）	步骤五：是否存在补偿性控制，经测试和评估后，得出控制缺陷仅为重要缺陷的判断？（是，至步骤八；否，至步骤六）	步骤六：补充评估能否得出控制缺陷导致年度或中期财务报表出现重大错报的可能性为"微小"的判断？（是，至步骤八；否，实质性漏洞）	步骤七：在考虑对年度和中期财务报表的影响后，一个谨慎的管理者是否得出该缺陷至少为重要缺陷的结论？（是，至步骤五；否，一般缺陷）	步骤八：在考虑对年度和中期财务报表的影响后，一个谨慎的管理者是否得出该缺陷为实质性漏洞的结论？（是，实质性漏洞；否，重要缺陷）	结论：内控缺陷评价（一般缺陷/重要缺陷/实质性漏洞）	与其他内控缺陷的关系（供合并分析使用）	整改建议	整改措施计划完成时间	
	(1)	(2)	(3)	(4)	(5)	(6)	(7)	(8)	(9)	(10)	(11)	(12)	(13)	(14)	(15)	(16)	(17)
1																	
2																	

填表人：________ 填表时间：________ 测试小组负责人：________ 复核：________ 复核时间：________

第五节　内部控制评价报告

一、内部控制评价报告要求

《企业内部控制评价指引》第20、21条就内部控制评价报告要求作了规定。条文指出："企业应当根据《企业内部控制基本规范》、应用指引和本指引，设计内部控制评价报告的种类、格式和内容，明确内部控制评价报告编制程序和要求，按照规定的权限报经批准后对外报出。

内部控制评价报告应当分别内部环境、风险评估、控制活动、信息与沟通、内部监督等要素进行设计，对内部控制评价过程、内部控制缺陷认定及整改情况、内部控制有效性的结论等相关内容作出披露。"

本条文所指的内部控制评价报告是公司内部控制自我评价报告。目前我国相关法律法规没有对内部控制报告的概念给出明确的定义。企业应当结合内部监督情况，定期对内部控制的有效性进行自我评价，出具内部控制自我评价报告。董事会负责内部控制的建立健全和有效实施，企业应当成立专门机构或者指定适当的机构具体负责组织协调内部控制的建立实施及日常工作。企业董事会及其审计委员会负责本企业的内部控制评价工作。企业应当结合内部监督情况，定期根据一定的标准对内部控制的有效性进行自我评价，并将评价的结果用自我评价报告的形式披露给外部信息使用者，使其可以在一定程度上了解公司内部控制和经营活动的情况。因此，内部控制自我评价报告就是上市公司董事会及其审计委员会根据内部控制评价的有效性标准对本公司内部控制的设计和执行情况进行自我评价，以自我评价报告的形式出具评价意见并提供给外部信息使用者的一种书面文件。

从公司角度看，要求上市公司披露内部控制自我评价报告是促进公司加强自身管理、解除受托责任、保护资产安全的一种制度安排。内部控制自我评价报告可以督促公司管理层强化内部控制报告机制的建立，提高管理层对内部控制的意识和责任，促使管理层建立、健全和有效执行内部控制。提供内部控制报告会加大管理层的责任，促使其加强对内部控制的重视。管理层对内部控制的态度会影响公司其他员工的工作态度，如果公司高层管理人员重视内部控制，这种态度将会使员工认真执行既定的控制政策和程序；反之，如果高层管理人员不重视内部控制，那么制定再好的内部控制政策也会失效。

内部控制自我评价报告制度是管理层解除受托责任的一种方式。财产所有权与经营管理权的分离形成了所有者与经营者委托和受托这样一种经济责任关系，即受托经济责任。受托人既肩负建立和执行内部控制的行为责任，也要承担对内部控制实际建立和执行情况的报告责任。受托人（即管理层）通过内部控制报告来说明行为责任的履行情况，正是委托人（即所有者）正确评价受托人经济责任履行状况、受托人借以免责的重要依据。管理层通过对内部控制进行评价并将结果报告给所有者，实际上是向所有者表明已经履行了管理职责。

提供内部控制自我评价报告需要对公司整个内部控制系统的运作情况进行评价，这个评价的过程有助于管理层发现内部控制系统的薄弱环节，并能立即采取措施予以改进，而不是等到因内部控制的缺陷导致财务报告或经营出现严重问题时才作出反应。同时，在内部控制评价的过程中还可以发现公司中存在的错误和舞弊现象，直接加以纠正，保护资产、资源的安全和完整。对员工起到一定的监督和威慑作用，从而达到减少错误和舞弊的发生、强化内部控制的目的。

从财务报告质量角度看，内部控制自我评价报告可以促进财务报告质量的提高。内部控制信息的披露与财务报告质量在一定程度上存在关联。健全、合理并有效运行的内部控制可以合理保证财务报告的真实性和可靠性，提高财务报告的质量。首先，内部控制本身应遵循的内部牵制原则可以减少舞弊发生的概率，提高业务的真实性和财务报告的质量；其次，内部控制可以使会计人员遵守相关财务法规，减少会计造假，直接提高财务报告表达的真实性；最后，一个健全有效的内部控制可以规范管理层的管理活动，制约管理层粉饰财务报告的行为，从而间接提高财务报告的质量。因此，从提高财务报告质量的角度看，要求上市公司提供内部控制报告非常必要。

从投资者角度看，内部控制自我评价报告的披露可以为外部信息使用者提供附加信息，帮助投资者作出决策。越来越复杂的经营活动决定了财务报告已经不能满足外部信息使用者的需要，他们需要了解上市公司更多的信息才能作出判断。在诚信逐渐丧失的今天，理性的投资者认为：即使通过审计的会计报表依然值得怀疑，要提高财务报告的质量就应该要求上市公司对内部控制信息进行真实披露，通过判断内部控制是否健全、合理并有效运行，来评价上市公司的质量。

从审计报告看，内部控制自我评价报告的披露是审计报告更具有可信度的佐证。目前，我国上市公司财务报告都必须经过注册会计师审计后，才能对外披露。由于注册会计师审计的时间有限，审计工作中坚持的重大原则、成本—效益原则，特别是审计抽样技术的运用本身依赖于健全、完善、有效的内部控制等因素的影响，审计工作不能面面俱到，也无法将财务报告的所有舞弊都查出来，这就使得内部控制信息的披露显得非常必要。财务报告使用者可以通过披露的内部控制信息来了解公司的情况，以佐证财务报告，使审计报告更具可信度。

由于公司是按照内部控制框架的“五要素”进行评价的，因此，内部控制评价报告应当在内部控制信息披露中描述对内部控制各组成要素进行评价后的结论。

二、内部控制评价报告内容

《企业内部控制评价指引》第 22 条就内部控制评价报告的内容作了规定。条文指出：“内部控制评价报告至少应当披露下列内容：

（一）董事会对内部控制报告真实性的声明。

（二）内部控制评价工作的总体情况。

（三）内部控制评价的依据。

（四）内部控制评价的范围。

（五）内部控制评价的程序和方法。

（六）内部控制缺陷及其认定情况。

（七）内部控制缺陷的整改情况及重大缺陷拟采取的整改措施。

（八）内部控制有效性的结论。”

内部控制评价报告应包含哪些内容，是资本市场监管机构必须思考的问题。在上海和深圳证券交易所《上市公司内部控制指引》前，我国金融类上市公司由于有特殊披露要求，其披露内容也相对较为详细。其内部控制信息披露的内容通常包括：①监事会报告中披露公司建立了比较完善的内部控制制度。②年度报告中专设一章“本公司内部控制制度的完整性和有效性的说明”，其内容包括：A. 公司基本情况； B. 公司内部控制制度简要说明，包括对控制环境、内部控制制度的建设和执行情况以及控制程序的简要描述；C. 董事会对内控制度有效性评价及认定。③会计师事务所出具的内部控制审核报告。

而对于非金融类上市公司内部控制信息的披露没有明确应该披露的内部控制范围，披露内容严重不足，绝大多数的内部控制报告就只有关于公司内部控制的简单的结论性叙述，没有披露作出结论的依据和理由。而且，在被调查的有效样本 1147 家上市公司中披露了内部控制不足之处的仅有 19 家，比例为 1.66%。而根据李若山等（2002）的调查发现，有 1/4 左右的公司没有建立完善的内部控制制度。这说明我国不少上市公司不愿意披露内控不足的状况。因此，我们认为应该对我国上市公司的财务呈报内部控制报告内容进行重新修订，以利于达到财务呈报内部控制报告的目标。而且，财务呈报内部控制报告的内容应比原来的规定更为详尽和具体，以有助于报告使用者的理解和分析。

2006 年 6 月上海证券交易所发布的《上市公司内部控制指引》对我国在上海证券交易所上市公司的内部控制报告至少应包括如下内容：内控制度是否建立健全；内控制度是否有效实施；内部控制检查监督工作的情况；内控制度及其实施过程中出现的重大风险及处理情况；对本年度内部控制检查监督工作计划完成情况的评价；完善内控制度的有关措施；下一年度内部控制有关工作计划。2006 年 9 月深圳证券交易所发布的《上市公司内部控制指引》对我国在深圳证券交易所上市公司的内部控制报告至少应包括如下内容：对照本指引及有关规定，说明公司内部控制制度是否建立健全和有效运行，是否存在缺陷；说明本指引重点关注的控制活动的自查和评估情况；说明内部控制缺陷和异常事项的改进措施（如适用）；说明上一年度的内部控制缺陷及异常事项的改善进展情况（如适用）。有研究发现，在披露内部控制信息的 880 家一般性上市公司中，大多数只披露了本公司建立了完善的内部控制制度，而没有关于内部控制制度的具体内容。只有北大科技（600878）、光明家具（000587）、石狮新发（000671）相对较为详细地披露了有关的内部控制制度，其内容主要是简单提及具体项目的内部控制。由此可见，我国上市公司内部控制信息披露基本上仅仅是一种形式。

在评价指引发布前，上海、深圳证券交易所的部分上市公司已经尝试对外披露内部控制评价报告。但由于缺少统一的指导，这些对外披露的评价报告格式五花八门、质量参差不齐，少则两三页，多则数百页，不具可比性，也不利于报告使用者理解。为此，评价指引专门对内部控制评价报告进行规范，要求企业在评价报告中至少披露以下内容：一是董事会对内部控制报告真实性的声明，其实质就是董事会全体成员对内部控制有效性负责；二是内部控制评价工作的总体情况，即概要说明；三是内部控制评价的依据，一般指基本规范、评价指引及企业在此基础上制定的评价办法；四是内部控制评价的范围，描述内部控制评价所涵盖的被评价单位，以及纳入评价范围的业务事项；五是内部控制评价的程序和方法；六是内部控制缺陷及其认定情况，主要描述适用本企业的内部控制缺陷具体认定标准，并声明与以前年度保持一致，同时，根据内部控制缺陷认定标准，确定评价期末存在的重大缺陷、重要缺陷和一般缺陷；七是内部控制缺陷的整改情况及重大缺陷拟采取的整改措施；八是内部控制有效性的结论，对不存在重大缺陷的情形，出具评价期末内部控制有效结论，对存在重大缺陷的情形，不得作出内部控制有效的结论，并需描述该重大缺陷的成因、表现形式及其对实现相关控制目标的重要程度。财政部将在内部控制规范讲解中对内部控制评价报告的内容提供进一步指引，包括探索引入使用内部控制评价表，作为对内部控制评价报告的进一步补充。内部控制评价表，就是对评价过程中形成的评价工作底稿的全面整理和综合汇总，是企业对内部控制各构成要素的结论性评估表格，一般由评价内容、业务描述、有效性、缺陷、评价记录等栏目组成。通过使用内部控制评价表，可以使不同企业的内部控制评价报告更具可比性，同时也有利于报告使用者阅读和理解。

本指引对内部控制评价报告内容作了规范。从内容来看，本次内部控制评价报告要比以前内部控制自我评价报告所规定的内容详细得多。

1. 董事会对内部控制报告真实性的声明

董事会对内部控制报告真实性的声明，是董事会对本公司内部控制总体情况的评价。通常可以这样表述："我们认为，公司已建立健全并有效执行内部控制制度，保证了业务活动的有序、高效进行，保护了资产的安全、完整，能有效防止、发现和纠正重大错误与舞弊，保证了会计资料的真实、准确、合法、完整。2009 年度，公司在重要控制活动方面不存在重大缺陷，实现了公司预定目标。我们亦意识到，尽管公司内部控制已较为完善，并得到了有效执行。但随着公司业务的进一步发展、外部环境的变化和管理要求的提高，公司内部控制还需不断加强和完善。"

2. 内部控制评价工作的总体情况

内部控制评价工作的总体情况，通常可以这样表述："按照建立规范的公司治理结构的目标，公司持续地进行内部控制完善工作。公司按照《公司法》、《证券法》和财政部、中国证监会有关上市公司的法律、法规及规范性文件的要求，建立了股东大会、董事会、监事会以及在董事会领导下的经理层的法人治理结构，制定了相关的议事规则和工作制度，明确了决策、执行、监督等方面的职责权限，确保其行使决策权、执行权和监督权，形成了科学有效的职责分工和制衡机制。公司已建立了一套完整的涵盖生产经营、财务管理、内部审计、信息披露等各方面的内部控制制度，构成了公司的内部控制制度体系。"

3. 内部控制评价的依据

内部控制评价的依据，通常可以这样表述："根据财政部、证监会等部门联合发布的《企业内部控制基本规范》、深交所《上市公司内部控制指引》、《企业内部控制评价指引》等法律法规规定和《关于做好上市公司××年度报告工作的通知》的要求，公司董事会、董事会审计委员会及公司内部审计部门对公司××年度的内部控制及运行情况进行了全面自查，形成了内部控制自我评价报告。”

4. 内部控制评价的范围

根据内部控制基本规范所规定的五大要素来进行评价。

5. 内部控制评价的程序和方法

依据本指引规定，公司认为应采用的评价程序和方法。

6. 内部控制缺陷及其认定情况和内部控制缺陷的整改情况及重大缺陷拟采取的整改措施

例如，某公司关于内部控制缺陷及其认定情况和内部控制缺陷的整改情况及重大缺陷拟采取的整改措施表述如下：2009 年 4 月 20 日至 5 月 8 日，中国证券监督管理委员会广西监管局（以下简称“广西证监局”）对本公司进行现场检查，并于 2009 年 7 月 2 日向本公司发出《限期整改通知书》（桂证监字［2009］66 号，以下简称《整改通知书》）。《整改通知书》针对本公司在公司治理、独立运作、信息披露、资产转让、会计处理和财务管理等方面存在的问题提出限期整改要求。本公司在收到上述《整改通知书》后，董事会、监事会立即召集相关人员认真学习《整改通知书》中提出的问题和相关整改要求，并对照《中华人民共和国公司法》、《中华人民共和国证券法》、中国证监会《关于提高上市公司质量的意见》、《上市公司治理准则》以及公司章程等法律法规、规范性文件和有关规章制度进行全面自查，全面认真地查找问题根源，深刻分析反省问题存在的原因，在此基础上制定切实可行的整改方案（有关整改方案登载在 2009 年 8 月 11 日《中国证券报》、《证券时报》和巨潮资讯网上，公告编号为 2009-034 号），并采取有效措施逐一落实整改。报告期内所涉及的整改事项除控股子公司广西容县南方食品股份有限公司受让的土地产权证尚在办理外，其他事项已整改完毕。公司以本次整改工作为契机，进一步提高了公司规范运作水平，确保公司内部制度体系更加规范严谨、科学有效，促进公司持续、健康、稳定发展。

（1）进一步完善公司法人治理结构，提高公司规范治理水平，加强董事会下设各专项委员会的建设和运作，进一步提升公司的科学决策能力和风险防范能力。

（2）加强培训工作，在公司全员中树立风险防范意识，培养良好企业精神和内部控制文化，加强内控规范意识，提高内控的执行效力。

（3）加强公司内部控制，丰富内部控制评价的手段和方法，努力提高内控管理人员的业务水平和素质，有效开展内控制度管理工作。建立健全内控检查和评价工作制度，切实发挥内控管理对内部控制的监督职能。优化业务和管理流程，持续规范运作。

（4）强化内部控制制度的执行力，充分发挥董事会审计委员会的监督职能，通过进一步强化内部审计的监督评价职能，定期和不定期地对公司及控股子公司的制度执行情况进行检查，保障公司内部制度的建立健全和有效实施。

7. 内部控制有效性的结论

内部控制有效性的结论，通常表达如下：“公司董事会认为：报告期内，公司内部控制的管理制度较为完整、合理，内容符合国家有关法律、法规和监管部门的要求。公司内部控制重点活动按公司内部控制各项制度的规定进行，公司对子公司、关联交易、对外担保、募集资金使用、重大投资、信息披露的内部控制严格、充分、有效，保证了公司的经营管理的正常进行，具有合理性、完整性和有效性。"

三、内部控制评价报告与内部控制审计报告

《企业内部控制评价指引》第24~27条就内部控制评价报告责任人、时间和其他事项作了规定。条文指出："第二十四条　内部控制评价报告应当报经董事会或类似权力机构批准后对外披露或报送相关部门。企业内部控制评价部门应当关注自内部控制评价报告基准日至内部控制评价报告发出日之间是否发生影响内部控制有效性的因素，并根据其性质和影响程度对评价结论进行相应调整。

第二十五条　企业内部控制审计报告应当与内部控制评价报告同时对外披露或报送。

第二十六条　企业应当以12月31日作为年度内部控制评价报告的基准日。内部控制评价报告应于基准日后4个月内报出。

第二十七条　企业应当建立内部控制评价工作档案管理制度。内部控制评价的有关文件资料、工作底稿和证明材料等应当妥善保管。"

内部控制评价程序完成后，应根据综合评价结果，依据发现的内部控制缺陷和薄弱环节撰写内部控制评价报告、提出改进建议，并以书面的形式反映。撰写评价报告应做到描述准确、详略得当、涵盖所有重大风险以及实质性弱点。在将企业风险管理理念运用到内部控制领域以后，对内部控制报告内容，本指引作出了详细的规定。对内部控制报告内容而言，所有已经识别的影响一个主体制订和执行其战略目标能力的内部控制缺陷，都必须报告给那些被安排来采取必要措施的人。除了缺陷以外，所识别的提高主体目标实现的可能性的机会也应该报告。内部控制报告应当成为内部控制执行过程的一部分，通过它可以把组织的控制状态告知相关决策者。对公司发布内部控制报告的要求，英国是通过《综合法》提出的，美国是通过《萨班斯—奥克斯利法案》提出的。

内部控制评价报告应包含的内容有：管理层建立并维护充分的财务报告内部控制的责任、所采用的内部控制有效性评估的准则框架、在年末就公司财务报告内控有效性做出的结论，包括披露管理层在公司内部控制中所发现的任何重大缺陷，管理层应直接明确地声明就其内控有效性做出的结论，不应是消极的保证，例如"管理层没有发现任何证据显示公司的财务报告相关内部控制无效"；还应避免使用主观性的用语，例如"非常有效"这样的字眼；假如有一个或一个以上的重大缺陷，管理层不可以做出财务报告相关内部控制有效的结论。对重大缺陷的披露，应披露重大缺陷的性质、对财务报告和财务报告内部控制的影响、管理层纠正重大缺陷的计划（如有）或者已经采取的行动。财务报告内部控制发生变更时，如果对财务报告内部控制有实质性的影响，或者根据合理推断可能会有实质性影响时，应在评价报告中予以披露。例如对现行控制的改善、设计和执行新的或改进的控制、涉及企业收购有关的变更、公司组织机构重组、重要人员变动、导入新的信息系统或现有信息系统重大变更、纠正的重大缺陷等。

内部控制自我评价是由企业董事会和管理层实施的，对企业内部控制的有效性进行评价，形成评价结论，出具评价报告的过程。内部控制有效性是指企业建立与实施内部控制能够为控制目标的实现提供合理保证的程度。而财务呈报内部控制审计的目标是，经过审计，审计人员就公司财务呈报内部控制发表审计意见。为审计意见提供合理保证，审计人员必须计划和执行审计程序，获得充分可靠的审计证据，确定公司是否在所有重大方面保持了管理当局在特定日期的评估结论。保持财务呈报内部控制有效性是指不存在实质性漏洞，所以，财务呈报内部控制的审计目标即是获得管理当局特定日期的评估结论中不存在实质性漏洞的合理保证。另外，审计人员还必须审计公司财务报表，因为在审计财务报表的过程中，审计人员也能获得与财务呈报内部控制有效性有关的审计结论。审计人员要意识到依赖财务呈报内部控制提供信息的信息使用者包括投资者、债权人、董事会、审计委员会及专门机构，如银行和保险公司。审计人员还要了解到财务报表的外部使用者关心财务呈报内部控制的信息，主要原因在于能提高财务报表的质量，增强他们对财务报表的信心。财务呈报内部控制的信息也为公司内部和外部坚持改进财务呈报内部控制的人们，如审计委员会和监管部门予以了警示。

第六节　内部控制评价举例：××公司存货内部控制评价程序

1. 模块控制评价程序（MCRP）——生产、非生产存货及工业物料

主要涉及部门：物流部、发动机车间、财务部。

评价步骤：

（1）总纲。

①对被审单位的控制环境、职责分工、业务流程以及相关计算机系统作了解。

②上次审计问题中与“存货”相关部分是否都已经纠正？

③内部控制审核程序是否表明“存货”的控制是充分的？

④检查系统访问权限和任务分配，以确定适当的责任分工已经确立。对于 CMMS 需要取得“CMMS Corp.Access Code Risks”和“APS User Security Report”（列示所有 CMMS 用户）。

（2）材料收货。

①到达公司的货物是否只有与经批准的采购订单/ASN、测试件数量、被调查或测试的毁坏零件数量、质量要求和产品规格一致才能接收？√

②是否在以下职责上建立正确的分工：收货、发票比对、采购？√

③是否只有经授权的人员才能接近收货区域的材料、到达的货物是否安全？√

④收货报告（用于接收货物或服务）是否被确认并被适当批准？

⑤所有接收的材料、货物是否准备了有编号控制和日期的收货报告？√

⑥对于 CMMS：公司跟踪了收货执行情况吗？

⑦存货记录是否在零件收货后准确和及时地更新，以便在适当的时间内被记录？√

⑧收货区是否有积压的集装箱或货车在等待收货？

⑨对于 CMMS：在收货区检查是否有大量积压的集装箱或货车正在等待收货。

⑩对于非生产：非生产材料应尽快地从收货区运到仓库。

⑪收货部门是否规定了送货车的卸货时间，以保证所有的货车都及时卸货？

⑫CMMS：计算机维护管理系统，是福特的一个存货管理的系统平台。

⑬被审部门对跟踪已提交索赔的职责是什么，才能确保其处理是适当的和及时的？

（3）材料类型。

1）易盗零件。

①是否确定了哪些是易盗零件？√

②问物料控制人员有无易盗零件以及如何识别。

③获取被审部门易盗零件清单，并确保对易盗件周期盘点次数的妥善安排。

④接近易盗零件有无限制？

⑤是否生产性易盗零件每季盘点一次，非生产零件每年盘点两次？

⑥对于 CMMS：检查周期盘点计划以确保易盗零件每季度都安排盘点。

2）废料。

①对现存存货不宣布过期，并仍保留在存货中有无充分理由？√

②对于 CMMS：检查“D”（不继续使用）零件的现状和 BOH（库存余额）数量。

③对于非生产：确保按需求部门列举的不使用材料清单被送到需求部门以确定是否应被报废、销售或继续保存。

④生产废料是否被定期地识别、集中、隔离、记录和处置？√

⑤废料区域是否有大量的废料积压？有无废料检查员、审计员？废料标签是否经审核以确定其正确性？

⑥保安是否定期跟踪废料运输到废料场或处置地方，且确保废料被毁坏，同时保留相关记录。

3）过期材料。

①过期存货及其缓慢转移是否有定义、使用报告、方法？√

②过期零件清单是否是最新的，潜在的过期材料是否被审核以确定其报废？√

③查阅分析、审核文件。过期材料准备是否包括过期零件报告中的零件？

④对于 CMMS：检查系统中“0”状态的零件和 BOH 大于生产需求量的零件。

⑤对于非生产：获得以前年度的和当年的被处置过期材料的百分比。

⑥被宣布过期和过剩的材料是否与其他材料隔离？

⑦对于 CMMS：观察过期材料是否与其他材料隔离。

⑧对于非生产：没有必要将过期材料与其他材料在库房内隔离。

⑨过期材料是否被及时处置？

⑩过期和过剩材料的处置是否被批准，正确地计算成本和适当地记录？

（4）材料发运。

①发运场地是否清洁、有序，并且表明有很好的控制？

②货车司机在发运场地是否受到监督？发运场地的安全监督是否充分？√

③保安是否在规定的时间巡查发运地？是否有未接受保安安全检查的货车和承运商？

④准备发运的产品是否尽可能地限制在规定区域？发运场地是否无材料积压？

⑤是否所有的发运都有书面或系统产生的申请支持（经批准的客户订单或销售订单），该申请是由独立于发运部门的人产生和签核的？√

⑥发运部门准备的发运文件是否通过文件的编号进行控制，并且该文件是预先编号或被连续使用，并且所有的发运文件都应记在账上？√

⑦禁止使用人工运送或其他非标准的发运方式，除非有特别的批准和控制以确保所发出货物的责任问题。

⑧是否按规定在发运前准备了正确的发运文件，并从承运商获得运输单据？√

⑨是否在适当的期限内进行交货？未发送及错误的发运是否得到解决？√

⑩发运流程中是否包括发运有害材料和废物（包装箱、标签、纸等）的日常需求是否有流程来指出发运中货物的损害及损失风险问题？√

⑪发运文件的会计联和出门联是否直接分别交给会计人员和控管文件管理员？√

⑫以下职责是否分离：记录发运、销售订单输入或现金收款。√

（5）非生产物料。

①是否运用手工申请流程，该流程是否要求非生产材料在领用前必须经过批准?√

②是否保存当前最新的签字样本，以确认经批准的签字？

③该样本是否被及时更新以反映新的或改变的批准人。

④领料申请是否被及时处理？

⑤抽样选择近一个月内有代表性的手工领料的样本，以判定其是否经过适当批准。

⑥非生产物料是否被安全保护以防止偷盗和非法使用？√

（6）外部材料。

1）供应商委托加工材料

①受托人是否经采购部批准？是否与受托加工并收货的供应商签订采购订单？是否建立信用额度？√

②是否有所有委托加工材料的数量记录？√

③委托加工材料是否每年盘点两次？√

2）外部仓库材料。

①受托人是否经采购部批准？采购订单是否交给该供应商？√

②材料的损失/减少的责任限制是否界定？√

③是否有外部仓库存货的数量记录？√

④外部仓库存货是否包含在周期盘点计划中？√

（7）包装物。

①检查包装物贮存区域。包装物是否及时地被退还给发运工厂？

②是否及时正确签发出门证，将所有包装物退还供应商？

（8）工作令单。

①工作令单是否经过适当批准？√

②应开票工作令单是否有采购授权文件的支持，并及时地开票？

③已完工的工作令单是否及时地关闭？√

④未完工的工作令单的试算余额是否与相关控制账户核对？

（9）会计核算。

①材料控制系统是否对所有的存货项目保存了永久的存货余额？√

②被审部门是否对存货在公司内、外的收发和转移保存了相关文件？

③是否所有的手工分录都由主管复核和批准？

④月末，是否对已接受但未记录的盘点差异进行预提？√

⑤对非生产物料：确定所有未接受且未记账的盘点差异。这些应在月末进行预提。

⑥待重新盘点的项目在月末是否经财务总监审核，以确定其可能的预提？√

⑦对于 CMMS：检查月末未记录的周期盘点。如金额大，这些盘点应该预提。

⑧通常未被接受的周期盘点，财务总监进行审核，确定适当的预提金额。

⑨对重大的非标准分录是否有原始文件的支持且未反映出控制中的问题？

⑩对于 CMMS 和非生产：抽样检查非标准分录的生成、有效性、充分的支持文件和批准。对存货账户，这类分录应该很少。

⑪“账户对账现状报告”是否表明所有账户的对账已经完成？

⑫对于 CMMS 和非生产：获取“账户对账现状报告”。

备注：带“√”的审计项目需审核相关流程，评价相关流程是否充分以及是否符合内控要求。

相关流程有缺陷的类型有：①该项控制没有被描述。②没有涉及由谁来执行。③没有描述完成频率。④监督未被文件化。

2. 模块控制评价程序（MCRP）——年度存货盘点

主要涉及部门：物流部、财务部。

评价步骤：（略）

3. 模块控制评价程序（MCRP）——存货成本核算

主要涉及部门：财务部、物流部。

评价步骤：（略）

第十七章　内部控制审计

第一节　内部控制审计含义

一、内部控制审计指引目的

《内部控制审计指引》第1条规定："为了规范注册会计师执行企业内部控制审计业务，明确工作要求，保证执业质量，根据《企业内部控制基本规范》、《中国注册会计师鉴证业务基本准则》及相关执业准则，制定本指引。"

本条文指出，制定《内部控制审计指引》是为了规范注册会计师执行企业内部控制审计业务。在此之前，中国注册会计师协会已经有了关于这方面内容的审计规范，但是，由于在财政部内部控制评价指引公布之后，以及国际上审计业务的发展，原有的审计指南需要进一步发展才能适合内部控制形势发展的需要。

美国于1933年和1934年分别制定了《证券法》和《证券交易法》，对证券交易与监管、信息披露、会计准则的制定和会计职业的发展等作了具体规定；1938年针对"麦克森·罗宾斯事件"，美国注册会计师协会规定了内部控制的内涵；1977年美国国会颁布了《反国外行贿法案》；1992年COSO颁布《内部控制——整体框架》（Internal Control Integrated Framework，简称COSO报告）；2002年美国国会发布了《萨班斯—奥克斯利法案》，随后公众公司会计监察委员会（PCAOB）发布了财务呈报内部控制审计准则。上述都是美国内部控制审计发展过程中的法律、重要事件或相关规定，它们推动了美国内部控制审计的产生、发展和成熟，尤其是《萨班斯—奥克斯利法案》的颁布成了美国财务呈报内部控制审计发展的分水岭，因为在法案颁布之前还主要是针对内部控制进行审计，而《萨班斯—奥克斯利法案》的出台，第一次对财务呈报内部控制作了详细而准确的定义，PCAOB发布的财务呈报内部控制审计准则更是将财务呈报内部控制审计提上了议事日程。

作为对《萨班斯—奥克斯利法案》404条款的回应，PCAOB于2004年3月9日发布了第2号审计准则（《与财务报表审计相关的财务呈报内部控制的审计》，简称AS.2），并于6月18日经SEC批准。该准则关注的是财务呈报内部控制的审计工作，以及这项工作与财务报表审计的关系问题。这项综合的审计会产生两份审计意见：一份针对财务呈报内部控制，另一份针对财务报表。对内部控制的审计涉及以下内容：评价管理当局就公司财务呈报内部控制有效性评估的过程；评价财务呈报内部控制设计和执行的有效性；形成对财务呈报内部控制是否有效的审计意见。该准则的出台，将对构成有效公司治理基石的董事会、管理当局、外部审计师与内部审计师产生深远的影响。

2006年12月19日PCAOB根据AS.2的执行情况，制定《审计准则——与财务报表有关的财务呈报内部控制审计》（征求意见稿）和其他相关建议，并公开征求意见。如果审计准则的征求意见稿通过，将最终取代现行的AS.2，使审计准则更易读易用，并适用于各个规模的公司，因为执行《萨班斯—奥克斯利法案》的内控规定会给小型公司带来不成比例的费用以及管理负担。与第2号审计准则相比，审计准则的征求意见稿主要的变动部分是：①在审计中关注最影响内部控制的事件——指导审计人员关注最重要的控制，强调风险的重要性，修订重大缺陷和实质性漏洞的定义，修订评价实质性漏洞的重要指标，区分重要性在审计中的地位，区分中期重要性（interim materiality）在审计中的地位。②减少不必要的审计程序：删除评价管理当局评估内控有效性过程的要求，允许从前期审计工作中获取适当的资料；指导审计人员确定影响小型且结构不复杂公司的因素，重新关注风险的多层面测试要求而不仅限于单层面上，消除应用他人工作成果的阻碍；重新校订（recalibrating）穿行测试的要求。③适当比例缩减小型公司的审计程序。④简化原准则的要求，去除不必要的审计程序。2006年是审计人员根据AS.2对大型上市公司进行审计的第二个财务年度。在这两年时间里，PCAOB密切监督其实施和程序的执行，监督主要包括了搜集公众会计师事务所审计期间的资料；和SEC一起参与发布者、审计人员、投资者等两次圆桌会议；会见SAG（Standing Advisory Group）；收到审计小型公司的反馈信息；查阅相关理论、政府和其他机构的报告和研究。

《萨班斯—奥克斯利法案》及其404条款、SEC的最终规则以及AICPA对财务呈报内部控制进行审计的征求意见稿都体现了社会各界对财务呈报内部控制审计的关注，从而将财务呈报内部控制审计的问题从内部控制审计中抽取出来，将其提升到一个新的高度。

我国自20世纪90年代起开始加大政府对内部控制的推动作用。其中财政部于1996年12月颁发的《独立审计具体准则第9号——内部控制和审计风险》，这是我国最早提出的内部控制概念。它明确要求审计人员应当审查公司的内部控制，以内部控制评价的结果作为审计风险确定的前提。中国证监会于2001年1月发布了《证券公司内部控制指引》，它要求聘请有证券执业资格的会计师事务所对内部控制进行评审，会计师事务所应当向证券公司提供内部控制评审报告。根据《公开发行证券的公司信息披露编报规则》，商业银行、证券公司、保险公司必须对其内部控制的完整有效作出说明，同时需要经过审计人员的审核，出具审核报告。如该规则第18号的第四条规定“商业银行还应委托所聘请的会计师事务所对其内部控制制度及风险管理系统的完整性、合理性和有效性进行评价，提出改进建议，并以内部控制评价报告的形式作出报告”；第22条规定“商业银行还应委托所聘请的会计师事务所对其内部控制制度，尤其是风险管理系统的完整性、合理性与有效性进行评价，提出改进建议，并出具评价报告”。中国注册会计师协会也在2002年2月推出了《内部控制审核指导意见》，用来规范独立审计人员执行内部控制审核业务，对被审计单位与会计报表相关的控制进行审核，其中第 2 条规定“本意见所称内部控制审核，是指注册会计师接受委托，就被审核单位管理当局对特定日期与会计报表相关的内部控制有效性的认定进行审核，并发表审核意见”。

中国内部审计师协会于 2003 年颁布了《内部审计具体准则第 5 号——内部控制审计》，本准则规定了内部审计师应对内部控制的控制环境、风险评估、控制活动、信息与沟通及监督等五要素进行审查和评价，规范内部审计的工作重点是审查被审计单位的内部控制的适当性、合法性和有效性，通过对内部控制的审查和评价，促进整个管理活动不断优化。

2006 年 5 月 12 日，深圳证券交易所发布公开征求《上市公司内部控制指引》意见的通知，包括了内部控制八要素的基本要求、对重要活动的内部控制的要求（如控股子公司、关联交易、对外担保和筹集资金使用、重大投资、信息披露方面的内部控制）、内部控制的检查和披露这几方面，在全国范围内为建立内控制度体系征询意见，拉开了中国上市公司内部控制体系制度建设的序幕。一周之后，中国证券监督管理委员会发布第 32 号令——《首次公开发行股票并上市管理办法》，该办法第 29 条规定“发行人的内部控制在所有重大方面是有效的，并由注册会计师出具了无保留结论的内部控制鉴证报告”。这是中国首次对上市公司内部控制提出具体的要求。2006 年 6 月 5 日，上海证券交易所出台了《上海证券交易所上市公司内部控制指引》，该指引被业界誉为“中国版的萨班斯法案”，这是迄今为止我国首部指导上市公司建立健全内部控制机制的规范性文件。该指引很好地借鉴了美国 COSO 委员会的《企业风险管理——整体框架》，一方面强制要求上市公司应在定期报告和临时公告中披露内部控制制度的实施情况；另一方面是对上市公司建立健全和有效实施内部控制制度、提高上市公司风险管理水平提出了规范性的指导意见。同时，鼓励公司聘请专业机构（如会计师事务所）协助建立内部控制制度，并提出在信息披露中必须有专业机构对企业内部控制提出的审核评价意见。它和萨班斯法案在达到内部控制目标方面是一致的，但比萨班斯法案的控制过程更为复杂，新增了“目标设定”、“风险确认”、“风险管理策略选择”，而这些新增的风险评估、风险管理对我国的企业是最关键的；但该指引要求的内部控制框架比萨班斯法案更高，只是还没有出台具体的操作细则，也不像萨班斯法案已经上升到法律的高度。2006 年 6 月 6 日，国务院国资委发布了“关于印发《中央企业全面风险管理指引》的通知”，该指引借鉴了发达国家有关企业风险管理的法律法规、国外先进的大公司在风险管理方面的通行做法，以及国内有关内部控制机制建设方面的规定，对中央企业建立健全风险管理长效机制，减少资产流失，保护投资者利益，都具有一定的意义。2006 年 7 月中国注册会计师协会成立了“会计师事务所内部治理指导委员会”，也是为了建立一套以防范风险和控制舞弊为中心、以控制标准和评价标准为主体，结构合理、内容完整、方法科学的内部控制标准体系，推动企业完善治理结构和内部约束机制。2010 年，财政部《企业内部控制配套指引》的公布，是我国内部控制审计发展的一个新的里程碑。

二、内部控制审计定义

《内部控制审计指引》第 1 条规定：“本指引所称内部控制审计，是指会计师事务所接受委托，对特定基准日内部控制设计与运行的有效性进行审计。”

关于内部控制审计的含义和性质的探讨，学术界主要有三种观点：①认为内部控制审计是一种审计方法或审计方式，即审计人员“偷懒”的审计方式。这种传统的观点认为内部控制制度审计是指以内部控制为对象，在评审被审计单位内部控制制度的基础上，决定抽查会计资料的内容、范围和程序，据以进行符合性和实质性测试的一种审计方法，它是从传统的会计事项为基础的详细审计转化和发展过来的一种新型审计方式。这种观点的出发点是：从审计方式的历史演变看，传统的做法是以会计事项为基础的审计方式。经过长期的探索，审计人员发现从评价内部控制着手，然后根据评价的结果，有针对性地进行直接审计，也能达到审计的目的，于是产生了内部控制制度审计。以制度为基础的审计方法，是与以会计事项为基础的审计方式相对应。②认为内部控制审计是传统审计向管理型审计发展过程中的一种延伸审计方法。这种观点认为内部控制审计是审计组织在开展财务收支审计、任期经济责任审计、经济效益审计等管理型审计项目过程中的“伴生品”，是以促进企业加强管理、提高效益为目的的一种建设性的审计方式。由于审计在对系统进行审查分析过程中获得了大量系统内部的信息，可以对系统中的薄弱环节或效率低下的部分提出改进的合理化建议，因此，这种观点认为内部控制制度审计工作和审计合理化建议是管理审计的一个副产品，是对客户的一种附加服务。至于这些意见能否被采纳，取决于企业自身的决定。③认为内部控制审计是一个独立的审计种类，具有完整的审计程序。它可以通过对内部控制的检查、评价，找出内部控制系统中的薄弱环节并加以改进，促进企业健全内部控制制度，改善管理，减少损失浪费，提高经济效益。

三、内部控制审计要求

《内部控制审计指引》第3条规定：“建立健全和有效实施内部控制，评价内部控制的有效性是企业董事会的责任。按照本指引的要求，在实施审计工作的基础上对内部控制的有效性发表审计意见，是注册会计师的责任。”

第4条规定：“注册会计师执行内部控制审计工作，应当获取充分、适当的证据，为发表内部控制审计意见提供合理保证。注册会计师应当对财务报告内部控制的有效性发表审计意见，并对内部控制审计过程中注意到的非财务报告内部控制的重大缺陷，在内部控制审计报告中增加‘非财务报告内部控制重大缺陷描述段’予以披露。”

本《指引》界定了公司董事会的责任。《指引》认为，建立健全和有效地实施内部控制，评价内部控制的有效性是企业董事会的责任。企业董事会必须承担公司内部控制有效性的责任，并运用恰当的控制标准来评价公司财务呈报内部控制的有效性，对形成的评估结果有足够的证据支持，同时要签署一份关于公司财务呈报内部控制有效性的书面声明。为取得足够的证据支持董事会的评估结果，董事会可以利用内审人员、管理人员、其他人员或第三方的工作，将其作为评价财务呈报内部控制执行有效性的基础。相应地，董事会可以聘请审计公司财务呈报内部控制之外的会计师事务所或咨询公司来帮助管理当局对财务呈报内部控制有效性进行评价。

本《指引》也界定了注册会计师的责任。按照《指引》的要求，在实施审计工作的基础上对内部控制的有效性发表审计意见，是注册会计师的责任。在内部控制审计过程中，注册会计师的责任主要包括：获取、评价财务呈报内部控制设计和执行有效性的审计证据，为发表审计意见提供合理保证。同时，注册会计师要知道：那些依赖财务呈报内部控制提供信息的信息使用者包括投资者、债权人、董事会、审计委员会及专门机构，如银行和保险公司；财务报表的外部使用者关心财务呈报内部控制信息的主要原因在于其能提高财务报表的质量，增强他们对财务报表的信心。另外，财务呈报内部控制的信息不仅为公司管理当局和员工予以警示，还为公司外部那些坚持改进财务呈报内部控制的人们（如审计委员会和专门机构的监管部门）予以警示。

"非财务报告内部控制重大缺陷描述段"予以披露。通常，在内部控制审计过程中，需要描述该缺陷的性质及其对实现相关控制目标的影响程度。由于存在一些重大缺陷，注册会计师提醒报告使用者注意相关风险。需要指出的是，注册会计师并不对公司的非财务报告内部控制发表意见或提供保证。本段内容不影响对财务报告内部控制有效性发表的审计意见。

四、整合审计

《内部控制审计指引》第 5 条规定："注册会计师可以单独进行内部控制审计，也可将内部控制审计与财务报表审计整合进行（以下简称整合审计）。在整合审计中，注册会计师应当对内部控制设计与运行的有效性进行测试，以同时实现下列目标：（一）获取充分、适当的证据，支持其在内部控制审计中对内部控制有效性发表的意见。（二）获取充分、适当的证据，支持其在财务报表审计中对控制风险的评估结果。"

内部控制审计[①]应当与财务报表审计联系起来，因为审计人员对公司财务呈报内部控制的了解以及对公司财务呈报内部控制有效性发表审计意见所执行的审计程序，与对财务报表发表审计意见而对财务呈报内部控制的了解以及评价控制风险而执行的审计程序，是相关联的。所以，对审计人员来说，虽然两种审计的目标不同，但是把它们联系起来，有助于提高审计效率，节约审计成本。此外，在财务报表和财务呈报内部控制审计过程中获取的信息都存在潜在的重要性，审计人员在没有审计财务报表的前提下，不能审计财务呈报的内部控制。作者根据财务呈报内部控制审计与财务报表审计的特点，主要从审计目标、审计程序和审计证据三个方面将两种审计联系起来。

1. 审计目标

内部控制审计的目标是判断公司是否在所有重大方面保持了财务呈报内部控制有效性。在这种情况下，审计人员需要了解对财务呈报内部控制，并测试内部控制设计和执行的有效性。财务报表审计的目的主要是判断财务报表是否在所有重大方面公允地遵循会计准则。所以，财务报表审计关注的是财务呈报过程的结果（即财务报表本身），而不是财务呈报过程。通常，有关内部控制的财务报表审计工作是建立在对内部控制和评估风险控

① 在美国，最新发展叫财务呈报内部控制审计，在本指引中称为内部控制审计，这两个概念在范围上是不同的。因为我国的《企业内部控制审计指引》还包括了一些非财务报告内部控制审计的内容。

制的基础上。执行内部控制的审计工作是审计人员确定财务报表审计程序的性质、时间和范围，为发表审计意见提供合理保证。

2. 审计程序

在财务报表审计和财务呈报内部控制审计的过程中，测试控制设计和执行有效性的理念相类似。但是，财务呈报内部控制审计中，控制测试的目标是审计人员为了获取财务呈报内部控制有效性的评估证据，为其发表独立审计意见提供合理保证。审计人员是对特定时点的整体财务呈报内部控制有效性发表审计意见。审计人员必须评价财务呈报过程的所有重大控制的有效性，从交易的发生到财务呈报等一系列过程，包括财务报表的最终归集、调整和公布。在财务报表审计中，审计人员执行控制测试程序的目的是为了评价控制风险，审计人员要获取整个期间控制有效执行的证据，而这些控制必须是审计人员信赖的。但是审计人员不需要对所有控制风险进行评价。不论与财务报表审计相关控制或重大错报的评估风险如何，审计人员都应该对所有重要会计账户、披露和相关认定执行实质性测试。对于财务呈报内部控制审计而言，也是一样的。实质性测试是指审计人员对交易活动资料、金额及分析性程序所执行的测试。在执行实质性程序时，审计人员应当测试控制设计和执行的有效性，或实施用来证明信息完整真实的其他程序。但是，对于重要错报风险，仅仅使用实质性分析程序是不充分的。在设计实质性分析程序时，审计人员还要评价管理当局驾驭控制的风险，特别是在正常财务报告期间以外对财务报表进行的调整。因为这些调整可能是财务报表的人为改动，从而可能导致审计人员做出错误的结论。所以，只用实质性分析程序不能有效地发现错报和舞弊。另外，实质性程序必须包括测试对财务报表中的会计记录以及编报过程中进行的重大调整。在财务呈报内部控制的审计期间，如果确定了一项控制缺陷，审计人员应该判断该控制缺陷对将要执行的实质性程序的性质、时间和范围产生的影响，从而将财务报表的重大错报风险降到可接受的水平。在财务呈报内部控制审计中，审计人员应当评价所有财务报表审计中所进行的、关于财务呈报内部控制有效性的实质性程序。评价内容包括但不限于：审计人员对实质性程序的选择和相关的风险评估，尤其是那些与舞弊相关的；发现违法交易和关联方交易的结论；管理当局对会计估计和会计政策选择的陈述；实质性程序发现的错报，错报的程度可能改变审计人员对控制有效性的判断。然而，那些无法被实质性程序发现的错报却不能为与认定相关的控制有效性提供证据。

3. 审计证据

对特定时点财务呈报内部控制有效性发表审计意见，审计人员需要获取相关的证据，这些证据不是一个时点而是一个时期，这个时期可能是一个财务年度，也可能不是。如果审计人员要从整体上对财务呈报内部控制有效性发表独立审计意见，那么审计人员必须获取充分的有效证据，这些证据都是与所有重要会计账户、披露和认定相关的控制。这要求审计人员测试控制设计和执行的有效性，如果仅仅是对财务报表发表审计意见则无须进行测试。审计人员可能使用来自财务呈报内部控制审计的证据调整财务报表审计中执行其他审计程序的性质、时间和范围。但是，由于财务报表审计的内部控制的可靠性程度受到内部控制固有局限的限制，如设计内部控制仅仅是为了防止或发现和纠正错报提供合理保证，所以不管可靠程度如何，审计人员在财务报表审计中仍然需要执行实质性程序。另外，审计人员在财务呈报内部控制审计中考虑已确认的缺陷调整财务报表审计中实质性程序的性质、时间和范围的程度。

第二节　计划审计工作

一、审计人员要求

《内部控制审计指引》第 6 条规定："注册会计师应当恰当地计划内部控制审计工作，配备具有专业胜任能力的项目组，并对助理人员进行适当的督导。"

审计人员在财务呈报内部控制审计过程中，应遵循以下原则：技术培训和精通业务、形式上和实质上的独立性、应有的职业谨慎（包括职业怀疑）等。

1. 技术培训和精通业务

为了执行内部控制的审计，审计人员应当具备相关知识和技能，即审计人员要具备一定的专业胜任能力。

2. 独立性

审计人员在审计过程中要保持在实质上和形式上的独立，不受主观和客观因素的影响。实质上独立性的测试主要看经济活动是否妨碍审计人员的能力，或是影响审计人员评价财务呈报内部控制的客观性。形式上独立性的测试是指存在了解相关事项和情况的合理投资者，他们观察是否有直接或间接重大利益会影响审计人员的客观性，是否影响到业务约定范围内所有事件的判断。此外，管理当局必须积极广泛地参与审计人员的任何内部控制服务，还要承担提供证据、协助审计人员执行控制测试的责任，而不能将这些责任推给审计人员。另外，审计人员不能为同一家上市公司同时提供与内部控制相关业务和财务报表的审计业务。

3. 应有的职业谨慎

在内部控制审计过程中，审计人员必须保持应有的职业谨慎，尤其是职业怀疑。内部控制审计的过程中，职业怀疑所涉及的内容和财务报表审计是一样的，即对管理当局执行的评价和测试程序抱以批判的态度。

二、事前准备

《内部控制审计指引》第 7 条规定："在计划审计工作时，注册会计师应当评价下列事项对内部控制、财务报表以及审计工作的影响：（一）与企业相关的风险。（二）相关法律法规和行业概况。（三）企业组织结构、经营特点和资本结构等相关重要事项。（四）企业内部控制最近发生变化的程度。（五）与企业沟通过的内部控制缺陷。（六）重要性、风险等与确定内部控制重大缺陷相关的因素。（七）对内部控制有效性的初步判断。（八）可获取的、与内部控制有效性相关的证据的类型和范围。”

与财务报表审计一样，在审计财务呈报内部控制之前需编制审计计划。制订计划时，审计人员应当了解以下相关因素：公司财务呈报内部控制的相关信息；影响公司经营情况的事项，如财务报告、经济条件、法律法规和技术变动等事项；与公司经营情况相关的事项，包括组织结构、经营特点、资本结构和分配方法；近期变动的范围，如公司经营情况或财务呈报内部控制；审计人员以前年度与实质性漏洞相关的重要性、风险等因素；以前年度与审计委员会或管理当局沟通的控制缺陷；公司涉及的法律法规；可获得与财务呈报内部控制有效性相关的证据种类和范围；以前年度对财务呈报内部控制有效性的判断。这些相关信息的获取主要是通过询问管理当局及相关人员、观察公司的经营情况、检查有关文件、进行穿行测试以及重新执行控制。如果以前年度审计过该公司，那么审计人员除了通过上述渠道，也可以根据以前的审计情况制订审计计划。当然，评价这些因素不需要像获取审计证据那样具体而详细，审计人员在初步了解了上述影响因素以后，就可以制订审计计划，因为审计过程中计划不可能是一成不变的。对任何一个审计项目而言，不论其业务复杂程度，也不论其规模大小，审计计划都是至关重要的，只是审计计划在不同情况下的繁简程度有所不同。审计人员在整个过程中应当按照计划执行审计业务。但是，审计计划仅是对审计工作的一种预先规划。审计计划在执行过程中，情况会不断发生变化，常常会产生与预期计划不一致的情况。因此，在整个审计过程中，审计人员要根据实际情况对审计计划进行补充、修改。

在制订审计计划前，审计人员要了解财务呈报内部控制审计与财务报表审计的关系，对公司进行风险评估，评价公司的规模和结构复杂程度，考虑是否使用其他人员（如内部审计人员）的测试工作，这些都有助于审计人员制订适当的审计计划，节约审计时间和资源，提高审计效率。

三、确定测试重点

《内部控制审计指引》第 8 条规定：“注册会计师应当以风险评估为基础，选择拟测试的控制，确定测试所需收集的证据。内部控制的特定领域存在重大缺陷的风险越高，给予该领域的审计关注就越多。”

风险评估贯穿整个审计过程。所以，审计人员的风险评估会对内部控制审计产生深远影响。实质性漏洞存在公司财务呈报内部控制的特定区域的风险程度，和审计人员应给予该区域的审计关注度之间存在正比关系。因此，审计人员应将其大部分注意力放在该区域上，以减少实质性漏洞不被发现的概率。某一区域存在的风险越低，审计人员的关注度越少。此外，如果控制不完善，但是评估结果证明该控制并不会造成财务报表实质性错报的，那么就没有必要对此控制进行测试。

四、关注内部控制自我评价

《内部控制审计指引》第 9 条规定：“注册会计师应当对企业内部控制自我评价工作进行评估，判断是否利用企业内部审计人员、内部控制评价人员和其他相关人员的工作以及可利用的程度，相应减少可能本应由注册会计师执行的工作。注册会计师利用企业内部审计人员、内部控制评价人员和其他相关人员的工作，应当对其专业胜任能力和客观性进行充分评价。与某项控制相关的风险越高，可利用程度就越低，注册会计师应当更多地对该项控制亲自进行测试。注册会计师应当对发表的审计意见独立承担责任，其责任不因为利用企业内部审计人员、内部控制评价人员和其他相关人员的工作而减轻。”

在财务呈报内部控制的审计过程中，审计人员必须亲自执行充分的测试，为发表独立审计意见提供合理保证。但是，审计人员可能使用其他人员的测试工作，如内部控制自我评价报告，调整自己原本要执行的审计程序的性质、时间和范围。审计人员对财务呈报内部控制的审计过程中，要对其他人员执行的测试进行了解，有充分的证据确定是否采用相关测试工作，是指由其他人员执行的，为公司财务呈报内部控制设计和执行有效提供证据的测试，或者为公司财务报表的潜在错报提供证据的测试。这种测试工作通常和审计人员亲自执行测试的时间、性质和范围相似。审计人员要判断其他人员执行的相关测试工作结果是否能确定控制缺陷、舞弊或者财务报表的错报。如果可以，那么审计人员就要考虑这些工作结果将如何影响亲自执行的审计程序和审计结论。审计人员还要评价使用他人相关测试工作的范围，以下是审计人员使用他人测试工作从而减少自己执行程序的领域：

（1）了解公司财务呈报内部控制时审计人员执行的程序。

（2）风险评价时审计人员执行的程序。

（3）测试控制有效性时审计人员执行的程序。

（4）测试会计账户和披露时审计人员执行的实质性测试。

在使用他人工作测试时，审计人员要：①亲自执行剩下的财务呈报内部控制有效的审计工作和财务报表的审计工作。②对所使用的他人测试工作负责。也就是说，不论是审计人员亲自执行的测试还是其他人员的测试工作，只要被审计人员用来为发表审计意见提供合理保证的证据时，就应当由审计人员对所有的工作和结论承担责任。

为了使用其他人员的测试工作可以减少审计人员另外执行审计工作的性质、时间和范围的程度，除获取主要的审计证据外，审计人员还要评价：其他人员测试控制的性质，执行工作的人员的能力和客观性和测试其他人员的工作。

1. 评价其他人员测试控制的性质

在评价其他人员测试控制的性质时，审计人员应当考虑以下风险因素：

（1）测试的账户和披露中重大错报的风险。

（2）账户或披露所要求的评估或判断的程度。

（3）评估测试结论的判断程度。

（4）管理当局驾驭控制的潜在能力。

（5）被测试的控制的普遍性。

随着这些因素风险性的增加，审计人员对这些控制进行审计的需要也就增加；反之，则减弱。

2. 评价其他人员的执行能力和客观性

审计人员使用他人工作成果的程度取决于他们的执行能力和客观性。执行能力和客观性越高，审计人员使用得越多；反之，则越少。但是在客观性较低的情况下，审计人员则不能应用他人的工作成果，不论其执行能力有多强。同样，在执行能力较低的情况下也不能应用他人工作成果，不论客观性有多高。

审计人员对其他人员的能力进行测试时，应当考虑到以下因素：

（1）教育水平和职业经验。

（2）职业资格和继续教育。

（3）监督和审阅他们的工作。

（4）工作获得证据的质量。

（5）评价他们的执行情况。

审计人员对其他人员的客观性进行测试时，应当考虑以下因素：

（1）执行测试的个人在组织中的地位，包括：授权报告是否充分，测试报告是否定期呈报董事会或审计委员会，董事会或审计委员会是否监督与测试报告有关的雇员决策。

（2）保持个人在测试工作中的客观性，包括：个人对控制进行测试工作的政策，这些控制通常是重要的或内部控制敏感位置；个人测试对某些控制进行测试的政策，这些控制通常是他们曾经负责的或将要负责的，并且与他们测试工作相冲突的领域。通常，内部审计人员被期望拥有更强的执行能力和更多的客观性来审计财务呈报内部控制。所以，审计人员更可能使用他们的工作成果。如果内审人员遵循国际内部审计职业道德准则执行控制测试，情况更是如此。但是，如果内审人员单独向管理当局报告而不是董事会或审计委员会报告，这就会降低他们的客观性。或者，分配的资源受到限制，从而导致内部审计的测试程序受到限制，这样也会降低内审人员的能力，因此，审计人员会相应地减少使用他们的工作测试，而使用自己执行的测试。

（3）设计用于确保个人执行测试时增加的补充工作没有严重影响客观的政策，以及这些政策是否得到遵循。

3. 测试其他人员的工作

审计人员测试一些其他人员的工作，来评价工作成果的质量和有效性。测试这些工作的性质和范围主要取决于这些工作对审计人员亲自执行审计程序的影响程度。据此，审计人员还可以验证出对其他人员执行能力和客观性的评价结论是否正确。

审计人员在评价其他人员工作质量和有效性时，应当考虑到以下因素：

（1）执行测试的性质、时间和范围。

（2）执行与控制目标和财务报表认定相关的测试。

（3）执行程序是否充分。

（4）测试工作是否有充分的证据，包括监督和审阅取得的证据。

（5）测试结论是否恰当。

（6）报告是否和所执行的测试结果相一致。

如果审计人员验证了其他人员的执行能力和客观性，则可以获取这些人员的直接协助。直接协助意味着这些人员可以协助审计人员执行部分审计工作，如实质性测试。但是，不管审计人员是否决定亲自执行审计程序，都要承担对财务呈报内部控制有效性报告的责任。所以，即使审计人员使用他人的测试工作或是获取直接协助时，还是应当对审计结果负责。

4. 内部控制报告进行独立审计

是否对我国财务呈报内部控制报告进行独立审计要解决两个问题：①财务呈报内部控制报告审计是否必要。②为了执行财务呈报内部控制报告的审计，需要哪些支持工作。

我国目前只有《证券公司内部控制指引》要求注册会计师对证券公司的内部控制有效性进行评估并发表审计意见，《内部控制审计指引》认为，经过审计的财务呈报内部控制报告对于提高公司内部控制水平、内部控制信息披露质量和公司财务信息质量都是有意义的。没有审计的财务报告对于资本市场的价值是微乎其微的，同样地，没有审计的财务呈报内部控制报告价值也不大。资本市场需要注册会计师的审计来合理保证财务呈报内部控制报告的信息质量。《内部控制审计指引》认为，对财务呈报内部控制报告的审计是不可或缺的一环，是对财务呈报内部控制报告信息质量的保证。

第三节　实施审计工作

一、控制测试分类

《内部控制审计指引》第 10 条规定："注册会计师应当按照自上而下的方法实施审计工作。自上而下的方法是注册会计师识别风险、选择拟测试控制的基本思路。注册会计师在实施审计工作时，可以将企业层面控制和业务层面控制的测试结合进行。"

在审计财务呈报内部控制过程中，审计人员应当采用自上而下的方法选择控制进行测试。自上而下的方法开始于报表层面和公司层面的控制，然后是重要会计账户和披露，相关认定以及主要交易类别和重要处理过程。这个方法促使审计人员关注那些对财务报表和相关披露可能产生重大错报的会计账户、披露和相关认定。最后，审计人员选择要测试的控制。

二、企业层面控制

《内部控制审计指引》第 11 条规定："注册会计师测试企业层面控制，应当把握重要性原则，至少应当关注：(一) 与内部环境相关的控制。(二) 针对董事会、经理层凌驾于控制之上的风险而设计的控制。(三) 企业的风险评估过程。(四) 对内部信息传递和财务报告流程的控制。(五) 对控制有效性的内部监督和自我评价。"

公司层控制通常对过程、交易或应用控制有广泛影响。从实务角度来看，审计人员应首先测试和评价公司层控制设计的有效性，因为审计结果可能会影响审计人员评估财务呈报内部控制的其他方面。公司层控制包括以下控制：控制环境的控制，包括高层管理哲学，授权和责任的分配，一贯的政策和程序，公司的内部程序，如应用于所有分支机构和经营单位的指导方式和预防舞弊；管理当局的驾驭控制；公司风险评估过程；集中处理和控制，包括共享服务环境；监督操作结果的控制；监督其他控制的审计委员会和自我评估程序的活动；年末财务呈报的过程和风险管理实务的董事会政策。

1. 控制环境

由于控制环境对财务呈报内部控制非常重要，审计人员必须对其进行评价，评价内容有：公司的管理哲学、管理风格是否有助于财务呈报内部控制的有效执行；管理当局和职员的适当分工和职责是否有助于财务呈报内部控制的有效执行；良好的诚信和道德价值是否得到良好的发展和理解，尤其是高管人员；董事会或审计委员会是否理解并执行对财务呈报内部控制的监督职责；公司是否降低或减少对管理当局的激励和压力，从而可能导致财务报表的错报。

2. 财务年末财务编报的过程

财务年末财务编报的过程对财务呈报内部控制和财务报表非常重要，所以，审计人员必须评价财务年末财务编报过程。财务年末，财务呈报的过程包括以下程序：①把交易总额记录到总分类账；②发生、授权、记录、处理日记账并计入总分类账。③年报或季报中记录重复调整、非重复调整项目的其他程序，如统一调整、报表合并和分类。④起草年报或季报及相关披露的程序。年末财务呈报是一个重要的过程，它不仅对财务报表的编报过程有重要影响，对财务呈报内部控制和财务报表的独立审计意见也有重要意义。为了了解和评价财务年末财务呈报编制过程，审计人员应评价：编制年报和季报的输入、执行和输出的过程；每期财务年度末，财务报告编制要素中涉及的信息技术的范围；参与管理的人员；调整分录的类型；集团监督的性质和范围，包括管理当局、董事会成员、审计委员会。审计人员也可以执行穿行测试来评价财务年末财务编报的过程。

3. 重要性

重要性是指某一特定事项对总体目标的影响程度。对于财务呈报内部控制审计而言，重要性就是指某一内部控制缺陷造成的财务报告错报可能影响财务报告使用者的判断或决策的程度。在计划财务呈报内部控制审计时，审计人员要使用与审计年度财务报表同样的重要性分析。重要性分析需要运用专业判断，审计人员应从定量和定性两方面考虑重要性。定量分析是指内部控制不能预防或发现的单个财务报表错报或数项财务报表错报的集合，是否将对财务报表造成数量上的重大影响。定性分析是指内部控制不能预防或发现的单个财务报表错报或数项财务报表错报的集合以及与财务呈报内部控制的其他有关信息是否将影响一个理性的会计报表使用者依赖该信息所作的判断或决策。审计人员运用重要性来判别一项一般缺陷或数项一般控制缺陷的集合是重大缺陷还是实质性漏洞。通常，评价内部控制缺陷的重要性因素见图 17-1。

4. 舞弊

审计人员应评价所有特定目的的控制，以发现对财务报表产生重大影响可能性的舞弊风险。这些控制可能是控制环境、风险评估、控制活动、信息沟通和监督中的一个或几个的集合。此外，还包括其他发现舞弊的控制：对限制不适当的、产生财务报表错报的企业资产的控制；企业风险的评估过程；道德准则、实施规定，尤其是那些与利益冲突、关联

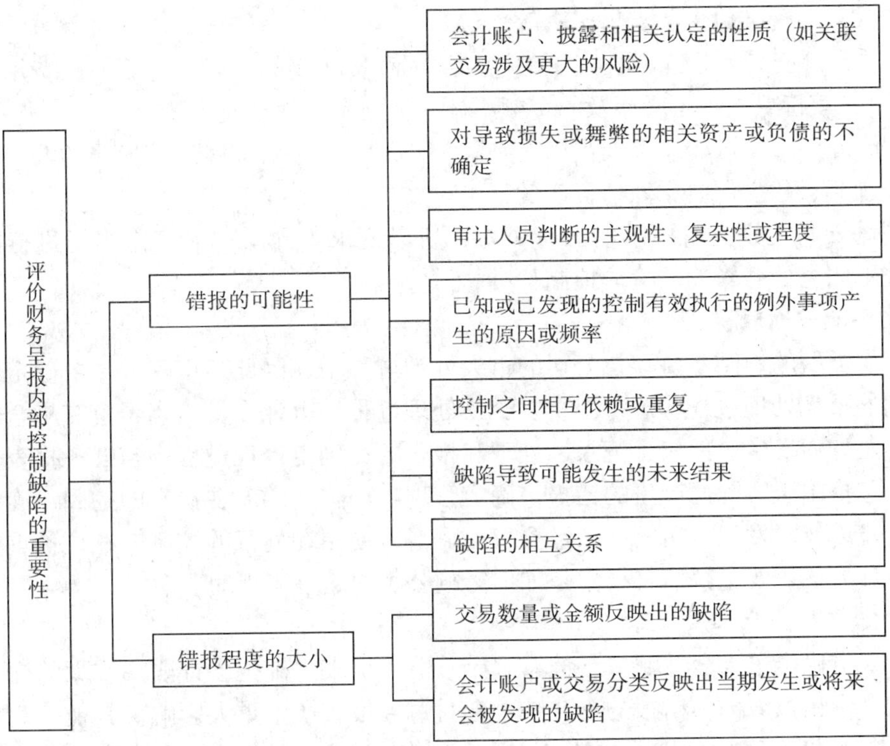

图 17–1　评价财务呈报内部控制缺陷的重要性因素

交易、非法经济活动和由管理当局和审计委员会或董事会领导的监控模式相关的规定；充分的内部审计活动，内部审计工作是否直接向审计委员会汇报，以及审计委员会与内部审计人员沟通的范围；充分的审计程序，包括处理诉讼、处理有关会计审计的内部问题。

财务呈报内部控制审计过程中形成的评估结果与财务报表审计的评估结果往往是相关的。通常在财务呈报内部控制审计过程中，审计人员确定并评价控制能够发现或减少舞弊风险，这是财务报表审计过程中的要求。如果在财务呈报内部控制审计过程中，审计人员确定设计的、用于防止和发现舞弊的内部控制中存在缺陷，那么审计人员应该调整审计程序的性质、时间和范围。

三、业务层面控制

《内部控制审计指引》第 12 条规定："注册会计师测试业务层面控制，应当把握重要性原则，结合企业实际、企业内部控制各项应用指引的要求和企业层面控制的测试情况，重点对企业生产经营活动中的重要业务与事项的控制进行测试。注册会计师应当关注信息系统对内部控制及风险评估的影响。"

1. 主要交易类别

审计人员要确定主要交易类别和重要处理过程，主要交易类别是指那些对财务报表有重要影响的交易类别，主要有：

（1）常规交易是在正常经营过程中重复发生、影响会计记录的财务活动（如销售、购买、现金收入、现金付出、支付工资等）。

（2）非常规交易是指周期性发生的活动（如存货实物的流转、计算折旧费用、调整外币账户等），其特点之一是所涉及的金额不计入常规交易现金流中。

（3）估价交易是指涉及管理当局的判断和假设，缺乏精确度量而形成的账户余额（如判定账户预算、建立保修、评估资产的损失等）。

不同的交易类别会有不同的固有风险，所以要求不同层次的管理当局进行监督和参与。这些不同之处会影响风险的控制种类。

2. 重要处理过程

对交易类别的控制主要存在公司的重大处理过程中，因此，审计人员要确定影响主要交易类别的重大处理过程。对每个重要交易处理过程，审计人员应当了解交易全过程，包括：交易是如何发生、授权、记录、处理和报告的；确定处理过程中与财务报表认定相关的错报，包括由于舞弊而产生的错报；确定管理当局陈述的潜在错报的控制；确定管理当局实施防止或及时发现公司资产未经授权而取得、使用和处置的控制。在评价重要处理过程时，审计人员还要了解信息技术是如何影响公司的交易流程的。

3. 确定重大会计账户

审计人员确定重大会计账户和披露起始于财务报表。确定会计账户重大的标准是其中所包含的个别错报或数项错报的集合是否会对财务报表产生重大影响。其他一些账户从合理使用者的角度来定性分析，可能是重大的，如投资者可能对一个特殊的会计账户感兴趣，即使金额不大，只是因为它是一个重要的度量标准。

在判断重要会计账户时，要评价定性和定量的风险因素，这些因素的评价与财务报表审计相似，通常重大会计账户在两种审计中是一样的。这些风险因素包括：账户的规模和构成；差错或舞弊产生的损失；交易的数量、复杂性、个别交易的同质性；账户的性质；记录、报告账户的复杂性；账户所披露的损失；重大或有负债产生的可能性；账户中的关联交易；会计特征的变更。

审计人员还要用上述风险因素评价会计报表的组成要素有着不同的风险，或者说对潜在的重大会计账户要应用不同的控制。所以在选择要测试的控制时，审计人员要考虑到这些不同的重大风险。

在一些情况下，考虑到公司的组织结构，某个账户的个别部分可能是一个重大会计账户。比如说，公司有许多独立的经营单位，有着各自的管理当局和会计处理过程，每个独立经营单位的账户被单独看成是可能的重大账户。另外，如果存在着未确认的交易，那么会计账户也可能被认为是重要的。如在财务报表审计中，在交易不多的情况下或固有风险较低时，审计人员可能不会考虑固定资产账户的重要性，即使余额很大，通常的做法是实施实质性测试。但是由于这些账户对财务报表来说非常重要，所以在财务呈报内部控制审计过程中，它们就成为重要会计账户。又如，一个财务机构的财务报表审计人员可能不认为信用账户对财务报表是重要的，因为这些账户并没有包含在资产负债表中，而且由此产生的相关费用也不重大。但是，在判定这些账户是否属于重要会计账户时，可根据该部门的交易活动对财务报告的影响是否重大作为判断标准，其中也包括这些部门没有履行信用职责而产生的或有负债（如所作的投资不符合投资政策）。在评价或有负债的重要性时，考虑该部门所控制的资产数量是很有用的。因此，在财务报表审计时没有纳入考虑的信用账户，在财务呈报内部控制审计过程中可能会成为评价的对象。

4. 确定相关认定

对于每一个重要账户，审计人员都应当确认与财务报表相关的认定：存在或发生、完整性、估价或分摊、权利与义务、表述与披露。相关认定是指对账户的公允披露是否产生重要意义的认定。如估价可能与现金账户无关，除非涉及货币交易；但是，存在与完整性总是相关的。同样，估价与应收账款的总额不相关，但与有关的备用金账户是相关的。另外，在相关的情况下，审计人员在财年度末可能会关注财务编报过程中的分类与披露认定。要确定相关的认定，审计人员应判定每个重要账户发生错报的可能性。在判定某一特殊账户的认定是否与重要账户的金额或披露有关时，审计人员应当考虑以下因素：认定的性质、与认定相关的交易或金额、系统的性质和复杂性（包括信息技术的使用）。

5. 穿行测试

审计人员应当对每个重要处理过程进行穿行测试。在穿行测试中，审计人员通过信息系统从头追踪一笔交易直到最终反映在公司的财务记录里。穿行测试能够为审计人员提供如下证据：①确定交易过程中与认定相关的错报的重大风险点。②确定审计人员对控制设计的了解，包括与防止和发现舞弊有关的控制。③评价控制设计的有效性。④确定控制执行的有效性。如果一个重大处理过程影响多个主要交易类别，那么审计人员在执行穿行测试时，要判定重大处理过程是如何体现各主要交易类别不同的风险。在执行穿行测试之前，审计人员要评价所获证据的质量。审计人员不需要重复查阅证据，询问公司的某个员工，而应根据实际交易流程，实施公司员工执行的、询问员工涉及的过程和控制，以获取重要方面的证据和信息技术。在穿行测试过程中，审计人员应询问公司员工以了解公司规定的程序和控制，判定处理过程是否按原程序及时进行（控制有时不会按原定程序进行，但还是及时的）。审计人员获取穿行测试的信息时，询问的例子如：当审计人员发现错误时应该做什么，或者存在错误时他们应如何判定（而不仅仅询问员工是否按规定的程序和控制执行）；他们发现了什么错误；错误导致什么发生，错误是如何解决的。如果被询问的员工从来没有发现错误，审计人员应当评价防止性控制是否有效，或个人执行控制时是否缺乏必要的技能。又如，是否存在驾驭控制的情形，如果有，则描述一下情形发生的原因以及如何发生的。要证实穿行测试的信息，审计人员可以询问员工关于他们执行前和执行后对过程和控制的理解，并说明是如何执行的。另外，询问还应当包括有助于审计人员判断控制的缺乏或舞弊的提示。在审计期间，当交易处理过程发生重大变化，审计人员应当评价变化的性质以及对相关会计账户的影响，以判断是否要对变化前和变化后的处理过程进行穿行测试。

《内部控制审计指引》第 13 条规定："注册会计师在测试企业层面控制和业务层面控制时，应当评价内部控制是否足以应对舞弊风险。"

审计人员应该测试那些对审计结论有重要影响的控制，评价这些控制是否会防止或发现与认定相关的错报风险。能防止或发现与认定相关的错报风险的控制可能不止一个；相反，一个控制可能会防止或发现不止一个的认定错报风险。在选择这些控制进行测试时，审计人员应当意识到公司层面的控制各不相同。一些公司层面的控制被设计执行于处理过程、交易或者应用层面，可能会防止或及时发现错报。另外，一些公司层控制被设计执行于判定较低层面的控制，对于防止或及时发现与一个相关认定产生错报的风险也是很有帮助的。审计人员要关注被选择测试的控制是单独的还是合并的，审计人员还应当把已选择进行测试的控制和与它们相关的认定联系起来。

四、内部控制设计与运行测试

《内部控制审计指引》第 14 条规定："注册会计师应当测试内部控制设计与运行的有效性。如果某项控制由拥有必要授权和专业胜任能力的人员按照规定的程序与要求执行，能够实现控制目标，表明该项控制的设计是有效的。如果某项控制正在按照设计运行，执行人员拥有必要授权和专业胜任能力，能够实现控制目标，表明该项控制的运行是有效的。"

在这个过程中，审计人员要对控制设计和执行有效性进行测试，根据评估的风险确定要获取的审计证据数量和质量，从而找出是否存在重大缺陷或实质性漏洞，为发表独立审计意见提供合理保证。

1. 测试和评价设计的有效性

能够防止或及时发现可能导致财务报表重大错报的差错或舞弊的财务呈报内部控制才是有效的控制。审计人员通过以下标准来判定设计能否达到目标：

（1）确定公司每个领域的控制目标。

（2）判定控制是否满足每个目标。

（3）如果执行合理，判定控制是否能有效防止或及时发现导致财务报表重大错报的差错或舞弊。

审计人员执行测试和评价设计有效性的程序包括询问管理当局或相关人员、观察公司的经营情况、执行穿行测试、查阅相关文件以及评价特定的、由有资格的人按规定要求执行可能防止或及时发现差错或舞弊的控制。审计人员执行的、用以评价管理当局评估过程并了解财务呈报内部控制的程序以及测试设计有效性的程序都为他们测试执行有效性提供了证据。

2. 测试和评价执行的有效性

审计人员评价控制执行有效性主要是评价控制是否按设计执行，执行控制的人员是否经过必要的授权、是否具备必要的能力来执行有效控制的程序。执行的程序主要包括询问相关人员、观察公司的经营情况、检查相关的文件、执行穿行测试以及重新执行控制。

五、实施审计程序

《内部控制审计指引》第 15 条规定："注册会计师应当根据与内部控制相关的风险，确定拟实施审计程序的性质、时间安排和范围，获取充分、适当的证据。与内部控制相关的风险越高，注册会计师需要获取的证据应越多。"

第 17 条规定："注册会计师在确定测试的时间安排时，应当在下列两个因素之间作出平衡，以获取充分、适当的证据：（一）尽量在接近企业内部控制自我评价基准日实施测试。（二）实施的测试需要涵盖足够长的期间。”

对于每个测试的控制，审计人员都要评价控制可能无效的风险，或者产生实质性漏洞的风险。审计人员获取必要证据的数量与评估的风险大小成正比，评估的风险越小，所要获取的证据就越少；反之，则越多。影响与控制相关的风险因素有：控制所要防止或发现错报的性质；与账户和认定相关的固有风险；严重影响控制设计和执行有效性的交易的数量和性质是否发生变化；账户是否有错误的历史；公司层控制的有效性，尤其是那些监督其他控制的控制；控制依赖其他控制的程度；执行控制或监督控制的人员的能力，执行控制或监督控制的关键人员是否发生了变化；控制的执行是人为还是自动的；控制的复杂性。审计人员在判断公司控制执行的偏离程度时，需要根据测试结果和获取的证据评价偏离产生的影响。审计人员测试控制而获得的证据取决于审计程序的性质、时间和范围。进一步说，对于单个控制，测试的性质、时间和范围的不同组合可能会提供足够的审计证据。

1. 控制测试的性质

执行有效性的控制测试包括询问相关人员、检查相关文件、观察公司活动、穿行测试以及重新执行控制。审计人员应根据控制的性质选择测试的性质。

2. 控制测试的时间

较长时间的测试比较短时间的测试提供了更多的证据。越靠近管理当局评估的测试越能获得更多的证据。审计人员对控制执行有效性的测试一般在执行时进行。对于重要的但非常规性交易、带有高度主观判断的会计账户或程序以及调整记录的控制，审计人员应该在接近或就在那个时点实施控制测试，而非针对一段时期。但是，审计人员应该权衡考虑时点控制测试的执行和获得充分证据的需要。在董事会报告发布日之前，董事会就公司的控制制度作出一些调整使其更加有效地防止错报。如果审计人员确定新的控制已经达到控制标准的目标，并且审计人员已经对制度的设计和执行有效性执行了一段时间的评试，那么他们就不需要因财务呈报内部控制的审计意见，再次对该已调整的设计和有效执行进行评价了。审计人员必须以书面报告的形式，将所有已确认的重大缺陷和实质性与审计委员会进行沟通。另外，审计人员应当评价已调整控制的设计和执行与审计人员所信赖的、为达到财务报表审计目的控制制度之间有怎样的联系。

3. 控制测试的范围

每年审计人员都要收集充分的证据来证明财务呈报内部控制是否有效执行，包括对所有内部环节的控制以及与这些控制有关的所有重大会计账户、披露等有关认定。审计人员每年都会改变控制测试的类型、时间和范围，使测试具有预测性，以便应对不断变化的环境。如审计人员每年在不同时期对控制进行测试时会增加或减少测试的数量和种类，或者改变所使用的审计程序。

在决定执行审计程序的范围时，审计人员设计的程序应在一定程度上印证被测试的控制正在有效执行。在作出决定前，审计人员应考虑以下因素：

（1）控制的性质。审计人员应把更多的测试应用于自动控制，而非人工控制。假设信息技术的一般控制被有效执行，那么测试一项自动控制的执行有足以获取执行有效性的高度保证。对于人工控制，要评价更多的控制以及控制执行的结果，才能获取执行有效性的充分证据。审计人员还要评估控制的复杂性、判断的重要性和执行控制者的能力。复杂性和判断水平的提高，控制执行能力的降低，都要扩大审计测试的范围。

（2）执行的频率。一般来说，人工控制越频繁，审计人员所采取的测试就越多。如审计人员应准备足够的时间来测试人工控制的执行，以获取执行的较高保证。对于执行频率较少的控制，如月末会计调整和期末财务的编报控制，审计人员可进行较少的测试。但是，对于这些控制的评价也更广泛。

（3）控制的重要性。相关性更强的控制应进行更广泛的测试。如一个控制涉及多个认定，那么，某些期末的发现控制可能比相关的防止控制更重要。审计应测试更多的操作控制，或者，如果这些控制不常运行，审计人员应更广泛地评价控制的每一次运行。

《内部控制审计指引》第16条规定："注册会计师在测试控制设计与运行的有效性时，应当综合运用询问适当人员、观察经营活动、检查相关文件、穿行测试和重新执行等方法。询问本身并不足以提供充分、适当的证据。"

本指引的解读参见《内部控制评价指引》相应部分。

六、控制偏离

《内部控制审计指引》第18条规定："注册会计师对于内部控制运行偏离设计的情况（即控制偏差），应当确定该偏差对相关风险评估、需要获取的证据以及控制运行有效性结论的影响。"

本指引明确指出注册会计师在遇到控制偏差时应遵循审计程序。

评价运行有效性测试中发现的偏差，就是要评价和确定在实施运行有效性测试中记录下来的偏差是否代表一个控制缺陷。控制测试一般与有关财务报表有关的重大过程和主要交易类别相关，这些财务报表认定与重大账户和披露是相关的。因此，潜在的假设就是：必须对测试过程中发现的所有偏差或缺陷进行评价，因为作为一个整体来看，它们就会关系到那些对财务报表重要的账户和披露。测试的目的是取得一个高水平的保证——控制运行有效。因此，用于测试控制的样本量应当提供这种水平。在应用统计方法选样的情况下，频繁地运行人工控制会导致低于90%的信赖水平和不超过10%的上限偏差率，这时的样本量明显不能提供一个高水平的保证。评价控制缺陷的等级（即缺陷、重大缺陷或重要弱点）要依据已知和潜在的错报对年度和中期财务报表的影响。

所有的控制偏差都应当进行定量和定性评价。在断定测试目标是否实现时，应当考虑：相对于控制实施频率的偏差率（如没有扩展测试，存在一个假设：不是每天都运行的控制的一个例外是一个控制缺陷），是否知道这项例外将会导致财务报表错报（如存在一个假设：导致财务报表错报超过了控制被设计运行的准确水平的例外是一个控制缺陷）。控制目标可以通过单独一项控制或几项控制的联合来实现。控制测试应用设计用来测试那些单独就能实现控制目标的单项控制以及结合在一起实现控制目标的多项控制。如果没有达到测试目标，应当考虑附加测试能否支持这样一个结论：偏差率不代表整个总体的特征。如果观察到的例外导致了一个不可忽视的偏差率，那么，测试目标一开始就没有实现。在一个用来考虑发现一个或多个偏差的测试中，如果发现的实际偏差数超过计划中允许的偏差数，那么测试目标就没有实现。如果测试目标一开始就没有实现，那么，有两个选择：

(1) 如果观察到的偏差以及相应的不可忽略的偏差率被认为没有代表总体的特征（如因为抽样误差)，那么，可以扩展测试和重新评价。

(2) 如果观察到的例外以及相应的不可忽略的偏差率被认为代表了总体的特征，那么，这个偏差就被认为是控制缺陷，并且要评价它的重要性。

七、考虑以前年度执行的内部控制审计

《内部控制审计指引》第 19 条规定："在连续审计中，注册会计师在确定测试的性质、时间安排和范围时，应当考虑以前年度执行内部控制审计时了解的情况。"

对于连续年度的审计，审计人员可以结合以前年度审计获取的信息，确定必要的测试范围、时间和性质，来执行财务呈报内部控制审计。审计人员对以后年度审计中与控制相关的风险评估包括了以下一些风险要素：控制所要防止或发现错报的性质和实质；与账户和认定相关的固有风险；严重影响控制设计和执行有效性的交易的数量和性质是否发生变化；账户是否有错误的历史；公司层控制的有效性，尤其是监督其他控制的控制；控制依赖其他控制的程度；执行控制或监督控制的人员的能力，执行控制或监督控制的关键人员是否发生变化；控制的执行是人为还是自动的；控制的复杂性；以前年度执行的审计程序的性质、时间和范围；以前年度控制测试的结果；自以前年度审计起，控制是否变动过，或者控制所执行的重要过程是否变动过。在考虑了上述风险因素后，与控制相关的风险越低，则在后续年度中审计人员需要的证据就越少。另外，审计人员每年都会改变控制测试的性质、时间和范围。因此，审计人员每年可能会在不同的期间测试控制，增加或减少已执行测试的数量和种类，或者对已经合并过的程序重新组合。

第四节 评价控制缺陷

一、控制缺陷分类

《内部控制审计指引》第 20、22 条规定："内部控制缺陷按其成因分为设计缺陷和运行缺陷，按其影响程度分为重大缺陷、重要缺陷和一般缺陷。注册会计师应当评价其识别的各项内部控制缺陷的严重程度，以确定这些缺陷单独或组合起来，是否构成重大缺陷。"

"表明内部控制可能存在重大缺陷的迹象，主要包括：(一) 注册会计师发现董事、监事和高级管理人员舞弊。(二) 企业更正已经公布的财务报表。(三) 注册会计师发现当期财务报表存在重大错报，而内部控制在运行过程中未能发现该错报。(四) 企业审计委员

会和内部审计机构对内部控制的监督无效。"

一般缺陷。内部控制的一般缺陷是指在日常执行控制设计的程序过程中，控制的设计或执行无法让管理当局或员工防止或及时发现错报，其中，设计的缺陷是指控制无法达到控制目标，或即使控制按设计的执行，但设计得不完善，也无法达到预期目的；执行的缺陷是指设计合理的控制却无法按计划执行，或执行者在执行过程中未经授权，或不具备有效执行控制的能力。

重大缺陷。财务呈报内部控制的重大缺陷是一项一般缺陷或数项一般缺陷的集合，可能无法防止或及时发现季报、年报中错报的重大错报。

重要缺陷。重要缺陷是指一项一般缺陷或数项一般缺陷的集合，很可能无法防止或及时发现季报、年报中的实质性错报。

重大缺陷和重要缺陷都是由一项一般缺陷或数项一般缺陷的集合组成的，但是二者严重程度不同。判断控制缺陷是重大缺陷还是实质性漏洞，审计人员应当评价补偿控制的作用，以及这些补偿控制是否有效。

在计划和执行审计的过程中，审计人员不需要特地寻找那些单独或合并起来还不如一个实质性漏洞严重的缺陷。但是，审计人员必须评价他所关注的每个控制缺陷的严重性。审计人员在评价财务呈报内部控制的严重性时应当考虑以下方面：①单独或合并的缺陷导致会计账户或披露的错报的可能性；②导致缺陷的错报程度的大小。财务呈报内部控制缺陷的重大性取决于错报的可能性，而非是否实际上已经发生了错报。

以下是导致重大会计账户或披露错报的控制缺陷的可能性因素，但不仅限于这些：

（1）财务报表账户、披露和相关认定的性质（如值得怀疑的账户和关联交易涉及较大的风险）。

（2）损失或舞弊的相关资产或负债的不确定，即较大的不确定会增加风险。

（3）判断的主观性、复杂性或范围要求确定涉及的数量，即与会计估计相关的主观性、复杂性或判断会增加风险。

（4）控制执行的有效性中，已知或已被发现的例外事项发生的原因或频率，如缺乏发现不可忽略的偏离率的控制。

（5）与其他控制相关的控制的联系或关系。

（6）缺陷的相互关系，如在评价两个或更多缺陷的集合时，看缺陷是否影响同一财务报表的账户和认定。

（7）缺陷导致可能发生的结果。

在评价缺陷是否导致错报的可能性时，审计人员应当评价控制是如何跟其他控制相联系的。其他控制主要取决于这些控制，如信息技术的一般控制。一些控制组成了控制组，这样在缺少一些控制的前提下，控制组的其他控制也能达到同样的目标。

以下是影响来自控制缺陷的错报大小的因素，但不仅限于这些：

①财务报表上业务交易的数量或金额表现出的缺陷。

②交易的会计账户和类别，表现出本期已经发现的或在将来会被发现的缺陷的数量。

在评价财务呈报内部控制缺陷的重要性时，审计人员还应当确定详细程度和保证程度，以满足谨慎的管理者管理事务，合理保证交易的记录，以公认会计原则为基础编制财务报表。如果审计人员认为存在的一般缺陷不能为谨慎的管理者管理事务提供合理保证，那么该缺陷至少应确认为重大缺陷。以下领域内的缺陷通常可至少被认为是重大缺陷：根据公认会计原则选择和应用会计政策的控制；反舞弊程序和控制；非常规和非系统性交易的控制；年末财务报表编制流程的控制。在确定为重大缺陷以后，审计人员还必须进一步判断该缺陷是否为实质性漏洞。评价财务呈报内部控制实质性漏洞的重要指标有：

（1）无效的控制环境。这说明公司的控制环境是无效的，包括以下情况但不限于此：①高级管理当局负责对任何大小舞弊的确认（包括舞弊造成的非重要的错报）。②管理当局和审计委员会在合理期限内未纠正已发现的重大缺陷。

（2）对以前发布的财务报表错报的更正声明，错报的更正主要是指对错报舞弊的错误陈述。

（3）审计人员当期财务报表发现的实质性漏洞是否暗示着错报没有被财务呈报内部控制所发现。

（4）审计委员会对公司对外财务报告和财务呈报内部控制的无效监督。

（5）内部审计机构或风险评估部门无效，尤其是大型且结构复杂的公司，它们需要这些机构对公司进行监督或风险评估。内部审计或风险评估机构的评估与审计委员会在监督和风险评估部分所作的评估相似，不要求审计人员对这些部门的有效性和执行作单独的评估。但是，如果审计人员将这些部门的工作成果作为他们评价内部控制有效性的一部分时，审计人员对这部分的有效性和执行作单独的评估。

（6）对于较复杂的监管行业，无效的监管服从于机构，而与之相关的法律法规的变动对财务呈报的依赖性有重大影响。

内部控制可能是防止性或发现性控制，其中，防止性控制是在第一时间防止导致财务报表错报的差错或舞弊；发现性控制是发现导致财务报表错报的已发生的差错或舞弊。即使内部控制按照设计目的执行，也可能存在无法阻止错报发生的情况。所以，有效的财务呈报内部控制通常包括数项防止性控制和发现性控制的集合以达到特定的控制目标。作为财务呈报内部控制审计或财务报表审计的审计程序，并不能作为公司财务呈报内部控制的部分。

有效的财务呈报内部控制包含数项防止性控制和发现性控制，但是还是有可能无法发现所有的错报或舞弊，所以准则强调的是"合理保证"而非"绝对保证"。

二、补偿性控制

《内部控制审计指引》第21条规定："在确定一项内部控制缺陷或多项内部控制缺陷的组合是否构成重大缺陷时，注册会计师应当评价补偿性控制（替代性控制）的影响。企业执行的补偿性控制应当具有同样的效果。"

综合考虑重要账户余额、披露内部控制构成要素的缺陷，确定它们是否能共同导致重大缺陷或重要弱点。重要账户余额和披露的控制活动缺陷的总计是必要的，因为存在多项与特定账户余额或披露相关的控制缺陷提高了错报的可能性。内部控制的控制环境、风险评估、信息与沟通和监督要素的总计更困难和更取决于判断。如内部控制其他构成要素中有关设计无效的、没有关联的控制缺陷会导致得出这样一个结论：在风险评估要素中存在一个重大缺陷或重要弱点。同样，内部控制其他构成要素中没有关联的控制缺陷会导致这样一个结论：在控制环境或监督中存在一个重大缺陷或重要弱点。

补偿性控制是防护性措施，是一种替代性的控制程序，目的是为了测试并非重要的内部控制缺陷的组合能否构成重大缺陷。在实际运用时需要利用注册会计师的职业判断。

第五节　完成审计工作

一、管理声明书

《内部控制审计指引》第23条规定："注册会计师完成审计工作后，应当取得经企业签署的书面声明。书面声明应当包括下列内容：(一) 企业董事会认可其对建立健全和有效实施内部控制负责。(二) 企业已对内部控制的有效性作出自我评价，并说明评价时采用的标准以及得出的结论。(三) 企业没有利用注册会计师执行的审计程序及其结果作为自我评价的基础。(四) 企业已向注册会计师披露识别出的所有内部控制缺陷，并单独披露其中的重大缺陷和重要缺陷。(五) 企业对于注册会计师在以前年度审计中识别的重大缺陷和重要缺陷，是否已经采取措施予以解决。(六) 企业在内部控制自我评价基准日后，内部控制是否发生重大变化，或者存在对内部控制具有重要影响的其他因素。"

在审计过程中，审计人员应当从管理当局获取书面声明，其内容包括：

(1) 建立和维护财务呈报内部控制是管理当局责任的表述。

(2) 对管理当局财务呈报内部控制有效性的评估以及评估所依据的控制标准的陈述。

(3) 在审计财务呈报内部控制或财务报表期间，管理当局没有使用审计人员执行过的程序作为管理当局财务呈报内部控制有效性的评估的表述。

(4) 基于一定的控制标准的，管理当局对特定日期财务呈报内部控制有效性评价的表述。

(5) 管理当局向审计人员披露的、评估中确认的财务呈报内部控制设计或执行有效性的所有缺陷的表述。

(6) 对任何重要舞弊或其他任何舞弊的描述，即使不重要，但这些舞弊涉及管理当局或在财务呈报内部控制中起重要作用的其他雇员。

(7) 对已确认的并与审计委员会讨论的已解决的控制缺陷的陈述，以及对未确认或正在讨论的缺陷的确认。

(8) 对到期日以后的财务呈报内部控制，或有可能严重影响财务呈报内部控制的其他因素的任何变动的表述，包括管理当局就重大缺陷和实质性漏洞采取的纠正措施。

《内部控制审计指引》第24条规定："企业如果拒绝提供或以其他不当理由回避书面

声明，注册会计师应当将其视为审计范围受到限制，解除业务约定或出具无法表示意见的内部控制审计报告。”

不能获得管理当局的书面声明，或者管理当局拒绝出具书面声明，将使审计范围受到限制而无法出具无保留意见的审计报告。当管理当局限制审计范围时，审计人员应当拒绝该项业务或出具无法表示意见。进一步来说，审计人员应当评价管理当局拒绝出具声明是否对信赖其他书面证据产生影响，其中也包括在进行财务报表审计中所获得的书面证据。

二、书面沟通

《内部控制审计指引》第 25 条规定：“注册会计师应当与企业沟通审计过程中识别的所有控制缺陷。对于其中的重大缺陷和重要缺陷，应当以书面形式与董事会和经理层沟通。注册会计师认为审计委员会和内部审计机构对内部控制的监督无效的，应当就此以书面形式直接与董事会和经理层沟通。书面沟通应当在注册会计师出具内部控制审计报告之前进行。”

审计人员必须以书面形式就审计期间已确认的所有重大缺陷和实质性漏洞与管理当局和审计委员会进行沟通。书面沟通必须在审计人员出具财务呈报内部控制审计意见之前进行。审计委员会应能清楚地区分重大缺陷涉及的事项和实质性漏洞所涉及的事项。如果审计人员得出审计委员会对公司对外财务报表和财务呈报内部控制的监督是无效的结论，那么审计人员就必须写成书面结论与董事会进行沟通。审计人员就审计过程中确认的所有财务呈报内部控制缺陷与管理当局进行书面沟通，并告知审计委员会。在沟通的过程中，审计人员不需要将已沟通过的缺陷重复沟通。而且，审计人员不需要对已经能充分认定的控制缺陷执行审计测试；相反，审计人员应该就其所知道的财务呈报内部控制缺陷进行沟通。

这些书面沟通需要陈述本沟通是单独为董事会、审计委员会、管理当局和公司内部人员提供信息。如果是政府授权要求审计，那么审计人员也要专门向这些管制机构呈报信息，信息中还包括一般控制、重大控制和实质性漏洞的定义，并能清楚地区分进行沟通的缺陷是属于哪类缺陷。

三、审计证据

《内部控制审计指引》第 26 条规定：“注册会计师应当对获取的证据进行评价，形成对内部控制有效性的意见。”

审计工作汇总主要是审计人员在确定公司的内部控制缺陷之后、出具审计报告之前所做的工作，包括了审计人员根据之前对公司财务呈报内部控制的审计，获取了充分可靠的审计证据，从而形成审计意见；获取管理当局书面声明；就审计过程中发现的所有重大缺陷和实质性漏洞与董事会、审计委员会或管理当局进行书面沟通。

审计人员在对财务呈报内部控制有效性形成审计意见前，应当评估所获取的证据，包括：审计人员的控制测试；在财务报表审计期间发现的错报；其他已确认的一般缺陷。审计人员只有在审计工作范围没有受到限制的前提下才能发表财务呈报内部控制的审计意见。

第六节　出具审计报告

一、内部控制审计报告要素

《内部控制审计指引》第27条规定："注册会计师在完成内部控制审计工作后，应当出具内部控制审计报告。标准内部控制审计报告应当包括下列要素：

（一）标题。（二）收件人。（三）引言段。（四）企业对内部控制的责任段。（五）注册会计师的责任段。（六）内部控制固有局限性的说明段。（七）财务报告内部控制审计意见段。（八）非财务报告内部控制重大缺陷描述段。（九）注册会计师的签名和盖章。（十）会计师事务所的名称、地址及盖章。（十一）报告日期。"

1. 内部控制审计报告形式

审计人员在完成必要的审计程序、审计管理当局的评估报告和公司财务呈报内部控制有效性后，根据审计情况发表独立审计意见，出具独立审计报告。

从我国《中国注册会计师执业规范准则》、《内部控制审核指导意见》、《内部审计具体准则第5号——内部控制审计》等相关规定中可以看出，目前注册会计师出具的内部控制鉴证报告采用独立的书面短式报告的格式。

美国公众公司会计监督委员会发布的相关规定表明内部控制鉴证报告可以与财务报表审计报告一同报送或单独报送，也采用短式报告格式。鉴于内部控制鉴证报告的预期使用者对报告信息的需求程度，采用独立的、书面的、详式的报告格式更能体现内部控制鉴证报告的目标。

独立报告。不论是单独委托的内部控制鉴证业务还是与年度财务报表审计一体化的内部控制鉴证业务都适于采用独立报告格式，单独对公司内部控制作出评价。独立的报告格式能够体现内部控制鉴证业务的独立性，而不是单纯将其视为用来确定审计重点的审计附属品。

书面报告。它是目前唯一的法定报告模式。利用多媒体的影像效果等其他新型表现形式虽然可能在某种程度上增强其表现力，但此类方式过于复杂并且不易保存，所以书面报告仍然是目前最佳的报告格式。

目前采用的简式报告格式，虽然可以简明地传达鉴证意见给预期报告使用者，但对于报告使用者关心的公司内部控制制度的评价、内部控制的改进建议等内容却没有表达出来。同时，简式内部控制鉴证报告由于缺乏详细的表述，可能会给执行鉴证业务的注册会计师带来不必要的法律责任风险。总之，为缩小报告的编制者与使用者的期望差，使报告便于理解，内部控制鉴证报告应该采用详式报告格式。为便于报告使用者的理解，详式内部控制鉴证报告需要规范化。根据调查分析结果表明：内部控制鉴证报告需要使用标准化用语。

美国的内部控制审计报告格式为：

（1）包含“独立”字样的标题。

（2）对管理当局基于某一标准的（如COSO委员会颁布的内部控制整体框架）、特定时期的关于财务呈报内部控制的评价结论的确认。

（3）包含管理当局评价报告的标题的确认（审计人员应当使用管理当局关于财务呈报内部控制报告中同样的描述）。

（4）自我评价是管理当局责任的表述。

（5）审计人员的责任是对管理当局的评价报告和基于自己审计得出的财务呈报内部控制有效性的结论发表独立审计意见。

（6）财务呈报内部控制的定义。

（7）审计人员的审计是遵循美国公众公司会计监督委员会颁布的准则执行的表述。

（8）美国公众公司会计监督委员会颁布的准则要求审计人员计划并执行审计以获得关于财务呈报内部控制是否在所有重大方面保持有效性的合理保证。

（9）审计包括了解财务呈报内部控制，评价管理当局的评价报告，测试和评价内部控制设计和执行有效性，执行审计人员认为必要的其他程序。

（10）审计人员认为审计为自己发表的意见提供了合理保证的表述。

（11）固有局限的表述——由于固有局限的存在，财务呈报内部控制可能无法防止或发现错报。同时，由于环境条件的变化，在未来会计年度中控制可能变得不充分，或政策和程序的遵循性减弱，从而导致风险的产生。

（12）基于特定的控制标准，在特定日期，公司是否在所有重大方面保持了财务呈报内部控制有效性的独立审计意见。

（13）审计事务所的签名或盖章。

（14）发表审计意见的城市。

（15）发表审计意见的日期。

从美国内部控制审计报告格式来看，是属于短式报告。

2006年，《中国注册会计师执业规范准则》中关于中国注册会计师鉴证业务基本准则中提到：在直接报告业务中，注册会计师直接对鉴证对象进行评价或计量，或者从责任方获取对鉴证对象评价或计量的认定，而该认定无法为预期使用者所获取，预期使用者只能通过阅读鉴证报告获取鉴证对象信息。如在内部控制鉴证业务中，注册会计师可能无法从管理层（责任方）获取其对内部控制有效性的评价报告（责任方认定），或虽然注册会计师能够获取该报告，但预期使用者无法获取该报告，注册会计师直接对内部控制的有效性（鉴证对象）进行评价并出具鉴证报告，预期使用者只能通过阅读该鉴证报告获得内部控制有效性的信息（鉴证对象信息）。这种业务属于直接报告业务。中国注册会计师其他鉴证业务准则第3101号——历史财务信息审计或审阅以外的鉴证业务中提到：注册会计师应当根据具体业务环境选择短式报告或长式报告，将信息有效地传达给预期使用者。

《内部控制审核指导意见》（2002）中未明确规定出具的内部控制鉴证报告格式应选择

短式报告还是长式报告。从报告的内容来看，应属于短式报告。《内部审计具体准则第 5 号——内部控制审计》中未明确规定出具的内部控制鉴证报告为短式报告还是长式报告，但从需披露的报告内容来看，应属于长式报告。《企业内部控制鉴证指引》（征求意见稿）中也未明确规定出具的内部控制鉴证报告格式应选择短式报告还是长式报告。从报告的内容来看，应属于短式报告。四大会计师事务所对 A 股上市公司及申请发行 A 股上市的公司按照《内部控制审核指导意见》的要求执行内部控制鉴证程序。他们基于质量控制和风险管理的要求制定并执行内部控制鉴证手册，从出具的鉴证报告格式来看，应属于短式报告。虽然《中国注册会计师执业规范准则》（2006）提出了为使报告信息有效地传递给预期使用者，注册会计师可以选择长式报告，但是目前没有相关法规对此加以强制性规定。从独立专业人士出具的内部控制鉴证报告来看，均属于短式报告，即使是审计经验丰富的四大会计师事务所也不例外。《内部控制审计指引》第 27 条的规定，采用了短式报告形式。

2. 内部控制审计报告内容

《中国注册会计师执业规范准则》（2006），中国注册会计师其他鉴证业务准则第 3101 号——历史财务信息审计或审阅以外的鉴证业务中规定，短式鉴证报告应当包含下列基本内容：①标题。②收件人。③对鉴证对象信息（适当时也包括鉴证对象）的界定与描述。④使用的标准。⑤适当时，对按照标准评价或计量鉴证对象存在的所有重大固有限制的说明。⑥必要时，对报告使用者和使用目的的限定。⑦责任方的界定，以及对责任方和注册会计师各自责任的说明。⑧按照其他鉴证业务准则的规定执行业务的说明。⑨工作概述。⑩鉴证结论。⑪注册会计师的签名及盖章。⑫会计师事务所的名称、地址及盖章。⑬报告日期。

长式报告除包括基本内容外，还包括：①对业务约定条款的详细说明。②在特定方面发现的问题以及提出的相关建议。在长式报告中，注册会计师应当将发现的问题及相关建议与鉴证结论清楚分开，并以适当措辞指出这些问题和建议不会影响鉴证结论。

《内部控制审核指导意见》第五章第 30~39 条的规定，内部控制审核报告应当包括以下基本内容：①标题。统一规范为“内部控制审核报告”。②收件人。应当为审核业务的委托人，并应当载明收件人的全称，可用“××股份有限公司”。③引言段。应当说明以下内容：A. 被审核单位管理当局对特定日期与会计报表相关的内部控制有效性的认定；B. 被审核单位管理当局的责任；C. 注册会计师的责任。④范围段。应当说明以下内容：A. 审核依据，即《内部控制审核指导意见》；B. 审核程序；C. 实施的审核程序为注册会计师发表审核意见提供合理的基础。⑤固有限制段。应当说明以下内容：A. 内部控制的固有限制；B. 根据内部控制评价结果推测未来内部控制有效性的风险。⑥说明段。如果注册会计师发表的是非标准无保留意见，则应增加说明段，说明内部控制存在的重大缺陷及其对实现内部控制目标的影响。⑦意见段。应当说明被审核单位于特定日期在所有重大方面是否保持了与会计报表相关的有效的内部控制。⑧签章和会计师事务所地址。应当由注册会计师签名并盖章，加盖会计师事务所公章，标明会计师事务所地址。⑨报告日期。是指注册会计师完成外勤审核工作的日期。

《内部审计具体准则第 5 号——内部控制审计》第四章第 20 条规定：内部审计人员应

向组织的适当管理层报告内部控制的审计结果。审计报告应说明审查和评价内部控制的目的、范围、审计结论、审计决定及对改善内部控制的建议。并应当包括被审计单位的反馈意见。《企业内部控制鉴证指引》(征求意见稿)第74条规定:鉴证报告包括以下要素:①标题。②收件人。③引言段。④管理层对内部控制的责任段。⑤注册会计师的责任段。⑥内部控制的定义段。⑦内部控制的固有局限性段。⑧鉴证意见段。⑨注册会计师的签名和盖章。⑩会计师事务所的名称、地址及盖章。⑪报告日期。

在审计报告的内容要素上,财务呈报内部控制的审计报告比财务报表的审计报告多了定义段和固有局限的描述段两个部分。定义段的描述为:财务呈报内部控制是一个过程,为财务呈报的可靠性和财务报表(供外部使用的)编制符合公认会计原则提供合理的保证。公司的财务呈报内部控制包括以下政策和程序:①保持合理的会计记录,准确公允地反映发行人资产的交易和处置情况。②为下列事项提供合理的保证:发行人对发生的交易进行必要的记录,从而使财务报表的编制满足公认会计原则的要求;发行人所有的收支活动均得到管理当局和董事会的合理授权。③为下列事项提供合理保证,即防止或及时发现发行人的资产未经授权的取得、使用和处置,因为发行人资产的取得、使用和处置会对财务报表产生重大影响。固有局限段描述为:由于固有局限的存在,财务呈报内部控制可能无法防止或发现错报。同时,由于环境条件的变化,在未来会计年度中控制可能变得不充分或政策程序的遵循性减弱,从而导致风险的产生。财务呈报内部控制由于自身固有的局限,故不能为实现其目标提供绝对的保证。财务呈报内部控制是一个过程,涉及人的勤勉和能力,所以人的失误可能导致职业判断的失误,财务报表内部控制也可能因为管理当局的串谋或不当控制而失效。由于这些局限的存在,致使重要弱项无法被发现或防止。然而,这些固有局限又是财务呈报内部控制过程中众所周知的缺点,所以在设计内部控制制度的过程中,可以设计一个安全保障措施,即使无法消除风险,在一定程度上也能有所降低。

与美国15要素相比,我国的内部控制审计报告是11要素,但基本内容是一致的。值得注意的是,内部控制审计报告都特别强调了内部控制固有局限性的说明段。

由于财务呈报内部控制存在着固有的局限,因此,不能为实现财务呈报内部控制目标提供绝对的保证,而只能是合理的保证。财务呈报内部控制是一个过程,可能是人为失误导致判断失误,也可能是管理当局的串谋或不当驾驭而失效。这些局限是不可避免的,是财务呈报内部控制过程中众所周知的缺点,它们的存在使得审计人员无法防止或及时发现公司中的一般缺陷。因此,在设计控制的过程中,可以设计一个安全保障,即使无法消除风险,在一定程度上也能降低风险。

由于财务呈报内部控制有效性的确认存在固有局限,审计人员对审计过程中获得证据的确认也存在很多的局限。审计人员所执行的测试以及他们的职业判断是固有局限存在的原因之一。无论在什么情况下,审计人员都必须获取充分的审计证据,来为其发表独立审计意见提供合理保证。内部控制固有局限主要有:内部控制的设计和执行受制于成本与效益原则;内部控制一般仅针对常规业务活动而设计;即使设计完整的内部控制,也可能因执行人员的粗心大意、精力分散、判断失误以及指令的误解而失效;内部控制可能因执行人员相互勾结、内外串通而失效；内部控制可能因执行人员滥用职权或屈从于外部压力而失效；内部控制可能因经营环境、业务性质的改变而削弱或失效等。正是由于这些固有局限的存在，审计人员只能在一定程度上确保公司财务呈报内部控制的有效性。因此，所提供的保证也只能是合理保证，而不是绝对保证。总之，内部控制不是万能的“保险”系统，其作用只能是“合理保证”。正如COSO报告中所说的：不论设计和执行得多么完善，内部控制都只能为管理当局及董事会提供达成企业目标的合理保证，而目标达成的可能性还受到内部控制的先天条件的限制。所以不论是制定统一的内部控制评价标准，还是对内部控制进行审计，都不能忽略内部控制存在的固有局限，对这些局限进行充分的认识，如设计一个安全保障，在一定程度上把固有局限可能导致的风险降低到可接受水平。

美国公众公司会计监督委员会No.5（2007）提到：内部控制评价审计报告需注册会计师对公司内部控制的有效性发表意见，无须对公司管理层对内部控制评价的公允性发表意见。注册会计师在审计范围受到限制无法获取发表审计意见所需的足够审计证据时，可以发表无法表示意见。由于在此之前，我国将此类业务定性为审核业务，审计人员可接受委托为内部控制实施审核。美国公众公司会计监督委员会No.2将此类业务定性为审计业务，要求对公众公司实施财务报表审计的审计人员必须同时实施财务报表内部控制审计，并要求发表审计意见，两种审计合称为综合审计。我国《内部控制审核指导意见》未提及审计人员出具审计报告的保证程度，而《中国注册会计师鉴证业务基本准则》指出注册会计师可以提供合理保证的鉴证业务以及有限保证的鉴证业务。美国公众公司会计监督委员会No.2明确指出，为得到合理保证，审计人员需要评价管理当局出具综合审计有效性的书面评估报告并且评价关于综合审计有效性的证据。从上述资料可以看出：美国出具内部控制审计报告的前提是与财务报表审计同时进行，并且由美国公众公司会计监督委员会No.2规定的对公司管理层对内部控制评价的公允性发表意见改为对公司内部控制的有效性发表意见，保证程度为合理保证。

但是，从我国《内部控制审计指引》第27条规定来看，既用“合理保证”字样，又用“有效性具有一定风险，在所有重大方面保持了有效的财务报告内部控制”来表达。

根据《内部控制审计指引》第27条规定一些要素组成，作以下具体分析：

（1）鉴于注册会计师是作为公司外部独立专业人士对公司的内部控制进行审计，标题直接以“内部控制进行审计报告”字眼来表达。

（2）收件人应当为内部控制审计业务的委托人，可能是公司的治理层、公司的管理层或公司的上级主管机关等，并应当载明收件人的全称，可用“××股份有限公司全体股东”。

（3）引言段。标准表达为：按照《企业内部控制审计指引》及中国注册会计师执业准则的相关要求，我们审计了××股份有限公司（以下简称××公司）××年×月×日的财务报告内部控制的有效性。

（4）企业对内部控制的责任段。标准表达为：按照《企业内部控制基本规范》、《企业内部控制应用指引》、《企业内部控制评价指引》的规定，建立健全和有效实施内部控制，并评价其有效性是企业董事会的责任。

（5）注册会计师的责任段。标准表达为：我们的责任是在实施审计工作的基础上，对财务报告内部控制的有效性发表审计意见，并对注意到的非财务报告内部控制的重大缺陷进行披露。

（6）内部控制固有局限性的说明段。标准表达为：内部控制具有固有局限性，存在不能防止和发现错报的可能性。此外，由于情况的变化可能导致内部控制变得不恰当，或对控制政策和程序遵循的程度降低，根据内部控制审计结果推测未来内部控制的有效性具有一定风险。

（7）财务报告内部控制审计意见段。标准表达为：我们认为，××公司按照《企业内部控制基本规范》和相关规定在所有重大方面保持了有效的财务报告内部控制。

（8）非财务报告内部控制重大缺陷描述段。标准表达为：在内部控制审计过程中，我们注意到××公司的非财务报告内部控制存在重大缺陷（描述该缺陷的性质及其对实现相关控制目标的影响程度）。由于存在上述重大缺陷，我们提醒本报告使用者注意相关风险。需要指出的是，我们并不对××公司的非财务报告内部控制发表意见或提供保证。本段内容不影响对财务报告内部控制有效性发表的审计意见。

二、内部控制审计报告的类型

内部控制鉴证报告的鉴证意见可以分为四种类型：无保留意见、保留意见、否定意见、无法表示意见。如果不存在确定的重大弱项，鉴证范围不受到限制，鉴证人员就可以发表无保留鉴证意见；如果存在重大弱项，则发表否定的鉴证意见；如果审计范围受到限制，则根据范围受限制的程度，发表保留意见或无法表示意见。出具每种意见类型的条件、术语及格式。

内部控制审计业务的程序主要分为两个部分：①测试公司的内部控制制度是否合理、恰当，能不能防止或发现和纠正会计错误与舞弊。测试时使用的主要标准有：分析其适度性和可行性；分析其全面性和完整性；分析其责任性和可控性；分析其科学性和严密性。②测试公司的内部控制制度是否实际充分发挥其有效性以及发挥效果如何。在测试时应重点澄清以下三个问题：这项控制是怎样应用的？是否在年度中一贯应用？由谁来应用？

通过上述的内部控制审计测试后我们可以得出的内部控制审计结论有三个层次：

高信赖程度。即具有健全的内部控制，并且均能发挥作用，经济业务的会计处理所发生的错误降到最低的程度。

中信赖程度。即内部控制较为良好，但也存在一定的缺陷，有可能影响会计记录的真实性和可靠性。

低信赖程度。即重要的内部控制明显失效，大部分经济业务及其会计处理处于失控状态，经济业务的记录经常出现差错，从而对内部控制难以依赖。

经过上述审计程序和审计结论的判断，得出内部控制审计报告采用的意见类型：

（1）当与财务报表相关的内部控制设计和执行在所有重大方面有效，没有发现内部控制存在重大缺陷，并且审计范围未受到限制时，系高信赖程度的内部控制，应发表无保留意见的内部控制审计报告。

（2）当与财务报表相关的内部控制存在重要控制缺陷或者审计范围受到限制时，系中信赖程度的内部控制，应就具体情况发表保留意见的内部控制审计报告。

(3) 当与财务报表相关的内部控制存在实质性控制缺陷时，系低信赖程度的内部控制，应发表否定意见的内部控制审计报告。

(4) 当审计范围受到限制使审计人员无法发表审计意见时，应发表无法表示意见的内部控制审计报告。

《内部控制审计指引》规定了四种类型内部控制审计报告，但有些变化。《内部控制审计指引》内部控制审计报告分为无保留意见的内部控制审计报告、带强调段的无保留意见的内部控制审计报告、否定意见的内部控制审计报告和无法表示意见的内部控制审计报告。

1. 无保留意见的内部控制审计报告

《内部控制审计指引》第 28 条规定："符合下列所有条件的，注册会计师应当对财务报告内部控制出具无保留意见的内部控制审计报告：(一) 企业按照《企业内部控制基本规范》、《企业内部控制应用指引》、《企业内部控制评价指引》以及企业自身内部控制制度的要求，在所有重大方面保持了有效的内部控制。(二) 注册会计师已经按照《企业内部控制审计指引》的要求计划和实施审计工作，在审计过程中未受到限制。"

本条文规定了出具无保留意见的内部控制审计报告标准。有两条标准，一是针对企业标准，即企业按照内部控制的要求，对企业本身保持了有效控制。二是针对注册会计师标准，即审计过程未受限制。

在作出无保留意见的审计结论时应注意使用以下术语："我们认为……在所有重大方面保持了按照……标准建立的与财务报表相关的有效的内部控制。"由于审计过程的固有限制，只能作出在所有重大方面内部控制有效的审计结论。

《内部控制审计指引》附录规定的标准术语为："我们认为，××公司按照《企业内部控制基本规范》和相关规定在所有重大方面保持了有效的财务报告内部控制。"

其标准格式为：

内部控制审计报告

××股份有限公司全体股东：

按照《企业内部控制审计指引》及中国注册会计师执业准则的相关要求，我们审计了××股份有限公司（以下简称××公司）××年×月×日的财务报告内部控制的有效性。

一、企业对内部控制的责任

按照《企业内部控制基本规范》、《企业内部控制应用指引》、《企业内部控制评价指引》的规定，建立健全和有效实施内部控制，并评价其有效性是企业董事会的责任。

二、注册会计师的责任

我们的责任是在实施审计工作的基础上，对财务报告内部控制的有效性发表审计意见，并对注意到的非财务报告内部控制的重大缺陷进行披露。

三、内部控制的固有局限性

内部控制具有固有局限性，存在不能防止和发现错报的可能性。此外，由于情况的变化可能导致内部控制变得不恰当，或对控制政策和程序遵循的程度降低，根据内部控制审计结果推测未来内部控制的有效性具有一定风险。

四、财务报告内部控制审计意见

我们认为，××公司按照《企业内部控制基本规范》和相关规定在所有重大方面保持了有效的财务报告内部控制。

五、非财务报告内部控制的重大缺陷

在内部控制审计过程中，我们注意到××公司的非财务报告内部控制存在重大缺陷（描述该缺陷的性质及其对实现相关控制目标的影响程度）。由于存在上述重大缺陷，我们提醒本报告使用者注意相关风险。需要指出的是，我们并不对××公司的非财务报告内部控制发表意见或提供保证。本段内容不影响对财务报告内部控制有效性发表的审计意见。

××会计师事务所（盖章）　　　　中国注册会计师：×××（签名并盖章）

　　　　　　　　　　　　　　　　中国注册会计师：×××（签名并盖章）

中国××市　　　　　　　　　　　　　　　　××年×月×日

2. 带有强调段的无保留意见的内部控制审计报告

《内部控制审计指引》第 29 条规定："注册会计师认为财务报告内部控制虽不存在重大缺陷，但仍有一项或者多项重大事项需要提请内部控制审计报告使用者注意的，应当在内部控制审计报告中增加强调事项段予以说明。注册会计师应当在强调事项段中指明，该段内容仅用于提醒内部控制审计报告使用者关注，并不影响对财务报告内部控制发表的审计意见。"

本条文指出，内部控制虽无重大缺陷，但有重大事项需要提请内部控制审计报告使用者注意时，应该出具带有强调事项段的有无保留意见的内部控制审计报告。带强调事项段的无保留意见内部控制审计报告的格式为：

内部控制审计报告

××股份有限公司全体股东：

按照《企业内部控制审计指引》及中国注册会计师执业准则的相关要求，我们审计了××股份有限公司（以下简称××公司）××年×月×日的财务报告内部控制的有效性。

（"一、企业对内部控制的责任"至"五、非财务报告内部控制的重大缺陷"参见标准内部控制审计报告相关段落表述）

六、强调事项

我们提醒内部控制审计报告使用者关注，描述强调事项的性质及其对内部控制的重大影响。本段内容不影响已对财务报告内部控制发表的审计意见。

××会计师事务所（盖章）　　　　中国注册会计师：×××（签名并盖章）

　　　　　　　　　　　　　　　　中国注册会计师：×××（签名并盖章）

中国××市　　　　　　　　　　　　　　　　　　　　　　××年×月×日

3. 否定意见内部控制审计报告

《内部控制审计指引》第 30 条规定："注册会计师认为财务报告内部控制存在一项或多项重大缺陷的，除非审计范围受到限制，应当对财务报告内部控制发表否定意见。

注册会计师出具否定意见的内部控制审计报告，还应当包括下列内容：(一) 重大缺陷的定义。(二) 重大缺陷的性质及其对财务报告内部控制的影响程度。"

本指引指出，注册会计师认为财务报告内部控制存在一项或多项重大缺陷的应该出具否定意见内部控制审计报告。

例如，某注册会计师在对某公司的内部控制审计过程中，发现以下内部控制缺陷的存在：

（1）编制固定资产登记册和固定资产定期盘点的程序欠妥当。

观察：某公司并没有妥善编制固定资产登记册并定期安排盘点。固定资产存在账实不符的情况，并且随行业技术的更新，部分固定资产存在减值迹象而未被发现和处理。

影响：上述情况虽然未影响 2007 年度财务报表的真实性及公允性，但类似误差如得不到及时纠正并妥善记录，有可能影响某公司未来财务报表编制的准确性。

（2）存货账龄分析

观察：存货是某公司最重要的流动资产之一，它占用了某公司大部分的流动资金，存货流转周期对某公司经营可构成重大的影响。因此，定期编制及分析存货账龄分析表对某公司来说非常重要。由于某公司现行存货系统的设计限制未能支持账龄分析的编制工作，所以有关的分析工作不能定期进行。

影响：若某公司无法及时从账龄分析中发现滞销的存货项目，某公司亦不能及时采取相应的措施处理。若未能根据存货账龄分析的结果妥善处理滞销的存货，例如，调整产品生产数目或营销策略，某公司有可能使滞销存货的数量增加。

由于有效的内部控制能够为企业及时防止或发现会计报表中的重大错报提供合理保证，因而上述重大缺陷使某公司内部控制失去这一功能。

否定意见内部控制审计报告格式为：

内部控制审计报告

××股份有限公司全体股东：

按照《企业内部控制审计指引》及中国注册会计师执业准则的相关要求，我们审计了××股份有限公司（以下简称××公司）××年×月×日的财务报告内部控制的有效性。

（"一、企业对内部控制的责任"至"三、内部控制的固有局限性"参见标准内部控制审计报告相关段落表述）

四、导致否定意见的事项

重大缺陷，是指一个或多个控制缺陷的组合，可能导致企业严重偏离控制目标（指出注册会计师已识别出的重大缺陷，并说明重大缺陷的性质及其对财务报告内部控制的影响程度）。

有效的内部控制能够为财务报告及相关信息的真实完整提供合理保证，而上述重大缺陷使××公司内部控制失去这一功能。

五、财务报告内部控制审计意见

我们认为，由于存在上述重大缺陷及其对实现控制目标的影响，××公司未能按照《企业内部控制基本规范》和相关规定在所有重大方面保持有效的财务报告内部控制。

六、非财务报告内部控制的重大缺陷

（参见标准内部控制审计报告相关段落表述）

××会计师事务所（盖章）　　　　　　　　中国注册会计师：×××（签名并盖章）

中国注册会计师：×××（签名并盖章）

中国××市　　　　　　　　　　　　　　　　　　××年×月×日

4. 无法表达意见内部控制审计报告

《内部控制审计指引》第 31 条规定："注册会计师审计范围受到限制的，应当解除业务约定或出具无法表示意见的内部控制审计报告，并就审计范围受到限制的情况，以书面形式与董事会进行沟通。注册会计师在出具无法表示意见的内部控制审计报告时，应当在内部控制审计报告中指明审计范围受到限制，无法对内部控制的有效性发表意见。注册会计师在已执行的有限程序中发现财务报告内部控制存在重大缺陷的，应当在内部控制审计报告中对重大缺陷作出详细说明。"

本指引指出，注册会计师审计范围受到限制的，且与董事会进行沟通后无效的，应该出具否定意见内部控制审计报告。

根据《独立审计具体准则第 1 号——报表审计》的规定，审计范围一般应限于约定的报表报告期内的有关事项，但凡与被审计单位的报表有关和影响注册会计师作出专业判定的所有方面，均属于会计报表审计的范围。由此我们以为，当被审计单位人为限制或受客观环境影响时，审计人员不能执行必要的审计程序，或者即使执行了审计程序也不能获得无保留意见所需充分、适当的证据，即为审计范围受到了限制。

这种限制不可能是出自审计人员的自身因素，它超出了审计人员的控制，以下为出自审计人员自身因素的例子：

（1）省略审计程序。

（2）考虑获取审计证据困难，未对重要审计项目进行必要的审计。

（3）专业胜任能力不够。

（4）未积极利用专家的工作。

（5）考虑审计人员安全，未对某些危险化工产品进行监盘。

(6) 对“凡与被审计单位的会计报表有关和影响注册会计师作出专业判定的所有方面”作出不恰当的理解。

限制有可能是由于与审计有关的：①因盗窃、火灾或司法扣押等原因，致使基础会计记录（如账簿、凭证等）残缺、遗失或损坏。②内部治理不善或混乱，其他的资料（如重要的外部订单、发票、合同协议）残缺不全。③由于内部控制制度不健全，被审计单位不能提供有关重要会计政策的选择、重大会计估计的作出等的依据、假设等。④由于工作不力而无法获取被投资企业已审计会计报表，或对该被投资企业进行审计、审阅。

这种限制很可能是被审计单位人为限制或治理当局可以提供但不予提供：①与审计有关的必要资料（如基础性的会计记录、董事会记录、其他的资料、与重要会计政策的选择或重大会计估计的作出等有关的依据和假设等）本身存在，但治理当局拒绝提供。②治理当局拒绝签署治理当局声明书或其他专项声明，拒绝作出有关重要解释。③拒绝授权对第三方进行函证。④拒绝接受专家或其他注册会计师的工作。⑤拒绝存货监盘。⑥拒不提供重要的对外投资的相关资料或不对该投资的审计作出安排。

审计范围受到限制，其影响是审计人员不能执行某些审计程序或不能取得充分、适当的审计证据。当预定的审计程序受到限制而影响对会计报表相关项目的判定时，审计人员应尝试能否实施其他替换程序。假如审计人员追加实施其他能执行的审计程序后，仍然无法消除对会计报表认定的影响，同时审计人员也不能取得“对会计报表必须作出可能的调整”的证据，则可以认为审计范围受到了限制。

但是，会计报表存在错报不等同于审计范围受到限制。在明知被审计单位会计报表存在严重不正当、不公允时，我们以为审计人员不得在以下情形下以审计范围受到限制为由而简单地发表保留意见或无法表示意见：①不实施必要的审计程序，或未取得必要的审计证据。②不对上市公司所作的会计估计和处理是否适当作出实质性的判定。③回避对会计报表错报应作出的必要调整。④回避因错报应出具更为严厉意见类型的审计报告（如否定意见）。

无法表达意见内部控制审计报告格式为：

内部控制审计报告

按照《企业内部控制审计指引》及中国注册会计师执业准则的相关要求，我们审计了×股份有限公司（以下简称××公司）××年×月×日的财务报告内部控制的有效性。

（“一、企业对内部控制的责任”至“三、内部控制的固有局限性”参见标准内部控制审计报告相关段落表述）

四、导致无法表示意见的事项

（描述审计范围受到限制的具体情况）

五、财务报告内部控制审计意见

由于审计范围受到上述限制，我们未能实施必要的审计程序以获取发表意见所需的充分、适当证据，因此，我们无法对××公司财务报告内部控制的有效性发表意见。

六、识别的财务报告内部控制重大缺陷（如在审计范围受到限制前，执行有限程序未能识别出重大缺陷，则应删除本段）。

重大缺陷，是指一个或多个控制缺陷的组合，可能导致企业严重偏离控制目标。

尽管我们无法对××公司财务报告内部控制的有效性发表意见，但在我们实施的有限程序的过程中，发现了以下重大缺陷：

（指出注册会计师已识别出的重大缺陷，并说明重大缺陷的性质及其对财务报告内部控制的影响程度）

有效的内部控制能够为财务报告及相关信息的真实完整提供合理保证，而上述重大缺陷使××公司内部控制失去这一功能。

七、非财务报告内部控制的重大缺陷

（参见标准内部控制审计报告相关段落表述）

××会计师事务所（盖章）　　　　中国注册会计师：×××（签名并盖章）

中国注册会计师：×××（签名并盖章）

中国××市　　　　××年×月×日

5. 非财务报告内部控制缺陷

《内部控制审计指引》第32条规定："注册会计师对在审计过程中注意到的非财务报告内部控制缺陷，应当区别具体情况予以处理：（一）注册会计师认为非财务报告内部控制缺陷为一般缺陷的，应当与企业进行沟通，提醒企业加以改进，但无需在内部控制审计报告中说明。（二）注册会计师认为非财务报告内部控制缺陷为重要缺陷的，应当以书面形式与企业董事会和经理层沟通，提醒企业加以改进，但无需在内部控制审计报告中说明。（三）注册会计师认为非财务报告内部控制缺陷为重大缺陷的，应当以书面形式与企业董事会和经理层沟通，提醒企业加以改进；同时应当在内部控制审计报告中增加非财务报告内部控制重大缺陷描述段，对重大缺陷的性质及其对实现相关控制目标的影响程度进行披露，提示内部控制审计报告使用者注意相关风险。"

这里需要明确两个概念，什么是非财务报告内部控制？什么是非财务报告内部控制缺陷？

关于是对财务呈报内部控制或是对整体内部控制进行报告，长期以来存在着很多的争论。争论主要是从两个角度展开的：①财务呈报内部控制报告的目标是基于委托代理理论还是决策有用理论。②财务呈报内部控制报告的执行成本效益问题。财务呈报内部控制报告主要目的在于提高公司的财务报告的信息质量，特别是信息的可靠性，降低资本市场的委托代理成本。财务呈报内部的范围，渗透到公司经营管理的所有层面和业务流程中。控制报告制度体现的是委托代理观，符合我国资本市场信息披露的现行情况。所以，我国执行财务呈报内部控制报告制度应是对财务呈报内部控制进行评价和报告。从财务呈报内部控制报告的执行成本效益分析，执行整体内部控制报告制度将大大提供制度的执行成本，主要是因为整体内部控制的范围远远超过财务呈报内部控制的范围，对于内部控制的评价和报告工作量将大大增加。虽然，管理类控制中很大部分是难以准确记录和客观评价的，这也为整体内部控制的评价和报告增加了麻烦。而执行整体内部控制报告制度所带来的收益并不会比执行财务呈报内部控制报告制度有大幅的增长。但是,《内部控制审计指引》规定，对财务呈报内部控制进行评价和报告还不能够满足当前我国资本市场的需求。所以，本指引认为应该对内部控制进行全面评价和报告。

美国 SEC 之所以将强制性信息披露限于财务报告的内部控制，背后存在成本效益方面的考虑，同时也是经过重重阻力后折中的结果。毕竟内部控制报告及审核都需要追加成本，带来的效益如何也还未知的担心并非多余，事实证明，由于公司和审计师准备不够充分，被迫于 2004 年 3 月宣布决定将最终规则的生效日推迟至 2004 年年底或 2005 年 7 月。对二者的综合考虑，美国《萨班斯—奥克斯利法案》最终以立法的形式明确了财务报告内部控制作为管理层报告的内容，这体现了财务呈报内部控制的本质和目标，其背后也存在着成本效益方面的考虑。《内部控制审计指引》规定，考虑到我国的特点，我国现阶段以内部控制作为报告的对象是比较合理的。

关于非财务报告内部控制缺陷的认定。非财务报告内部控制缺陷的认定，是企业内部控制评价工作中面临的重大挑战之一。对于财务报告内部控制缺陷，可由该缺陷可能导致财务报表错报的重要程度来确定，这种重要程度主要取决于两方面的因素：一是该缺陷是否具备合理可能性导致内部控制不能及时防止、发现并纠正财务报表错报；二是该缺陷单独或连同其他缺陷可能导致的潜在错报金额的大小。因此，财务报告内部控制缺陷一般可以通过定量的方式予以确定。相对而言，非财务报告内部控制缺陷的认定很难形成统一的标准，企业可以根据自身的实际情况，参照财务报告内部控制缺陷的认定标准，合理确定非财务报告内部控制缺陷的定量和定性认定标准。其中，定量标准，既可以根据缺陷造成直接财产损失的绝对金额制定，也可以根据缺陷的直接损失占本企业资产、销售收入或利润等的比率确定；定性标准，可以根据缺陷潜在负面影响的性质、范围等因素确定。财政部将在即将发布的内部控制规范讲解中，对内部控制缺陷的认定，尤其是非财务报告内部控制缺陷的认定作出更具指导性的说明。需要强调的是，为避免企业操纵内部控制评价报告，非财务报告内部控制缺陷认定标准一经确定，必须在不同评价期间保持一致，不得随意变更。

对非财务报告内部控制缺陷的处理，该指引分别不同情况特别提出如下要求：注册会计师认为非财务报告内部控制缺陷为一般缺陷的，应当与企业进行沟通，提醒企业加以改进，但无需在内部控制审计报告中说明；注册会计师认为非财务报告内部控制缺陷为重要缺陷的，应当以书面形式与企业董事会和经理层沟通，提醒企业加以改进，但无需在内部控制审计报告中说明；注册会计师认为非财务报告内部控制缺陷为重大缺陷的，应当以书面形式与企业董事会和经理层沟通，提醒企业加以改进；同时应当在内部控制审计报告中增加非财务报告内部控制重大缺陷描述段，对重大缺陷的性质及其对实现相关控制目标的影响程度进行披露，提示内部控制审计报告使用者注意相关风险。这些说明，较好地解除了注册会计师一直以来担心的问题，从而有利于注册会计师顺利地开展内部控制审计业务。

6. 期后期间

《内部控制审计指引》第 33 条规定："在企业内部控制自我评价基准日并不存在，但在该基准日之后至审计报告日之前（以下简称期后期间）内部控制可能发生变化，或出现其他可能对内部控制产生重要影响的因素。注册会计师应当询问是否存在这类变化或影响因素，并获取企业关于这些情况的书面声明。注册会计师知悉对企业内部控制自我评价基准日内部控制有效性有重大负面影响的期后事项的，应当对财务报告内部控制发表否定意见。注册会计师不能确定期后事项对内部控制有效性的影响程度的，应当出具无法表示意见的内部控制审计报告。"

企业内部控制或严重影响财务呈报内部控制的其他因素的变动可能发生在完成审计之后，公布审计报告之前。因此，审计人员必须询问管理当局是否有任何的变动或影响；获取相关证据，证明已发生的变动是否会影响财务呈报内部控制有效性。在审计报告中，审计人员应当询问和检查期后事项，包括：期后公布的相关内部审计报告，或类似的机构，如财务部门的贷款审查；重大缺陷或实质性漏洞的独立审计报告；财务呈报内部控制的管理机构报告；从其他渠道获取的财务呈报内部控制有效性的信息。如果审计人员获得产生重大影响的期后事项的信息，则应对财务呈报内部控制的有效性发表否定意见，如果管理当局没有正确地评估期后事项所产生的影响，则审计人员应当对管理当局关于财务呈报内部控制的评估发表否定意见。如果审计人员不能确定期后事项对财务呈报内部控制的有效性产生的影响，审计人员应当发表无法表示意见。审计人员可能获得在特定日期不存在而在特定日期之后产生的期后事项的信息。如果这种期后事项产生了严重的影响，审计人员应当在审计报告的解释段中描述该事项及其影响，或在管理当局的报告中加以披露，从而引起报表阅读者对该事项的关注，但是管理当局报告的披露可能仅限于对财务呈报内部控制的重大影响的变动或合理的影响。

第七节 记录审计工作

一、审计工作底稿

《内部控制审计指引》第 34 条规定："注册会计师应当按照《中国注册会计师审计准则第 1131 号——审计工作底稿》的规定，编制内部控制审计工作底稿，完整记录审计工作情况。"

审计工作底稿，是指注册会计师对制订的审计计划、实施的审计程序、获取的相关审计证据以及得出的审计结论做出的记录。审计工作底稿是审计证据的载体，是注册会计师在审计过程中形成的审计工作记录和获取的资料。它形成于审计过程，也反映整个审计过程。注册会计师应当及时编制审计工作底稿，以实现下列目的：提供充分、适当的记录，作为审计报告的基础。提供证据，证明其按照中国注册会计师审计准则的规定执行了审计工作。注册会计师编制的内部控制审计工作底稿，应当使得未曾接触该项审计工作的有经验的专业人士清楚地了解：按照《内部控制审计指引》的规定实施的内部控制审计程序的性质、时间和范围；实施内部控制审计程序的结果和获取的审计证据；就重大事项得出的结论。

内部控制审计工作底稿作为注册会计师在整个内部控制审计过程中形成的内部控制审计工作记录和获取的资料，其在内容上应做到资料翔实、重点突出、繁简得当、结论明确；在形式上应做到要素齐全、格式规范、标识一致、记录清晰。①资料翔实。即记录在内部控制审计工作底稿上的各类资料来源要真实可靠，内容要完整。②重点突出。即内部控制审计工作底稿应力求反映对内部控制审计结论有重大影响的内容。③繁简得当。即内部控制审计工作底稿应当根据记录内容的不同，对重要内容详细记录，对一般内容简单记录。④结论明确。即按内部控制审计程序对内部控制审计项目实施内部控制审计后，注册会计师应对该内部控制审计项目明确表达其最终的专业判断意见。⑤要素齐全。即构成内部控制审计工作底稿的基本内容应全部包括在内。⑥格式规范。即内部控制审计工作底稿所采用的格式应规范。⑦标识一致。即内部控制审计符号的含义应前后一致，并明确反映在内部控制审计工作底稿上。⑧记录清晰。即内部控制审计工作底稿上记录的内容要连贯，文字要端正，计算要正确。

二、内部控制审计工作底稿内容

《内部控制内部控制审计指引》第35条规定："注册会计师应当在内部控制审计工作底稿中记录下列内容：（一）内部控制审计计划及重大修改情况。（二）相关风险评估和选择拟测试的内部控制的主要过程及结果。（三）测试内部控制设计与运行有效性的程序及结果。（四）对识别的控制缺陷的评价。（五）形成的内部控制审计结论和意见。（六）其他重要事项。"

通常，一个完整的内部控制审计工作底稿内容，应同时包括以下基本内容：

（1）被审计单位名称。即会计报表的编报单位。若会计报表编报单位为某一集团的下属公司，则应同时写明下属公司的名称。被审计单位名称可写简称。

（2）内部控制审计项目名称。即某一会计报表项目名称或某一内部控制审计程序及实施对象的名称，如具体内部控制审计项目是某一分类会计科目，则应同时写明该分类会计科目。

（3）内部控制审计项目时点或期间。指某一资产负债类项目的报告时点或某一损益类项目的报告期间。

（4）内部控制审计过程记录。即注册会计师的内部控制审计轨迹与专业判断的记录。注册会计师应将其实施内部控制审计而达到内部控制审计目标的过程记录在内部控制审计工作底稿中。

（5）内部控制审计标识及其说明。内部控制审计标识是注册会计师为便于表达内部控制审计含义而采用的符号。为了便于他人理解，注册会计师应在内部控制审计工作底稿中说明各种内部控制审计标识所代表的含义，或采用内部控制审计标识及其说明表的形式统一说明。内部控制审计标识应前后一致。

（6）内部控制审计结论。即注册会计师通过实施必要的内部控制审计程序后，对某一内部控制审计事项所作的专业判断。就符合性测试而言，是指注册会计师对被内部控制审计单位内部控制制度执行情况的满意程度以及是否可以信赖；就实质性测试而言，是指注册会计师对某一内部控制审计事项的余额或发生额的确认情况。

（7）索引号及页次。即注册会计师为整理利用内部控制审计工作底稿，将具有同一性质或反映同一具体内部控制审计事项的内部控制审计工作底稿分别归类，形成相互联系、相互控制所作的特定编号即为索引号；页次是在同一索引号下不同的内部控制审计工作底稿的顺序编号。

（8）编制者姓名及编制日期。即注册会计师必须在其编制的内部控制审计工作底稿上签名和签署日期。签名时可用简签，但应以适当方式加以说明。

（9）复核者姓名及复核日期。即注册会计师必须在其复核过的内部控制审计工作底稿上签名和签署日期。签名时可用简签，但应以适当方式加以说明。若有多级复核，每级复核者均应签名和签署日期。

（10）其他应说明事项。即注册会计师根据其专业判断，认为应在内部控制审计工作底稿中予以记录的其他相关事项。

第八节　内部控制审计案例分析

一、××公司内部控制审计案例

（一）××钢铁股份有限公司概况

××钢铁股份有限公司是一家于2006年改制的股份制企业。该公司的主营业务是生产销售型钢、轧钢等钢铁制品。鉴于良好的经营业绩，该公司计划于2008年度申请发行A股上市。××会计师事务所于2008年1月12日接受委托对该公司的内部控制进行审计并出具内部控制审计报告。专业审计人员对该公司的基本情况进行了了解，截至2007年12月31日该公司总资产为人民币175亿元，净资产为人民币28亿元；2007年度营业额为人民币100亿元，实现税后净利人民币19.7亿元。该公司的组织结构如下：公司最高权力机构为董事会，总经理负责日常经营管理工作。副总经理2人，一人分管资金管理和销售，另一人分管采购、生产和基建。该公司的主要业务部门有：资金管理部、销售部、采购部、生产部、基建部。各业务部门设有部长、副部长、业务人员等职务，实行部长负责制。该公司参照《企业内部控制规范》的要求并结合公司自身的情况，设计并执行了一套完整的内部控制制度。注册会计师在了解了该公司的基本情况的基础上评估了审计的风险水平；鉴于该公司组织结构合理，内部管理体制比较完善，管理制度较为健全，经营业绩良好，总体评价审计风险为中等水平，决定接受委托。根据该公司的资产状况及经营成果，对本次内部控制审计报告研究制定了重要性水平如下，重大错报界限：3750万元；审计差异归集界限：250万元。接下来，注册会计师开始执行整体考虑程序，即对以下情况进行深入了解：

（1）了解该公司所处行业的因素影响情况。

（2）了解该公司的生产经营活动。

（3）了解该公司管理层的管理职责及风险意识。

（4）了解公司制定的内部控制措施是否涵盖了所有重要业务和固有风险较高的科目。

经深入了解和判断得知，该公司的生产能力处于同行业平均水平。主要面临的经营风险有：

1）行业技术的更新使得该公司的部分生产设备可能出现减值迹象。

2）该公司在环境保护相关法律法规的监管下需要加大环境保护设施的投入，否则将面临环保风险。

3）该公司的大部分原材料采购依赖于进口，并且是少数几家供应商，导致供应商具有较强的讨价还价能力，从而使该公司可能面临原材料采购风险。

（5）该公司的管理系统不能满足业务量日益增长的需要，生产管理系统与财务系统没有实现一体化，目前依旧采用手工对账的传统方式，耗时耗力并且达不到预期效果，从而使该公司面临业务增长时带来的管理风险。

该公司的生产经营活动是将进口的原材料——铁矿粉经过烧结、高炉炼铁、高炉炼钢、钢坯物理处理等工序生产出型钢和轧钢等产成品。

按照该公司的业务流程，可以将设置的内部控制制度分为以下几个流程：资金管理流程、销售与收款流程、生产流程、采购与付款流程、人力资源管理流程、基建及固定资产管理流程。上述内部控制措施涵盖了该公司所有重要业务及固有风险较高的科目。该公司通过划分业务部门，实行部长负责制、部长对副总经理汇报制等管理职责来保证内部控制制度的贯彻和执行。

（二）审计程序

通过上述的整体考虑程序后，注册会计师开始对该公司内部控制设计的合理性进行测试，实施的主要审计程序如下：

（1）按照业务流程，对内部控制的设计进行访谈，采访对象选取各业务部门的部长。

（2）将访谈整理记录，对活动及相关控制的描述如下：

1）交易的发起和授权活动。

2）交易的记录和账务处理活动。

3）相关列报的编制及其反映活动。

4）重大风险点的识别，关于此风险点的控制标识、所识别的相关控制的描述。

（3）执行穿行测试，审计内部控制设计描述的真实性。

（4）得出内部控制设计合理性的审计结论。

在对内部控制设计的审计基础上，注册会计师开展了内部控制执行有效性的测试，相应的审计程序如下：

（1）根据业务发生的频率确定抽查的样本量。

(2) 实施内部控制执行有效性的抽查，并记录执行情况。

(3) 得出内部控制执行有效性的审计结论。

根据上述审计程序的执行，注册会计师开始实施审计证据的整理，与该公司管理当局的沟通，形成最终内部控制审计结论，提出内部控制改进建议。

注册会计师发现以下内部控制缺陷，并对其作出了专业判断：

(1) 由于缺乏先进的管理系统，该公司的生产、库存等信息与财务信息的对账不及时，对于发现的对账差异也不能及时地查找原因和进行处理，但鉴于对账机制存在，对账差异会在一定期限内得到解决，并且对财务报表的影响低于审计差异归集界限，注册会计师决定不予以披露。

(2) 厂房及生产设备是该公司的主要资产，并且数量大、种类繁多，所以对固定资产的管理尤为重要。注册会计师发现该公司没有妥善编制固定资产登记册，没有定期对固定资产进行盘点及减值迹象识别，导致账实不符的情况存在，并且随着行业技术的更新，存在部分生产设备出现减值迹象。经测算，导致财务报表出现错报的可能性较高，对财务报表的影响低于重大错报界限而高于审计差异归集界限，注册会计师决定对其发表否定意见。

(3) 根据访谈结果，注册会计师了解到该公司对销售和采购的月末截算日定为月末前三天。由此导致销售收入和采购成本不能反映当月的实际情况，但鉴于每月都按照此规定执行，对财务报表的影响低于审计差异归集界限，可以不视为重大内部控制缺陷，只提出改进建议。

(4) 该公司为规避原材料的采购风险和满足生产的需要，预存大量的铁矿粉于港口以及预存大量的煤存于厂区内；该公司生产的产成品种类多，数量大，存放分散（存放于各生产车间和仓库），各存放地分别编制存货管理台账。注册会计师发现该公司虽然对存货定期施行盘点程序，但只是流于形式，不能发现存货的残次、滞压现象，该公司现行的存货管理系统不能对存货的账龄进行定期分析，该公司无法及时从账龄分析中发现滞销的存货项目，亦不能及时采取相应的措施处理。经测算，导致财务报表出现错报的可能性较高，对财务报表的影响低于重大错报界限但高于审计差异归集界限，注册会计师决定对其发表否定意见。

（三）内部控制审计报告

注册会计师根据上述审计结论编制内部控制审计报告如下：

内部控制审计报告

××钢铁股份有限公司全体股东：

按照《企业内部控制审计指引》及中国注册会计师执业准则的相关要求，我们审计了××股份有限公司（以下简称××公司）2007 年 12 月 31 日的财务报告内部控制的有效性。

一、企业对内部控制的责任

按照《企业内部控制基本规范》、《企业内部控制应用指引》、《企业内部控制评价指引》

的规定，建立健全和有效实施内部控制，并评价其有效性是企业董事会的责任。

二、注册会计师的责任

我们的责任是在实施审计工作的基础上，对财务报告内部控制的有效性发表审计意见，并对注意到的非财务报告内部控制的重大缺陷进行披露。

三、内部控制的固有局限性

内部控制具有固有局限性，存在不能防止和发现错报的可能性。此外，由于情况的变化可能导致内部控制变得不恰当，或对控制政策和程序遵循的程度降低，根据内部控制审计结果推测未来内部控制的有效性具有一定风险。

四、导致否定意见的事项

重大缺陷，是指一个或多个控制缺陷的组合，可能导致企业严重偏离控制目标。

我们发现：

（一）贵公司并没有妥善编制固定资产登记册并定期安排盘点。固定资产存在账实不符的情况，并且随着行业技术的更新，部分固定资产存在减值迹象而未被发现和处理。上述情况虽然未影响2007年度财务报表的真实性及公允性，但类似误差如得不到及时纠正并妥善记录，有可能影响贵公司未来财务报表编制的准确性。

（二）存货是贵公司最重要的流动资产之一，它占用了贵公司大部分的流动资金，存货流转周期对贵公司经营可构成重大的影响。因此，定期编制及分析存货账龄分析表对贵公司来说非常重要。由于贵公司现行存货系统的设计限制未能支持账龄分析的编制工作，所以有关的分析工作不能定期进行。若贵公司无法及时从账龄分析中发现滞销的存货项目，贵公司亦不能及时采取相应的措施处理。若未能根据存货账龄分析的结果妥善处理滞销的存货，如调整产品生产数目或营销策略，贵公司有可能使滞销存货的数量增加。

有效的内部控制能够为财务报告及相关信息的真实完整提供合理保证，而上述重大缺陷使××公司内部控制失去这一功能。

五、财务报告内部控制审计意见

我们认为，由于存在上述重大缺陷及其对实现控制目标的影响，××公司未能按照《企业内部控制基本规范》和相关规定在所有重大方面保持有效的财务报告内部控制。

××会计师事务所（盖章）　　　　中国注册会计师：×××（签名并盖章）

中国注册会计师：×××（签名并盖章）

中国××市　　　　××年××月××日